AF246638

ARCHIVES DE L'INDE FRANÇAISE.

CORRESPONDANCE

DU

CONSEIL SUPÉRIEUR DE PONDICHÉRY

ET DE LA COMPAGNIE

PUBLIÉE AVEC INTRODUCTION

PAR

ALFRED MARTINEAU

Tome V.

1755-1759

PONDICHÉRY

SOCIÉTÉ DE L'HISTOIRE

DE L'INDE FRANÇAISE

PARIS

SOCIÉTÉ DES ÉDITIONS

LEROUX

28, RUE BONAPARTE.

Imprimerie Moderne, Pondichéry.

Correspondance
du Conseil Supérieur de Pondichéry
et de la Compagnie.
1755·1759.

CORRESPONDANCE

DU

CONSEIL SUPÉRIEUR DE PONDICHÉRY

ET DE LA COMPAGNIE

PUBLIÉE AVEC INTRODUCTION

PAR

ALFRED MARTINEAU

Tome V.

1755-1759

PONDICHÉRY

SOCIÉTÉ DE L'HISTOIRE

DE L'INDE FRANÇAISE

PARIS

SOCIÉTÉ DES ÉDITIONS

LEROUX

28, RUE BONAPARTE.

Imprimerie Moderne, Pondichéry

INTRODUCTION.

La correspondance du Conseil supérieur de Pondichéry et de la Compagnie, dont nous avons arrêté la publication au 10 Janvier 1749 avec le quatrième volume de cette collection, ne reprend aux Archives conservées à Pondichéry, que le 23 Octobre 1755. Toutes les lettres intermédiaires correspondant aux guerres du Carnatic et du Décan, à la politique nouvelle suivie dans l'Inde par Dupleix, à la mission Godeheu et aux premiers mois de gouvernement de Duval Le Leyrit, font absolument défaut et ne se retrouvent même pas intégralement aux Archives du Ministère des Colonies.

C'est donc une période de plus de six ans et demi que nous devons passer sous silence avant de reprendre le cours de cette correspondance.

Le présent volume qui correspond au tome IX des Archives de Pondichéry, va du 23 Octobre 1755 au 15 Novembre 1759, et il n'y a aucune lettre de la Compagnie. Elles émanent toutes du Conseil supérieur et l'on peut supposer le contenu des lettres de la Compagnie que par les nombreuses références qui y sont faites dans les réponses du Conseil.

Suivant l'usage, ces lettres sont divisées en autant de paragraphes ou plutôt de chapitres principaux qu'il y

avait de comptoirs ou de branches de l'administration ;
c'étaient comme précédemment :

Le commerce et les vaisseaux d'Europe,
La colonie, c'est-à-dire Pondichéry,
Les comptoirs,
Les troupes et fortifications,
Les employés,
Les affaires des îles de France et de Bourbon,
Les affaires générales.

Seule la rubrique Commerce d'Inde en Inde a disparu
soit pour se confondre avec le commerce en général, soit
avec le récit particulier à chaque comptoir ou établissement.

Dans l'analyse sommaire de ces documents nous continuerons, comme par le passé, à suivre le même ordre
d'exposition et de développement ; seulement, par exception, nous tirerons de chaque comptoir tous les renseignements qui peuvent intéresser la politique générale, pour
ne former qu'un bloc de tous les évènements politiques
et militaires qui se sont passés dans notre colonie durant
cette dramatique période. C'est en effet au cours de ces
quatre années que commença de se jouer la partie su-
prême qui devait aboutir en Janvier 1761 à la perte de
tous nos établissements, et bien que la partie ne fût encore que très peu compromise en Novembre 1759, on
sent néanmoins dans les lettres de la Compagnie comme
une angoisse qui croît de jour en jour avec l'usure de
toutes nos ressources financières et l'impossibilité absolue
où l'on se trouva d'y suppléer. Pour une fois, le ton d'ordinaire si froid de la correspondance administrative se
hausse jusqu'à l'émotion. Après des expériences encore
fort vivaces en 1758 de reprendre Chandernagor, on ne
compte plus guère à la fin de 1759 conserver même nos
établissements de la côte Coromandel. Au reste nulle
trace dans cette correspondance des divergences de vue
qui pouvaient exister entre le Conseil et Lally ; le mal-

heur non consommé n'avait pas encore aigri tous les esprits. On se soutenait toujours mutuellement, malgré les prodromes inquiétants mais non encore désespérés de la catastrophe finale.

Résumons donc les évènements politiques ou militaires, qui s'accomplissent durant ces quatre ans, en ne tenant compte que des renseignements ou observations du Conseil supérieur.

AFFAIRES POLITIQUES ET MILITAIRES.

Après une courte allusion à l'infraction commise par les Anglais à la trève conclue avec Godeheu, lorsqu'ils envahirent le Maduré et firent mine de vouloir réduire Mortiz Ali, Nabab de Vellore, le Conseil Supérieur arrive tout de suite à la guerre qui fut déclarée entre les deux nations en Europe le 9 Juin 1756, mais n'eut sa répercussion dans l'Inde que beaucoup plus tard. Même quand la rupture fut connue elle ne fut pas suivie d'hostilités effectives. Les Anglais que le nouveau Nabab de Maxoudabad, Soradja Doula, avait chassés de Calcutta le 21 Juin 1756, se préparaient à reprendre cette ville par un concours des forces de Madras et de Bombay et ne songeaient nullement à nous inquiéter dans le Carnatic ou le Décan. D'autre part, le Conseil supérieur croyait avoir intérêt à ne rien précipiter, pour avoir le temps de recouvrer les revenus de ses domaines qui rentraient difficilement.

Il eût peut-être été plus sage de s'allier au Bengale avec le nouveau Nabab: mais ce prince, à peine arrivé au pouvoir, s'était signalé par tant de cruautés qu'il semblait indécent de lui prêter le moindre appui. Dans l'incertitude des évènements, le Conseil supérieur était d'avis d'envoyer à Chandernagor des forces suffisantes pour se faire craindre également des Anglais et des Maures et de faire désirer notre alliance par les uns et par les autres, sauf à prendre au moment décisif le parti qui conviendrait le mieux à nos intérêts. Mais tout ce qu'il put faire fut d'envoyer 100 hommes par la *Favorite* ; il en eut fallu au moins 400. Ce renfort arriva au moment où les Anglais venaient de reprendre Calcutta (2 janvier 1757). Ne pouvant jouer un rôle actif avec d'aussi faibles moyens, Renault, directeur de Chandernagor, sentit le danger de se lier avec l'un quelconque des belligérants.

Comment en effet se lier avec Suradja qui avait commencé par exiger de nous 400.000 Rs. et nous avait obligés d'acheter au dessus du cours les soieries qu'il avait prises dans la loge anglaise de Cassimbazar ?

Comment d'autre part ne pas croire que les Anglais ne profiteraient pas de leurs avantages pour menacer notre existence propre ? Tout parut cependant devoir s'arranger. Le Nabab, dans sa retraite sur Maxoudabad, nous offrit de nous rendre les 400.000 Rs. qu'il avait exigées, et il en rendit en effet 100.000 Rs., de nous accorder le droit de battre mannaie à Chandernagor et de nous donner la faussedarie d'Ougly si nous prenions l'engagement de la défendre. Suradja craignait. parut-il, pour son compte les suites d'une révolution qui venait d'éclater à Delhi et ce danger lui paraissait beaucoup plus grand que celui des Anglais. Ceux-ci encore mal affermis nous firent de leur côté des propositions de neutralité. Renault aima mieux s'entendre avec eux qu'avec les Maures et envoya deux conseillers à Calcutta pour négocier. Les signatures étaient déjà échangées entre les conseillers des deux nations et l'Amiral Watson avait promis la sienne lorsque, sur la nouvelle d'un secours arrivé de Bombay, il se ravisa et s'autorisant de la déclaration de guerre en Europe autant que fort d'un accord passager conclu avec le Nabab, il marcha sur Chandernagor dont il s'empara le 23 mars. Ce fut en vain que Renault avait cherché à lui barrer la voie du fleuve en y coulant plusieurs vaisseaux de la Compagnie ou particuliers dont le *St. Contest*, le *Fort d'Orléans*, le *Charles* et l'*Entreprise*.

Violant la capitulation à laquelle Renault avait souscrit, les Anglais allèrent saisir à Chinsura, chez les Hollandais, plusieurs Français qui s'y étaient retirés et les Hollandais, qui nous détestaient encore plus que les Anglais, ne s'y opposèrent point. Ramenés à Calcutta on leur fit signer l'engagement d'honneur de ne point servir pendant la guerre, et l'on s'appréta à se débarrasser d'eux en les envoyant à Pondichéry.

Un premier convoi de 36 hommes partit pour Madras le 16 octobre par la *Restitution*. Au cours de la traversée ces prisonnions eurent peur pour leur vie sur ce navire mal équilibré, s'en emparèrent et le conduisirent à Mazulipatam. Pigot, gouverneur de Madras, le réclama aussitôt et le Conseil Supérieur était disposé à accepter ses suggestions à condition que le navire fut d'abord amené à Pondichéry ; mais alors ce furent les prisonniers qui s'y opposèrent. Ils craignirent qu'on ne les débarqnât à Madras et préférèrent rester à Mazulipatam. La *Restitution* revint donc sans eux à Pondichéry, où elle ramena un certain nombre de prisonniers anglais que nous venions de faire à la côte d'Orissa. Elle ne fut pas rendue aux Anglais ayant été considerée comme de bonne prise et s'échoua peu de temps après entre Porto-Novo et Goudelour.

Cette singulière aventure ne se renouvela pas avec les autres prisonniers restés au Bengale. Une autre partie fut embarquée en janvier sur un navire danois. Les femmes seules refusèrent absolument de partir et le Conseil supérieur dut envoyer au Bengale pour subvenir à leur entretien une somme de 100.000 Rs. que leur distribua Fleurin au fur et à mesure de leurs besoins. Le directeur Renault avait été du convoi de janvier ; un troisième et dernier amena un peu plus tard les autres prisonniers.

Les Anglais n'avaient cependant pas fait prisonniers

tous les Français du Bengale. Quelques-uns parvinrent
à s'échapper de Chandernagor et se retirèrent à Cassimbazar ; mais leur sécurité fut de courte durée. Sous la
pression des Anglais, le Nabab invita Law, qui commandait notre loge, à chercher ailleurs une retraite et c'est
alors que commença pour lui comme pour les 100 hommes qui le suivirent, cette merveilleuse randonnée à travers
l'Indoustan, qui dura trois ans et demi et pendant laquelle, renvoyé de rajahs en rajahs, de nababs en nababs,
cherchant partout des ennemis aux Anglais, Law lutta
contre l'adversité par une série d'exploits et d'aventures
qui rappellent, si elles ne la dépassent, la fameuse retraite
des Dix Mille dans l'antiquité. Courtin, qui commandait
à Dacca, chercha également à échapper à l'emprise
anglaise avec une trentaine de nos compatriotes : il erra
plusieurs mois de ville en ville à travers le haut Bengale,
mais à la fin n'ayant plus de ressources et ne trouvant
aucun appui dans le pays, il dut se rendre à nos ennemis
le 10 mars 1758.

Malgré tous ces désastres, le Conseil Supérieur se flattait
encore en 1758 de pouvoir rentrer bientôt en possession
de Chandernagor et dans les demandes de fonds ou de
marchandises qu'il adressa en France cette année là, il y
prévoyait des sommes importantes pour la reprise du
commerce. Il fallut l'échec de Madras et les tristes évènements qui suivirent pour lui enlever toute illusion et toute
espérance. On continua cependant de faire quelques
affaires au Bengale sous le couvert des Danois, qui au
contraire des Hollandais ne cessèrent de nous témoigner
autant qu'ils le purent une sympathie active, aussi bien
dans leur nouvel établissement que dans celui plus ancien
de Tranquebar, à la côte Coromandel.

Regardons maintenant du côté Sud, où allaient s'engager les évènements décisifs. Le Conseil Supérieur ne fut
pas informé de la déclaration de guerre par la Compagnie
mais par une lettre de Le Verrier, notre directeur à Surate

et par une autre de Perdriou notre agent à Bassora, qui l'avait apprise lui même à titre particulier par voie d'Alep.

Ce dénoument était prévu depuis longtemps et chacnn y était plus ou moins préparé ; un navire, l'*Indien*, qui se rendait de Mahé aux Iles n'en fut pas moins saisi en mer par l'ennemi alors qu'il se croyait en toute sécurité.

Les opérations de terre ne commencèrent pas avant la fin de 1757, après l'arrivée de la première escadre qui le 8 septembre, amena la première moitié des troupes et apporta une valeur de 200.000 marcs soit plus de 10 millions tant en matières d'argent qu'en lettres de change. Cette escadre était commandée par Bouvet et les troupes par le chevalier de Soupire, précédant lui même le comte de Lally-Tollendal désigné pour commander en chef. Soupire gaspilla ses forces et les fonds de la Compagnie dans l'expédition peu utile de Chettoupet et dans des négociations oiseuses. Il avait amené avec lui un nombreux état-major d'officiers appartenant aux meilleures familles de France, qui croyaient pouvoir se distinguer aisément dans l'Inde et furent plutôt un obstacle par leurs exigences que par le services qu'ils rendirent. Après quelques mois d'épreuve plusieurs d'entre eux parmi lesquels le comte de Montmarency-Laval, rentrèrent en France désabusés (Juillet 1758).

Dès le mois de Février 1757 les fonds avaient commencé à manquer et le Conseil supérieur jetait le premier cri d'alarme dans une lettre à la Compagnie. Les dépenses ordinaires étaient de 2.230.000 Rs. soit un déficit pour l'année de 550 à 600.000 Rs. Encore le Conseil supérieur estimait-il qu'on ne recouvrerait jamais les 2.210.000 Rs ; tout au plus pensait-il pouvoir en retirer 1.400.000. Il fallait donc s'attendre à un déficit réel de 1.360.000 Rs. déficit qui ne pourrait que croître lorsque l'on serait effectivement entré en campagne. La Compagnie avait trop compté sur les revenus de l'Inde pour soutenir la guerre ; qui donc avait pu l'illusionner de cette façon ?

Une seconde escadre commandée par d'Aché et composée de neuf vaisseaux de guerre et deux frégates amena le 28 Avril 1758 le reste des troupes avec Lally-Tollendal. Elle était impatiemment attendue.

Lally justifia d'abord les espérances qu'on avait mises en lui. Dès le lendemain de son arrivée, il s'embarquait pour Goudelour dont il s'emparait sans peine et commençait le siège du Fort St. David qui succomba le 2 Juin après 17 jours de tranchée. Cependant d'Aché livrait dès le 29 Avril avec la flotte anglaise un combat naval qui dura de deux heures et demie à cinq heures et resta indécis.

Maître de St. David, Lally marcha sur Devicotta qu'il occupa le 5 Juin, puis après être revenu un moment à Pondichéry où il disposa un camp de 4 à 500 hommes au nord de la place, il repartit pour Karikal, s'empara de Nagour à mi-chemin de cette ville et de Negapatam et vint mettre le siège devant Tanjore, siège qu'il dut abandonner le 9 Août, faute de munitions.

Ainsi nos succès et nos échecs commençaient à se balancer. Il en fut à peu près de même sur mer. Après le combat du 29 avril, notre flotte s'était retirée à Coblon, d'où elle appareilla le 10 Mai, pour revenir quinze jours plus tard à Alemparvé, un peu au nord de Pondichéry. Il eut été fort opportun de détruire l'escadre anglaise, mais d'Aché ne voulait pas tenter une nouvelle aventure sous prétexte qu'il n'avait pas de monde. Pour lever ses scrupules, Lally lui donna aussitôt 400 hommes, en promettant à chacun d'eux une gratification de 10 Rs. pour la durée de leur embarquement. Ainsi renforcé, d'Aché mit à la voile le 31 mai pour Fort St. David : au lieu de défendre la place, l'escadre anglaise se replia sur Madras. Nos vaisseaux croisèrent jusqu'à mi-juin au large de Negapatam ; ils s'emparèrent d'un brigantin anglais, l'*Ex*-

périmenté, prise de peu d'importance. Le 3 août ils livrèrent un combat qui fut plutôt défavorable. Le feu prit au *Zodiaque* et au *Comte de Provence* et sans avoir subi d'échec positif notre flotte dut revenir le 4 août en assez mauvais état. Il fallut la ragréer et les prélèvements qu'on fit au magasin de la marine achevèrent d'épuiser nos disponibilités. L'échec du 3 août n'aurait pas été non plus étranger à la levée du siège de Tanjore.

Un évènement plus politique que militaire et d'ailleurs d'importance secondaire était venu se greffer sur ces diverses opérations.

Le lendemain du combat du 3 août, le *Ruby,* venant de l'Ile de France, rencontra la flotte anglaise; chassé par elle. il crut trouver un abri dans le port de Négapatam, mais les Anglais l'y allèrent surprendre et enlever comme s'il était de bonne prise. Toutes représentations ayant été inutiles, d'Aché par mesure de représailles fit arrêter trois ou quatre jours plus tard le *Hoarlem,* qui venait de Batavia. On rendit aux particuliers ce qui leur appartenait et l'on retint ce qui était propriété de la Compagnie de Hollande. Ce fut au tour du Conseil de Négapatam de protester ; il offrit de rendre le *Ruby* qu'il aurait racheté à l'amiral anglais Pocock. Le Conseil supérieur refusa ; il estimait qu'il aurait mieux valu être en guerre déclarée avec les Hollandais que de subir une neutralité aussi partiale et aussi décevante. Il revient plusieurs fois sur cette idée au cours de sa correspondance.

A la fin d'août, d'Aché manifesta l'intention de retourner aux Iles. On fit tout pour le retenir. Lally réunit même le 31 août un conseil, où l'on décida à la pluralité des voix qu'il ne devrait pas partir avant le 20 septembre. D'Aché appareilla néanmoins dans la nuit du 2 au 3 septembre ; la flotte anglaise remonta de son côté à Madras huit jours plus tard. Chacune des deux escadres, craignant les vents de la mauvaise saison, prenait ses quartiers d'hiver.

Le lendemain du départ de d'Aché, Lally partait pour aller chasser les Anglais des places qu'ils occupaient en deça du Paléar et occupa sans peine mais non sans dépenses Tirnamalé, Carangouly, Arcote et Cavéripacom, tous noms déjà illustrés par les opérations de 1753. Il rappela Bussy du Décan, où il ne fut laissé qu'un simple détachement sous les ordres de Durocher de la Périgne puis de Nairfasse, puis à la suite d'une délibération qui eut lieu le 4 novembre, il entreprit le siège de Madras, qui fut commencé le 12 décembre.

Les lettres du Conseil ne font qu'indiquer ces diverses opérations, la Compagnie devant être plus largement instruite par les lettres personnelles de Leyrit ou de Lally.

Au moment où ce dernier allait entrer en campagne, le Conseil n'ayant plus que peu d'argent, tenta de donner cours à des billets de monnaie qui puissent servir au paiement des vivres, provisions et autres fournitures faites à l'hopital et à l'armée. Nicolas et Duplan de Laval tous deux sous marchands, furent chargés d'en faire faire pour 200.000 Rs. remboursables dans les six mois et portant intérêt à raison de un pour cent par mois; le 15 janvier 1759 il en avait déjà été émis pour 162.000 Rs. mais le public, surtout les noirs, les acceptait difficilement.

Cette ressource étant insuffisante, on demanda au Conseil une contribution volontaire de 50.000 Rs. qui n'en donna que 34.000 et on imposa aux marchands malabars et aux habitants indiens un emprunt forcé de 140.000 Rs. remboursable sur les premiers vaisseaux qui viendraient de France. Cet emprunt n'en produisit que 81.000.

Le blé manquant, on envoya à Goa le *Diligent* avec 40.077 Rs. de toiles dont la vente devait servir à s'en procurer. Le Conseil supérieur faisait manifestement les efforts les plus méritoires pour assurer la subsistance et la solde de nos troupes. Comme pour l'encourager dans cette tâche ingrate, mais nécessaire, le *Fidèle* venant de l'Ile de France lui apporta le 21 décembre 20.967 marcs, qui furent aussitôt versés dans les frais de l'expédition de Madras.

Le siège de cette place ne réussit pas, sans que le Conseil formule sur cet échec la moindre appréciation. Il se borne à dire que le siège fut levé le 17 février à la suite de l'arrivée de cinq vaisseaux anglais qui amenèrent à nos ennemis 500 hommes de renfort, des vivres et des munitions.

Au retour de Lally et sur sa demande il se tint un comité secret où assistèrent Leyrit, Barthélemy, Moracin, Boyelleau, Delarche et Bussy. Lally fit un exposé de la situation. Le Conseil ne dit pas à quelle résolution on s'arrêta.

Nos finances étaient dans un état effroyable. Comme on le verra plus loin au chapitre de Pondichéry, les fermes ne donnaient pas les revenus excomptés et soit que l'on regardât du côté de la Colonie, soit que l'on se tournât vers la France, c'était toujours le déficit. Les expédients même les plus onéreux ne parvenaient pas à le combler. Au mois de juin, lorsqu'on voulut s'emparer de Thiagar, nos soldats n'étant plus payés menacèrent de se révolter et il fallut pour se procurer sur l'heure 40.000 Rs., promettre la nababie d'Arcote à Raja Sahib fils de Chanda Sahib. En revanche, Raja Sahib devait nous fournir quelques centaines de cavaliers d'élite. L'affaire présentée au Conseil ne passa pas sans une serieuse opposition.

Deux mois après, en août, pour décider à se mettre en mouvement nos troupes qui étaient à Chettipet et à Vandavachy, on dut promettre les fermes de Villenour et de Bahour un an avant leur expiration à qui pourrait avancer immédiatement 15.000 Rs. Le 20 du même mois, les conseillers décidèrent de vendre leur vaisselle d'argent pour la faire monnayer et en mettre le produit au service de la Compagnie.

Enfin l'escadre de d'Aché reparu le 15 septembre apportant une somme de deux millions : un troisième avait été retenu par le Conseil de l'Ile de France. Au point où étaient les choses, c'était presque une goutte d'eau dans la mer. En dehors des dépenses courantes, qui avaient augmenté depuis dix huit mois avec l'accroissement des effectifs, il était dû huit mois de solde aux officiers et soldats : les Conseillers ne touchaient plus rien et les employés plus modestes ne recevaient que la moitié de leurs appointements. Il faut lire dans diverses lettres du Conseil l'exposé désolant qu'il fait de cette situation à la Compagnie.

Comme par suite de ces difficultés pécuniaires, la menace anglaise se précisait tous les jours davantage, même contre Pondichéry, le Conseil supérieur et Lally pensèrent qu'il était de toute nécessité de retenir l'escadre de d'Aché. Elle était forte de 11 vaisseaux de guerre, 2 frégates et 7 vaisseaux de transport, tout ce qu'il fallait pour tenir l'ennemi en respect, si l'on ne pouvait avoir sur lui un avantage marqué. Cette supériorité était en effet douteuse ; ayant rencontré le 10 septembre l'escadre anglaise au large de Porto-Novo, la nôtre lui avait livré combat, un combat qui avait duré deux heures et était resté incertain. Arrivé à Pondichéry le 15 d'Aché avait fixé son départ au 17. Convaincus que dans une nouvelle bataille nous aurions l'avantage, Leyrit et Bussy l'allèrent trouver à bord du *Zodiaque* pour le déterminer à retarder son départ. Le Conseil de son côté rédigea une déclaration par laquelle on le déchargeait, le cas échéant, de toute responsabilité ; Lally enfin convoqua une assemblée où, si d'Aché persistait à vouloir partir, on le rendait responsable de la perte de la Colonie. La résolution provoquée par Lally lui fut remise au moment où il appareillait.

Mais la réflexion étant venue, d'Aché convoqua un conseil en pleine mer le lendemain de son départ et il fut décidé qu'on reviendrait à Pondichéry. Pourquoi ce retour ? puisque l'on n'échangea de part et d'autre que des propos mortifiants. Le 24 d'Aché fit remettre pour le Conseil une lettre injurieuse à laquelle celui-ci répondit le surlendemain. Le 27 l'escadre anglaise parut de nouveau, mais il n'y eut pas de combat : elle remontait tranquillement vers le nord. D'Aché écrivit encore une dernière lettre pour se plaindre qu'on lui eut donné sur l'état de flotte ennemie des renseignements erronés et déclara qu'il partirait le 1er octobre.

Rien ne put le retenir, pas même la nouvelle qu'il put apprendre à bord qu'un combat sérieux venait de s'engager le 30 septembre avec l'ennemi. Il consentit cependant à laisser débarquer 400 marins et 200 cafres sous les ordres de Genlis avec de la poudre et des boulets de canon. Aussi le Conseil supérieur s'adressa-t-il d'urgence à la Compagnie pour avoir des secours, puisque disait-il, "sa marine et celle du roi concourrent si peu à s'unir et à s'entendre avec nous pour le salut et la conservation de la Colonie". Ce fut la frégate la *Gracieuse* qui porta cette demande en France.

Le combat engagé le 30 septembre porte dans l'histoire le nom de première bataille de Vandavachy. Il tourna à notre avantage. Les Anglais partis de Canjivaram au nombre de 1.700 blancs et de 3 a 4.000 cipayes, avaient passé le Paléar ; ils nous attaquèrent alors que nous n'avions que 1.100 blancs environ commandés par Diogane. L'affaire dura cinq heures. On prit à l'ennemi 4 pièces de canon et 2 charriots d'artillerie ; 2 officiers et 56 hommes furent faits prisonniers; 300 à 350 furent tués. Nos pertes auraient été de 36 tués parmi lesquels le capitaine Mainville qui s'était illustré au siège de Trichinopolly et le lieutenant Papillond, cousin de Dupleix.

Ce succès n'améliora pas sensiblement nos affaires, les difficultés financières continuaient. Le 15 octobre suivant, le Conseil supérieur remit à la Compagnie cinq états de lettres de change qu'il tirait sur elle, montant à 77.942 marcs et auxquelles il la priait de faire honneur. C'était des dépenses pour la marine ou pour la caisse militaire ou pour le remboursement des billets de caisse émis en 1758 et au début de 1759.

Mais à ce moment un incident beaucoup plus grave survint. Le 17 les deux bataillons du régiment de Lorraine se retirèrent purement et simplement du coté des Anglais, en réclamant 8 mois de solde et en menançant de lever eux-mêmes des contributions sur le pays s'ils n'étaient payés dans les quatre jours. Ils promirent néanmoins de ne pas passer à l'ennemi. Bientôt après tout le reste de l'armée suivit emmenant canons et munitions. Les efforts des officiers pour les retenir furent inutiles. Le Conseil supérieur s'assembla aussitôt sur la convocation de Lally pour aviser à la situation et décida de lever une taxe sur les Européens. Dès le lendemain matin Dubois partait pour l'armée avec 50.000 Rs. et le soir du même jour Lally en envoyait encore 36.000. Ces avances apaisèrent les mutins qui en demandaient 190.000 pour tout l'arriéré de leur dû ; à la vue de cet argent, ils déclarèrent qu'ils se contenteraient du payement de six mois de solde, pourvu que le reste leur fut réglé le 10 novembre. Le 19 ils écrivirent pour demander une amnistie qui leur fut accordée sans discussion et ils revinrent au camp le 21.

Le péril avait été heureusement conjuré, mais il pouvait renaitre et, dans ce cas, comment y parer? On ne pouvait compter sur les secours de France qui n'arriveraient peut être que dans 12 ou 14 mois ; c'était tout de suite qu'il fallait des ressources nouvelles. Le Conseil évaluait celles qu'il pouvait recouvrer à 1.800.000 Rs. dont 1.350.000 pour les fermes du Carnatic, 150.000 pour celles de Villenour, Bahour et Goudelour et 900.000 pour les aldées d'Oulgaret et d'Ariancoupom environnant Pondichéry; or il fallait 250.000 Rs. par mois ou 30 lacs par an. C'était 12 lacs qui lui manquaient, 12 lacs que la Compagnie seule pouvait lui procurer.

Tous les expédients locaux étaient épuisés ; on avait émis succèssivement pour 1.200.000 Rs. de billets de caisse, mais la quantité en avait diminué la valeur, ils perdirent bientot 50 puis 80 pour cent. Pour empêcher leur discrédit, on avait décidé le 10 juin d'affecter les revenus des paraganés de Trivady, Porto Novo et Bonnéguéry montant à 300.000 Rs. à l'extinction progressive de ces billets. La fonte de la vaisselle d'argent des indiens, avec garantie de perte de 18 % à la fusion, avait donné une recette de 33.797 Rs.; la contribution levée sur les blancs, arméniens et étrangers en avait donné 7.000 ; l'emprunt forcé sur les malabars en avait enfin procuré 140.000. Toutes ces mesures, est-il besoin de le dire, avaient produit la plus fâcheuse impression et avaient achevé de détruire le crédit de la Compagnie.

Les affaires en étaient là lorsque nos troupes se mutinèrent. En attendant que la métropole envoyât des fonds, avec quelles ressources pourvoir aux nécessités futures ? Par nécessité, Lally fit vendre le vin qui était arrivé de France par l'escadre de d'Aché, pour se faire de l'argent. La pipe de Madère se vendit 420 Rs. celle de Xérès 400, la barrique de vin rouge 160 et le vin en caisse 2 Rs. la bouteille. Mais c'étaient là des moyens de fortune sans portée véritable. Le Conseil supérieur chercha de son côté à négocier dès la fin d'octobre avec Negapatam un emprunt de 2 à 300.000 Rs. à 10, 15 ou même 20 p. cent d'intérêt ; il s'adressa également aux Iles. N'ayant pu trouver à Negapatam la somme qu'il désirait, il réduisit sa demande à 200.000 Rs. avec intérêt de 24 p. cent par an. Le 31 octobre les soldats n'avaient pas encore touché l'intégralité des 190.000 Rs. qu'ils exigeaient.

Comme dans un roman bien ordonné, la correspondance du Conseil supérieur s'arrête sur cette situation angoissante.

Regardons maintenant du côté du Décan et de la côte d'Orissa, où les évènements n'étaient pas moins dramatiques. La correspondance du Conseil ne nous apprend rien ou presque rien sur le Décan proprement dit ; aucun exposé de la situation à une date quelconque, mais de simples allusions à la disgrâce passagère de Bussy et aux difficultés qui en furent la conséquence. Rien non plus sur les conditions de son retour à la côte sur la demande expresse de Lally.

On est un peu mieux renseigné sur ce qui se passa à la côte. Par représailles pour les pertes que nous éprouvâmes en 1757 dans le Bengale, nous nous emparâmes de Menepelly, Bandermoulanca et Vizagapatam, où les Anglais avaient des comptoirs ; à Vizagapatam occupé par Bussy lui même, nous fîmes 157 prisonniers et à Menepelly 26. On prit la même année à Ganjam et dans la rivière d'Yanaon deux petits vaisseaux anglais de peu de valeur, dont l'un, le *Marlborough* rapporta cependant 9.385 pagodes.

Nous n'eûmes en réalité rien à craindre des Anglais tant qu'ils furent occupés au Bengale, mais quand ils eurent vaincu Suradjadaula et installé solidement Jaffer Ali comme nabab de Maxoudabad, leur arctivité ne tarda pas à se tourner contre nos établissements du sud. En novembre 1758, un corps détaché du Bengale débarqua à Vizagapatam pour se joindre au Raja de Vizianagram, notre ennemi. Le marquis de Conflans les attaqua à Pitapour le 7 décembre, mais il fut vaincu et après sa défaite nous perdimes Rajamandry et nous fûmes obligés de nous retirer à Mazulipatam. Panon tint pendant quelque temps à Narsapour en coulant en rade plusieurs bateuax dont l'équipage avait déserté. Puis ce fut Mazulipatam lui même menacé. Le colonel Fard l'enleva pas escalade dans la nuit du 7 au 8 avril 1759. Nos autres établissements succombèrent dans les jours qui suivirent et ceux de nos employés qui ne tombèrent pas au pouvoir de l'ennemi allèrent rejoindre Durocher de la Périgne dans le Dêcan.

La perte de nos comptoirs fut comme il fallait le craindre, suivie d'une révolution à Haïdérabad. Nizam Ali frère de Salabef jing, s'empara du gouvernement par une sorte de capitulation qu'il imposa au souverain légitime, capitulation à laquelle son autre frère Bassolet jing ne voulut pas s'associer. Lally espéra un instant amener ce dernier à nous prêter le concours de ses forces en envoyant auprès de lui Bussy, mais le prince resta prudemment sur la réserve, attendant l'issue des évènements qui paraissaient de moins en moins favorables pour notre cause.

A Mahé nous n'eûmes point à combattre les Anglais, du moins durant cette période : la neutralité continua d'être observée entre les deux nations. Les évènements de ce comptoir appartiennent à son histoire purement locale.

II.— LE COMMERCE.

Le commerce, ainsi qu'on peut le supposer, ne fut pas très prospère, à partir de 1757 et surtout de 1758. Ce ne fut pas toutefois la guerre proprement dite qui lui fit directement le plus grand tort ; la mer resta presque toujours libre et l'on put impunément naviguer dans les mers de l'Inde aussi bien que dans l'Atlantique, mais l'argent manqua presque constamment. La Compagnie compta trop sur les revenus de la péninsule pour subvenir aux dépenses militaires en quantités suffisantes et comme ces revenus se trouvèrent eux-mêmes inférieurs aux prévisions, le Conseil supérieur dut affecter aux besoins de l'armée l'intégralité des fonds destinés au commerce. Donc à partir de 1758 plus d'achats d'aucune sorte dans l'Inde, plus d'envois de marchandises en Europe.

Rien ne faisait prévoir un pareil dénument en 1755. Cette année là le *Duc d'Aquitaine* put partir de Pondichéry le 28 octobre avec un chargement de 893.362 Rs. dont 540.756 liv. de cauris, 139.318 liv. de bois rouge et 713 balles de marchandises.

La saison de 1756 ne s'annonnçait pas sous un aspect

favorable. On avait de fortes dettes au Bengale et il était difficile d'y faire du commerce avant qu'elles ne fussent réglées ; d'autre part le comptoir du Mazulipatam sur lequel on comptait pour fournir une grande quantité d'étoffes n'envoya en février que 25 balles de mouchoirs et 228 balles de marchandises blanches d'Yanaon. Le Conseil supérieur s'attendait à plus.

La *Danaï* et l'*Hermione* qui arrivèrent de France en janvier apportèrent chacune 200.000 piastres.

Le 27 février le Conseil expédia en France le *Lys* avec une cargaison de 747.191 Rs. dont 200 milliers de bois rouge, 12.296 morceaux de bois de sapan, 200 sacs de salpêtre, 303.078 liv. de poivre, 1.288 balles de marchandises et 93 caisses de nacre et de perles. C'était un beau chargement. Les marchandises n'étaient cependant pas toutes des sortes exigées par la Compagnie ; n'ayant pu en 1756 passer de contrats avec les marchands, on avait dû prendre tout ce qu'ils avaient présenté, sous peine de réduire le chargement à fort peu de chose.

La *Danaï* envoyée à Moka en revint le 15 août avec 2700 balles de café et il en resta 233 qu'on ne put embarquer. Ce voyage donna 14 pour cent de bénéfice et la Compagnie en retirera pour son compte 9.592 Rs.

En avril et juin, ou reçut successivement à Pondichéry la *Gloire* avec 20.007 marcs, le *St. Priest* avec 13.757 et le *St. Contest* avec 20.008, en tout 53.772 marcs. Pour donner du fret de retour à ces navires, le Conseil avait contracté avec les marchands pour 450.000 Rs. mais les moyens dont il disposait furent si courts qu'il ne put en réalité demander que 100.000 Rs. de marchandises. Les baux des fermes sur lesquels il comptait ne rentraient pas ; il était dû 900.000 Rs. et pour le seul article des poivres, la Compagnie était en retard de plus d'un million avec la ociété qui le lui fournissait. Le Conseil estimait déjà qu'il allait être obligé d'émettre des billets de caisse portant intérêt.

Malgré cette situation embarrassée, le Conseil qui attachait au commerce du Bengale un intérêt tout particulier, fit passer à Chandernagor 800.000 Rs. On sait déjà que la moitié de cette somme fut exigée par Souradja doula ; le reste fut perdu avec notre établissement lui-même. Tous nos vaisseaux furent pris par les Anglais ou coulés dans le Gange pour la défense de la ville.

La sécurité complète dans laquelle nos établissements de la cote Coromandel restèrent jusqu'en 1758 donna à penser au Conseil que notre commerce pourrait y continuer comme à l'ordinaire et dans une lettre du 3 février 1757 il développe des considérations sur les principaux objets pouvant être importés de France :

Cuivre : impossible de s'en procurer du Japon : il fallait en envoyer de France pour fabriquer des *doulis* ou monnaie de Mazulipatam.

Chapeaux de castor : la Compagnie en envoyait d'ordinaire de 150 à 200.

Draps : la Compagnie ne répondait jamais exactement aux demandes du Conseil. Quand celui-ci réclamait des londrins mi-fins, on lui en envoyait de larges au même prix que les fins. La Compagnie facturait toutes les couleurs au même prix : cependant le rouge valait 2 Rs. de plus que les autres couleurs ; c'était à la vérité la seule qui fut recherchée.

Fils d'or : on en a envoyé une sorte autre que celle qui était demandée et elle était de mauvaise qualité.

Etoffes d'or et d'argent : elles étaient de peu de débit : 10 à 12 aunes par an suffisaient. Il importait qu'elles fussent de bon goût et de bonne qualité.

Même recommandation pour les *Galons d'or et d'argent*.

Plomb : on s'en servait pour les balles et les boulets, lorsqu'on manquait de boulets de fer; 200.000 liv. était une quantité insuffisante.

Serges bleues pour les soldats : c'était les fabriques de Lodève qui les fournissaient.

Vins : Le Xérès était d'une nécessité absolue pour
l'hopital, la vente aux habitants et les besoins des vaisseaux.
Le Madère plus doux était considéré comme surexcitant
davantage les nerfs.   Le Madère valait à Madras 45 à 50
pagodes la pièce et à Pondichéry plus de 80.   C'était une
maison anglaise de Madère qui le fournissait à la Compagnie en prélevant sur chaque pièce un bénéfice appréciable;
le Conseil suggérait de s'approvisionner directement dans
l'île.   Si la Compagnie pouvait s'en procurer à meilleur
compte, le Conseil supérieur en demandait 100 pièces,
sinon 50 ou 60 suffiraient.   Saige était fournisseur du vin
rouge de Bordeaux ; tant en futs qu'en bouteilles, tout ce
qu'il envoyait n'était pas bon.   Sur 3 ou 400 caisses,
souvent il n'y en avait pas une de bonne.   Une fois Godeheu dut les faire vendre au prix de la bouteille.   Le vin
en fut était souvent de la lie.   Pareil mécomptes arrivaient rarement à Madras.

Velours : il ne fallait pas trop de velours noirs, il était
difficile de les écouler; 7 à 8 pièces suffisaient pour Chandernagor et une pour Mahé.

Corail : il n'était généralement pas de bonne qualité,
il se vendait suivant les sortes entre 108 et 64 pagodes le
man.

Montres d'or et d'argent : Celles qui se vendaient sont
celles de Romilly et Carré.   Une montre d'or se vendait
205 roupies.   Celles en simili étaient d'un écoulement
difficile.

Bijouteries et Merceries : Ciseaux, flacons, couteaux,
lunettes, tabatières, peignes, écritoires, serrures etc. tout
cela se vendait assez bien.

Etoffes diverses : les Européens étaient les seuls à les
acheter.   La Compagnie les facturait trop cher, ce qui
nuisait à la vente.

Armes et ustensils de guerre : Ils arrivaient presque tous
en mauvais état ; les uns avaient leurs chiens cassés, pour
d'autres c'étaient leurs crosses.   Il n'y avait qu'un armu-

rier pour les réparer. Les détachements qui venaient d'Europe n'apportaient en général que des armes hors d'état de servir, quand ils étaient en campagne ils en faisaient une consommation excessive.

Le Conseil supérieur renvoyait d'ordinaire en France les effets hors d'usage ou avariés ou ceux qui ne trouvaient pas d'écoulement ; souvent cependant il trouvait plus convenable de s'en défaire avec perte. Comparant d'autre part le commerce anglais et le nôtre, il estimait que les anglais devaient surtout leurs succès à ce que presque tous leurs employés arrivaient dans l'Inde avec des fonds ou avec du crédit, tandisque les notres n'apportaient rien et quoiqu'actifs et entendus dans les affaires, ils mettaient un temps infini à acquérir les fonds nécessaires pour être en état de travailler par eux-mêmes et de réaliser des bénéfices. Lenoir et Dupleix étaient les seuls Gouverneurs qui eussent réussi dans le commerce.

Le *Séchelles* et le *Duc de Berry* venant de France étaient arrivés à Pondichéry le 3 Février 1757. Le Conseil renvoya le *Duc de Berry* le 27 février avec 1.002 balles et caisses, 2.500 sacs de cauris, 221.500 l. de poivre et 14.535 l. de bois rouge, d'une valeur totale de 685.434 Rs. Le *Séchelles* emporta de son côté 2.600 balles de café, 1.000 sacs de salpêtre, 173.280 l. de bois rouge et 1.500 paquets de rotin, valant ensemble 246.191 Rs. C'étaient des cargaisons acceptables, étant donné qu'on n'avait pu passer avec les marchands qu'un contrat de 100.000 Rs. et qu'il n'était rien venu de Mazulipatam et de Yanaon. La majeure partie des marchandises avait été fournie par des Portugais.

Les envois de la Compagnie ayant été à partir de cette année affectés exclusivement aux dépenses militaires et les revenus des fermes ne suffisant pas au quart des autres frais, il ne fallait pas que la Compagnie put s'attendre désormais à d'autres envois et le commerce avec la France fut en fait suspendu.

III.— LES COMPTOIRS.

Si l'on fait abstraction de ces renseignements sur la vie politique et commerciale de notre colonie, il reste peu de choses à dire sur les évènements particuliers à chacun de nos comptoirs ou établissements.

Pondichéry.— On construisait beaucoup en 1755, et l'on envisageait que pour donner à la Ville blanche un cachet particulier on obligerait tous les malabars qui y avaient des maisons à les vendre et **à** habiter la Ville noire. Le canal vaseux qui sépare encore aujourd'hui les deux villes était déjà l'objet d'études pour y faciliter l'écoulement des eaux.

Les Capucins étaient en train de reconstruire leur église et elle était déjà élevée jusqu'à la voûte, mais des règlements interdisaient de faire des constructions qui puissent gêner la vue du fort ou la défense de la ville, et le travail restait en suspens. On disait la messe dans les bas-côtés. Lally-Tollandal leva l'interdiction en 1758 et l'église put être achevée.

Malgré ces constructions, les logements firent défaut lorsqu'arrivèrent les corps d'armée de Soupire et de Lally : on dut loger les officiers chez les bourgeois, conseillers et employés, d'autres dans l'ancien gouvernement ; faute de casernes, on installa les soldats à la blanchisserie de Moutalpett.

Avec l'afflux de cette population les vivres augmentaient et le pays voisin fut rapidement épuisé. Les Indiens se retirèrent dans l'intérieur. Les appointements ne purent malheureusement suivre le même mouvement ; la vie devait fort difficile ; la bouteille de vin se vendit un instant cinq roupies.

Un nommé Bourdier fut chargé de l'inspection de la pharmacie et comme les produits pharmaceutiques coûtaient fort cher, on lui recommanda de faire désormais sur place toutes les compositions qu'il pourrait avec les produits du pays, afin de pouvoir se passer des remèdes de France qui, sans compter les prix, risquaient d'arriver trop tard. Boudier ne reconnut pas la tâche impossible.

Mais le principal souci de l'administration, bien qu'il ne concerne pas spécialement la ville de Pondichéry fut la question des fermages, d'où dépendait la vie même de la colonie. Godeheu les avait donnés au fameux courtier Ananda Rangapoullé dit encore Rangappa et l'on attendait des merveilles de son concours. Mais au bout de deux ans, c'est-à-dire dès la fin de 1756, les rentrées se faisant mal, Rangappa devait au Conseil 18 lacs sur les 30 qu'il aurait dû payer. Ce chiffre paraissant exorbitant, le conseiller Lenoir fut chargé d'examiner les comptes, mais Rangappa étant tombé gravement malade, on ne put en réalité se livrer à cet examen qu'en 1758 et le terminer qu'en 1759. En attendant, on estima peu prudent de lui laisser la gestion d'intérêts si considérables et, sans modifier radicalement la ferme, on chargea les conseillers Boyelleau, Desvaux et Guillard de percevoir provisoirement les revenus dans les différentes aldées, c'était la régie.

Le fermier particulier de Chéringam, un nommé Balachetty, ne se comportait pas mieux ; il dut passer la main à un autre fermier indigène, Virachetty, qui ne parvint pas davantage à faire rentrer les fonds. Loin de verser ce qu'il avait promis, il demanda au contraire une indemnité de 90.000 Rs. pour la première année de son bail et une réduction de 480.000 à 500.000 pour la seconde. Le conseiller Lenoir, envoyé encore une fois en inspection, mit en régie la ferme de Chéringam qu'il confia à St. Maurice, commissaire des troupes et afferma quelques paraganés à des gens qui lui parurent surs et solvables.

La régie est peu pratiquée dans l'Inde; on lui préfère les fermages. Au bout de quelques mois, lorsqu'une certaine régularité parut être rétablie, Guillard, Dervaux et Boyelleau passèrent la main à de nouveaux fermiers, mais contrairement aux usages ce furent à des Européens que le

Conseil s'adressa. Abeille et Miran, deux conseillers, prirent pour cinq ans les fermages précedemment attribués à Rangappa, à raison de 1.200.000 Rs. la première année, 1.350.000 la deuxième, 1.500.000 la troisième et 1.650.000 la quatrième et la cinquième. Les baux furent approuvés par le Conseil le 30 octobre 1758.

Jusqu'à l'arrivée des troupes, le 8 Septembre 1757, les revenus des fermes suffirent à peu près à balancer les dépenses, mais à partir de cette date l'équilibre fut rompu et ne put jamais être rétabli. Les fermes des dépendances servaient à leurs dépenses propres et n'étaient pas versées dans la caisse de Pondichéry.

Chandernagor.— Le comptoir de Chandernagor put encore charger richement trois vaisseaux pour France en 1755, bien qu'il fut très obéré : il devait 3.156.721 Rs. Le Conseil supérieur pensa pouvoir atténuer une partie de ces dettes en lui envoyant en 1756 800.000 Rs. dont 450.000 par l'*Indien* et 350.000 par la *Gloire* et le *St. Contest.* Le Nabab, comme on l'a vu, en exigea 400.000, tandis qu'il en demandait 450.000 aux Hollandais. Ces derniers ne voulaient se lier avec personne, dans l'espoir de pouvoir dominer tout le monde ; leurs prétentions comme leur pouvoir effectif tomba avec Chandernagor.

Un voyageur qui devait plus tard acquérir une réelle célébrité, Anquetil Duperron, vint au Bengale en 1756 pour s'y perfectionner dans l'étude des langues orientales ; il partagea un instant le sort de Law, erra pendant quelques mois à travers l'Indoustan, puis revint à Pondichéry et de là passa à Surate avec son frère Anquetil de Briancourt, chargé de la direction de ce compoir.

Nos autres établissements du Bengale subirent le sort de Chandernagor après la bataille de Plassey; ils tombèrent tous aux mains des Anglais. On a vu comment Courtin et Law, chefs respectifs de Dacca et de Cassimbazar, cherchèrent à lutter contre nos ennemis l'un jusqu'en 1758 et l'autre jusqu'en 1761.

Karikal.— Karikal était administré en 1755 par Porcher des Oulches, qui voulait à toutes forces établir une ferme de bétel et du tabac moyennant 400 pagodes par an. Les gens du pays s'y opposèrent. La ferme n'en fut pas moins établie au bout d'un certain temps, mais dût finalement être abandonnée devant l'exode des habitants. Les autres fermes, celles des terres, ne réussissaient guère mieux ; les fermiers les abandonnèrent et, comme à Pondichéry, on dut les mettre en régie ; les fermiers devaient alors 125.000 Rs. Tirouvengadam qui leur fut substitué peu de temps après, n'avait payé en 1759 que 15.000 Rs. et 900 pagodes d'acompte sur les 100.000 Rs. qu'il devait à la Compagnie.

Le commerce était peu actif ; Karikal ne fournissait que quelques balles de tarnatannes à la Compagnie. On tirait par contre beaucoup de bois de teck de Négapatam.

Les dépenses de l'escadre, qui toucha deux fois ce comptoir, affaiblirent beaucoup ses ressources ; il ne put en réalité que végéter pendant toute cette période. Porcher, autorisé par la Compagnie, fit élever quelques fortifications, qui ne furent plus tard d'aucun usage. Un détachement du régiment de Lorraine fut envoyé en 1759 sous les ordres du capitaine Viard.

La ville danoise de Tranquebar ayant sollicité un instant notre appui contre le roi de Tanjore, son suzerain, Porcher envoya à son secours une centaine de cipayes. Le Conseil supérieur avait également songé à envoyer des hommes par mer de Pondichéry et avait pressenti à cet égard le chef de l'escadre anglaise de Goudelour. La réponse équivoque de ce dernier le fit renoncer à cette idée. Les Danois purent heureusement arranger leurs affaires avec le roi sans être obligés d'en venir aux armes.

Porcher ayant demandé son retour à Pondichéry fut remplacé en 1759 par Dupetit Val.

Mazulipatam.— La situation de cet établissement fut toujours très étroite et très embarassée en raison des charges énormes de notre présence dans le Décan. Les re-cettes de la province de Condavir avaient été affectées pour éteindre les dettes de Bussy ; c'étaient autant de ressources en moins pour nos établissements côtiers. On devait 100.000 Rs. au Saocar de Mazulipatam.

Lorsqu'en 1756 Bussy fut menacé à Haïdérabad, le Conseil supérieur fit passer à Mazulipatam par le *St. Contest* 100 hommes et 30 topas. Cet état d'insécurité paralysa le commerce. Mazulipatam n'envoya que quelques balles à Pondichéry en 1756 et rien les années suivantes. De grosses marées survenues en 1756 détruisirent presque entièrement les provisions de sel amoncelées le long de la côte.

Le comptoir d'Yanaon n'était pas rétabli ; on y envoyait seulement un employé pour embarquer et charger les marchandises. Le Conseil supérieur estimait qu'il vaudrait mieux abandonner définitivement ce comptoir et s'établir à Coringuy, deux lieues plus au nord. On craignait que le Godavéry par ses débordements ne finit par enlever la loge.

Le mouvement des bots continua comme à l'ordinaire entre Pondichéry, Mazulipatam et le Bengale, autant que ces établissements continuèrent à rester en notre possession. Un bot, l'*Aurore*, fut acheté à Mazulipatam en 1756 pour 110.000 Rs.

Mahé.— Les batiments venant de Pondichéry touchaient généralement à Mahé au retour pour y prendre du poivre et le ramener en France. Il s'était constitué pour la livraison de cette denrée une société dite *société du poivre* qui la fournissait à la Compagnie, trop dépourvue de fonds pour faire elle même les avances de l'opération. Le Conseil supérieur ne cessait de gémir contre cette situation qui enlevait à la Compagnie les bénéfices d'une exploitation directe. En 1756, après le chargement pour France, il restait encore à Mahé 893 candils en magasin et 460 autres étaient attendus.

Le territoire de Mahé étant fort restreint ne pouvait tirer parti de fermes quelconques. La Compagnie était obligée de faire tous les frais de l'établissement par des envois en numéraire faits de Pondichéry. Lorsque le chef-lieu lui-même manqua d'argent, Mahé se trouva réduit à l'extrême détresse. En 1758 les dépenses mensuelles s'élevaient à 14.000 Rs. au minimum ; en mars de cette même année, le Conseil supérieur put encore envoyer 17.000 pagodes d'or, non compris 31.000 Rs. de rescriptions que le Conseil de Mahé tira sur Pondichéry. Louet, directeur de notre établissement fut autorisé à emprunter à Goa ou à Calicut ; il put trouver 28.000 Rs. à Goa.

En janvier 1759, le Conseil supérieur n'ayant pas de fonds envoya à Mahé 20.050 Rs. de soieries ; elles se vendirent à perte. Fort heureusement les Jésuites de Goa purent prêter en mai 70.000 Rs. avec quoi l'on put payer la garnison. En octobre le conseil supérieur put encore trouver 3.000 pagodes.

Notre établissement de Mahé comportait en outre, à une vingtaine de lieues de Mahé, celui de Nalisseram acquis en 1751 sur les bords de la rivière du même nom: Matlaye, Ramataly, Songaye, le Mont Dili en étaient les points principaux. En 1756 ou 1757, le fort de Matlaye fut repris par les gens du pays et l'officier qui y commandait fut tué. Louet ne disposant pas de forces pour venger cet affront, pria Chériquel, souverain de Cotialle et voisin de Nalisseram, d'agir pour notre compte. Ce prince rentra en possession de Matlaye et nous remit la place. Le Conseil supérieur estimait que cet établissement éloigné était pour nous de peu d'utilité et se demandait si, à l'exception du Mont Dili, il ne conviendrait pas de l'abandonner. On y resta néanmoins, fort de l'amitié de Chériquel et, quand celui-ci mourut en 1759, son successeur resta également dévoué à nos intérêts. Nous n'eûmes pas de conflit direct avec les Anglais.

Dans le voisinage de Mahé, à quelques lieues au nord

régnait à Cannanore un petit souverain musulman dont le titre était celui d'Ali Raja. Ce petit sultan révendiquait les Maldives comme sa propriété et après une heureuse campagne retenait le roi de ces iles prisonnier. Les Maldivais avaient demandé la protection de Dupleix et Leyrit leur avait envoyé en 1756 un petit détachement sous les ordres d'un sergent ; mais en réalité le véritable protecteur de l'archipel fut un capitaine de vaisseau nommé Le Termillier, qui faisait chaque année le commerce des iles pour en rapporter des cauris. Les Maldivais ne cessaient d'intercéder auprès de nous pour que nous décidions Ali Raja à remettre leur roi en liberté. En 1757, une délégation importante d'habitants, vint à Mahé pour suivre les négociations auxquelles Ali Raja avait paru consentir. Mais on s'aperçut bien vite qu'il nous jouait aussi bien que les Maldivais et les délégués reprirent le chemin de leur archipel. Nous restâmes aux Maldives jusqu'en septembre 1758 ; à ce moment le Termillier ramena notre petit détachement. Le sergent qui le commandait s'était rendu insupportable par ses agissements et les habitants ne désiraient pas qu'il fut remplacé.

En 1756, la Compagnie était intéressée pour 25.000 Rs. dans le commerce des Maldives.

Les côtes de nos établissements étaient fréquemment inquiétées par les pirates angrias et bousolas qui enlevaient nos embarquations aussi bien que celles des autres européens. En 1756, les Anglais s'étant concertés avec les Marates entreprirent de réduire les Angrias qui infestaient les murs depuis plus de cinquante ans ; ils prirent Gheriah leur capitale et les réduisirent sans beaucoup de peine. Il n'est pas certain que leur destruction ne nous ait été plus nuisible que favorable ; elle nous priva pour l'avenir d'auxiliaires utiles contre nos ennemis véritables, ceux d'Europe.

Surate. — Surate n'avait plus pour nous aucune importance commerciale depuis la faillite de 1720 ; on n'y faisait que très peu d'opérations. Pendant les quatre ans qui nous intéressent ici le Conseil supérieur demanda à Le Verrier, chef de notre comptoir, de lui fournir autant de blé qu'il pourrait, au lieu de coton qu'on lui demandait précédemment. Ce blé était apporté à Mahé, d'où il était réexpédié à Pondichéry. Les draps apportés d'Europe se vendirent difficilement : les couleurs ne convenaient pas.

Le Verrier devait rentrer à Pondichéry en 1756, mais le vaisseau sur lequel il était embarqué sombra dans la rivière de Surate. Son départ fut retardé et il ne quitta définitivement le pays que deux ans plus tard. Il passa le service à Anquetil de Brioncourt, nouvellement arrivé de France et qui n'avait encore que le titre de sous-marchand.

En mars 1759, les Anglais d'accord avec les Marates s'emparèrent de la ville et de la forteresse de Surate et, tout en respectant le gouvenement maure établi, devinrent en réalité les maîtres de la place. Au cours de cette révolution, nous perdimes notre bungalow et le jardin de la Compagnie. Anquetil réclama une indemnité de 50.000 Rs. Instruit de ces évènements, le Conseil supérieur lui recommanda la plus stricte neutralité.

Hors de l'Inde.— *Les Iles* avaient pris l'habitude de se fournir dans l'Inde des approvisionnements qu'elles jugeaient indispensables à leurs besoins et, en vertu des ordres de la Compagnie, le Conseil de Pondichéry devait les leur procurer. Les demandes étaient souvent exorbitantes ; elles allaient parfois à 300.000 Rs. par an ; il était impossible d'y satisfaire. De là des conflits permanents entre les deux Conseils; celui de Pondichéry se plaignait presque tous les ans à la Compagnie de l'indiscrétion de Messieurs de l'Ile de France ; il leur reprochait encore de retenir au gré de leurs convenances les objets et même le numéraire que les vaisseaux apportaient de France pour l'Inde. La Compagnie finit par réduire à de plus justes proportions les réclamations des Iles, d'autant plus que le rétablissement du commerce particulier dans le petit archipel lui permit sur ces entrefaites de se passer d'une intervention exclusivement officielle.

Les voyages d'*Achem* furent signalés à la fin de 1755 par une déplorable aventure. Le *Lys* venu de France s'était rendu en ce port pour y hiverner. A l'issue d'un bon repas, plusieurs officiers du navire et quelques autres s'en allèrent à la chasse. Ils suivirent pendant une demi heure le cours d'une petite rivière ; au bout de ce temps voyant passer de l'autre coté de l'eau une noce indigène, des officiers demandèrent à un malais qui conduisait une pirogue de les y mener. Sur son refus plus ou moins justifié, on le brutalisa et, comme il se défendait, on le tua. Aussitôt toute la populace tombe sur les nôtres ; Beaubriant capitaine du *Lys*, Ferrières subrécargue et cinq autres personnes furent massacrés. Les survivants purent rejoindre le navire, d'où l'on envoya un détachement pour venger nos morts ; une douzaine de malais furent tués. Le roi prévenu de ces incidents fit immédiatement sortir 500 hommes comme pour nous protéger et de fait sans son intervention l'équipage tout entier eût peut être été anéanti. Mais quand on lui demanda justice, il ne voulut rien entendre. N'avions-nous pas été les provocateurs ?

Ce malheureux évènement ne laissa pas des souvenirs trop fâcheux. Deux ans plus tard un autre vaisseau l'*Aurore* ayant reparu dans les mêmes eaux, le roi sentant qu'il pourrait être la proie des Anglais qui rodaient dans le voisinage, fit semblant de l'acheter et mit à bord un équipage malais.

Au Pégou. — La guerre était allumée depuis 1754 entre les Birmans et le roi du pays dont les états se trouvaient à l'embouchure du Salouen et de l'Iraouady. Là à

Syriam, nous avions un petit terrain que le roi nous avait concédé et où nous avions installé une sorte de loge non pour y faire du commerce mais pour y acheter du bois et pour y construire ou réparer des bateaux. Notre intérêt était de soutenir le roi qui nous avait accordé la concession. Les Anglais, établis depuis peu de temps à Négrailles, prirent le parti des Birmans ; s'ils triomphaient nous devions renoncer à toute installation. Bruna, commandant du *Fleury*, fut envoyé avec des secours en 1755 pour assister le roi, puis, comme la guerre se prolongeait, on envoya en Septembre 1756 la *Galathée*, commandant Martin, avec un nouveau détachement de 25 soldats et 60 cipayes. La *Galathée* devait revenir en décembre ; dans l'intervalle le roi de Pégou fut définitivement vaincu et Bruna avec tous les autres français tomba au pouvoir des Birmans. Le bruit se répandit qu'il avait été embroché et rôti tout vif ; il avait été simplement mis à mort sans tant de cruautés.

Ce désastre consacrait la ruine de notre établissement. Dupaucel envoyé à Merguy en 1757 avec le *Diligent*, pour chercher du bois, eut l'ordre d'aller jusqu'à Syriam et d'entamer des négociations avec les Birmans pour récupérer la *Galathée* et nos prisonniers. Il semble que la mission ait totalement échoué.

Dans des mers plus éloignées, Dupleix avait rêvé de fonder un comptoir en Cochinchine et il y avait envoyé plusieurs agents dont les principaux furent Dulaurens et Bonal. L'accueil ne fut pas aussi empressé qu'il l'espérait. La *Galathée* qui revint de Cochinchine le 1er Avril 1756 ramena Bonal et rapporta en même temps que le roi du pays était extrêmement tyrannique, exigeait des droits fort elevés et nous faisait mille avanies. Il était peu probable qu'on put rester en ses états. Au retour de la *Galathée*, le Conseil supérieur envoya l'*Hermione* pour ramener les autres employés. On lui donna à tout hazard

1.268 marcs de piastres, 6.057 Rs. de marchandises et 40
garces de sel. L'*Hermione* rentra à la fin de 1757 rame-
nant Dulaureus, le seul employé restant et un certain
Jeffrays, un autre agent qui avait commis de réelles mal-
versations et détourné des fonds. C'est à lui beaucoup
plus qu'à la cupidité du roi qu'il fallait attribuer la cause
de notre insuccès. Jeffrays fut ramené comme prisonnier.

Des mers plus lointaines encore, l'*Indien* revint de
Manille en Février 1756. Berthelin le subrécargue, y
était resté pour vendre les marchandises. Les vexations
du Gouverneur y rendaient le commerce presque impossible. Il s'étaif formé dans l'ile une société locale qui
seule avait le droit d'acheter et fixait par conséquent les
prix qu'elle voulait. C'était rendre tout trafic momen-
tanément impossible.

Au golfe Persique, Perdriau envoyé à *Bassora* comme
simple particulier pour retirer les effets de la Compagnie,
y prit le titre de consul et, en cette qualité, se rendit à
Bagdad avec le consul anglais, afin d'y régler une affaire
qui intéressait surtout ce dernier. Il la termina bien, et
à son retour demanda au Conseil supérieur de lui régler
ses frais de voyage et les présents qu'il avait dû faire aux
autorités ottomanes. Le Conseil, peu satisfait du rôle
que Perdriau avait usurpé et l'attribuant à une vanité mal
placée et onéreuse, ne voulait rien lui donner du tout et
le renvoya d'abord à se pourvoir auprès de la Compagnie,
mais la guerre avec les Anglais étant survenue, il jugea
que Perdriau pouvait rendre quelques services en envoyant du blé dans l'Inde et sans lui accorder l'intégralité
de ses demandes, il ne lui contesta plus le titre de consul
et lui alloua une partie des émoluments attachés à cette
fonction, notamment toutes les dépenses de loge et celles
de gage et entretiens des serviteurs. Il lui refusa seulement des dépenses de table et les frais effectués à Bagdad,

mais pour l'indemniser de ce voyage, on lui permit de lever un droit de 1.300 crux par navire touchant à Bassora. Ce voyage en effet, quoique coûteux, n'avait pas été inutile. Perdriau avait obtenu du Gouverneur la remise du droit de 1300 crux que chaque vaisseau était obligé de payer au Gouverneur de Bassora : par la décision de la Danaé et du Conseil supérieur, ce fut à son profit que le droit fut perçu. La Compagnie lui alloua en outre une gratification de 500 livres.

En 1757, Perdriau avait dépensé 18.429 Rs. depuis son arrivée à Bassora.

Enfin, dans la mer Rouge, toute opération commerciale fut suspendue à partir de 1757. Les autorités de *Moka* nous devaient toujours 23.906 piastres depuis le règlement qui leur avait été imposé par le Gouverneur Dumas en 1737 et il était devenu impossible de rien obtenir comme il était difficile de faire du commerce ; il n'y avait plus que les banians qui pouvaient réussir.

En 1755 et 1756, on avait encore envoyé deux navires pour acheter du café, la *Danaé* et la *Favorite*. Ce dernier avait été vendu 50.000 Rs. aux armateurs et le Conseil supérieur s'était engagé à le reprendre au retour pour 45.000. C'était en réalité une location assurée de 5.000 Rs. que l'on faisait de cette façon : le procédé était courant. Faute de fonds on dut payer en papier les armateurs et frêteurs de ce navire.

IV. EMPLOYÉS ET TROUPES.

Employés.— Les chefs de nos principaux comptoirs étaient en 1755: Renault à Chandernagor, Moracin à Mazulipatam, Porcher à Karikal, Louet à Mahé et Le Verrier à Surate. Le plus capable de tous était Moracin qui aurait pu aspirer à la succession de Dupleix et de

Godeheu. Il reçut en Janvier 1756 une gratification de 5.000 Rs. de la Compagnie et fut autorisé à percevoir pour son compte 2 p. cent sur les revenus de la province.

Les employés de Pondichéry n'avaient guère d'autres bénéfices que leurs intérêts dans les armements ou sur les ventes qu'ils pouvaient effectuer au comptant ; dans les bonnes années ils ne touchaient guère que 500 Rs. au maximum. Ce modeste bénéfice et leurs appointements suffisaient à peine à les faire vivre ; aussi le Conseil supé-rieur ne cessait-il de réclamer pour eux une augmentation d'appointements. En 1759, les Conseillers n'avaient pas touché de solde depuis trois ans et les sous marchands depuis 18 mois. Après la perte de nos établissements du Bengale et de la côte d'Orissa, les employés venus de ces régions et désormais sans emploi furent mis en demi-solde, mais du moins ils la touchèrent.

Parmi les mutations intéressantes du Conseil de Pondichéry notons en Février 1756 le remplacement de Bourquenoud, teneur de livres, par Du Petit Val. C'était un emploi peu attroyant et peu recherché ; aussi le Conseil ne cessait-il de réclamer des avantages particuliers pour celui qui occupait la charge.

Miran, désigné pour Mahé en 1755, fit des difficultés pour rejoindre son poste, après avoir obtenu un délai de 18 mois; il fut interdit de ses fonctions.

En 1757, Lagrenée, un nom qu'on retrouvera plus tard, fut nommé Secrétaire du Conseil en remplacement de Lenoir.

Delarche et Bausset, tous deux procureurs de Dupleix pour régler les dettes qu'il avait laissées en suspens dans l'Inde, donnèrent en 1759 leur démission de conseillers pour prévenir une révocation dont ils allaient être l'objet de la part de la Compagnie. Sans formuler contre eux aucun grief, celle-ci leur reprochait en secret de n'avoir pas soutenu assez énergiquement les intérêts de

Castanier, l'un des directeurs et créanciers de l'ancien Gouverneur.

Pour les remplacer l'un et l'autre, Boyelleau fut nommé procureur général et Lenoir fut chargé de la caisse. Barthélemy demanda à se retirer du service et Guillard fut nommé à sa place second du Conseil comme étant le plus ancien conseiller.

Le chirurgien Aubert mourut en 1759 et fut remplacé par Collin, chirurgien à Ramataly.

Les employés qui rentraient en France en congé restaient en général beaucoup plus de temps qu'il n'eut fallu. Le Conseil supérieur décida en 1758 de n'accorder que des congés de dix-huit mois.

Troupes.— D'Auteuil, beau-frère de Dupleix, revenu dans la colonie en Février 1756, y fut aussitôt nommé major des troupes.

En 1756, la garnison de Pondichéry se trouva réduite à 969 hommes par suite de l'envoi de 100 hommes à Chandernagor et 500 autres à Bussy. Toutes les garnisons du dehors furent également réduites ; Cheringam fut ramené à 170 hommes.

Les soldats étaient en général assez diciplinés, mais il en était tout autrement des officiers. Les richesses qu'ils avaient acquises notamment au Décan les avaient gâtés. Leyrit voulut envoyer des commissaires dans l'intérieur pour réformer les abus, mais il éprouva la plus grande résistance à se faire écouter et obéir. On n'avait à l'égard du Conseil, c'est-à-dire des civils, que des propos injurieux. Le Conseil estimait qu'il serait nécessaire que la Compagnie lui donnât des pouvoirs suffisants pour contenir les militaires dans des justes limites. Un capitaine qui avait manqué de respect au Conseil fut réformé et rayé du tableau, mais Lally ne ratifia pas cette décision.

Les officiers se plaignaient sans cesse de n'avoir pas l'avancement qui leur était dû. Le Conseil les renvoyait à se pourvoir auprès du Ministre.

La Compagnie voulut établir dans l'Inde un bureau militaire comme elle avait fait à Paris et aux Iles. Ce bureau devait être sous la direction du major des troupes, mais par une singulière contradiction la correspondance avec nos autres établissements devait se faire par les soins du Conseil. Il y a avait là matière à conflits et on ne manqua pas de le faire ressortir.

Le Conseil supérieur n'avait pas été consulté sur les instructions à donner à Soupire et à Lally. Si on lui eut demandé ses observations, elles auraient probablement abouti à d'autres conclusions.

En dehors des troupes amenées par d'Aché, les Iles fournirent pour la défense de la Colonie 160 européens et 140 cafres.

A un point de vue plus particulier, Bussy revenu du Décan présenta trois requêtes au Conseil supérieur en Octobre 1755 :

1°) Pour être remboursé des sommes qu'il avait avancées pour l'armée du Décan, et en outre 225.000 Rs. de remises à Leyrit pour le compte de la Compagnie ;

2°) Pour qu'il fût nommé deux commissaires à l'effet d'examiner sa gestion des quatre circars ;

3°) Pour obtenir la permission de rentrer en France.

Cette permission lui fut refusée par Lally. Quant au premier point, on lui confirma la garantie qu'avait donnée Godeheu des revenus de la province de Condavir, et, dans le cas où Moracin aurait besoin de ces fonds, on lui promit de lui donner des lettres de change sur le Conseil supérieur. Pour les 225.000 Rs. de remises, des lettres de change de pareille somme lui furent immédiatement délivrées.

V. BÂTIMENTS ET FORTIFICATIONS

C'est un très court chapitre. Le Conseil, suivant un projet qui depuis fut repris bien des fois, avait l'intention d'amenér à Pondichéry les eaux d'Oulgaret par un aqueduc. Mais en raison des menaces de guerre avec l'Angleterre, des casernes étaient plus utiles et les plans en furent établis, en 1755, par l'ingénieur Sornay.

Cependant ni aqueduc ni casernes ne se firent et ce furent des travaux encore plus urgents qui furent exécutés. En 1756, on augmenta le bastion d'Orléans et on travailla au revêtement des fossés de la place. Le fortin de Villenour fut commencé et on répara la forteresse d'Aleneparvé. On fit également des réparations à Gingy et à Valdaour.

Le fortin de Villenour fut achevé en 1757 ; on releva les bastions du nord et l'on commença à travailler au bastion la Reine. Faute d'argent, tout dut être interrompu en 1758. Mais Lally fit tout reprendre lorsqu'il se sentit menacé par les Anglais et en 1759 on travailla à l'ensemble des fortifications depuis le bastion la *Reine* jusqu'à la porte de Valdaour et au bastion St. Pierre. Sur le bord de la mer, on éleva deux batteries.

Sornay mourut en 1758 et fut remplacé par Dupassage.

VI. AFFAIRES GÉNÉRALES

Sous le titre d'affaires générales, le Conseil traite le plus souvent de règlements de successions dont aucune n'offre pour nous le moindre intérêt ; ce sont presque toujours des successions de soldats et d'officiers qu'il s'agit. Ce sont aussi des demandes de renseignements par les familles sur ceux de leurs membres qui ne donnaient pas de leurs nouvelles. La plupart d'entre eux étaient morts à des époques déjà assez éloignées.

Dans ces affaires générales on doit cependant une mention spéciale au règlement des dettes de Dupleix. Celui-ci en partant de l'Inde avait laissé à ses deux procureurs

une assez grande quantité de sommes à liquider. Pour
y faire face, ceux-ci avaient les revenus de Valdaour qu'ils
purent toucher jusqu'en 1760. Nous ne reléverons dans
la correspondance du Conseil que les seuls documents
qui se rapportent à cette liquidation et ils sont loin d'être
au complet.

Nous y voyons qu'en Septembre 1756, Delarche et
Bausset, sur la demande de Dupleix, firent tirer une copie
des papiers que celui-ci avait laissés á Pondichéry au
secrétariat de la Compagnie ; cette copie lui était sans
doute nécessaire pour faire valoir ses droits en France.

Delarche et Bausset liquidèrent aussi complètement
qu'ils le purent les comptes qui leur furent présentés,
mais les dettes de Dupleix étaient telles qu'il leur fut parfois impossible, faute d'argent, de faire face aux demandes
qui se présentaient. C'est ainsi qu'en Octobre 1757 ils
refusèrent d'acquitter deux lettres de change de 2.604
marcs chacune à l'ordre d'un nommé Philippe et deux
autres de 400.000. liv. á l'ordre de Castanier, directeur de
la Compagnie. Pour les premières ils n'avaient pas de
lettres d'avis et pour les secondes pas d'argent. Après
l'arrivée de l'escadre de d'Aché, ils acceptèrent les deux
premières et les acquittèrent. Ils acquittèrent également
á la fin de cette même année 46.000 liv. de lettres de
change en faveur d'Ornault, marchand de Paris et passées
á l'ordre de la Compagnie.

Un nommé Helliot de Nantes tira sur Dupleix en 1757
ou 1758 deux lettres de change de 24.000 liv. chacune
qui ne furent pas acceptées. Les lettres en faveur de
Castanier finirent par contre par être payées vers le mois
d'août 1759 ; ce retard, dont les procureurs n'étaient pas
responsables, leur valut leur révocation de conseillers.

Une autre lettre assez curieuse de la Compagnie est
celle du 18 Février 1758 par laquelle les Directeurs demandaient au Conseil supérieur des renseignements sur
le fonctionnement du Comité secret de l'Inde au temps

de Dupleix. Ils espéraient sans doute prendre celui-ci en faute par quelque abus de pouvoir resté mystérieux. Les réponses du Conseil furent sans reserve aucune à la décharge de Dupleix ; l'ancien Gouverneur n'avait constitué ce comité que d'après les ordres de la Compagnie et ne l'avait fait fonctionner qu'avec les conseillers régulièrement désignés pour y assister. Il avait été tenu un registre des délibérations, lesquelles se bornaient d'ailleurs à trois affaires seulement.

*
* *

Cette analyse ne comporte pas d'autre conclusion ou plutôt d'autre reflexion que celle-ci : Lorsque Leyrit prit le pouvoir au printemps de 1755, notre situation dans l'Inde n'était nullement désespérée. Malgré le traité peu honorable conclu par Godeheu, ce traité étant conditionnel, nous restâmes sur les positions acquises par Dupleix et notre suprématie dans le Décan était absolue. Pour nous maintenir, il suffisait d'envoyer des forces et de l'argent. La Compagnie se laissa malheureusement leurrer par l'espérance de trouver dans le pays les ressources nécessaires pour alimenter la guerre qu'elle dut, à partir de 1757, soutenir contre les Anglais et si elle envoya assez de troupes pour vaincre elle n'envoya pas autant de fonds qu'il eut fallu pour les entretenir. Mal payées ou même pas payées du tout, nos troupes marchèrent de mauvaise grâce et un moment même elles désertèrent. Aussi nos premiers succès ne furent-ils pas suivis le lendemain. Lally pouvait encore tenir la campagne après l'échec de Madras, puisqu'il s'écoula encore près de deux ans entre cet échec et la perte de Pondichéry, mais l'absence de fonds paralysa tous ses moyens d'action. Aussi peut-on dire que si nous perdimes l'Inde, ce fut moins en raison de l'insuffisance de nos troupes ou de leur indiscipline, que de disette d'argent qui rendit inutiles tous les efforts et toutes les bonnes volontés. Les soucis d'argent sont malheureusement ceux qui en France préoccupent le moins les esprits : les Anglais subordonnent au contraire toutes leurs entreprises à une organisation financière aussi parfaite que possible. Les lettres du Conseil supérieur sont à cet égard fort suggestives, car sans que nous ayons encore subi aucun revers-la première bataille de Vandischva le 30 Septembre 1759 s'était même terminée à notre honneur — elles nous avertissent comme un son de cloche lointain du danger qui nous menaçait et devait nous anéantir.

ALFRED MARTINEAU

A Pondichéry, le 23 Octobre 1755.

Messieurs les Syndics et Directeurs Généraux

de la Compagnie des Indes.

Par le Duc d'Aquitaine.

Messieurs,

La présente est uniquement pour accompagner le duplicata de nos expéditions par *l'Achille*, qui a appareillé d'ici le **17** du courant, et celles du *Duc d'Aquitaine* que nous expédions ce jour pour Mahé avec un chargement de 393.362 Rs. pour Europe, dont cy-joint la facture et le connaissement, indépendamment de l'argent, effets et marchandises que nous faisons passer en ce comptoir. Nous ne répéterons pas à la Compagnie les arrangements que nous avons pris pour assurer le chargement entier et retour de ce vaisseau en France dont nous avons déjà eu l'honneur de l'instruire par nos précédentes.

Le sieur Dumez, employé, que nous avons prévenu la Compagnie nous avoir demandé un congé pour aller en France rétablir sa santé, part sur ce vaisseau. Nous renvoyons aussi par cette occasion le sieur Blaise Faucon, aumônier du vaisseau *le Machaut*, dont l'esprit est un peu dérangé. Le sieur Limoux, officier allemand, retourne aussi pour congé en Europe par ce vaisseau. Les sieurs Dumez et Limoux étant hors d'état de payer leur passage au capitaine, nous le leur avons accordé aux frais de la Compagnie.

L'écrivain de la *Diane*, resté icy malade, est mort hier matin.

6

Nous sommes avec respect, Messieurs, vos très humbles serviteurs.

> Signé : Duval de Leyrit, Barthélémy, Guillard, Du Bausset, Lenoir, Delarche, Boyelleau, Miran.

P. S. Les pluyes continuelles qu'il fait depuis 12 à 13 jours sont cause que nous n'avons pu compléter les 800 balles et plus que nous devions donner au *Duc d'Aquitaine*, que nous avons craint de garder plus longtemps en rade dans une saison aussy critique, le temps devenant de jour en jour plus mauvais.

INVENTAIRE des expéditions du Conseil Supérieur par le *Duc d'Aquitaine* à Messieurs les syndics et directeurs généraux de la Compagnie des Indes à Paris.— Sçavoir :

N° 1 Lettre du Conseil de ce jour.

2 Duplicata des expéditions de l'*Achille*.

3 Facture générale du chargement du *Duc d'Aquitaine*.

4 Connaissement du dit.

5 Etat des passagers pour France embarqués sur le dit vaisseau.

6 Requête du sieur Limoux.

7 1 Lettre à l'adresse de M. Colabau.

8 14 Lettres particulières.

9 Le présent inventaire.

A Pondichéry, le 23 Octobre 1755.

MESSIEURS LES DIRECTEURS DÉPUTÉS POUR LA VENTE A LORIENT.

Messieurs,

Nous expédions aujourd'hui le vaisseau le *Duc d'Aquitaine* pour Mahé avec un chargement de 540.726 liv.

cauris, 139.318 liv. bois rouge et 713 balles montant suivant la facture cy-joint à 392.362 Rs. Il doit prendre en ce comptoir tout ce qu'il pourra trouver de poivre jusqu'au 31 Janvier que nous donnons ordre de l'expédier en droiture pour l'Isle de France, où l'on pourra verser sur un autre vaisseau ce poivre que nous faisons expressément charger en fardes, et achever de le bonder en café ou autres marchandises. Nous en avons prévenu Messieurs du conseil de la dite Isle.

Nous sommes avec respect, Messieurs, vos très humbles serviteurs.

Signé :   Duval de Leyrit, Barthélémy, Guillard, Lenoir, Du Bausset, Delarche, Miran.

A Pondichéry, le 23 Octobre 1755.

M. LE GODEHEU D'IGOVILLE A LORIENT.
1re *Expédition par le Duc d'Aquitaine.*

Monsieur,

Nous expédions ce jour le vaisseau le *Duc d'Aquitaine* avec ce que nous avons pu nous procurer de marchandises pour aller à Mahé chercher les poivres qu'il y trouvera et de là aux Isles achever de se bonder. Cy-joint le connaissement des marchandises chargées icy et les duplicata de nos expéditions par l'*Achille* qui a appareillé d'icy le 17 courant au matin. Cy-joint aussy un état des invalides que nous avons fait embarquer sur ce vaisseau pour repasser en France et les signalements de deux volontaires de la troupe allemande qui passent aussy sur ce vaisseau.

L'écrivain de la *Diane* resté icy malade est mort hier matin.

Les deux volontaires allemands ont reçu icy six mois d'avance à compter du 1er Novembre.

Nous sommes avec respect, vos très humbles serviteurs.

Signé : Duval de Leyrit, Barthélémy, Guillard, Lenoir, Du Bausset, Delarche, Miran,

INVENTAIRE des expéditions du Conseil supérieur par le *Duc d'Aquitaine* à M. Godeheu d'Igoville, directeur commandant à Lorient, sçavoir :

Nos 1 Lettre du Conseil supérieur.
  2 Duplicata des expéditions de l'*Achille.*
  3 Paquet à l'adresse de M.M. les directeurs députés à la vente.
  4 Etat de dépenses faites à la caisse pour le *Duc d'Aquitaine.*
  5 Etat des passagers pour France embarqués sur le dit.
  6 Reçu des expéditions du Conseil supérieur.
  7 Etat des fournitures faites du magasin de la Marine au dit vaisseau.
  8 do. du magasin général à do.
  9 Connaissement du chargement du dit vaisseau.
  10 Signalement en 2 pièces de deux volontaires allemands passagers pour France.
  11 Signalement de 18 hommes invalides embarqués sur le dit vaisseau.
  12 7 lettres particulières.
  13 Le présent inventaire.

A Pondichéry, le 16 Janvier 1756.

MESSIEURS LES SYNDICS ET DIRECTEURS GÉNÉRAUX
DE LA COMPAGNIE DES INDES A PARIS.

1re *Expédition par le Duc d'Aquitaine.*

Messieurs,

Ne voyant point d'apparence à pouvoir vous expédier le vaisseau le *Lys* que nous attendons à tout instant d'Achem, avant la fin de février pour les raisons que vous verrez cy après, nous profitons du vaisseau le *Duc d'Aquitaine* qui doit être expédié de Mahé à la fin de ce mois pour avoir l'honneur de vous donner de nos nouvelles et vous instruire de ce qui s'est passé depuis notre dernière.

Nous voyons avec peine toutes nos espérances pour le chargement complet du vaisseau le *Lys* bien diminuées, quelques soins que nous nous soyons donné, et n'avons encore d'assuré que 700 balles au plus. Mazulipatam et Yanaon sur lesquels nous avions compté ne nous ont fait que peu ou point d'envoy. Le sieur Panon ne nous a fait passer en Décembre que 140 balles de marchandises et nous marque qu'il ne peut nous envoyer le restant au plutôt que le 15 du courant, ce qui nous fait craindre que ces marchandises ne nous arrivent point assez tôt pour entrer dans la cargaison du *Lys*. Le Conseil de Mazulipatam par sa dernière lettre nous donne avis que sur 300 courges de mouchoirs qui ont été visitées, à peine a-t-on pu faire douze balles et que tout le reste a été au rebut. Les marchands ayant refusé l'offre qu'il leur a faite de prendre ces marchandises dans une espèce inférieure, il nous demande nos ordres à ce sujet et nous prévient que le chaye de ces mouchoirs est beau, mais que le fil en est trop gros. Dans la disette où nous sommes des marchandises, surtout de cette espèce, dont ce conseil ne nous a fait aucun envoy en septembre comme nous le comptions, nous lui avions écrit en diligence de nous faire passer ces rebuts, que nous les visiterions et mettrions en sorte icy.   Nous attendons à tout instant ces mouchoirs.

Le Conseil nous a fait tenir l'état des fermes de la province de Condavir pour trois ans avec un autre état des remises qu'il a été obligé de faire aux fermiers ; nous en ferons passer copie à la Compagnie par le vaisseau le *Lys*, et elle verra dans la correspondance de ce comptoir avec nous les raisons qui ont fait accorder ces remises. Il lui reste encore, suivant les lettres, 400.000 Rs. à payer sur les revenus de cette province pour achever d'éteindre les dettes du Dékan.

Les sieurs Dugrez, capitaines, Maissin, lieutenant, et Joullin, enseigne, qui servaient dans l'armée de M. de Bussy, sont de retour icy. Nous avons accordé à M. Moracin, commandant à Mazulipatam, le congé qu'il nous a demandé pour venir passer icy quelque temps et au sieur de la Selle, conseiller, son rappel. Nous les attendons tous les jours.

Il y a eu un coup de vent à la fin de septembre qui a donné dans le nord ; plusieurs vaisseaux tant anglais que hollandais se sont perdus et nombre d'embarquations du pays. Le *Montaran*, vaisseau particulier, faisant le voyage des Maldives, parti d'icy le 12 septembre dernier, a péri le 16 à la hauteur de Paliacate à 70 lieues au large. Ce vaisseau, qui étoit vieux, ayant eu le malheur de trouver gros temps et une grosse mer, a démâté et s'est ouvert. Le sieur le Termillier, capitaine, les officiers, le sieur Boutteville, passager, et dix ou douze hommes d'équipage se sont sauvés dans la chaloupe. La Compagnie étoit intéressée dans cet armement qui devoit donner du profit. Chandernagor s'est trouvé par cette perte privé des cauris des Maldives sur lesquels il comptoit pour le chargement de ses vaisseaux. M. le commandant

en ayant laissé à cet effet dix mille cottes sur le *Montaran,*
tout le reste avait été débarqué icy, mais malheureusement le produit de ces cauris a été chargé sur ce vaisseau et a péry avec lui.

Le sieur Dupassage, capitaine et ingénieur, et le sieur
Vaurichard, employé, sont arrivés icy de Mahé par le
Rouillé. M. le commandant général a envoyé le premier
à Golgonde. Le Conseil de Mahé nous a fait part de
l'armement considérable qu'a fait Aly Raja à la côte
malabare et du pillage d'une pagode révérée par les gens
du pays, ce qui les a très fort irrités. Nous ignorons
encore les suites qu'a pu avoir cette affaire.

Les fonds, marchandises et troupes que nous avons
envoyés en ce comptoir par le *Duc d'Aquitaine* y sont
bien arrivés. Nous comptons luy faire passer d'autres
fonds dans le mois prochain pour les poivres, que nous
luy demandons en may pour nos opérations prochaines.

Bayanor nous avoit écrit pour se plaindre à nous de
M. Louet et du refus qu'il luy faisoit des secours qu'il luy
demandoit, mais après avoir examiné ses plaintes nous
n'avons pu qu'aprouver la conduite que M. Louet a tenu
avec Bayanor qui vouloit se servir de la Compagnie pour
satisfaire à toutes ses idées d'ambition, qui auraient aliéné
de nous tous les autres princes de la côte malabare si
nous l'avions aidé à les remplir. La Compagnie verra,
dans la correspondance de ce comptoir avec nous, la
réponse que M. Louet nous a faite à ce sujet.

Nous remettrons à la Compargnie par le vaisseau le
Lys copie de toutes les lettres et papiers concernant la
prise faite en 1753 par les Portugais d'une palle sortant
d'Aden, appartenant à un de nos topayes ou interprètes
ayant passeport et pavillon français, et de la vente qu'ils
ont faite de la cargaison. Quelque représentation qu'ait
d'abord faite M. Louet pour la faire rendre et depuis
M. le commandant général qui en a écrit au vice-roy,
on n'a pu en avoir satisfaction. Les Portugais se sont

retranchés sur ce que cette palle, disent-ils, n'avoit point de passeport et malheureusement nous ne pouvons leur prouver le contraire, n'ayant point été enregistrée comme nous faisons icy. Les officiers portugais, la plupart très pauvres et pour qui sont les prises qu'ils peuvent faire, n'auront pas manqué de déchirer le passeport pour faire croire leur prise bonne. Nous espérons que la Compagnie voudra bien prendre fait et cause de cette affaire et postuler la reddition de cette palle et de tout ce qu'elle contenait et la réparation de l'insulte faite au pavillon français.,

Le sieur Porcher nous a fait passer en septembre quelques parties de marchandises. Nous en attendons encore tous les jours ; jusqu'à présent nous n'avons pas été trop contents de leurs qualités, surtout des tarnatannes qui sont très inférieures. Les pluyes ayant manqué cette année du coté du sud de même qu'icy, la récolte ne sera pas abondante et nous craignons fort la disette.

Nous avons eu avis de l'heureuse arrivée à Chandernagor des vaisseaux le *Bourbon*, le *Rouillé* et la *Favorite* ; nous attendons à tout instant le *Rouillé* que Messieurs du Conseil de Chandernagor nous marquent devoir nous expédier à la fin de décembre. Pour la *Favorite* sur lequel nous comptions pour le voyage à Moka, il est arrivé si tard et le radoub à y faire a été si considérable que c'est tout s'il est en état de partir de Bengale à la fin du courant, ce qui le met hors d'état d'entreprendre ce voyage et nous jette dans un grand embarras, n'ayant aucun vaisseau pour le remplacer. Le *Fleury* que nous espérions en ce mois est arrêté au Pégu et sans doute ne nous parviendra pas encore cette année pour les raisons que la Compagnie verra ci-après. L'*Indien* qui est allé à Manilles n'arrivera pas avant mars et les frégates qu'elle nous promettait et que nous attendions en septembre ne sont

point encor arrivées, aussi nous sommes entièrement
dénués de vaisseaux. Pour ce voyage nous aurons
l'honneur d'instruire la Compagnie par le *Lys* des
arrangements que nous avons pris à ce sujet.

La tranquillité qui paroit régner à présent du coté de
Dehli, suivant ce que nous marquent Messieurs de
Chandernagor, ne leur prouve pas comme ils avoient
lieu d'espérer la défaite des draps qu'ils ont à Patna.
L'encan que les Anglais ont fait à Golgotha d'une partie
considérable des draps montant à 600.000 Rs. qu'ils ont
laissé aller à beaucoup de perte, a donné l'espérance à
Messieurs du Conseil de Chandernagor de trouver aussy
la défaite des leurs. A cet effet ils ont annoncé un
nouvel encan pour la fin de décembre, quoique les
premiers ne leur aient pas réussy. Nous souhaitons
apprendre qu'ils aient un plus heureux succès dans ces
derniers.

Les deux maisons que nous cherchions à acquérir à
Daka ont été achetées par le sieur Touron, mais ne
trouvant à vendre qu'à perte le terrain cy-devant
acquis pour la construction d'un étage il propose de le
garder pour y mettre les ouvriers ef les soustraire par
ce moyen aux recherches du gouvernement. Nous
sommes assez consentant à cette proposition qui ne
peut qu'améliorer le commerce de ce comptoir.

Le Conseil de Chandernagor nous a apporté des plaintes
sur la conduite qu'a tenue à son égard le sieur Devienne chargé à Bengale des affaires de la nouvelle
Compagnie portugaise. Nous sommes d'autant plus
outrés de ce procédé que nous avons donné et donnons
encor tous les jours des secours aux employés de cette
Compagnie qui ne fait son commerce que par notre
moyen et à notre détriment. La Compagnie verra dans
les pièces que nous luy remettrons ce qui a donné lieu
aux algarades du sieur Devienne dont nous le prions
de tirer satisfaction ainsi que des sieurs Lagatinais,

Ribertières, Desfosses et Martin, employés sous les ordres du sieur Gazon, cy-devant Conseiller au service de la Compagnie et chargé présentement des affaires du vaisseau *la Reale Galere*, qui en se révoltant contre leur chef ont donné lieu à toute cette affaire et poussé le sieur Devienne à manquer au respect qu'il devoit à ce conseil.

La Compagnie sera instruite par le conseil de Chandernagor de l'incendie arrivé à Jougdia qui a consumé une grande partie de marchandises. Le Conseil pour éviter dorénavant un pareil malheur a consenty de bàtir une blanchisserie. Le sieur Piques, chef au dit lieu, demande aussy qu'il luy soit permis d'y faire bàtir une petite maison pour luy, à quoi nous pensons devoir consentir, cette dépense n'étant pas considérable.

Nous apprenons par les dernières lettres de Bengale le départ pour France du vaisseau *le Gange* à la fin de décembre ; nous souhaitons, Messieurs, qu'il vous arrive à bon port.

Le démêlé du sieur Porcher avec les Danois au sujet des eaux du Colram que ces derniers veulent détourner sur leurs terres s'est encore réveillé et n'est point terminé. Non content de cela ils viennent encore de prétendre s'approprier un terrain de nos aldées que la rivière a abandonné comme vous le pourrez voir dans la correspondance du sieur Porcher avec nous. Nous sommes d'autant plus surpris de ces mauvais procédés de la part des Danois que depuis trois ans nous leur avons rendu de grands services à Bengale, les ayant reçus dans notre colonie et aidés dans leur commerce et dans l'établissement qu'ils veulent faire dans le Gange, qu'ils ont enfin obtenu par notre entremise et en employant même notre crédit pour leur procurer les fonds qui leur étaient nécessaires.

Le sieur le Verrier par sa dernière du 28 novembre dernier nous marque au sujet de l'affaire du sieur Boucard

que le gouverneur de Surate s'était relâché de 10 à
12.000 Rs. sur le droit qu'il prétendoit et qu'il les avoit
fait compter au dit sieur Boucard. Celuy-cy cependant
par la lettre qu'il nous a écrite ne paroit pas encore
satisfait de cet arrangement; néanmoins, sur ce que
nous écrit le sieur Le Verrier, nous avons pris notre
parti contre notre première résolution de remplacer le
sieur Le Verrier qui nous a demandé son rappel et avons
nommé le sieur Abeille qui partira pour Surate au mois
d'octobre prochain. Nous donnons ordre d'y faire toujours passer le sieur Drouet, employé à Mahé, désigné
depuis longtemps pour cet employ, qui aura soin de la
loge en attendant le sieur Abeille. Nous comptons aussy
y envoyer par la première occasion 20 à 30 balles de
draps. Le sieur Le Verrier sur l'idée que luy en a fait
venir M. le commandant général, luy en a demandé 150
balles, mais cette quantité nous a paru trop forte pour
un essay et nous en attendrons la réussite qu'il aura
pour nous déterminer à y envoyer une plus forte partie.

La ferme des eaux de vie et arraque de Batavia adjugée
par délibération du Conseil du 23 novembre 1754 au
nommé Govindras, faisant un grand tort à nombre d'habitants, tant européens que malabars, qui vivoient du débit
de ces boissons et nous étant revenu d'ailleurs beaucoup
de plaintes de celuy qui avoit la dite ferme, nous l'avons
abolie par notre délibération du 10 décembre 1755 dans
laquelle elle verra nos motifs.

La guerre continue plus vivement que jamais au Pégou,
le roi d'Ava ayant été assassiné. Les Barmas sont venus
pour assiéger Syriam, les choses en sont venues au
point qu'il faut que l'une ou l'autre nation soit détruite
pour que la paix s'y rétablisse. La Compagnie verra
dans la lettre du sieur Bruno dont nous comptons lui
envoyer copie le détail de toutes les affaires dans lesquelles il s'est trouvé engagé malgré luy. Nous pensons
même qu'il est de notre intérêt de soutenir le roi de

Pégou qui, suivant la lettre du sieur Bruno, nous y a accordé des aldées qui nous font dans cet endroit un établissement considérable. Les Anglais qui se sont établis à Négrailles n'ont pas manqué, nous voyant dans le party des Pégouans, de prendre celuy des Barmas, et il est certain que si ces derniers ont le dessus, il nous faut renoncer au commerce du Pégou et aux secours que nous en tirons dont les Anglais en s'établissant à Négrailles ont eu sûrement l'intention de s'emparer, du moins de nous ôter la ressource en temps de guerre.

Comme nous expédions la présente par terre pour être mise sur le *Duc d'Aquitaine* qui doit partir de Mahé le 30 du courant, nous ne pouvons envoyer par cette occasion à la Compagnie les pièces mentionnées en cette lettre que nous luy ferons passer par le *Lys* avec toutes celles que nous avons coutume de luy envoyer.

Nous avons tiré sur vous, Messieurs, une lettre de change de 4.907^m 5. 1. 39. à l'ordre de M. de Montaran, valeur effective en roupies reçues en caisse pour compte de M. de Bussy, à laquelle nous vous prions de faire honneur.

Nous sommes etc...

Signé : Duval de Leyrit, Barthélémy, Guillard, du Bausset, Delarche, Lenoir, Boyelleau, Miran.

A Pondichéry, le 18 Janvier 1756.

MESSIEURS LES SINDICS ET DIRECTEURS GÉNÉRAUX
DE LA COMPAGNIE DES INDES.

Par voie de Mahé.

Messieurs,

Nos expéditions pour la Compagnie par le *Duc d'Aquitaine* sont parties il y a deux jours. Nous faisons

passer en toute diligence la présente à Mahé pour avoir
l'honneur de vous donner avis que la frégate la *Danaë*
est bien arrivée en cette rade hier après midi. Le
sieur d'Auteuil, avec Madame son épouse, est bien
arrivé. Nous avons avis que la frégate l'*Hermione* est
aux Isles et qu'elle ne doit pas tarder à arriver icy.
Nous aurons l'honneur de répondre par le *Lys* aux
lettres de la Compagnie par cette frégate.

Le vaisseau le *Rouillé* est pareillement bien arrivé,
hier au soir, de Bengale ; nous allons travailler à l'expédier au plutôt pour les Isles.

Nous sommes etc. ∙..................

Signé : Duval de Leyrit, Barthélémy, Guillard, Du
        Bausset, Lenoir, Delarche, Boyelleau,
        Miran.

A Pondichéry, le 18 Janvier 1756

MONSIEUR GODEHEU D'IGOVILLE
PAR VOIE DE MAHÉ

Monsieur,

La présente est uniquement pour avoir l'honneur de
vous donner avis que la frégate *la Danaë* est bien arrivée hier en cette rade et qu'elle sera bientôt suivie de
l'*Hermione* qui est aux isles. Nous aurons l'honneur
de répondre à vos lettres par le vaisseau le *Lys*.

Nous sommes, etc...

Signé : Duval de Leyrit, Barthélémy, Guillard, etc...

A Pondichéry, le 13 Février 1756.

MESSIEURS LES SYNDICS ET DIRECTEURS GÉNÉRAUX DE LA
COMPAGNIE DES INDES

1re Expédition par le Rouillé duplicata par le Lys.

Messieurs,

Nous avons eu l'honneur de vous écrire le 16 janvier par voie de Mahé afin de ne pas manquer l'occasion du *Duc d'Aquitaine* pour vous donner de nos nouvelles. Deux jours après nous avons eu celuy de vous donner avis par la même voie de l'arrivée de la *Danaé* par laquelle nous avons reçu les lettres que la Compagnie nous a fait l'honneur de nous écrire les 19 février, 14 et 19 avril, auxquelles nous allons d'abord avoir celuy de répondre avant de l'instruire de ce qui s'est passé depuis notre dernière.

Nous avions prévenu les ordres que la Compagnie nous donne de faire venir par le bot de Bengale qui nous est expédié en mars, un pilote du Gange à Pondichéry pour le mettre sur le premier vaisseau d'Europe qui part pour Bengale en mars 1756. Le sieur Verret vint icy et s'embarqua sur le vaisseau le *Gange*, mais attendu l'incapacité de la plus part des pilotes pour conduire leur bot en pleine mer, nous sommes obligés d'y mettre un officier pour le commander ; nous aurons attention de continuer à exécuter les ordres de la Compagnie à ce sujet,

Nous ferons payer au sieur de Moracin les 5.000 Rs. de gratification une fois pour tout que la Compagnie veut bien luy accorder, nous donnerons pareillement ordre au Conseil de Mazulipatam de se payer sur les revenus de la province et des terres dépendantes les deux pour cent qu'elle veut bien octroyer au sieur Moracin, conseiller et sous-marchand du dit lieu, ainsi qu'elle le spécifie dans sa lettre dont nous leur remettons l'extrait à ce sujet. Mais la Compagnie nous permettra de luy représenter que cette commission est infiniment plus forte que les cinq pour cent qu'elle veut bien nous donner sur les ventes au comptant, pour les quelles il est revenu la plus forte année au plus 500 et quelques roupies à chacun de nous et que par là nos cadets à son service se trouveront bien plus avantagés que nous. Outre le double et triple du travail que nous avons icy, ce comptoir étant où tout correspond, la vie y est si chère et les dépenses si exhorbitantes que nous mangeons le nôtre, nos appointements à peine suffisent pour payer le loyer de nos maisons et nos domestiques ; le commerce absolument tombé partout et encore plus à cette côte que partout ailleurs nous met hors d'état de réparer les brèches que les dépenses que nous faisons conformes au rang que nous tenons à son service font à notre capital. C'est ce qui nous a engagés à faire nos représentations à la Compagnie par la nôtre du 30 septembre dernier et à luy demander une augmentation d'appointements, nous espérons que la Compagnie voudra bien avoir égard à nos justes représentations et nous avantager du moins comme eux.

La succession Ruflet est entièrement liquidée et le solde qui est peu de chose passe par cette occasion. Les legs faits icy ont été acquittés et le testament dont elle nous parle et dont la Compagnie a dû recevoir l'année dernière copie par duplicata a été homologué par arrêt du 26 juin 1755. Ainsi elle peut acquitter les legs faits en France et payer aux héritiers les fonds qui luy resteront de ceux remis icy à la caisse. Si nous avons fait payer d'avance les 17.000 Rs. dont elle nous parle dans sa lettre du 19 avril, c'est que ne voyant pas jour à pouvoir sitôt terminer les affaires de cette succession, nous ne voulions pas frustrer si longtemps les héritiers d'une pareille somme que nous étions en état de leur remettre et dont ils pourront avoir besoin. Ce n'est donc que pour leur propre avantage que nous leur avons fait payer cet acompte, et nous ne devions pas nous attendre à des reproches de leur part pour les avoir bien servis. Nous prions la Compagnie d'être persuadée que nous ne négligeons rien pour la sureté des biens des décédés et que toutes les formalités prescrites sont observées religieusement.

Conformément au nouveau réglement qu'a fait icy Monsieur le Commissaire du roy, la succession des officiers et soldats regarde aujourd'hui le major. Cela est conforme aux ordonnances, mais comme les motifs qui y ont donné lieu en France ne subsistent pas dans ce pays-cy, nous sommes d'avis qu'il eut été à souhaiter qu'on eût laissé les choses sur l'ancien pied.

Il est impossible de pouvoir procurer à la Compagnie une aussy grande quantité de fil fin pareil à l'échantillon qu'elle demande, nous luy envoyerons dorénavant tous les ans la quantité que nous en pourrons trouver, mais nous la prévenons que le fil reviendra à plus de 45 liv. la livre.

Les secours d'argent que la Compagnie a bien voulu nous envoyer par l'*Hermione* et la *Danaë* ne pouvoient arriver plus à propos. Elle aura vu par notre lettre du mois d'octobre que nous avons été obligés de boursiller pour faire payer à Bengale par le *Rouillé* 100.000 Rs. secours peu considérable il est vrai, mais qui dans les circonstances où se trouvoit le Conseil de Chandernagor luy a fait bien plaisir: nous nous proposons d'y faire encore payer en mars 4 à 500.000 Rs. peut être plus, suivant la situation où nous nous trouvons pour lors. Il est difficile de pouvoir vérifier des caisses de matières d'argent caisse par caisse ; cela emporterait un temps considérable à la vérification, et pour l'ordinaire nous sommes très pressés de les livrer à la fonte afin d'expédier le vaisseau qui doit les porter à Bengale et qui ne reste en cette rade que le temps nécessaire à cette opération. Nous exécuterons les ordres de la Compagnie à ce sujet pour ce qui regarde l'or.

Nous avons déjà instruit la Compagnie du peu de valeur du poivre en Chine dont nous avions eu avis, ce qui nous avoit empêché d'en charger sur le *Penthièvre* auquel nous avions donné en place une partie de calin que nous avions trouvé à acheter. On n'a point été obligé à Bengale d'acheter des poivres pour le chargement de ses vaisseaux. Dorénavent nous ferons passer à la Compagnie une facture des marchandises chargées sur le vaisseau qu'elle fait toucher icy avant d'aller en Chine.

La Compagnie a été instruite, par nos lettres de 1754 et encore mieux par le Commissaire du roy à son retour en France, de la véritable situation de ses affaires dans l'Inde. Nous souhaiterions fort pouvoir nous passer de prendre de l'argent à la grosse de 20 pour cent pour procurer à la Compagnie les poivres dont elle a besoin pour le chargement de ses vaisseaux, mais nous ne prévoyons pas le pouvoir faire que nos dettes icy et à Bengale, et particulièrement dans ce dernier comptoir qui fait le principal objet de son commerce, ne soient acquittées, et le crédit de la Compagnie à l'abry de toute atteinte en cet endroit ; c'est le principal objet que nous avons en vue parce qu'il est le principal aussy pour la Compagnie.

Nous n'avons reçu de Mazulipatam que 25 balles et ballots de mouchoirs en sorte et six de rebut et que 228 balles de marchandises blanches de Yanaon. Nous comptions sur de plus forts envoys de ces deux comptoirs.

Quelqu'avantageux que soit pour la ville et les vaisseaux l'aqueduc que la Compagnie nous ordonne de faire, nous pensons cependant qu'il est plus à propos de songer à réparer les dehors de la place qu

sont tous ruinés et à fortifier la courtine du fort Louis
qui est l'endroit le plus faible, pour mettre la place en
sureté en cas de guerre. Cy-joint en est le plan dressé
par le sieur Sornay et approuvé par le Conseil. Nous
comptons aussy remettre à la Compagnie le plan des
divers ouvrages à faire en dedans de la place, mentionnés
dans notre lettre du mois d'octobre dernier. Un des
plus essentiels est la caserne des soldats ; il est difficile
de contenir un si grand nombre de troupes répandues
dans la ville sans qu'il arrive quelques désordres et de
les contenir dans une discipline exacte si elles ne sont
pas renfermées.

Nous nous sommes déjà plaints à la Compagnie des
demandes exorbitantes de Messieurs du Conseil des
Isles que nous remplissons autant qu'il est en notre
pouvoir, elle sait notre situation et s'aperçoit aisément
par la modicité de nos cargaisous de la rareté de la
marchandise. Qu'elle juge après cela si nous sommes
en état de fournir les 300.000 Rs. au moins que ces
Messieurs nous demandent.

La Compagnie a du être instruite par notre lettre du
mois d'octobre de la destination du sieur Bourquenond
pour Mahé, qui a été remplacé icy par le sieur du
Petitval ; nous ne pouvons nous empêcher de représenter à la Compagnie sur le refus qu'elle fait de rétablir la gratification de teneur de livres sur l'ancien
pied, qu'il luy sera difficile de trouver des sujets qui
veuillent s'attacher à cette partie. Cet employ très
dégoutant par lui-même l'est encore par l'attachement
qu'il exige et qui ôte tout moyen de penser à autre
chose. Comment veut-elle qu'un employé s'attache à
cet employ dès qu'il n'y trouvera pas même des émoluments qui le mettent en état de vivre gratieusement et
de se passer du commerce particulier auquel il ne peut
donner son temps. Nous prions la Compagnie de vouloir bien prendre en considération les représentations

que nous prenons la liberté de luy faire à ce sujet. Le sieur du Petitval qui remplit aujourd'hui cet employ est un fort bon employé, très appliqué et qui mérite par luy même quelque considération de la part de la Compagnie.

Nous nous sommes déjà plaints plusieurs fois de la médiocrité des vins qu'elle nous envoye. Les vins de Xérès que nous avons reçus par la dernière expédition étaient trés mauvais et celuy de Madère très médiocre malgré son haut prix. Nous souhaitons que la Compagnie puisse parvenir à être mieux servie en cette partie.

Nous ne pouvons encore luy rendre compte de la qualité de ceux qu'elle a eu la bonté de nous envoyer par la *Danaë* ne les ayant pas encore fait goûter. Nous sommes fâchés de voir le nouvel envoy de drap que la Compagnie nous a fait par cette frégate, nos magasins tant icy qu'à Bengale en sont pleins. Patna n'en a aucun débouché et le dernier encan que Messieurs du Conseil de Chandernagor ont voulu faire en décembre dernier à l'instar des Anglais n'a pas eu plus de réussite que les premiers. Nous prions la Compagnie de vouloir en discontinuer les envoys jusqu'à ce que nous luy en demandions.

Nous avons donné ordre à notre caissier de ne plus payer à M. Noronha que les 30 pagodes que la Compagnie veut bien luy allouer par mois, un an par delà la pacification des troubles de cette province.

Le sieur Delarche a acquitté la lettre de change tirée sur luy par la dame veuve Berthelin en faveur de la Compagnie, nous la prions de vouloir bien continuer à faire les avances nécessaires pour l'entretien et éducation des enfants de ce Conseiller qui les remboursera à notre caisse aussitôt l'avis qu'il en recevra.

Nous remettons cy-joint à la Compagnie le tableau de ses employés dans l'Inde que nous avons dressé, dans lequel nous avons fait entrer pour son bon plaisir plusieurs jeunes gens qui se sont rendus utiles. Nous la prions de vouloir bien y adhérer et les conserver à son service. La Compagnie aura pareillement la bonté d'observer qu'elle a consenty au nombre de 18 Conseillers adjoints, et que cependant par le présent tableau il n'y en a que 17 compris le sieur Gueulette que nous avons nommé à la place du sieur Février. Comme nous l'avons dressé sur le précédent arrêté par M. le Commissaire du roy, nous n'avons rien voulu ajouter au nombre qu'il a passé. Nous la prions de vouloir bien remplir ce poste vacant d'un de ceux à elle proposés, par qui qu'elle jugera à propos. Nous prions encore la Compagnie de considérer que tous les ans nous accordons le retour en France à quelques employés qui dans l'incertitude s'ils pourront s'accommoder au climat de France ne le demandent que par congé pour avoir la liberté de revenir dans leurs postes au cas qu'ils ne puissent s'y faire ; ce qui nous oblige de les employer dans le tableau comme s'ils étaient présents et en fonctions. Comme ces congés en durant trop longtemps font du tort à l'avancement de ceux qui restent, nous pensons qu'il serait nécessaire que la Compagnie voulut bien en fixer le terme.

Le *Lys* est arrivé d'Achem le 19 janvier après avoir touché à Mazulipatam où il a chargé les marchandises que Messieurs du Conseil du dit lieu avoient à nous faire passer. Mais nous ne nous attendions guère à apprendre la funeste fin du sieur Ferrière, subrécargue, et des principaux officiers de ce vaisseau qui ont été massacrés à Achem. Voici le fait tel qu'il nous a été rapporté.

Il y avait neuf jours que le vaisseau était arrivé et le sieur Ferrière n'avait point encore été rendre au roy la visite accoutumée, lorsqu'il pria à diner chez luy les officiers du vaisseau et les étrangers qui se trouvaient

pour lors à Achem. Après le repas où ils se livrairent
un peu, ils proposèrent d'aller se promener et quelques
uns s'armèrent de fusils pour tirer sur le gibier qu'ils
pourraient rencontrer. Le tocador les voyant échauffés
les avertit de ne point s'éloigner et surtout d'éviter les
endroits habités par les malayes. Ils suivirent le cours
de la rivière jusqu'à la distance d'environ une demie
lieue de leur logement et ayant aperçu de l'autre coté
de l'eau une nopce qui se faisait, ils proposèrent au
malaye qui conduisait une pirogue de les y passer et luy
offrirent 3 Rs. pour la peine. Ce malaye refuse en disant
que cette pirogue étoit pour les femmes. Le sieur Bot,
écrivain du dit vaisseau, croyant pouvoir s'emparer de
la pirogue malgré luy, sauta dedans, et s'étant emparé
de l'aviron en donna un coup à ce malaye qui de son
coté ayant pris un bambou en donna quelques coups au
sieur Bot qui le renversa. Le sieur Beaubriant qui
vit son écrivain maltraité, cria au sieur Deshayes, premier
lieutenant, de tirer dessus. Ce dernier n'en fit pas à
deux fois et n'exécuta que trop malheureusement l'ordre
de son capitaine en tuant le malaye. Aussitôt toute la
populace qui s'était assemblée tomba sur ces Messieurs;
les sieurs Ferrière, subrécargue, Beaubriand, capitaine,
Degennes et Deshayes, premiers lieutenants, Bot, écrivain et deux mousses furent massacrés. La capitaine
anglais qui étoit avec eux et les sieurs Février, deuxième
subrécargue et Villeneuve officier commandant le
détachement, se sauvèrent, mais ce dernier a été estropié. Le bruit étant venu à notre logement de ce mas-
sacre, une partie du détachement sortit et tomba sur les
malayes dont ils tuèrent huit qui avec ceux que les
Messieurs avaient tués en se défendant fait le nombre
douze. Le tocador ignorant encore le détail de cette
catastrophe courut vite chez le roy l'en avertir et luy
demander justice. Il sortit à la tète de 500 hommes,
fit entourer tout le terrain qui conduisait chez nous pour

arrêter la populace animée et ne se retira que quand il
vit le désordre cessé et nos gens en sureté. Voilà,
Messieurs, la chose telle qu'elle s'est passée par laquelle
vous pouvez voir que nos Messieurs ont été en quelque
façon les agresseurs, mais le roy auquel le lendemain on
a demandé justice n'en a fait aucune et a répondu que la
loy ne disait rien à ce sujet, que si nous avions perdu
7 hommes il en avait perdu 11. Du reste il en a fort bien
agi et favorisé notre commerce, et payé ce qu'il nous
devait de l'an passé. On nous a rapporté qu'il craignait
fort notre ressentiment. Sensibles à un pareil malheur,
comment oserons-nous reparaitre dans cet endroit sans
en tirer vengeance? elle nous parait nécessaire pour l'honneur de la nation. Nous n'avons cependant rien voulu
décider à ce sujet sans ordre de la Compagnie et nous nous
contenterons pour le présent de faire défense dans tous
nos comptoirs d'envoyer aucun vaisseau à Achem. La
Compagnie peut tirer parti de cette malheureuse catastrophe, et en vengeant sans coup férir la nation, se faire
un nom en cet endroit par la crainte qu'elle y inspirera
à ces peuples, et se faire payer de tout ce qui luy est
dû et à la nation d'ancien par ce prince.

Le vaisseau le *Lys* se trouvant par là manquer d'officiers et n'ayant plus qu'un sous-lieutenant et deux enseignes qui l'ont ramené icy, nous en avons par notre
délibération du 23 du courant, donné le commandemant
au sieur Dufay qui se trouve démonté par la retenue de
sa frégate et nommé deux officiers de cette dite frégate
pour compléter le nombre d'officiers nécessaires pour le
naviguer. Nous n'avons pas cru devoir avoir égard aux
représentations du sieur Demonluc, deuxième lieutenant
du *Lys*, qui nous demandait que le commandement luy
en fût laissé, puisqu'il se trouvait icy un capitaine pour
le ramener en France.

La *Favorite* ne pouvait, suivant les dernières nouvelles
que nous avons eues de Bengale, arriver assez à temps

pour entreprendre le voyage de Moka auquel nous l'avions par délibération du même jour remplacé par la *Danaë*, et en conséqueuce l'avons vendu aux armateurs pour la somme de 50.000 Rs. et aux conditions que la Compagnie restera intéressée dans le dit armement pour la dite somme de 50.000 Rs. et qu'elle la reprendra pour celle de 45.000 au retour du voyage. L'*Hermione* qui est arrivé icy le 26 janvier et la *Favorite* le 29 seront envoyés à Mahé pour nous rapporter des poivres en may prochain. Nous comptons y faire passer par ces vaisseaux 100.000 Rs. que nous jugeons suffire pour cette opération avec les fonds qui sont de reste en ce comptoir.

Le pillage d'une pagode à la côte malabare par Aly Raja dont nous avons eu l'honneur d'instruire la Compagnie et qu'on fait monter à 3 à 400.000 Rs. n'a produit jusqu'à présent aucun autre évènement que la défense que le roy de Bedrour a faite de fournir du riz aux Maures.

Les Anglais qui ont envoyé leurs vaisseaux de guerre se joindre aux Marattes contre les Angrias, ont, dit-on, pris toutes les forteresses de ces derniers à l'exception de la principale ; mais le bruit mérite confirmation. Les Portugais se sont aussy, dit-on, ligués avec les Angrias contre les Marattes, leurs ennemis. Cette nouvelle qui n'est pas encore confirmée parait assez probable par l'intérêt de cette nation à éloigner de pareils voisins beaucoup plus redoutable pour eux que l'Angria. Si cela est, les Anglais seront obligés de renoncer à leur projet qui ne tend qu'à leur avantage particulier, car pour la côte malabare elle ne se ressentirait pas beaucoup de la destruction de ces pirates, puisque les Marattes infiniment plus puissants et plus dangereux se trouvant maitres de leurs ports suivant leurs conditions avec les Anglais prendraient leur place et se rendraient plus redoutables par leur puissance.

Nous avons l'honneur de remettre à la Compagnie diverses requêtes qui nous ont été présentées, entre autre une du sieur Le Bon, ancien sous marchand, à laquelle nous la prions d'avoir égard. Cet employé dont nous avons tout lieu d'être content, ne demande pour toute récompense de ses longs services qu'un titre qui honore sa famille après luy.

Dans le nombre de ces requêtes la Compagnie en trouvera des sieurs d'Auteuil et Goupil qu'ils nous ont présentées au sujet du différend entre eux survenu pour le commandement des troupes. La Compagnie verra par notre délibération du 23 janvier la façon dont nous l'avons terminée, renvoyant au surplus le sieur Goupil par devant elle pour le rang d'ancienneté qu'il prend. Nous croyons par notre décision avoir suivi les intentions de la Compagnie en faisant reconnaitre pour commandant des troupes en qualité de major sous les ordres de M. le commandant général et du Conseil le sieur d'Auteuil ainsi qu'il est spécifié dans celle du sieur Bury, quoique par le rapport même du dit sieur d'Auteuil, la Compagnie luy avait refusé une pareille, nous n'avons eu aucun égard au défaut de commissîon puisque la Compagnie n'a point annulé le tableau dans lequel nous l'avons employé pour tel. Nous n'avons pu nous empêcher d'être sensible à l'ordre dont est porteur le sieur d'Auteuil par lequel la Compagnie luy demande un état émargé de tous les militaires, et qu'il n'y a que M. le commandant général et le Conseil Supérieur qu'elle puisse charger d'une pareille commission qui paroit donner atteinte à l'autorité du Conseil supérieur sur le militaire toujours porté à s'en soustraire.

Nous comptions dresser le tableau des officiers et l'envoyer à la Compagnie par cette occasion, mais il s'y est trouvé tant de difficultés que nous avons craint de faire des mécontents, et nous prions la Compagnie de vouloir bien le dresser elle-même, nous nous conformerons

à celuy qu'elle voudra bien nous envoyer. Nous remettons à la Compagnie avec la présente les procès-
verbaux, correspondances avec les comptoirs, les délibérations, etc. que nous avons coutume de luy envoyer.

M. le commandant général a fait part au Conseil de
toutes les infractions des Anglais à la trève arrêtée
entre M.M. Godeheu et Saunders, et du party que cela
luy avait fait prendre de faire sortir un détachement
pour les tenir en respect. Nous n'entrerons dans aucun détail à ce sujet que nous laissons à M. le commandant général à faire à la Compagnie.

Le nommé Richart Boucher de Longchamps repasse
en France par le *Lys* et André de Limoux qui est en
garnison à Mazulipatam et qui ne peut être icy à temps
pour repasser en Europe par cette expédition sera
renvoyé en octobre prochain. Nous vous remettons
cy-joint, Messieurs, les procès-verbaux de vérification
de matières d'argent qui nous sont veuues d'envoy de
Messieurs Cazaubon et Béhic à Cadix, sçavoir :

Par la *Danaë* . . . . . . 200.000 piastres.
Par l'*Hermione* . . . . . 200.000 do.
400.000 piastres.

Il se trouve 111 marcs de onces de profit sur ces matières, les 400.000 piastres d'envoy de ces Messieurs ne
devant peser que 44 marcs sur la réduction du poids
de Cadix au poids de France et pesant en effet 44.111
marcs 2 onces.

Le vaisseau de Bengale destiné pour les Maldives est
passé icy en ce mois, nous luy avons donné un détachement de 10 hommes et un sergent pour recruter le
détachement que nous faisons résider aux dites isles et
avons chargé le sieur Le Tremillier des intérêts de la
nation et de la Compagnie auprès de ces peuples et pour
nous conserver le privilège exclusif de commerce qu'ils
nous ont accordé.

9

Nous avons retenu icy au sieur d'Auteuil sur son décompte les 5.000 liv. que la Compagnie luy a avancées en France.

De tous les plans et devis que nous nous proposions de faire passer à la Compagnie par ce vaisseau, nous ne pouvons luy envoyer que le plan général de la ville où sont compris les ouvrages à y faire tant dedans que dehors. Le sieur Sormay nous promet pour le *Lys* les plans et devis de tous ces ouvrages.

Nous remettons à la Compagnie la requète à nous présentée par le sieur Ficher que nous avons renvoyé par devant elle, nous la prions de vouloir bien faire attention au style de cette requète et aux notes que nous y avons faites, au surplus nous la croyons instruite à présent par M. le Commissaire du roy de toutes les demandes et chicanes de cet officier.

La Compagnie verra par notre correspondance avec Karikal la proposition que nous a fait M. Porcher d'y établir une ferme du tabac et bétel pour laquelle on luy a offert 400 pagodes par an, nous l'y avons autorisé autant qu'elle ne fera aucune peine aux habitants et qu'elle leur sera même avantageuse. Comme sa lettre nous le donne à entendre, nous avons pareillement consenty qu'il renouvelle le bail de celle des boissons aux mêmes conditions.

Cy-joint, Messieurs, l'état des lettres de change que nous prenons la liberté de tirer sur la Compagnie.

Nous sommes avec respect...

Signé : Duval de Leyrit, Barthélémy, Guillard, Du Bausset, Delarche, Lenoir.

Inventaire des expéditions du Conseil Supérieur à Messieurs les Directeurs par le *Rouillé*, sçavoir :

Nos 1 Lettre du Conseil de ce jour.

2 Un paquet duplicata des expéditions par le *Duc d'Aquitaine*.

3 Correspondance du Conseil de Mazulipatam avec le Conseil supérieur depuis le 25 septembre 1755 jusqu'au 25 janvier 1756.

4 Correspondance du Conseil Supérieur avec celuy de Mazulipatam du 13 octobre 1755 au 28 décembre 1755.

5 Correspondace du Conseil de Chandernagor avec le Conseil supérieur du 1er septembre 1755 au 15 janvier 1756.

6 Correspondance du Conseil Supérieur avec celuy de Chandernagor du 10 octobre 1755 au 2 novembre 1755.

7 Correspondance du Conseil de Mahé avec le Conseil Supérieur du 11 septembre 1755 au 12 janvier 1756.

8 Correspondance du Conseil Supérieur avec celuy de Mahé du 23 octobre 1755 au 27 janvier 1756.

9 Correspondance du Commandant de Karikal avec le Conseil Supérieur du 30 septembre 1755 au 3 février 1756.

10 Correspondance du Conseil Supérieur avec Karikal du 1er octobre 1756 au 17 février 1756.

11 Extrait du registre des délibérations du Conseil Supérieur du 1er octobre 1755 au 30 janvier 1756.

12 Copie des pièces concernant la prise d'une palle par les Portugais.

13 Copie des lettres écrites au Conseil Supérieur de Pondichéry par M. Bruno, capitaine du *Fleury* pour le voyage du Pegou.

14 Etat général des fermes du Condavir.
15 Etat des remises faites à divers particuliers fermiers de la province du Condavir.
16 Copie de la requête du sieur Boiserand.
17 do du sieur Banjetton
18 do du sieur Dromane.
19 do du sieur Lebon.
20 do du sieur Ingré.
21 do du sieur Pigon.
22 do du sieur d'Auteuil.
23 do du sieur Goupil.
24 do du sieur Catout.
25 do du sieur Joulin.
26 do du sieur Février.
27 do du sieur Fischer.
28 Un état de la pesée des matières d'argent re çues par *la Danaë*.
29   do   par *l'Hermione*.
30 Tableau des employés.
31 Etat des lettres de change tirées sur la Compagnie depuis le mois d'octobre jusque ce jour.
32 Un paquet contenant les expéditions du greffe civil de Pondichéry.
33 Extrait des registres des sentences civiles de Chandernagor.
34 Facture des effets embarqués pour France sur le *Rouillé*.
35 Connaissement du dit.
36 Etat des demandes pour le comptoir de Pondichéry.
37 Etat des passagers pour France sur le *Rouillé*.
38 4 lettres à l'adresse de Messieurs les sindics et directeurs.
39 1 lettre à celle de M. de Machault.
40 3 do à celle de M. Montaran.

41 1 do   à celle de M. le duc de Gesvres.
42 1 do   à celle de M. le Marquis d'Argenson.
43 1 do   à celle de M. Corsard.
44 1 do   à celle de M. Verzure.
45 1 do   à celle de M. Fromaget, ancien directeur.
46 1 do   à celle de M. Saintard.
47 1 do   à celle de M. Godeheu, commissaire.
48 1 do   à celle de M. Scéchelle et un paquet même N° à la même adresse.
49 1 paquet et 1 lettre à Messieurs du comité secret.
50 1 lettre à M. Duvelaër.
51 76 lettres particulières.
52 le présent inventaire.

INVENTAIRE du duplicata des expéditions par le *Duc d'Aquitaine* sous N° 2 de l'inventaire précédent du Conseil Supérieur à Messieurs les syndics et directeurs généraux des 23 octobre 1755, 16 et 18 janvier 1756 par le *Rouillé*.

Nos 1 Lettre du Conseil supérieur du 23 octobre 1755 duplicata.

2 Lettre du Conseil supérieur du 16 janvier 1756 duplicata.

3 Lettre du Conseil supérieur du 18 janvier 1756 duplicata.

4 Etat des passagers pour France sur le *Duc d'Aquitaine*.

5 Ordres et instructions pour M. Duvantenet.

6 Copie de la requete du sieur Dumez, employé.

7   do.   du sieur de Limoux.

8 Le présent inventaire.

A Pondichéry le 13 Février 1756.

M. Godeheu d'Igoville, directeur a Lorient.

1re PAR LE *Rouillé*, 2me PAR LE *Lys*.

Monsieur,

Nous avons bien reçu les lettres que vous nous avez fait l'honneur de nous écrire les 20 et 22 avril 1755 par les frégates la *Danaë* et l'*Hermione* ensemble les pièces qui y étaient jointes conformément aux inventaires ainsi que les marchandises chargées dessus à Lorient et les fonds qu'elles ont reçus à Cadix de M^{rs}. Cazaubon et Béhic. Ces deux frégates étant destinées pour rester dans l'Inde, nous avons vendu la *Danaë* aux armateurs de Moka et réservons l'*Hermione* pour nous rapporter en may des poivres de la cote malabare au défaut du *Fleury* retenu au Pégou et de la *Galathée* qui n'est point encore de retour de la Cochinchine.

Vous apprendrez par nos lettres à la Compagnie la cadastrophe arrivée à Achem à Messieurs de Beaubriand, capitaine, Dégennes et Deshayes, premiers lieutenants, Bot, écrivain et Ferrière sous marchand, subrécargue du vaisseau le *Lys* qui y ont été massacrés. Nous avons mis en remplacement pour le commander au retour le sieur Dufay, capitaine de la *Danaë*, le sieur Laborde resté icy malade du *Duc d'Aquitaine* et les autres officiers de la dite frégate pour compléter le nombre nécessaire d'officiers pour le naviguer.

Nous avons été payés de la lettre de change tirée par le sieur d'Auteuil sur le sieur Miran, nous aurons aussy attention que celle tirée sur le sieur Moracin au profit du sieur Baradin soit acquittée ainsi que vous nous le recommandez.

Le nommé Louis Beauvais dont vous nous demandez des nouvelles est icy sergent d'artillerie et actuellement malade à notre hopital.

Les soldats embarqués sur les deux frégates nous sont bien arrivés. Nous aurons attention de leur faire tenir compte des avances que vous leur avez faites à Lorient. Le sieur Langlois est pareillement bien arrivé.

Nous avons aussy bien reçu la petite boite de quintessence antivénérienne que vous nous annoncez par votre lettre du 22 avril, nous l'avons remise à notre chirurgien major pour en faire l'épreuve, nous aurons soin d'instruire la Compagnie de l'effet qu'elle aura opéré et de luy en remettre les procès-verbaux.

Cy-joint toutes les pièces que nous avons coutume de vous faire passer conformément à l'inventaire aussy ci-joint.

Nous vous envoyons, Monsieur, la présente par le *Rouillé* que nous expédions pour les Isles pour de là faire son retour en France, si Messieurs du Conseil de l'Isle de France jugent à propos de l'y renvoyer. Nous aurons encore l'honneur de vous écrire par le *Lys*, que nous ne prévoyons pas pouvoir vous expédier avant le 20 février, attendu la disette de marchandises où nous nous trouvons pour son chargement ; nous avons beau presser nos marchands, rien n'avance. Le retardement que cela cause à ce vaisseau nous le fera expédier en droiture avec ordre de ne relâcher qu'à St. Paul de Loanda.

Au mois de février 1752 par le vaisseau le *Dauphin* nous vous avions envoyé le modèle d'un outil dont nous avions besoin pour notre monnoye. Par vos réponses suivantes arrivées icy en 1753 vous avez bien voulu nous le promettre en nous marquant qu'il avait été commandé dans les fonderies de canon, seul endroit ou il peut se faire. Comme le besoin où nous en sommes se renouvelle tous les jours et même augmente par le défaut d'autres propres à y substituer, nous vous réitérons nos prières à ce sujet.

Cy-joint l'état des invalides embarqués sur le *Rouillé* pour repasser en France ; ils n'ont reçu aucune avance.

Nous sommes avec respect. . . . . . .

Signé : Duval de Leyrit, Barthélémy, Guillard, Du Bausset, Bourquenoud, Delarche, Miran, Lenoir.

Inventaire des expéditions à M. Godeheu d'Igoville par le *Rouillé*.

Nᵒˢ	1	Lettre du Conseil de ce jour.
	2	Paquet duplicata des expéditions du *Duc d'Aquitaine*.
	3	Procès-verbal des caisses de vin rouge reçues par *Achille*.
	4	do reçues par le *Duc d'Aquitaine*.
	5	do de serges, croisées, livres de chirurgie, reçus par le *Duc d'Aquitaine*.
	6	do d'une caisse de chapeaux venue par le *Lys*.
	7	do de plusieurs caisses de verrerie venues par le *Lys*.
	8	do d'eaux de senteur, liqueurs, et rubans venus par le *Duc de Penthièvre*.
	9	do d'eaux de senteur et liqueur en magasin.
	10	do du papier reçu par le *Machault*.
	11	do 210 caisses de vin rouge reçues par le *Lys*.
	12	do de . . . . venue par le *Silhouette*.
	13	do de plusieurs caisses de soieries venues par le vaisseau le *Duc d'Aquitaine*.

| Nᵒˢ 14 | do | d'une caisse Nᵒ 90 de soyeries venue par le dit. |

N°s 14   do   d'une caisse Nᵒ 90 de soyeries venue par le dit.

15   do   de cannevettes, de capres et anchois venus par le *Penthièvre*.

16   do   de verreries reçues par le *Silhouette*.

17   do   de six balles de drap londrin reçues par le *Lys* et mouillées dans le dit vaisseau.

18   do   de six balles de drap londrin reçues par le *Lys* et trouvées mangées de carias en magasin.

19   do   d'une caisse Nᵒ 94 reçue par le *Duc d'Aquitaine*.

20   do   des vins et eaux de vie reçus par la *Danaé*.

21   do   des caisses de verrerie, quincailleries, reçues par le *Machault*.

22   Etat des dépenses de la caisse pour le *Rouillé* depuis son arrivée à Bengale.

23   Etat des soldats invalides embarqués pour France sur le vaisseau le *Rouillé*.

24   Etat des fournitures du bureau de la marine pour le vaisseau le *Rouillé*.

25   Etat des effets fournis au vaisseau le *Rouillé* depuis son arrivée de Bengale.

26   Facture de thé bouy chargé pour France sur le *Rouillé*.

27   Connaissement du dit.

28   Etat des passagers.

29   Reçu des expéditions du Conseil Supérieur.

30   Une lettre à l'adresse de M. d'Igoville.

31   28 lettres particulières.

32   Le présent inventaire.

Inventaire du duplicata des expéditions par le *Duc d'Aquitaine* des 23 octobre 1755 et 18 janvier 1756 du Conseil supérieur à M. Godeheu d'Igoville, commandant à Lorient, par le *Rouillé*, sous le N° 2 de l'inventaire précédent.

Nos 1 Lettre du Conseil du 23 octobre 1755 duplicata.
    2   do.   du 18 janvier 1756   do.
    3   do.   à l'adresse de Messieurs les directeurs députés aux ventes, du 23 octobre.
    4 Etat des passagers.
    5 Reçu des expéditions du Conseil de M. Duvantenet.
    6 Ordres et instructions pour M. Duvantenet.
    7 Le présent inventaire.

A Pondichéry le 27 Février 1756.

M. Godeheu d'Igoville, Commandant a Lorient.
1re *Expédition par le Lys duplicata*
par le bot le Favori.

Monsieur,

Nous vous expédions aujourd'huy le vaisseau le *Lys* avec une cargaison composée de 200 milliers de bois rouge, 12.296 morceaux bois de sapan, 2.000 sacs de salpêtre, 303.678 liv. de poivre, 1.288 balles de marchandises et 93 caisses nacre et perle, montant suivant la facture ci-joint à 747.191 Rs. 5 as. 37 gandas.

Nous avons oublié de vous faire mention dans notre dernière de 47 caisses de thé d'envoy de Messieurs de la direction de Canton par la *Renommée*, que nous avons chargées sur le *Rouillé* pour vous être remises, ne pouvant tomber icy qu'en pure perte pour la Compagnie.

Cy-joint le duplicata de nos expéditions par le *Rouillé*
et les pièces concernant le vaisseau le *Lys* que nous
avons coutume de vous envoyer.

Cy-joint aussy un état des officiers des frégates la
Danaë et l'*Hermione* qui nous ont demandé à faire
courir les risques de leurs ports permis sur le vaisseau
le *Lys*.

Nous renvoyons par ce vaisseau deux soldats dont
cy-joint l'état, et un volontaire nommé Ducray renvoyé
à la gamelle.

Nous avons aussy fait embarquer en remplacement
sur le dit vaisseau le nommé Guillaume l'Hostie, quartier
maitre, et sa femme Georgine Kermorgan, cette dernière est portée sur l'état des passagers.

Nous avons remis au sieur Dufay la somme de 1.000
piastres pour fournir aux dépenses de la relàche dont
vous aurez la bonté de vous faire rendre compte.

Nous sommes....

Signé: Duval de Leyrit, Barthélémy, Guillard, du Baus-
       set, Lenoir, Boyelleau, etc...

INVENTAIRE des expéditions du Conseil supérieur à
M. Godeheu d'Igoville par le vaisseau le *Lys* :

Nos 1 Lettre du Conseil de ce jour.

    2 Une lettre à l'adresse de M.M. les directeurs
       députés aux ventes, de ce jour.

    3 Un petit paquet à l'adresse des dits sieurs.

    4 Etat des officiers de la *Danaë* et de l'*Hermione*
       qui ont demandé à faire courir les risques de
       leurs ports permis sur le *Lys*.

    5 Reçu du sieur Dufay, capitaine du *Lys*, de deux
       caisses contenant les livres de Pondichéry et
       l'autre ceux de Bengale.

N°s 6 Etat des passagers sur le *Lys*.
7 Un paquet des duplicata des expéditions du Conseil Supérieur au dit sieur par le *Rouillé*.
8 Signalement de deux soldats embarqués pour France sur le *Lys*.
9 Ordres et instructions pour M. Dufay.
10 Une boite à l'adresse de M. Godeheu, commissaire du roi, remise par M. Boyelleau.
11 Facture générale du chargement du vaisseau le *Lys*.
12 Connaissement de la dite facture.
13 Reçu du sieur de Mauluc de deux pipes de vin de Madère.
14 Etat des fournitures du magasin général au dit vaisseau depuis son retour d'Achem.
15 Etat des dépenses de la caisse pour le dit.
16 Etat des fournitures du bureau de la marine pour le dit.
17 Décompte du nommé Thomas René Kerlo.
18 Décompte de gens de marine morts.
19 Etat des demandes du magasin de la marine.
20 Reçu du capitaine des expéditions.
21 4 lettres à l'adresse de M. Godeheu d'Igoville.
22 1 paquet à l'adresse de M. Bonnet, négociant.
23 96 lettres particulières.
24 Le présent inventaire.

A Pondichéry, le 27 Février 1756.

Inventaire du paquet et duplicata des expéditions par le *Rouillé* du Conseil supérieur à M. Godeheu d'Igoville, commandant à Lorient, par le *Lys* sous le N° 7 de l'inventaire précédent.

N°s 1 Lettre du conseil du 13 février 1756, duplicata.
2 Procès-verbal de 150 caisses de vin rouge par *l'Achille*.

3	do.	reçues par le *Duc d'Aquitaine*.
4	do.	de serges croisées et livres de chirurgie reçus par le dit.
5	do.	d'une caisse de chapeaux venue par le *Lys*.
6	do.	de plusieurs caisses de verrerie reçues par le dit.
7	do.	d'eau de senteur, liqueurs et rubans reçus par le *Duc de Penthièvre*.
8	do.	do. et magasins, visite annuelle.
9	do.	de papier reçu par le *Machault*.
10	do.	de 210 caisses de vin rouge reçues par le *Lys*.
11	do.	de....venues par le *Silhouette*.
12	do.	de plusieurs caisses de soieries venues par le *Duc d'Aquitaine*.
13	do.	d'une caisse N° 90 par le dit.
14	do.	de cannevette par le *Penthièvre*.
15	do.	de verrerie reçue par le *Silhouette*.
16	do.	de 6 balles de drap londrin mouillé du *Lys*.
17	do.	de 6 do. do. mangés en magasin par les carias.
18	do.	d'une caisse N° 94 par le *Duc d'Aquitaine*.
19	do.	de caisses de vin reçues par le *Danaë*.
20	do.	de verreries reçues par le *Machault*.

21 Etat des soldats invalides embarqués sur le *Rouillé* pour France.

22 Etat des fournitures du bureau de la marine.

23 Etat des passagers pour France sur le *Rouillé*.

24 Reçu du sieur Jorran de ses expéditions.

25 Le présent inventaire.

A Pondichéry, le 27 Février 1756.

Messieurs les directeurs députés pour la
vente a Lorient.

1ère par le *Lys*.

2ème par . . . . .

Messieurs,

Nous complions vous faire passer par le *Lys* une
cargaison plus forte et mieux assortie que celle que
vous recevrez. Nous n'avons pas été les maitres du
choix et de la qualité des marchandises. N'ayant fait
aucun contrat avec nos marchands l'année passée, ils
ont travaillé conformément aux précédents envois, et
nous nous sommes trouvés dans la dure nécessité de
prendre tout ce qu'ils nous ont présenté. De là cette
quantité considérable et contre laquelle certainement
vous vous récrirez de guinguans, rajoutapans, kerorottes,
naguania, etc ; d'ailleurs si nous n'avions pas consenti à
cette recette, outre la perte réelle qu'auraient eu les
marchands, l'envoy présent aurait été bien peu de chose.
Vous nous avez fait l'honneur de nous marquer que
vous ne vouliez plus de limanças. Cependant par la
même raison que cy-dessus nous n'avons pu en refuser
10 balles dont le corps des marchands se trouvait
chargé ; nous sentons à quel point ces sortes de marchandises pourront préjudicier à la vente de la Compagnie. Elle doit être persuadée que c'est à regret que
nous les avons prises et que nous n'avons pu faire mieux ;
pour éviter un pareil inconvénient, nous nous proposons
de faire avec eux au commencement du mois prochain
un nouveau contrat pour lequel nous nous conformerons à vos dernières observations. Nous avons rendu
compte à la Compagnie de l'impossibilité où nous sommes de remplir la commission au sujet du fil de coton

que Messieurs de Villers, Corbeaux et Maroteau luy ont demandés. Ces Messieurs fixèrent le prix de 13 à 14 liv. la livre, vous verrez par les échantillons que ce n'est pas à beaucoup près sa valeur intrinséque, en outre nous ne pourrions jamais dans le cours d'une année nous en procurer la quantité qu'ils souhaiteroient en avoir.

Nous sommes etc. . . . . .

Signé : Duval de Leyrit, Barthélémy, Guillard, Lenoir, Boyelleau, du Bausset, Miran etc.

A Pondichéry, le 27 Février 1756.

Messieurs les sindics et directeurs généraux
de la Compagnie des Indes a Paris.

1ère expédition par le *Lys.*

2ème par le bot le *Favori* expédié pour les Indes.

Messieurs,

Nous expédions aujourd'huy pour France le vaisseau le *Lys* avec ce que nous avons pu ramasser de marchandises montant suivant la facteure ci-jointe à 747.191 Rs. 5 as. 37 ga.

Nous sommes mortifiés de n'avoir pu contre nos espérances et malgré les peines que nous nous sommes données pour cela, procurer à la Compagnie une cargaison plus riche et mieux assortie: nous avons déjà eu l'honneur de l'instruire du fâcheux état où la guerre a réduit le pays. Elle ne doit pas douter un instant du désir que nous avons de la bien servir et des peines et soins que nous nous donnerons pour luy procurer cette année des cargaisons plus riches.

Il ne nous reste presque plus rien à luy marquer depuis notre dernière par le *Rouillé* dont cy-joint le duplicata des expéditions. Ce vaisseau a appareillé d'icy la nuit du 13 au 14 du courant pour faire son retour aux Isles, auxquelles nous avons fait passer ce que nous avons pu leur fournir des effets et marchandises qu'elles nous demandaient. Nous avons oublié de faire mention à la Compagnie dans notre lettre par ce vaisseau des 47 caisses de thé, d'envoy de Messieurs de la direction de Canton par la *Renommée* que nous avons chargées sur le *Rouillé* pour luy être envoyées, ne pouvant y tomber qu'en pure perte à la Compagnie.

L'Indien est revenu des Manilles avec une cargaison de cauris et diverses autres marchandises. Le sieur Berthelin que nous avions envoyé subrécargue aux Manilles sur ce vaisseau est resté en hyvernage n'ayant pu vendre les marchandises, et doit faire son retour icy par les vaisseaux hollandais ; suivant ce qu'il nous marque et ce que nous a rapporté le sieur Boucher, capitaine du vaisseau, il n'y a plus moyen d'y commercer. Outre les vexations du Gouverneur, il s'est formé une Compagnie exclusive pour le commerce qui seule à droit d'acheter et qui ne donne de la marchandise que le prix qu'elle juge à propos. Enfin le commerce icy est plus libre et nous sommes déterminés à n'y point envoyer d'icy à ce que les choses changent.

Le voyage du vaisseau le *Lys* à Achem n'est point encore soldé, mais à vue de pays le vaisseau défrayé de son hyvernage, il donnera encore quelque peu de profit.

Nous avons pareillement reçu des lettres des sieurs Dulaurens et Bonal, employés de la Compagnie à la Cochinchine. Les difficultés qu'ils ont trouvées, le divertissement des fonds de la Compagnie par le nommé Jaffrays dont ils n'ont pu recouvrer qu'une très petite partie' ne leur permettent pas de nous faire passer plus

de 4.000 pics de sucre par la *Galathée* qu'ils comptoient
nous expédier à la fin du courant avec le sieur Jaffrays
qu'ils ont saisi et envoyé aux fers à bord. Nous ne pouvons entrer pour le présent dans un plus grand détail
au sujet de ce pays, leurs lettres ne faisant mention de
rien ; sans doute qu'ils nous écriront plus amplement
par la *Galathée* et nous envoyerons les mémoires que
nour leur avons demandés sur lesquels nous déciderons
de l'établissement en forme d'un comptoir en cet endroit.
Nous aurons l'honneur d'en instruire la Compagnie par
la première expédition.

Partie des tarlatanes et mouchoirs que nous attendions
de Karikal nous est enfin parvenue. Les premières sont
entrées dans la cargaison du vaisseau le *Lys*, mais leur
mauvaise qualité et le peu de temps que nous avons eu
nous a fait prendre le party de les recevoir *in globo* et
d'y faire un prix.

A l'égard des mouchoirs et des marchandises d'Yanaon
que nous attendions, ils sont arrivés trop tard pour avoir
pu y être compris.

La *Favorite* est partie pour Mahé le 31 du courant
avec 189.252 Rs. et 487.209 . . . . L'*Hermione* va
être expédiée avec les marchandises et effets que la Compagnie nous a adressés pour ce comptoir par les frégates,
avec les draps que nous nous sommes proposés de faire
passer à Surate sur la demande que nous a faite le sieur
Le Verrier. Elle verra par notre délibération du 12 du
courant et dans notre correspondance que pour satisfaire
à la demande de 260.000 liv. que nous a faite le Conseil
de Mahé, nous avons été obligés d'augmenter icy la
société des poivres de 100.000 Rs. et de permettre au
dit Conseil de recevoir dans sa caisse les fonds qu'on
voudra luy remettre pour la dite société jusqu'à la concurrence de ce dont il pourra avoir besoin pour ses
opérations, ne nous étant pas possible de nous dégarnir
en faveur de ce comptoir des fonds qui nous restent et

que nous nous proposons de faire passer le mois prochain
au Conseil de Chandernagor, qui a besoin d'un prompt
et puissant secours pour soutenir le crédit de la Compagnie.

Par des lettres particulières reçues de Surate on
apprend que les affaires des Anglais tournent très mal,
et que les Portugais ne sont pas à se repentir de s'être
fait une guerre avec les Marates dont les forces sont
formidables pour le modique avantage que leur a fait
l'Angria et qu'on ne fait monter qu'a 200.000 Rs. Ce
mois-cy ou le prochain décidera sans doute du sort de
ce dernier qui ne peut, avec le peu de force qu'il a, résister
à des puissants ennemis.

Nous avons, depuis notre dernière, reçu encore des
nouvelles du Pégou ; les affaires y sont toujours dans
la même position, mais il y avait toute apparence que
l'usurpateur Barma succombera, attaqué qu'il est et par
les Pégouans et par le fils du roy Barma assassiné. Le
sieur Bruno est toujours là avec le *Fleury* et nous demande du secours au nom du roy Pégouan qui a donné à la
Compagnie l'isle de Mok pour y faire un établissement.
Cette isle est à l'entrée de la rivière de Siriam et suivant
le rapport qu'on nous a fait a dix lieues de long et est
très abondante en riz. Nous nous proposons d'y faire
passer la *Galathée* avec quelques secours d'hommes et
munitions de guerre.

La Compagnie recevra aussy par ce vaisseau nos livres
de négoce.

Le sieur Williams, sous lieutenant, et prisonnier icy
où il ne fait aucun service, ayant refusé d'aller à Mahé
où sa parole ne l'engageait plus et où il pouvait servir
la Compagnie, a été remercié.

Nous remettons à M. Godeheu d'Igoville un état des
officiers des frégates la *Danaë* et *l'Hermione* qui nous
ont demandé à faire courir sur le *Lys* les risques de
leurs ports-permis. Nous avons déjà eu l'honneur

d'instruire la Compagnie de la disposition que nous avions faite de plusieurs d'entre eux pour la conduite en France du vaisseau le *Lys*.

Nous avons accordé aux sieurs Dugréz, capitaine, Patrice Dromand, Piegou, Boisseran, Ferrière, officiers, un congé de dix-huit mois pour aller vacquer à leurs affaires en France.

Nous remettons à la Compagnie les plans et profils que nous luy avons promis, sçavoir : un plan du magasin double de marine, un plan d'un corps de la caserne à faire dans chaque quartier dont la distribution est la même et un magasin à poudre destiné aussy pour chaque quartier avec leurs profils et élévations.

Le nommé Antoine Boucher de Longchamp que la Compagnie nous a redemandé repasse en France par ce vaisseau.

Cy-joint l'état général des troupes de la Compagnie existante dans l'Inde à l'exception de celles qui composent les garnisons de Mazulipatam et Divy dont elle recevra aussy ci-joint copie à part et de celles de Golgonde dont nous n'avons pas encore reçu les états.

Cy-joint aussy les états des lettres de change que nous avons pris la liberté de tirer sur la Compagnie depuis le départ du *Rouillé*.

M. le Commandant général nous a communiqué la lettre écrite par la Compagnie à M. Godeheu au sujet de l'établissement de Nelisseram ainsi que l'extrait de celle de M. Collé à M. Duvelaër. Nous prendrons tous les éclaircissements que demande cette affaire, dont nous rendrons compte à la Compagnie par la première occasion.

Nous sommes etc. . . . . .

Signé : Duval de Leyrit, Barthélémy, Guillard, Du Bausset, Lenoir, etc. . . . .

Inventaire des expéditions du Conseil Supérieur à la Compagnie par le *Lys*.

Nos 1 Lettre du Conseil de ce jour.

2 Correspondance du Conseil de Mazulipatam avec le Conseil supérieur du 31 janvier 1756, au 6 février 1756.

3 Correspondance du Conseil de Mahé avec le Conseil supérieur du 30 janvier 1756 au 3 février 1756.

4 Correspondance du Conseil supérieur avec celui de Mahé du 20 février 1756 au 24 février 1756.

5 Extraits du registre des délibérations du Conseil supérieur depuis le 8 février 1756 au 20.

6 Bilan de sortie au 30 juin 1756.

7 Profits et pertes au 30 juin 1756.

8 Le chapitre des dépenses de ce comptoir du 1er juillet 1754 au 30 juin 1755.

9 Comptes de la Compagnie des Indes au 30 juin 1755.

10 Un paquet duplicata des expéditions du Conseil de Mahé par le *Duc d'Aquitaine* à la Compagnie.

11 Etat des troupes françaises existantes dans l'Inde.

12 Etat des passagers pour France.

13 Duplicata des expéditions par le *Rouillé* du Conseil supérieur à la Compagnie.

14 Signalement des troupes de la garnison de Divy.

15 Signalement des troupes de celle de Mazulipatam.

16 Ordres et instructions pour le sieur Dufay.

17 Etat dès lettres de change tirées sur la Compagnie depuis le départ du *Rouillé*.

18 Facture générale du chargement du vaisseau le *Lys*.

19 Connaissement du dit.
20 Reçu du sieur de Mauluc de deux pipes de vin
     de Madère.
21 Supplément à l'état des demandes par le *Rouillé*.
22 Supplément à l'état des demandes de remédes
     pour P. J· par le *Rouillé*.
23 Etat de situation du comptoir de Pondichéry
     à ce jour.
24 5 lettres à l'adresse de M. M. les sindics et
     directeurs généraux.
25 7 lettres à celle de M. et Mᵐᵉ Dupleix.
26 2 lettres à celle de Mgr. le Duc de Gesvres.
27 1 paquet à l'adresse du R. P. La Tour.
28 7   do   à celle de M. Montazan.
29 5   do   à celle de M. Duvelaër.
30 2   do   à celle de M. de Moras.
31 2   do   à celle de M. De Seichelles.
32 1   do   à celle de M. Bernage.
33 2   do   à celle de Mgr. le Garde des Sceaux.
34 1   do   à celle de M. Demont Morenez.
35 1   do   à celle de M. le marquis du Châtelet.
36 1   do   à celle de M. de Soubise.
37 1   do   à l'adresse de Mᵐᵉ la duchesse de
                 Beauvilliers.
38 1   do   à celle de M. de St. Paul.
39 1   do   à celle de M. Corrard.
40 1   do   à celle de M. Silhouette.
41 1 lettre à l'adresse de M. de Puisieux.
42 1   do   à celle de M. Saintard.
43 1   do   à celle de M. Verzure.
44 1   do   à celle de M. de Turenne.
45 1   do   à celle de M. Rouillé.
46 1   do   à celle de M. David.
47 1   do   à celle de M. Godeheu, commissaire.
48 110 do   particulières.
49 Le présent inventaire.

Inventaire du paquet des duplicata des expéditions par le *Rouillé* du Conseil supérieur à la Compagnie des Indes à Paris par le *Lys* sous le Nº 13 de l'inventaire précédent.

Nᵒˢ 1 Lettre du Conseil du 13 février 1756 duplicata.

    2 Correspondance du Conseil de Mazulipatam avec le Conseil supérieur depuis le 25 septembre 1755 jusqu'au 25 janvier 1756.

    3 do. du Conseil supérieur avec celui de Mazulipatam depuis le 18 octobre 1755 jusqu'au 28 décembre 1756.

    4 do. du Conseil de Chandernagor avec le Conseil supérieur du 1er septembre 1755 au 2 novembre 1756.

    5 do. du Conseil supérieur avec celuy de Chandernagor du 10 octobre 1755 au 2 novembre 1756

    6 Correspondance de Mahé avec le Conseil supérieur du 11 septembre 1755 au 12 janvier 1756.

    7 do. du Conseil supérieur avec celui de Mahé du 23 Octobre 1755 au 25 janvier 1756.

    8 do. de Karikal avec le Conseil supérieur du 30 septembre 1755 au 3 février 1756.

    9 do. du Conseil supérieur avec celuy de Karikal du 10 octobre 1755 au 11 février 1756.

    10 Extrait des régistres des délibérations du Conseil supérieur.

    11 Copie des lettres du sieur Louet touchant la prise d'une palle française par les Portugais.

    12 Copie des lettres du sieur Bruno.

13   Etat des fermes de la province du Condavir.
14   Etat des remises faites à divers fermiers de la
         dite province.
15   Requete du sieur Boisserand.
16   do.   du sieur Barjetton.
17   do.   du sieur Dromand.
18   do.   du sieur le Bon.
19   do.   du sieur Dugrès.
20   do.   du sieur Piegon.
21   do.   du sieur d'Auteuil.
22   do.   du sieur Goupil.
23   do.   du sieur Calvert.
24   do.   du sieur Joullien.
25   do.   du sieur Ferrière.
26.   Requête du sieur Ficher.
27.   Procès-verbal de la pesée de matières d'argent
         remises par la *Danaë*,
28.   do.   do. par l'*Hermione*.
29.   Tableau des employés.
30.   Etat des lettres de change.
31.   Un paquet contenant les expéditions du greffe
         civil de Pondichéry.
32.   Etat des demandes pour le comptoir de Pondi-
         chéry et dépendances.
33.   Etat des passagers pour France embarqués
         sur le *Rouillé*.
34.   Le present inventaire.

A Pondichéry, le 1er avril 1756.

MESSIEURS LES SINDICS ET DIRECTEURS DE LA COMPAGNIE
DES INDES A PARIS.

1er *par le bot le Favori expédié pour les isles.*

Messieurs;

Nous avons l'honneur de vous remettre ci-joint le
duplicata de nos expéditions par le *Lys* parti d'icy en

droiture pour France le 27 février dernier que nous adressons à M.M. du Conseil de l'Isle de France par le bot le *Favory* pour vous les faire parvenir par la première occasion qu'ils auront.

M. le commandant général s'étant chargé de vous rendre compte, Messieurs, de ce qui s'est passé à cette côte depuis le départ du *Lys*, nous référons à ce qu'il en écrit à la Compagnie.

Nous allons expédier l'*Indien* pour Bengale avec 450.000 Rs. en nature, 5.000 cabans de cauris de Manilles, 270 sacs de cauris de rebut des Maldives, et les effets que la Compagnie nous a adressés pour ce comtoir par les frégates la *Danaé* et l'*Hermione*. Nous y faisons passer aussy 135.296 liv. de poivres dont, suivant les dernières nouvelles que nous avons eu de Bengale, on pourra avoir une défaite avantageuse, si le besoin oblige Messieurs du conseil du dit lieu à le vendre. Nous ne pouvons rendre à la Compagnie compte de ce qu'à produit le voyage de ce vaisseau aux Manilles, les comptes n'en étant point encore arrangés. Nous avons déjà eu l'honneur de l'instruire du peu de faveur qu'a le commerce dans ce pays, ce qui nous oblige à l'abandonner pour quelque temps.

Celuy de Cochinchine n'a pas été plus favorisé et le roy de ce pays a fait mille avanies à nos envoyés et en a exigé des droits exorbitants. La frégate la *Galathée* vient d'en arriver et on est à décharger sa cargaison, ce qui fait que nous ne pouvons rendre un compte exact à la Compagnie pour le présent de ce voyage. Le sieur Bonal, un de ceux que nous y avions fait passer, a été obligé de revenir par ce vaisseau, le roy n'ayant point voulu les garder tous les deux dans ce pays et ayant préféré le sieur Dulaurens à ce dernier. Nous ne pouvons dire à la Compagnie les mesures que nous prendrons à ce sujet n'ayant pas encore eu le temps d'examiner tous les papiers, journaux, etc.. qui nous ont été envoyés.

Nous nous proposons de contracter sous peu de jours avec nos marchands suivant le dernier état d'assortiment qui nous a été envoyé par Messieurs les députés aux ventes et pour cela de leur faire le plus d'avance qu'il nous sera possible pour les mettre en état de travailler de bonne heure.

Les instances réitérées du roy de Pégou auprès de M. le commandant général pour luy demander du secours contre les ennemis et la conservation de l'établissement considérable qu'il a donné à la Compagnie dans son pays, nous ont engagés à luy en faire passer par le premier vaisseau que nous expédierons pour cet endroit. Nous avons précédemment instruit la Compagnie du séjour du sieur Bruno au Pégou avec le *Fleury* qui luy sert à couvrir Siriam contre les Barmas, et à leur en empêcher l'entrée.

Nous sommes . . .

Signé : Duval de Leyrit, Barthélémy, Guillard, Du Bausset, Delarche, Boyelleau, Miran.

INVENTAIRE du duplicata des expéditions par le *Lys* du Conseil supérieur de Pondichéry à M.M. les sindics et directeurs généraux de la Compagnie par le bot le *Favory* expédié pour les Isles.

Sçavoir :

Nos 1 Lettre du Conseil du 27 février, duplicata.
    2. Correspondance du Conseil de Mahé avec le Conseil supérieur du 30 janvier 1756 au 3 février 1756.
    3   do   du Conseil de Masulipatam avec le Conseil supérieur de Pondichéry du 31 janvier au 6 février.

4   Correspondance du Conseil supérieur de Pondichéry avec le Conseil de Mahé du 20 février 1756 au 24.

5   Extrait du registre des délibérations du Conseil supérieur depuis le 8 février 1756 au 21.

6   Supplément à l'état de demandes par le *Rouillé*.

7   Ordres et instructions au sieur Dufay.

8   Etat des passagers pour France sur le vaisseau le *Lys*.

9   Le présent inventaire.

10   Etat des lettres de change tirées depuis le départ du *Rouillé*.

A Pondichéry, le 30 septembre 1756.

Messieurs les sindics et directeurs généraux
de la Compagnie des Indes.

1ère expédition par la frégate la *Gloire*.
2ème expéddition par la frégate l'*Indien*.
3ème par voie de Mahé.

Messieurs,

Nous avons bien reçu les lettres que la Compagnie nous a fait l'honneur de nous écrire par les vaisseaux la *Gloire*, le *St. Priest* et le *St. Contest*. La première est arrivée icy le 9 avril dernier, le *St. Priest* le 18 du d°. le *St Contest* le 11 juin. Nous aurons celuy d'y répondre à mesure que les articles qu'elles renferment se rencontreront avec le compte que nous allons luy rendre de tout ce qui s'est passé dans l'Inde depuis notre dernière du 1er avril que nous avons adressée à

Messieurs du Conseil de l'Isle de France par le bot le *Favory* avec le duplicata des expéditions du vaisseau *le Lys*. Nous souhaitons que ce vaisseau qui n'a pu être instruit dans l'Inde de la rupture qui paraissait prochaine entre la France et l'Angleterre, ait trouvé à St. Paul de Loanda, où il avait ordre de relâcher, des avis et des ordres de la Compagnie pour sa sécurité et nous apprendrons avec un bien sensible plaisir la nouvelle de son heureuse arrivée à Lorient.

Nous remettons à la Compagnie les procès-verbaux de vérification des matières d'argent qui nous sont venues par ces vaisseaux, sçavoir :

Par la *Gloire*.	20.007 marcs	4 — 2 — ,,
Par le *St. Priest* . . .	13.757 —	3 — 3 — ,,
Par le *St. Contest* . . .	20.007 —	6 — 4 — 8
Marcs....	53.772 —	6 — 1 — 8

Par conséquent il n'y a presque point de bénéfice sur les dites matières comme nous avons coutume d'en trouver, ce qui provient de la perte de 17^m — 2^{on} — 4^g que nous avons eue sur les matières du *St. Priest* dont Messieurs du Conseil de l'Isle de France ont retenu trois caisses et échangé 3 autres contre pareil poids de menue monnoye d'Espagne qui sans doute n'était pas juste.

L'*Indien* que, par notre dernière à la Compagnie, nous avons marqué devoir envoyer à Bengale, y est bien arrivé, et la *Gloire* qui s'est trouvé avoir besoin de carenne y a aussy été envoyée. Nous attendons à tout instant les deux vaisseaux avec les effets et provisions que nous avons demandés à Chandernagor tant pour nous que pour les isles. La *Favorite* arrivée de Mahé en may dernier qui a été expédiée en juillet pour Mazulipatam et de là pour Bengale et la *Danaé* arrivée de Moka le 15 août que nous allons aussy y envoyer, serviront à remplacer ces deux vaisseaux et à nous apporter en janvier prochain les riz et provisions nécessaires à ce comptoir.

La *Danaé* a reçu icy à son retour 2.700 balles de café et il en reste dans les magasins à Moka 233 balles qui n'ont pu être embarquées. Ce voyage donne 19 % de profit à l'armement et la Compagnie en a retiré pour le sien 9.592 Rs. indépendamment des 51.000 Rs. d'indemnités que les armateurs sont convenus de luy payer en lui rendant son vaisseau. Dans l'incertitude où nous sommes de la paix ou de la guerre, nous ne nous proposons pas d'envoyer l'an prochain de vaisseau à Moka, nous chercherons seulement à faire venir soit icy ou à Mahé le café de cette année resté au dit lieu.

L'*Hermione* est pareillement bien de retour de Mahé. Cette frégate a été envoyée en juin à la Cochinchine pour charger les sucres et marchandises qui y sont dues à la Compagnie et en ramener les employés que nous y avions fait passer. Nous avons embarqué dessus 1.268 — 7 — 5 1/2 marcs de piastres et 6.057 Rs. en marchandises pour achever de compléter sa cargaison. Cette frégate devant dans sa route toucher à Quedda pour y prendre des vivres, nous lui avons donné en outre 41 garces de sel que nous avons appris y être de bonne défaite et dont le bénéfice couvrira toujours quelques frais de cet armement.

Nous avons déjà eu l'honneur d'instruire la Compagnie du peu d'apparence qu'il y avait de pouvoir établir solidement un comptoir à la Cochinchine parmi des peuples et sans l'appuy d'un prince aussy avares que le sont le peuple et le roi de ce pays. Cela nous a fait prendre le parti de renoncer à cet établissement du moins pour le présent que le temps est si peu favorable mais pour rendre le voyage de l'*Hermione* plus lucratif et avantageux que ne l'a été celuy de la *Galathée*, nous avons délibéré que ce vaisseau irait en droiture de la

Cochinchine à Surate y remettre ses soies et sucres et qu'il serait écrit en ce dernier endroit d'y tenir prête une cargaison de coton pour nous être apportée en retour ici. Nous espérons au moyen de cette combinaison que cet armement sera avantageux, mais l'incertitude des affaires de l'Europe nous faisant craindre de donner des ordres préjudiciables à ses intérets, nous avons écrit à Messieurs de la direction de Canton pour leur faire part de notre projet et les avons priés de vouloir bien instruire nos résidents à la Cochinchine des nouvelles qu'ils auront et leur donner les ordres convenables pour la sûreté du bien de la Compagnie.

N'ayant aucune destination à donner au *St. Priest* et M. Magon ayant instruit M. le commandant général que la Compagnie avait à Canton des marchandises en magasin que le *St. Priest* pourrait aller charger, nous avons pris le party d'y faire passer ce vaisseau d'autant plus volontiers que nous aurions eu de la peine à lui procurer icy une cargaison.

La Compagnie est pareillement instruite des instances réitérées du roy du Pégou pour luy faire passer des secours contre les Barmas ses ennemis. Nous étions disposés à le secourir efficacement, mais la dépense et la crainte de nous dégarnir trop dans un temps aussy critique, nous ont fait changer de sentiment et délibérer de n'y envoyer que 25 soldats et 60 cipahis sous le commandement du sieur Bruno, capitaine du *Fleury*, et Duponcel, capitaine du *Diligent*. Ils ont ordre d'agir de concert pour le bien des affaires, et après le départ du sieur Bruno, auquel nous avons donné ordre de nous ramener le *Fleury* en septembre avec une cargaison de bois, s'il a pu se la procurer, le commandement restera au dit sieur Duponcel, dont nous connaissons l'expérience et la capacité. Le secours que nous avons envoyé en cet endroit n'étant pas capable de fortifier les troupes du roy de Pégou, surtout si, comme on nous l'a assuré, les Anglais ont pris le parti de son coucurrent ; nous avons recommandé aux sieurs Bruno et Dupoucel de se borner à garder et fortifier la concession faite à la Compagnie par le ròy de Pégou et à ne rien hasarder qu'ils ne fussent moralement sùrs de l'emporter et de réduire les rebelles. La *Galathée* revenue de la Cochinchine ayant besoin de radoub a été envoyée porter ce détachement et s'y racommoder. Elle doit nous ètre renvoyée icy en décembre prochain. C'est tout ce que nous pouvons dire pour le présent à la Compagnie au sujet des affaires de ce pays. L'arrivée du *Fleury* nous mettra à lieu de luy faire un détail plus circonstancié.

Suivant ce que nous avons eu l'honneur de marquer à la Compagnie par notre dernière et conformément à ses derniers ordres, nous n'avions contracté avec nos marchands que jusqu'a la concurrence de 450.000 Rs. Mais nos moyens sont si courts qu'il ne nous a pas été possible de leur avancer à compter de leur contrat plus de 100.000 Rs. Encore souhaiterions-nous bien à présent ne leur avoir point fait cette avance et avoir en caisse cet argent. Notre trésor est si pauvre que, s'il ne nous arrive pas des fonds en ce présent mois de septembre que nous commençons cette lettre, nous serons bien embarrassés. Ceux des fermes sur lesquels nous comptions et pour lesquelles il est encore dù à la Compagnie 900.000 Rs. ne nous rentrent point. Tous ceux des particuliers sont épuisés et entre les mains de la Compagnie. Pour le seul article des poivres, elle doit plus d'un million de roupies et faute d'argent nous allons ètre obligés de donner des billets à intérêts. La Compagnie verra par le bilan que nous luy envoyerons en janvier l'emploi que nous avons fait des fonds que nous avons déjà reçus et dont nous avons fait passer 800.000 Rs. à Bengale ; mais une bonne partie de cet argent que nous comptions devoir soulager ce comptoir et le mettre en état de travailler, a dû avoir une plus onéreuse destination comme elle le verra dans l'article timbré Chandernagor. Quelques sollicitations que nous fassent nos marchands pour avoir de plus fortes avances dont nous sentons nous mêmes la nécessité, il nous est impossible de les satisfaire, puisque nous nous trouvons si à court que nous n'avons pas même de quoi y aller tout le mois prochain, s'il ne nous vient aucuns fonds. Si cependant il en arrive nous avons tout lieu d'espérer au moyen des poivres et des cafés que nous avons en magasin de pouvoir avec les marchandises que nous pourrons tirer tant d'icy que de Mazulipatam, Yanaon et Karikal compléter la cargaison de trois vaisseaux. Nous souhaiterions bien pouvoir en faire espérer autant de Chandernagor où nous avons écrit de réduire le commerce suivant les ordres de la Compagnie mais dans les circonstances où il se trouve, ce sera beaucoup s'il peut s'en procurer un.

La Compagnie peut voir parce que nous avons l'honneur de luy marquer sur la quantité de poivre que nous avons tant icy qu'à Mahé que la société des poivres n'aura point lieu cette année. Nous souhaiterions bien être en état de l'abolir, comme onéreuse à la Compagnie, mais si nous voulions avoir recours cette année au même expédient, nous doutons que nous puissions y réussir tant la colonie est dénuée d'argent. La même disette de fonds nous a obligé de payer en papier les armateurs et freteurs du vaisseau de Moka dont les fonds ont été employés dans l'achat des cafés.

Nous nous conformerons autant qu'il nous sera possible au mémoire d'observations que la Compagnie nous a envoyé sur nos états de demandes. Nous en avons fait passer des copies dans les différents comptoirs, en recommandant de s'y conformer pareillement.

M. le commandant général nous a communiqué suivant les ordres de la Compagnie les instructions à luy laissées par M. Godeheu ; elle peut compter sur notre zèle et notre attention, quand il dépendra de nous de les faire mettre à exécution.

Nous remercions la Compagnie de la bonté qu'elle a eue de nous faire part de l'heureuse arrivée de ses vaisseaux dans le port de Lorient, qui nous a fait un sensible plaisir. Nous avons appris par la *Gloire* les ordres qu'elle avait donnés aux isles d'y arrêter les vaisseaux de notre dernière expédition. Cette frégate a eu le bonheur de rencontrer en venant icy le *Silhouette* expédié de Chandernagor en droiture pour St. Paul de Loanda et de là pour France. Le sieur Hay luy a fait passer des ordres dont il était porteur, ce qui a fait changer la route de ce vaisseau et se rendre à l'Isle de France, où nous ne doutons pas qu'il ne soit bien arrivé.

La façon dont on fait les limanças est toute simple et on ne se sert pas de planches comme la Compagnie le croit, on enduit de cire les endroits qu'on ne veut pas qui prennent la teinture suivant les dessins qu'on a imaginés ; cela fait, on trempe la toile dans l'indigo autant de fois qu'on le croit nécessaire, ensuite on l'a fait sécher et après avoir tiré la cire qui couvrait les endroits blancs, on la trempe de nouveau dans l'eau pour la rendre plus nette : telle est la façon toute simple qu'on employe pour la fabrique de cette marchandise. Il en est presque de même pour toutes les toiles peintes qu'on enduit pareillement de cire, toute la différence consiste dans la plus grande préparation de la toile pour la mettre en état de recevoir les couleurs qu'on y veut imprimer.

Le nommé Jaffrays dont nous avions déjà eu l'honneur de parler à la Compagnie est icy en prison. On n'a pu encore parvenir à débrouiller ses comptes. Nous attendons le retour des sieurs Dulaurens et Bonal pour y mettre fin.

Nous ne pouvons non plus pour le présent rendre aucun compte à la Compagnie du produit des armements de la *Galatée* pour la Cochinchine et de l'*Indien* pour Manilles. Les marchandises qu'ils ont rapportées étant en plus grande partie invendues, on ne peut solder les armements qui à vue de pays cependant ne donnent que peu ou point de profit. Nous avons déjà eu l'honneur de prévenir la Compagnie que de quelque temps nous n'armerions point pour Manilles où le commerce est devenu très désavantageux, par la société exclusive pour tout le commerce qui s'est formée en cette isle.

Dans l'incertitude où nous sommes si le vaisseau de Bengale armé pour les Maldives aura pu faire son retour à Chandernagor, et pour que la Compagnie ne soit privée cette année comme elle a été l'an passé par la perte du *Montaran* des cauris des Maldives dont elle a besoin pour sa vente, nous avons acheté ceux du vaisseau le *Charles,* capitaine et armateur le sieur Le Termellier, en paiement desquels nous devons luy fournir des billets à intérêt et des lettres de change sur la Compagnie.

CHANDERNAGOR.

Quelque obéré que fut ce comptoir au départ de M. de Leyrit, Messieurs du Conseil du dit lieu ont encore cependant trouvé moyen de charger richement les trois vaisseux que nous leur avons fait passer l'année dernière, mais c'est un dernier effort qui n'aurait pu se réitérer. Suivant le bilan de leur situation qu'ils nous ont fait passer après leur dernière expédition, leur comptoir se trouvait devoir 3.156.721 Rs. 44-5. C'était à éteindre cette dette autant qu'il serait possible que se bornaient leurs vues et les nôtres et les ordres de la Compagnie de réduire cette année son commerce s'accordaient au mieux avec la situation de ce comptoir. Nous luy avons déjà fait passer par l'*Indien*, comme elle l'aura vu par

13

notre dernière du 1ᵉʳ avril, 450.000 Rs. et environ
60.000 Rs. en cauris de Manilles et depuis, par la
Gloire et le *St. Contest*, 350.000 Rs. Toutes les sommes jointes à la vente de ses marchandises, de ses draps,
et aux secours que nous comptions luy faire encore passer, l'auraient mis en état d'éteindre une bonne partie
de ces dettes, si le pays eut resté tranquille, mais il est
arrivé des évènements terribles dont nous ferons seulement mention à la fin de cet article à la Compagnie qui
en sera amplement instruite tant par notre correspondance que par les lettres de Messieurs de Chandernagor, et
nous avons la douleur de voir que ces derniers fonds
que nous comptions devoir être employés à liquider les
affaires de la Compagnie serviront à remplir la cupidité
d'un tyran, qui a abusé de ses forces pour nous faire
l'avanie la plus inouie, et à racheter la destruction et le
pillage de notre comptoir.

Nous avions consenti à la proposition que M.M. du
Conseil du dit lieu nous avaient faite de transporter à
Loguipour le comptoir de Jougdia, comme moins sujet
aux inconvénients de ce dernier endroit et plus propre
pour le commerce ; ils ont dû même sur notre consentement choisir un endroit convenable pour faire leur
établissement qui ne pourra cependant avoir sitôt lieu.

Quelque chose qu'aient pu faire Messieurs du Conseil
du dit lieu pour tirer la ferme du salpêtre des mains
de Coja Ouazil, jamais ils n'ont pu y réussir non plus
qu'à defaire le prix qu'il avait fixé à 3 Rs. 12 an. sicca.
Nous leur avons écrit de s'entendre avec les Hollendais
pour obtenir du Nabab à remettre cette ferme sur le
pied qu'elle était cy devant, mais ces derniers s'étaient
déjà accommodés avec le marchand pour le salpêtre
dont ils ont besoin cette année, et suivant les dernières
lettres de Messieurs de Chandernagor, il parait que le
Nabab veut se la réserver à luy seul et forcer les Européens à acheter de luy le salpêtre au prix qu'il voudra

y mettre ; tel est actuellement le commerce à Bengale.

L'affaire des Danois est terminée, et ils ont obtenu du vivant d'Alaverdikan un terrain à trois lieues au sud de Chandernogor pour y former leur établissement. Ils résident cependant encor parmi nous, mais nous ignorons si le Nabab ne leur aura point aussy suscité quelque chicane pour en tirer quelque chose avant de les laisser tranquillement s'y établir.

Le Conseil de Chandernagor se trouvant manquer de conseiller pour remplir les fonctions du procureur du roy nous avons consenti à la nomination qu'il a faite du sieur Fournier, le fils, jusqu'à ce que ce poste puisse être occupé par un conseiller.

Le sieur de Changeac que nous avions fait passer à Chandernagor s'est enfui à Moxoudabat, où il a pris party avec les Maures dans la guerre contre les Anglais. Nous avons donné ordre de le saisir, s'il y avait moyen pour nous être renvoyé icy. Ce jeune homme, ainsi que quelques autres qui étaient à Golgotha et dont nous ignorons le sort, sont des pestes publiques dont nous voudrions être débarrassés.

Après avoir rendu compte à la Compagnie de ce qui concerne l'intérieur de ce comptoir, il ne nous reste plus qu'à luy faire part de nos réflexions sur la funeste catastrophe arrivée à Bengale. Nous ne nous etendrons point sur cet évènement ny sur les causes qui l'ont occasionnée, dont Messieurs du Conseil du dit lieu et notre correspondance l'instruiront parfaitement. Nous nous bornerons seulement à représenter à la Compagnie combien après l'entreprise du Nabab sur Golgotha, il y a peu à se fier sur nos privilèges et la nécessité de mettre notre comptoir en état de défense. Messieurs de Chandernagor se sont trouvés forcés de consentir à payer au Nabab 300.000 Rs. sicca sans les frais de dorbar et plusieurs autres dépenses qui se montent à plus de 100.000 Rs. Ce n'a pas été sans peine qu'ils sont venus à bout de faire réduire à cette somme les demandes du Nabab. Pour éviter un sort pareil à celuy des Anglais dont ils étaient menacés, sur la nouvelle qu'ils nous en ont donné aussitôt, nous eussions bien souhaité pouvoir leur envoyer des secours et les mettre en état de faire la loi à leur tyran, mais malheureusement dans cette triste circonstance, nous nous sommes trouvés privés d'une grande partie de notre garnison que M. le commandant général a été obligé de faire passer par la *Favorite* au secours de M. de Bussy, de sorte que nous n'avons osé nous dégarnir d'avantage, incertains que nous étions de la paix ou de la guerre en Europe. Nous avons cependant écrit à Mazulipatam d'y faire passer un détachement de 100 soldats par la *Favorite* qui y attendait nos ordres. Nous sentons à présent plus que jamais la nécessité d'entretenir une forte garnison à Chandernagor pour mettre ce comptoir à l'abry des vexations du Nabab, et nous souhaiterions fort que la paix nous mit en état d'y envoyer un corps de 3 ou 400 hommes. Les circonstances même l'exigent, car les Anglais, outrés de leur perte, paraissent résolus de se venger et ont fait passer 1.000 hommes anglais et 2.000 cipahis pour reprendre Golgotha ; avec ces forces ils sont en état de causer une grande révolution et de renverser un tyran qui est détesté de tout le monde. Convient-il à nos intérets d'être tranquilles spectateurs d'une pareille scène et le pourrons-nous même quand nous le voudrions ? Le Nabab instruit des préparatifs des Anglais ne recherchera-t-il pas encore notre secours, et sur notre refus, nous voyant hors d'état de luy résister, ne se vengera -t-il pas sur nous des préparatifs des Anglais ; mais, quand le Nabab craindrait de se porter à de pareilles extrémités à la veille d'être attaqué par les Anglais, est-il de notre intérêt de souffrir qu'ils viennent à bout de leurs desseins par eux-mêmes, et ne pouvons nous pas craindre avec raison que jaloux comme ils sont de notre commerce, ils ne nous suscitent une catastrophe pareille à la leur? S'ils ne réussissent pas, que n'avons nous pas à craindre de la férocité du Nabab, qui enflé de sa victoire, se croira tout possible à la force des armes, et se portera peut-être aux dernières extrémités avec les autres nations européennes. Notre intention serait donc de les mettre en état de se faire craindre et rechercher des deux partys, laissant à la prudence de ces Messieurs à prendre celuy qui conviendrait le mieux aux intérets de la Compagnie et à la sécurité de leur comptoir, mais les moyens nous manquent pour les mettre dans cette situation et contraints par la nécessité, nous nous sommes bornés au faible secours que nous vous marquons leur envoyer par la *Favorite*, nous réservant à leur en faire passer un plus considérable dès que notre situation nous le permettra, et à leur écrire de se tenir neutres et tranquilles, de relever leurs petits comptoirs et de se fortifier autant qu'ils le pourront. Ils avaient déjà avant la réception de notre lettre voulu travailler à démolir quelques maisons trop voisines des bastions, et à élever la courtine du nord, mais le Nabab qui veille sur leurs actions et les tient dans la plus dure dépendance leur a fait discontinuer leurs travaux avec menace de les traiter comme les Anglais s'ils s'avisaient de remuer. Telle est, Messieurs, la situation actuelle de Chandernagor que nous ne pouvons voir qu'avec la plus sensible douleur. Nous ne doutons pas que Messieurs de Chandernagor à la première levée de boucliers de la part des Anglais ne profitent s'ils le peuvent de cette occassion pour se fortifier et se mettre hors d'insulte, comme ils ont fait à la mort d'Alaverdikan pour élever le bastion du pavillon qu'ils avaient été obligés de discontinuer du vivant de ce Nabab.

Il manquerait quelque chose à cet article, si nous n'y faisions pas mention des Hollandais, qui les premiers inquiétés par le Nabab, ont aussy les premiers consenty à luy payer 450.000 Rs. sicca. Il ne faut pas s'attendre à voir jamais cette nation se lier d'intérêt avec les autres pour se maintenir mutuellement. A juger de ses senti_ments par la conduite qu'elle a tenue à cette côte pendant toute la durée de la guerre, on peut vraisem_blablement présumer qu'elle ne cherche qu'à voir les deux nations se détruire l'une et l'autre dans les Indes, pour en rester la seule maitresse, présumant assez des forces qu'elle y a, pour espérer pouvoir non seulement s'y maintenir, mais même y faire la loi à toutes les puissances du pays'

MAZULIPATAM.

La Compagnie a vu par nos lettres de l'année dernière que nous avions été obligés d'envoyer des fonds dans ce comptoir pour son commerce qui a cependant été très borné. Les troubles qui se sont élevés dans ces quartiers sur la nouvelle qu'on y a eu de la disgrâce du sieur de Bussy auprès de Salabetjingue, et qui nous ont obligés d'y faire passer 100 hommes et 30 topas avec des munitions par le *St. Contest*, nous font craindre de n'en pas tirer beaucoup plus de marchandises cette année. Par les dernières nouvelles que nous en avons eues, ces troubles s'étaient apaisés, du moins les gémi-dars révoltés, après quelques actions assez vives où ils ont été battus, se sont retirés et nous ont abandonné la campagne. La difficulté est de pouvoir en retirer les revenus. M. le commandant général rendra un compte plus circonstancié à la Compagnie de tout ce qui s'est passé dans ces quartiers.

Il serait à souhaiter que ce comptoir put non seule-ment se suffire à luy même, mais encore qu'il put nous secourir. Nous ne pouvons l'espérer qu'après l'extinc-tion entière des dettes du Dékan. Nous avons encore été obligés cette année d'y faire passer 30.000 Rs. pour aider à acquitter une rescription considérable que Messieurs du Conseil du dit lieu lui avaient donnée sur nous et à laquelle nous nous sommes trouvés hors d'état de faire honneur. L'extrémité cependant où nous sommes réduits, nous a fait leur demander un prompt secours d'argent, et nous espérons qu'ils auront égard à notre situation et feront tous leurs efforts pour nous satisfaire.

Messieurs du Conseil de Mazulipatam nous ayant donné avis de la proposition à eux faite par le saocar de leur ville de recevoir le payement des 100.000 Rs. à luy dues, partie en draps, partie en argent, nous y avons consenti d'autant plus volontiers que tôt ou tard il faudra acquitter cette dette, que nous trouvons le débouché de nos draps dont nous sommes surchargés et que par ce moyen nous conservons le crédit de la Compagnie auprès de cet homme qui a toujours été précédemment la ressource de ce comptoir dans les besoins où il s'est trouvé.

Messieurs du Conseil de Mazulipatam nous ayant proposé l'achat du petit vaisseau l'*Aurore* pour la somme de 11.000 Rs., comme plus propre et moins onéreux que des bots à l'exportation de leurs marchandises et de celles d'Yanaon, nous avons consenti à cet achat ; ils l'ont fait passer à Yanaon d'où nous l'attendons dans tout ce mois avec les marchandises que le sieur Panon a dû charger dessus. Nous avons encor fait passer à Mazulipatam pour s'y raccommoder ou à Yanaon le petit brigantin le *Machault* qu'un coup de vent à fait dérader de Ste. Marie et a obligé de venir icy ; avant de s'y rendre il avait donné à Mahé et envoyé son canot à terre avec partie de son monde pour avoir de l'eau et des vivres, mais surpris du mauvais temps avant le retour du canot, et obligé de couper son cable et de fuir, il s'est rendu icy avec 3 hommes pour tout équipage, lui en étant mort un en chemin. Le même accident est arrivé au vaisseau le *Golgonde* appartenant à M. Moracin qui est venu icy avec une cargaison de noirs qu'il allait porter aux isles.

MAHÉ

Indépendamment des poivres que le Conseil du dit lieu a chargé sur le *Duc d'Aquitaine*, il nous a fait passer 1.600 candis par la *Favorite* et l'*Hermione*, et ce Conseil nous a écrit après ces expéditions avoir encore en magasin 893 candis sans compter 460 qui luy étaient encore dus par les marchands, et qu'il comptait retirer dans tout le courant de l'année. Cette quantité qui nous a mis en état d'en faire passer à Bengale plus même qu'on n'en a besoin pour le chargement des vaisseaux sans trop nous dégarnir, nous a fait rompre pour cette année la société des poivres.

Nous avons donné avis à ce comptoir des nouvelles de la guerre que la Compagnie nous a fait passer par la *Gloire* et ordre de se fortifier et mettre en état de défense.

Il s'est élevé des troubles du coté de Nelisseram dans lesquels pour sécurité de cet établissement nous avons été obligés d'entrer, mais dans diverses petites actions qu'il y a eu nos troupes ne sont pas sorties avec l'avantage qu'elles auraient dû avoir, ce qui a donné du cœur aux révoltés, qui par leurs menées et la mauvaise conduite de l'officier qui commandait le fort de Matlaye, ont trouvé le moyen de s'en emparer et d'égorger la garnison dont il ne s'est sauvé que 6 hommes et l'officier. Sur la nouvelle que M. Louet a eu aussitôt de cette perte qni entrainait celle de notre établissement dont ce fort fait la sureté, et conséquemment aux ordres que nous luy avons donnés, il a engagé Cheriquel à le reprendre et à s'emparer du pays de

Nelisseram qui a appartenu autrefois à sa famille. Ce prince ayant goûté les raisons de M. Louet s'est mis aussitôt en campagne, et la crainte des armes a fait rendre ce fort qu'il nous a aussitot remis et où nous avons de nouveau fait entrer une garnison avec un officier sûr. Le sieur de Kerouriou qui commandait au fort de Matlaye, et auquel nous avions donné ordres de faire le procès, s'est noyé dans la rivière et on a retrouvé son corps au pied du fort. Nous envoyons cy-joint à la Compagnie le mémoire que le sieur Collè qui a commandé cy-devant à Nelisseram, a fait au sujet de cet établissement et que la Compagnie nous a demandé.

Il y a déjà quelque temps que le sieur Dumez, et le sieur Martin, employés, et le sieur Ste. Helène se disant officier des armées de Golgonde, qui s'est rendu par terre à Mahé, ont cherché à déserter et se rendre par terre à Tellichèry. Ils ont été arrêtés. Sur l'avis que le Conseil de Mahé nous a donné, nous luy avons écrit de les resserrer et de nous les envoyer par la première occasion. Nous comptons dès qu'ils seront rendus icy les faire embarquer pour France.

Il paraitrait assez qu'Aly Raja voudrait entrer en accommodement pour la rançon du roy des Maldives, ayant envoyé des gens pour en traiter avec les principaux du pays et demander qu'il fut envoyé des otages. Les Maldivois ont cherché à entrer en composition, mais ces envoyés leur ayant paru suspects, ils ont craint une surprise, et en les congédiant les ont prévenus qu'ils envoyeraïent à Mahé des vaquils pour examiner la vérité de leur mission ; ils les ont effectivement envoyés et le sieur le Termillier nous a donné avis par eux de cette négociation avec prière de les aider à la terminer. Nous en avons écrit au Conseil de Mahé qui en conséquence a agi auprés d'Aly Raja. Nous attendons les résultat des conférences tenues à ce sujet. Le sieur le Termillier est bien arrivé des Maldives où

il a laissé suivant nos ordres le détachement que nous
luy avions donné à son départ d'icy pour recruter la
garnison que nous y entretenons aux dépens des
Maldives.

Le sieur Cardon est mort à Goa ; il luy avait été
fourni par le Conseil de Mahé une lettre de crédit pour
emprunter au nom de la Compagnie l'argent qu'il pourrait trouver et dont ce comptoir avait besoin. En
conséquence il a emprunté 10.000 Rs. dont il a donné
avis au dit Conseil ; mais n'ayant pu ou pour mieux
dire n'ayant pas voulu faire passer cet argent à temps
et avant la fin des opérations de ce comptoir, il luy
fut ordonné de remettre cet emprunt et de renvoyer la
lettre de crédit. Quelques instances que luy ait faites
le dit Conseil par différentes fois il n'en a pu tirer que
des promesses sans aucun effet et il est mort insolvable
sans avoir remboursé ces dix mille roupies que la
Compagnie se trouve obligée de payer. Nous avons
beaucoup blâmé ces Messieurs de Mahé de s'être servi
de l'entremise de cet homme pour une pareille affaire
après la défense qui leur avait été faite de le charger
de quoique ce soit ; à quoi ils nous ont répondu que
les pouvoirs qu'il ont donné au sieur Cardon sont
antécédents à cette affaire et qu'ils ne luy ont donné
ces pouvoirs qu'en conséquence des ordres que M. Louet
avait reçus de M. Dupleix, de s'adresser à luy pour
faire deux achats consécutifs de cafés qui ont monté à
plus de 30.000 Rs. et qu'ils avaient jugé qu'ils pouvaient
se fier à lui pour faire l'emprunt dont est question.

Les Anglais joints aux Marattes sont venus à bout de
détruire les Angrias et de s'emparer de leurs forteresses
et de leurs ports ; mais la côte malabare ne gagnera
rien à cette destruction, si les Marattes beaucoup plus
puissants les remplacent dans leurs pirateries. On
prétend que les Anglais ont trouvé des richesses
immenses dans le principal fort des Angrias qui suivant

leurs conditions avec les Marattes devait leur rester. Mais de leur coté les Angrias devaient remettre tous les ports à ces derniers, ils ont cherché à éluder leurs promesses et leur refus a pensé leur occasionner une guerre. Le bruit même avait couru icy que Bombay était assiégé par les Marattes et qu'une armée de cette nation était en marche pour venir tomber sur Madras. Tous ces bruits se sont dissipés et par les dernières nouvelles que nous avons eues de la côte malabare, nous avons appris qu'ils seraient engagés à remettre le principal fort à la fin des pluyes.

Les Bonsolos que les Portugais avaient détruit précédemment ont reparu cette année, et nous ont enlevé une manchoue chargée de 6.000 rs. de poivres qu'elle allait porter à la *Danaë* en rade de Cochin. Une autre manchoue chargée de même et destinée pour le même vaisseau a échappé et est retournée à Mahé, c'est ce qui a été cause du peu de profit que cet armement a donné.

SURATE.

Par les dernières nouvelles que nous avons eues du sieur Le Verrier, nous apprenons qu'il n'a pu se procurer la défaite des 20 balles de drap que nous luy avions fait passer en Mai. Il en apporte pour raison les couleurs de ces draps qui ne conviennent pas au pays, et il nous désigne pour toutes couleurs convenables le rouge, le vert pistache, et quelque peu de cramoisi. Il nous flatte même de la défaite de cent balles de ces seules couleurs, et de tirer ce commerce des mains des marchands maures qui en rapportent de Jedda jusqu'à 1,500 pièces, dont ils trouvent le débouché. Nous examinerons cette affaire, et si nous la trouvons avantageuse à la Compagnie, nous ne manquerons pas d'en profiter.

Sur la demande que nous avait faite le sieur Le

Verrier de son rappel à la côte, et la nouvelle que nous avons eue de la terminaison de l'affaire du sieur Boucard, nous avions nommé pour le remplacer le sieur Abeille, sous marchand, auquel nous avions accordé de rester icy jusqu'en octobre, et fait passer de Mahé à Surate le sieur Drouet, employé, pour gérer le comptoir en attendant; mais le vaisseau *le Georges* par lequel le sieur Le Verrier aurait pu se rendre à la côte étant péri en rivère de Surate et l'embarras où l'aura jeté la prise de ses deux vaisseaux par les Marattes, nous font penser qu'il séjournera encore un an au moins à Surate, ce qui nous fait retarder le départ du sieur Abeille.

Le Georges s'étant perdu, et la cargaison de coton qu'on luy avait préparée devant être restée entre les mains du sieur Boucard, pour faciliter au sieur Le Verrier l'achat que nous luy avons ordonné de faire d'une partie de coton pour le chargement de *l'Hermione*, nous luy avons écrit de s'accommoder de ceux du *Georges* avec le dit sieur Boucard.

Les 30 balles de coton filé que le sieur Le Verrier avait adressées à M. Louet à Mahé n'ayant pu être embarquées sur le *Duc d'Aquitaine* nous ont été envoyées icy. Nous les ferons passer à la Compagnie par la première occasion.

ISLES DE FRANCE ET DE BOURBON.

Le Conseil de l'Isle de France nous écrit avoir porté des plaintes à la Compagnie sur le refus que nous faisons de remplir ses états de demandes. Nous avons déjà eu l'honneur de prévenir la Compagnie combien elles étaient exorbitantes et que nos facultés ne nous permettaient pas de les remplir. Encore cette année celuy qu'il nous a envoyé se monte à plus de 300.00 rs. pour les articles seulement qui regardent ce comptoir, et nous l'avons réduit au tiers. C'est encore beaucoup dans la position où nous nous trouvons, si nous pouvons le fournir. Comment peuvent-ils prétendre que sur les fonds que la Compagnie nous envoye, avec tant de dépenses et de comptoirs que nous avons sur les bras, nous puissions en distraire une pareille somme? Cela ne nous est pas possible, et quelque chose qu'ils puissent avancer à la Compagnie, nous aurons toujours à répondre que leurs demandes sont exorbitantes, et que nous n'avons pas les moyens de les remplir. Pour qu'ils n'eussent cependant rien à nous reprocher, nous avons facilité autant que nous avons pu le commerce particulier que la Compagnie permet de faire aux Isles. Qu'ils en fassent de même et que le négociant n'ait point à se plaindre et trouve son compte, ils verront bientôt leurs isles abonder en tout ce dont ils ont besoin, et en état de se passer de notre secours.

Mais si c'est à tort que ces Messieurs se plaingnent de nous, c'est avec juste raison que nous porterons contre eux des plaintes à la Compagnie sur l'autorité qu'ils prennent de tirer sur nos comptoirs, indépendamment de leurs demandes, des lettres de change considérables pour les cargaisons qu'ils achètent et de s'emparer de nos fonds et de les garder. Nous ne parlons pas des trois caisses d'argent qu'ils ont retenues des fonds du *St. Priest*, mais nous entendons ceux que nous avons appris par M. le commandant général, auquel seul la Compagnie en donne avis, qu'elle nous envoyait par le *Maurepas*, dont ils ne devaient retenir que la moitié.

Avec leur état de demandes, Messieurs du dit Conseil nous ont envoyé un état de drogues, plantes et remèdes, dont nous avons fait des extraits envoyés dans les différents endroits d'où on les tire pour les leur procurer, mais il n'y est pas question de l'ocre et huille dont la Compagnie nous fait mention.

Le bot le *Favory* que nous avions envoyé aux isles

en avril avec le duplicata des expéditions du *Lys* est bien arrivé icy, avec celles de la Compagnie par la *Cybèle* perdue au Cap, dans lesquelles nous n'avons trouvé que des duplicata et triplicata de ses premières expéditions. Le bot est reparti peu de temps après pour l'Isle de France d'où nous l'attendons à la fin de ce mois ou au commencement de l'autre.

KARIKAL.

Conformément aux ordres de la Compagnie nous avons écrit au sieur Porcher, commandant du dit lieu, de réduire cette année son commerce. Il nous a fait passer 26 balles de tarlatannes, mais cette marchandise est si défectueuse et si peu conforme aux montres, que nous sommes bien embarrassés pour la visiter et recevoir. Sur l'exposition que le dit sieur Porcher nous a faite de l'état de sa place et du tort que l'ourangan de 1754 avait fait aux fortifications, nous luy avons écrit de les réparer et envoyé sur sa demande un ingénieur pour les examiner et conduire l'ouvrage, nous avons aussy permis au dit sieur Porcher de lever des cipahis pour la garde de sa place. Ces précautions que nous avons prises sur les ordres de la Compagnie pour mettre cet établissement en sécurité en cas de guerre nous fait espérer qu'il sera hors d'insulte.

Le Conseil, sur l'opposition que M. Porcher luy a marqué avoir trouvé l'établissement d'une ferme de tabac et de bétel à Karikal qu'il nous avait proposée, luy a écrit de s'en désister, ne croyant pas cet objet assez intéressant pour risquer d'aliéner de nous les gens du pays.

Ayant trouvé justes les représentations du joncanier de Cottichéry, nous luy avons alloué les 600 pagodes d'indemnité à luy accordée par M. Godeheu.

BATIMENTS ET FORTIFICATIONS.

Nous n'avons pas attendu les derniers ordres de la Compagnie pour travailler à fortifier notre place. Sur ceux qu'elle nous a donnés l'an passé, nous avons relevé le bastion voisin de la porte de Madras qui avait été ruiné par les pluyes de l'hiver de 1754. Depuis, sur les apparences de guerre et les nouveaux ordres de la Compagnie, nous avons augmenté le bastion d'Orléans, situé entre la porte de Madras et le fort St. Louis, et on travaille actuellement à en faire autant au bastion nord-ouest entre la porte de Madras et celle de Valdaour. On avance aussy à fur et à mesure à réparer les revètements des fossés de la place qui ont crevé en différents endroits. Tous ces ouvrages demandent du temps et beaucoup d'argent qui nous manque, mais nous ne nous en tenons pas aux seules réparations de la place, et nous portons sur les dehors toute l'attention qu'ils méritent. Le fortin de Villenour est presque achevé et la forteresse d'Alemparvé demandant aussy des réparations, M. le Commandant général qui connait l'avantage de cette place et le secours dont elle peut nous être en temps de guerre tant par la proximité, n'étant qu'à 7 à 8 lieues au nord de Pondichéry, que par sa situation avantageuse au bord de la mer, a ordonné de la réparer et a envoyé le sieur Sornay à cet effet; mais Gingy est de toutes les places de notre dépendance celle qui mérite de notre part la plus grande attention, aussy est-on à y faire depuis longtemps des réparations nécessaires. Sa force qui serait même considérée en Europe, sa proximité de Pondichéry, dont elle n'est éloignée que d'environ 11 lieues, et qu'elle couvre du côté du O.S.O., le secours dont elle peut nous être, tant pour nous servir de magasin que de retraite à nos troupes, la font regarder comme une place absolument nécessaire en temps de guerre pour ļa sécurité de Pondichéry et de nos troupes. On travaille aussy depuis longtemps aux réparations de la forteresse de Valdàour beaucoup plus voisine de nous, il n'est pas nécessaire de faire sentir à la Compagnie l'utilité de ce poste. Le beau revenu qu'en tire M. Dupleix est suffisant pour luy donner à connaitre l'utilité de cette forteresse et de ses dépendances.

Toutes ces réparations à faire tant dans le dehors que dans le corps de la place nous empêchent pour le présent de penser à des ouvrages presque aussy indispénsables. Nous entendons parler des casernes, magasins et douanes que nous avons bien à cœur de voir commencer.

COLONIE.

Nous n'avons rien à ajouter à ce que nous avons eu l'honneur d'écrire à la Compagnie l'année passée à ce sujet. Les particuliers ont continué de bâtir jusqu'à ce que les travaux de la place nous ayent obligés de nous emparer de tous les matériaux ; mais ces nouveaux bâtiments qui enjolivent beaucoup la ville en diminuent aussy la quantité, par la réunion de plusieurs maisons en une seule, ce qui nous obligera bientôt à forcer les malabars établis dans le nord de la ville blanche à céder leurs maisons et terrains aux européens qui voudront y bâtir.

La Compagnie est instruite de la vétusté de l'ancienne église des Capucins qui menace ruine et dans laquelle il n'y a plus de sécurité. Il est à souhaiter que la révocation de l'arrêt du Conseil d'Etat sans laquelle ces Pères ne veulent point continuer la nouvelle élevée jusqu'au principe de la voute, arrive au plus tôt, et nous prions la Compagnie de vouloir bien poursuivre celte révocation.

EMPLOYES.

Nous n'avons rien non plus à ajouter à cet article. Les sieurs Desvaux et Gueulette sont bien arrivés icy, ainsi que le sieur Collé qui nous a demandé à y revenir pour repasser en France et s'embarquer sur la *Gloire*. Nous prions la Compagnie de vouloir bien se rappeller ce que nous avons eu l'honneur de luy marquer par notre lettre du 13 février au sujet de ces congés, qui par la longueur dont les rendent ceux qui les ont obtenus, nous privent de nos employés et font tort à l'avancement de ceux qui résident. Nous envoyerons à l'ordinaire en janvier prochain à la Compagnie le tableau de tous ses employés résidant dans l'Inde.

TROUPES.

Nous avons déjà instruit cy-dessus la Compagnie du secours de 100 hommes que nous avions été obligés d'envoyer à Mazulipatam et des 500 autres que M. le Commandant général a fait passer à M. de Bussy. Cette diversion qui a réduit notre garnison à 969 hommes, sans les Allemands, nous a déterminés à diminuer nos garnisons du dehors, surtout de Cheringam dont M. le Commandant général a réduit la garnison à 170 hommes. Le soin qu'on a eu de faire exercer les troupes nous fait espérer d'en tirer un bon service dans le besoin. On entretient parmy elles la discipline autant que le comportent des troupes qui ne sont pas casernées. Il serait à souhaiter que l'esprit de subordination fut aussy bien établi parmy les officiers, mais les richesses qu'ils ont acquises, les commandements qu'ils ont eus pendant la guerre et ceux qu'ils ont encore dans les terres les en ont écartés à un point que nous ne pouvons que nous en plaindre beaucoup. M. le Commandant général ayant proposé au Conseil d'envoyer des commissaires dans les terres, dont un des principaux objets de leur commission était de réformer les abus monstrueux qui se commettaient dans les postes de dehors par les officiers, principalement sur les cipahis, et y établir les dépenses sur un pied convenable et mettre ordre à ce que les *amaldars* ne soient plus inquiétés et vexés, cet arrangement qui était nécessaire et d'où il a résulté un grand bien leur à paru nouveau et ils ne s'y sont soumis qu'avec répugnance. Nous ne nous étendrons point sur la conduite qu'ils ont tenue icy à cette occasion, sur leurs propos indécents ; leurs assemblées qui n'ont point eu de suite, et nous n'en faisons mention que pour que la Compagnie nous adresse des ordres sévères et positifs qui servent à contenir les militaires dans de justes bornes à l'égard du Conseil et qui confirment la supériorité des conseillers sur les capitaines, lorsque le service exige de les envoyer dans quelques postes ou ailleurs. Il serait aussy nécessaire qu'elle voulut bien faire un réglement pour la marche des officiers qui refusent de se trouver sous les ordres d'un sous marchand, ou tel autre que le Conseil jugera à propos d'envoyer pour des cas où il ne croira pas la présence d'un conseiller nécessaire. Cette difficulté a eu lieu lorsque nous avons fait notre expédition pour le Pégou.

Le sieur Maissier, auquel nous avions accordé l'an passé un congé pour repasser en France ayant été retenu à l'Isle de France, est repassé icy pour y continuer ses services, en cas de guerre: il repasse par la *Gloire*.

Le Conseil de Mazulipatam manquant d'officiers, nous a recommandé les sieurs Desmarais et Guiche qui ont bien servi la Compagnie en qualité de volontaires, et qui, quoique plus anciens, avaient été oubliés dans la dernière promotion. Nous l'avons autorisé à faire reconnaitre les dits sieurs en qualité d'enseignes. Nous avons aussy promu à ce grade le sieur Fijac le jeune, volontaire, en considération des services de son frère que la mort luy a enlevé en juin dernier. Nous prions la Compagnie de vouloir ratifier leur nomination.

M. le Commandant général a pareillement autorisé M. Renault à faire reconnaitre en cette qualité le sieur Jobard sous les bons témoignages qu'il luy en a rendus, ainsi que le sieur Salsgaiber qui a rendu de très bons services à Mahé.

Nous attendons le tableau des officiers que nous avons pris la liberté de luy demander pour régler leur rang et éviter toute contestation.

Cy-joint copie de deux requêtes présentées par les sieurs Poncet et Pradeau, officiers blessés au service de la Compagnie, pour nous demander un congé et leur passage pour France et les Isles aux frais de la Compagnie. Leur cas nous ayant paru mériter quelque considération nous leur avons accordé sous son bon plaisir leur demande aux fins de leur requête, à l'exception cependant de la continuation de leurs appointements au cas qu'ils reviennent dans l'Inde.

AFFAIRES GENERALES.

Le trève conclue par M. Godeheu continue toujours sur le mème pied. Nous laissons à M. le Commandant général, mieux instruit que nous de tout ce qui regarde cette affaire, d'en faire le détail à la Compagnie, ainsi que de tout ce qui a rapport aux pays contestés.

La Compagnie a été instruite dans le temps de la nomination que M. Godeheu avait faite de Rangapa, courtier, pour fermier de toutes les terres actuellement en sa possession à l'exception de Cheringam et terres indépendantes, et ce pour la somme de 150.000 Rs. en sus de ce qu'elles avaient été affermées cy-devant. Il y avait toute apparence qu'un pareil revenu aurait suffi à toute la dépense qu'une étendue de pays aussy considérable entraine après elle par les troupes qu'elle nous oblige d'y entretenir, et à celles de notre garnison, mais il s'en faut bien qu'ils aient suffi et ce fermier se trouve redevoir 900.000 Rs. pour solde des deux premières années de son bail de cinq ans sans qu'il nous soit possible d'en rien tirer. M. le Commandant général voulant découvrir la conduite de ce fermier a proposé au Conseil d'envoyer des commissaires dans ces pays divisés en 3 départements, et le Conseil ayant égard à sa demande a nommé par sa délibération du 14 juin les sieurs Guillard, Boyelleau et Desvaux pour commissaires, et commandant chacun dans les départements à eux assignés par la dite délibération et leur a donné des instructions en conséquence. Les deux derniers sont revenus, et ont remis leurs comptes et papiers à M. le Commandant général ; nous n'attendons que le sieur Guillard dans le département duquel est Cheringam et Torreour qui fait une ferme à part, pour examiner toute cette affaire et en rendre compte à la Compagnie. Tout ce que nous en pouvons dire pour le présent, c'est que le manque de revenus de cette ferme sur lesquels nous avions tout lieu de compter nous met dans la plus grande détresse où nous nous soyons jamais trouvés.

Celle de Cheringam affermée à Balichetty par délibération du 4 Juin 1755 et dont les revenus ont été affectés à la paye de la garnison entretenue en cet endroit n'a pas mieux réussi.

La ferme des terres des limites, Ariancoupom, Mourougapac et Oulgaret devant finir le 30 juin dernier, le Conseil l'a affermé de nouveau par délibération du 14 du dit aux anciens fermiers au moyen de 600 pagodes par an de plus que les années précédentes.

Les armateurs de Pondichéry et Chandernagor nous ayant prié de leur céder pour un voyage à Quedda et à Salangor seulement le bot de la Compagnie *l'Oiseau*, dont ils se sont trouvés avoir besoin pour aller retirer les fonds qui leur y sont dus et qu'ils auraient couru risque de perdre en attendant plus longtemps, nous avons consenti à leur céder le dit bot pour ce voyage seulement pour la somme de 10.000 Rs. à quoi il a été estimé, à la charge de le rendre au retour à la Compagnie pour celle de 8.000. La crainte de ces armateurs pour leurs fonds vient de l'âge avancé du roy de Quedda dont la mort pourrait les frustrer de ce qui leur est dû par ce prince et les prétentions des Hollandais sur Salangor dont nous avons appris qu'ils voulaient s'emparer.

Il est survenu un différend entre le roy de Tanjaour et les Danois qui a pensé entrainer la perte de Trinquebar. Sur l'avis que le Conseil de cette ville nous a donné par un officier qu'elle nous a député de l'extrémité où ils se trouvaient réduits, un de leur détachement massacré dans une chauderie par les troupes du roy de Tanjaour, un autre entouré dans une pagode où il s'était retranché prêt à subir le même sort, et leur ville prête à être assiégée, réduite à 30 hommes de garnison, obligés par les ordres du ministre de secourir cette nation en tout ce qui dépendra de nous nous n'avons pas balancé à luy promettre le secours qu'elle nous demandait et par délibération du 1er juillet, il fut arrêté qu'il serait embarqué sur la *Galathée* 250 hommes européens et 400 cipahis pour aller au secours de cette place, et que M. le Commandant général écrirait au roy de Tanjaour pour terminer ce différend par la voye de la négociation et à l'amiable. Dans la crainte que l'amiral de l'escadre anglaise mouillée devant Goudelour ne s'opposât au passage de notre vaisseau, M. le Commandant général prit le party d'écrire à l'amiral pour luy donner avis du secours que nous faisions passer à Trinquebar. Sa réponse fut conforme à ce que nous avions craint et voyant des risques, n'ayant pas la force en main à faire passer ce secours par mer, nous primes

le party de le faire débarquer. Sur ces entrefaites le
sieur Linguebac, Conseiller de Trinquebar, nous fut de
nouveau député pour nous demander le secours promis,
mais comme il nous dit que la ville n'était plus aussy
dépourvue de monde et que le détachement bloqué dans
la pagode avait trouvé moyen de rentrer dans la place,
M. le Commandant général luy fit sentir que ne pouvant
sans risque leur faire passer du secours par mer, il leur
serait très onéreux de le leur faire parvenir par terre,
et que ce serait même rompre tout moyen de concilia-
tion proposée au roy de Tanjaour avec lequel nous
étions en trève et ne pouvions rompre sans de grandes
raisons, que puisque leur place n'était plus si dépourvue,
nous pensions que le détachement que nous avions
donné ordre au sieur Porcher de leur envoyer suffirait
et que le nôtre serait prêt à partir au premier avis qu'ils
nous denneraient du besoin qu'ils en auraient. Soit
bonne contenance des Danois, soit le détachement de
200 cipahis envoyé par le sieur Porcher et la vue d'un
autre de soldats français campé auprès de Trinquebar
et prêt à se jeter dans la place en cas qu'elle fut trop
pressée, les Tanjaouriens se sont retirés, sans cependant
entrer dans aucun accommodement. Les Anglais après
nous, comme alliés du roy de Tanjaour, ont offert leur
médiation aux Danois qui n'a eu aucun effet. Après la
délivrance de Trinquebar, le Conseil nous a écrit pour
nous faire ses remerciements sur l'affection et le zèle
que nous luy avions montrés en cette occasion et promis
d'en écrire à leur roy. Nous espérons que la Compagnie
approuvera de même notre conduite en cette affaire
pour secourir une nation qu'il nous est ordonné de
protéger.

Les affaires ont été très brouillées dans le nord et
auraient eu des suites très fâcheuses sans l'avantage que
nos troupes ont remporté sur celles de Salabetjingue
qui s'était entièrement détaché de notre alliance, et

tenait M. de Bussy assiègé dans Edeirabat. Le paix s'est faite avec luy après la jonction du secours envoyé d'icy. Nous laissons à M. le Commandant général à rendre un compte plus détaillé de ces affaires.

Le sieur de Bussy nous a donné avis de la remise à luy faite par Morarao, chef des Marattes, de tous les papiers et conditions qu'il avait faites avec M. Dupleix et une décharge de tout ce qu'il répètait sur nous, ce qu'il faisait monter à 14 lacs de roupies.

Nous nous sommes déjà plaints à la Compagnie de la conduite du sieur Perdriau qui contre les intentions et les ordres du Conseil, qui ne l'a envoyé à Bassora que comme un simple particulier autorisé à retirer les paquets de la Compagnie, et luy faire passer les nôtres, s'est cependant ingéré de prendre le titre de Consul, et d'agir en conséquence. Sur ce qu'il nous a écrit avoir fait passer à la Compagnie de ce qu'il nous marquait, nous sommes convenus d'attendre sa décison à ce sujet. Mais ce que nous avions prévu est arrivé. Le sieur Perdriau se portant toujours pour Consul, s'est intéressé en cette qualité dans une affaire arrivée au consul ou chef anglais, et a fait avec luy le voyage de Bagdad pour en demander justice au Bacha qui la leur a faite, au moyen des présents qu'ils luy ont offerts. Aujourd'huy le sieur Perdriau réclame et ses présents et les frais de son voyage, mais le Conseil qui ne veut point entendre à donner au dit sieur Perdriau le titre de consul qui ne peut qu'être très onéreux à la Compagnie et très peu utile à la nation, vu le peu de commerce qu'elle fait à Bassora, a refusé de les luy allouer et l'a renvoyé à se pourvoir par devant la Compagnie. Sans les raisons alléguées ci-dessus, nous eussions déjà pris le party de relever cet employé pour avoir par une vanité mal placée et coûteuse outre passé les bornes de sa mission.

En conséquence des ordres de la Compagnie de payer

au sieur Fromaget les intérets qui pourraient luy être dus pour les sommes qui luy étaient venues de France et qui avaient été retenues icy, nous avons écrit au Conseil de Chandernagor de payer au dit sieur Fromaget 476 Rs. 15 An. pour solde du compte qu'il nous a envoyé.

Cy-joint copie de la requête que le sieur Boucard négociant à Surate, a envoyé au Conseil qui n'a point voulu la répondre, attendu que la Compagnie a confirmé sa cassation, et que par sa conduite envers le sieur Le Verrier, chef au dit lieu, il ne luy a pas donné lieu de le favoriser et de s'intéresser pour luy auprès de la Compagnie.

Nous avons l'honneur de remettre à la Compagnie nos états de demandes, il ne nous est pas possible pour cette fois de les dresser suivant le modèle qu'elle nous a envoyé, mais ceux du mois de janvier dans lesquels nous faisons entrer les articles qui composent ceux-cy seront conformes à ce modèle.

Le sieur Puzol, officier d'infanterie, mort en cette ville à la suite d'une longue maladie en 1754, n'a pas laissé de quoy payer ses dettes. Sa succession est restée débitrice du sieur Petro Perdriau, sous marchand.

Nous vous envoyons, Messieurs, copie en forme de la délégation du feu Père Thomas Conway du 12 Décembre 1750 et un certificat du commissaire de la marine. Mais nous n'avons pu y joindre comme vous le désirez une décharge du sieur Law, créancier de la succession de ce Père. Nous comptons luy faire écrire incessamment à Golgonde où il est pour avoir cet acte et vous le faire passer par la première occasion.

Du 19 Octobre 1756.

La *Gloire* est arrivée icy le 6 du courant avec un chargement de blé. Le sieur Hay qui la commandait est mort trois jours après sa sortie du Gange. Par

notre délibération du 8 du courant, elle a été destinée
pour faire son retour en Europe avec une cargaison et
quelques balles pour les Isles où elle a ordre de relâcher.
Messieurs du Conseil de l'Isle de France seront les maitres
de la retenir suivant les nouvelles qu'ils auront pu avoir.

Par cette frégate, Messieurs du Conseil de Chandernagor nous ont écrit et adressé leurs expéditions pour
la Compagnie à qui nous les envoyerons. Ils se plaignent
beaucoup des nouvelles vexations de leur nabab qui
veut les forcer et les Hollandais à acheter les soies qu'il
a trouvées dans la loge anglaise de Cassembazard, même
beaucoup au dessus du prix où elle est à présent.
Cette conduite du nabab avec les nations a jeté une si
grande méfiance dans l'esprit des gens du pays que
quelques uns de nos créanciers à Patna craignant de
perdre leurs dûs, ont mieux aimé prendre des draps en
payement que d'en courir les risques. Le sieur de la
Bretéche écrit même que si l'on veut luy permettre de
se relâcher du prix qu'il a vendu aux créanciers, il ne
désespère pas de pouvoir éteindre avec cette marchan-
dies ce que nous devons dans ce comptoir aux Chets et
à Mirapsol. Le Conseil de Chandernagor y a consenti
et nous y avons d'autant plus volontiers donné les mains
qu'en procurant un débouché à la Compagnie qu'elle
n'a point eu depuis longtemps, nous éteignons des dettes
dont les intérets l'absorbent, et que nous ne sommes
pas en état d'acquitter sitot. Nous souhaiterions même
que la méfiance des Chets desquels il n'y a plus rien à
espérer depuis la catastrophe de Calcutta, du moins tant
que Saraja doula gouvernera, s'étendît jusque sur
Chandernagor et qu'ils voulussent être acquittés en
draps de ce qui leur est dû par ce comptoir.

L'Indien sorti du Gange en même temps que la
Gloire avec des provisions tant pour nous que pour les
Isles, n'est arrivé icy que le 16 au soir. Nous travaillons
sans relâche à le décharger et le mettre en état avant

le mauvais temps de suivre la destination que nous luy avons donnée et que la Compagnie verra par la même délibération du 8 du courant. La *Danaë* expédiée le 13 du courant pour Bengale afin de s'y carenner était trop petite pour le remplacer dans sa destination, et d'ailleurs nous n'en eussions eu aucune à donner à *l'Indien* qu'il aurait été trop tard pour renvoyer à Chandernagor.

Quoique Messieurs du Conseil du dit lieu nous ayent prévenu de l'impossibilité où ils se trouvaient de fournir une cargaison complète au *St. Contest*, cependant comme avec le bois rouge, salpêtre, poivres et autres marchandises qu'ils pourront se procurer, nous pensons qu'ils seront en état de luy donner au moins la moitié de son chargement, nous leur avons écrit de nous envoyer icy ce vaisseau en décembre avec tout ce qu'ils pourront trouver de marchandises et que nous acheverions de l'y bonder. A l'égard du blé qu'ils comptaient charger dessus pour les Isles, nous leur donnons ordre de le mettre sur la *Favorite* et de la faire pareillement toucher icy en passant ; par ce moyen nous procurons à la Compagnie une cargaison et à nous une occasion sûre pour luy donner encore de nos nouvelles.

Le sieur Miran nommé par M. Godeheu pour aller remplir à Mahé les fonctions de Conseiller, ayant, après un délay de plus de 18 mois à lui accordé pour mettre ordre à ses affaires, demandé un nouveau répit qui prouve le peu d'envie qu'il a de se rendre au lieu de sa destination et une désobéissance trop marquée aux ordres du Conseil, a été interdit de toutes fonctions jusque la décision de la Compagnie à son sujet. En sa place nous avons nommé conseiller sous le bon plaisir de la Compagnie et aux appointements de sous marchand seulement jusqu'à son approbation le sieur Picques que nous avons rappelé icy pour aller à Mahé y servir en cette qualité.

A l'arrivée du *St. Priest* le sieur de la Mothe, cy-devant commandant de la frégate *l'Hermione*, nous

présenta une requète pour nous demander le commandement de ce vaisseau vacant par la mort du capitaine.
A l'arrivée de la *Gloire*, il a renouvellé ses poursuites
pour avoir celuy de cette frégate pareillement vacant,
mais comme il parait que la Compagnie accorde aux
seconds de ses vaisseaux le commandement en cas de
mort des capitaines, et que d'ailleurs les sieurs Geslin
et des Essarts sont capables et expérimentés dans la
marine, nous n'avons rien voulu changer à ses dispositions sans des ordres de sa part, que nous la prions de
nous donner si pareil cas arrivait encore. Cy-joint une
copie de la requete du sieur La Mothe.

L'Aurore que nous attendions d'Yanaon avec des
marchandises de ce comptoir n'est arrivé icy que le 17
du courant. Nous ne pouvons attribuer ce retard si
préjudiciable à nos vaisseaux qu'à la constance des
vents qui contre l'ordinaire de cette saison ont presque
toujours régné du O.S.O.; *le Fleury* pareillement n'a
point encore paru. Nous ne savons que penser de ce
dernier, après les ordres positifs que nous avions donnés
au Pégou de nous le renvoyer en septembre.

Les sieurs Dumez St. Martin et Ste. Héléne arrêtés
prisonniers à Mahé n'ayant pu être envoyés icy faute
d'occasion, nous donnerons ordre de les embarquer
pour les Isles sur le premier vaisseau qui y passera.

Les Danois se sont retirés dans leur établissement;
on dit qu'ils n'ont point été exemptés des avanies du
nabab, et qu'il leur a fallu contribuer 50.000 Rs. quoiqu'il n'eût point de prétexte à apporter pour couvrir
cette extorsion.

Cy-joint l'état des lettres de change que nous prenons
la liberté de tirer sur la Compagnie et auxquelles nous
la prions de faire honneur.

Nous sommes avec respect . . .

Signé : Duval de Leyrit, Barthélémy, Collé,
Boyelleau.

P.S.—Nous n'annoncions à la Compagnie un bilan de notre situation qu'au mois de janvier prochain ; notre teneur de livre ayant été en état d'en dresser un à peu près arrêté au 30 Septembre, nous le luy faisons passer.

INVENTAIRE des expéditions du Conseil supérieur de Pondichéry à Messieurs les Directeurs généraux de la Compagnie des Indes par la frégate la *Gloire*, sçavoir :

Nos 1 Lettre du Conseil de ce jour.

2 Duplicata de celle du 1er avril 1756.

3 Paquet du Conseil de Chandernagor à l'adresse de Messieurs les Sindics et Directeurs généraux.

4 Correspondance du Conseil supérieur avec le Conseil de Chandernagor depuis le 31 mars 1756 jusqu'au 13 octobre de la même année.

5 do. du Conseil de Chandernagor avec le Conseil supérieur depuis le 6 mars 1756 jusqu'au 26 août 1756.

6 do. du Conseil supérieur avec celui de Mahé depuis le 14 avril 1756 jusqu'au 30 septembre 1756.

7 do. de Mahé avec le Conseil supérieur depuis le 23 mars 1756 jusques au 25 septembre 1756.

8 do. de Mazulipatam avec le Conseil supérieur depuis le 23 février 1756 jusqu'au 9 août suivant.

Nᵒˢ 9 Gorrespondance du Conseil supérieur avec celuy de Mazulipatam depuis le 27 mars 1756 jusques au 6 octobre suivant.

10 do. du Conseil supérieur avec le comptoir de Karikal depuis le 27 mars 1756 au 15 octobre suivant.

11 do. du comptoir de Karikal avec le Conseil supérieur depuis le 20 février 1756 jusqu'au 3 octobre suivant.

12 Extrait du registre des délibérations du Conseil supérieur depuis le 30 mars 1756 jusqu'au 13 octobre suivant.

13 Procès-verbal des matières d'argent reçues par la frégate la *Gloire*.

14 Procès-verbal des matières d'argent reçues par le *St. Priest* avec 3 pièces y jointes.

15 Procès-verbal des matières d'argent reçues par le *St. Contest*.

16 Correspondance réciproque du Conseil supérieur avec le Conseil de Trinquebar.

17 Etat des passagers sur la *Gloire* pour France.

18 Copie des ordres et instructions donnés par le Conseil supérieur au sieur des Essarts, commandant la frégate la *Gloire*.

19 Mémoire du sieur Collé au sujet de l'établissement de Ramataly et Nelisserum.

20 Copie de la requête du sieur La Mothe, capitaine de l'*Hermione* au Conseil supérieur.

21 do. do. du sieur Launay officier d'Infanterie.

22 do. do. du sieur Collé, conseiller.

Nos 23 Copie de la requète du sieur Poncet, officier
        d'Infanterie.

24   do.   do.   du sieur Pradeau, officier
        d'Infanterie.

25   do.   do.   du sieur Boucard, négociant
        à Surate.

26 Facture générale de la cargaison de la frégate
        la Gloire.

27 Duplicata de l'état de demandes du magasin
        général par les vaisseaux le *Lys* et le *Rouillé*.

28 Etat de demandes du magasin.

29 Triplicata d'un état de demandes du magazin de
        marine.

30 Etat des lettres de change tirées par le Conseil
        supérieur sur la Compagnie depuis le départ
        du vaisseau le *Lys* en février.

31 Etat de demandes de l'hôpital de Pondichéry.

32 Certificat de la marine touchant le Père Thomas
        Conway.

33 Copie en forme de la délégation du Père Thomas
        Conway.

34 Tableau de situation du comptoir de Pondichéry
        à commencer du 1er février 1756 au 30 sep-
        tembre suivant et deux pièces au soutien.

35 Paquet du comité secret à l'adresse de Mes-
        sieurs les Sindics et Directeurs de la Com-
        pagnie des Indes.

36 Un paquet de M. de Leyrit à l'adresse de M.
        de Machaut.

37 Un paquet à l'adresse de M. de Séchelles, con-
        trôleur général des finances.

38 Deux paquets à l'adresse de M. de Moras,
        intendant des finances.

39 Un paquet à l'adresse de M.M. les Sindics et
        Directeurs généraux.

40 Une lettre à l'adresse de M. de Montaran.

Nᵒˢ 41 Une lettre à l'adresse de M. Silhouette.
42 Une lettre à l'adresse de M. Godeheu, directeur
de la Compagnie.
43 Un paquet de M. Boyelleau à l'adresse de M.
Godeheu.
44 Un paquet de M. de Leyrit à l'adresse de
M. Roth.
45 Cinq lettres à l'adresse de Messieurs les Sindics
et Directeurs généraux.
46 Trois lettres à l'adresse de M. de Machaut,
garde des Sceaux.
47 Trois do. do. de M. de Sèchelles,
contrôleur général.
48 Trois do. do. de M. de Moras, in-
dentant des fi-
nances.
49 Une do. do. de M. de Silhouette,
maître des reqûetes.
50 Cinq do. do. de M. de Montaran.
51 Une do. do. de M. de Montaran.
52 Sept do. do. de M. Godeheu.
53 Un paquet à l'adresse de M. Colabeau, syndic
de la Compagnie.
54 Une lettre à l'adresse de M. David, chevalier de
St. Louis.
55 Une lettre à l'adresse de M. Gilly, directeur.
56 4 lettres à l'adresse de M. Roth, directeur.
57 3 lettres à l'adresse de M. le Marquis Dupleix.
58 1 lettre à l'adresse de Mᵐᵉ Dupleix.
59 1 lettre à l'adresse de Mᵐᵉ la comtesse d'Argenson.
60 1 lettre à l'adresse de M. Claessen, directeur de
la Compagnie.
61 4 lettres à l'adresse de M. Saintard, directeur.
62 1 lettre à l'adresse de M. le duc de Gesvres.

N°s 63 1 lettre à l'adresse de M. le marquis du
Chatelet.

64 Un paquet à l'adresse de M. Guillaume Tessier,
banquier.

65 Un paquet à l'adresse de M. Brignon, négociant.

66 165 lettres particulières.

67 Le présent inventaire.

A Pondichéry, le 19 Octobre 1756.

INVENTAIRE du duplicata des expéditions du Conseil
Supérieur de Pondichéry à la Compagnie par la frégate
la *Gloire*, le 19 Octobre 1756, sçavoir :

N°s 1 Lettre du Conseil de ce jour.

2 Correspondance du Conseil supérieur de Pondichéry avec le Conseil de Chandernagor depuis
le 31 mars 1756 jusqu'au 13 octobre suivant.

3 Correspondance du Conseil de Chandernagor
avec le Conseil supérieur depuis le 6 mars
1756 jusqu'au 26 août suivant.

4 Correspondance du Conseil supérieur avec celuy
de Mahé depuis le 14 avril 1756 jusqu'au 30
septembre suivant.

5 Correspondance du Conseil de Mahé avec le
Conseil supérieur depuis le
23 mars 1756 jusqu'au 25
septembre suivant.

6 do. du Conseil de Mazulipatam
avec le Conseil supérieur
depuis le 23 février 1756 au
9 août suivant.

7 do. du Conseil supérieur avec le
Conseil de Mazulipatam depuis le 27 mars 1756 jusqu'au
6 octobre suivant.

Nᵒˢ 8 Correspondance du Conseil supérieur avec le
comptoir de Karikal depuis
le 27 mars 1756 au 15 octobre suivant.

9 do. du comptoir de Karikal avec le
Conseil supérieur depuis le
20 février au 3 octobre suivant.

10 Extrait du registre des délibérations du Conseil
supérieur depuis le 30 mars 1756 jusque
compris le 13 octobre suivant.

11 Correspondance respective entre le Conseil supérieur et celui de Trinquebar, comptoir danois.

12 Procès-verbal des matières d'argent reçues par
la *Gloire*.

13 do. .do. par le *St. Priest* avec 3
pièces y jointes.

14 do. do. par le *St. Contest*.

15 Etat des passagers pour France embarqués sur
la *Gloire*.

16 Copie des ordres et instructions donnés par le
Conseil supérieur au sieur des Essarts, capitaine de la *Gloire*.

17 Copie du mémoire du sieur Collé, conseiller sur
l'établissement de Nelisseram et Ramataly.

18 Copie de la requête présentée au Conseil supérieur par le sieur La
Mothe, capitaine de *l'Hermione*.

19 do. do. du sieur Launay, officier
d'Infanterie.

20 do. do. du sieur Collé, conseiller.

21 do. do. du sieur Ponçet, officier
d'infanterie.

22 do. do. du sieur Pradeau, officier
d'infanterie.

17

Nᵒˢ 23 Copie de la requête du sieur Boucard, négociant à Surate.
24 Copie en forme de la délégation du Père Thomas
Conway.
25 Etat des lettres de change tirées par le Conseil
supérieur à la Compagnie.
26 Le présent inventaire.

A Pondichéry, le 19 Octobre 1756.

A Pondichéry, le 19 Octobre 1756.

M. Roth, Directeur, commandant a Lorient.

1ère par la *Gloire*.
2ème par le vaisseau l'*Indien*.
3ème par voye de Mahé.

Monsieur,

Nous avons bien reçu les lettres que vous nous avez
fait l'honneur de nous écrire les 13 Juin 1756 par le
St. Priest et 6 septembre dernier par la *Gloire* et le
St. Contest. Ce dernier ne nous est parvenu que le
11 juin dernier, ayant été contraint au sortir du Cap de
relâcher à Achem par les vents et courants contraires.

Nous avons reçu toutes les pièces facturées, connaissements, états et lettres particulières jointes à vos
expéditions par ces trois vaisseaux ainsi que les soldats
destinés pour notre comptoir à l'exception de ceux
embarqués sur le *St. Priest* que Messieurs du Conseil
de l'Isle de France ont retenus.

Le sieur Biard des Fontaines, capitaine du *St. Priest*,
étant mort dans la traversée, nous avons continué le
commandement du vaisseau au sieur Geslin, son second
et sur ce que M. Magon a écrit à M. le Commandant

général que la Compagnie avait des fonds en Chine qui y étaient restés en hyvernage pour y préparer des marchandises à l'avance, nous avons pris le party d'y envoyer ce vaisseau, n'ayant aucune destination à luy donner.

Nous avons fait remettre au sieur d'Auteuil les... appartenant au nommé St. Marc avec ordres de les luy faire tenir.

Le chevalier de la Salle est aussy bien arrivé par le *St. Contest.* Nous avons crû remplir les intentions de la Compagnie en sa faveur en le mettant à la tête du détachement que nous avons envoyé au secours du roy de Pégou. Nous souhaitons qu'il s'y distingue de façon à mériter de plus en plus de l'avancement.

Le nommé Gautier dit Grandelos dont vous nous parlez dans votre lettre du 13 juin est caporal et sert dans nos postes de dehors. Nous aurons attention à ce que vous nous marquez à son sujet lorsqu'il se présentera quelque occasion plus favorable que celle d'aujourd'huy pour le faire repasser en France.

Le sieur Hay, capitaine de la *Gloire* par laquelle nous avons l'honneur de vous écrire la présente, est mort dans la traversée de Bengale icy. Le commandement devra être laissé au sieur Des Essarts second de la dite frégate. Il a été avancé à Chandernagor au sieur Hay six cent roupies pour les frais de sa table. Vous aurez la bonté, Monsieur, d'en faire compter sa succession.

Il a été embarqué sur la dite frégate les nommés St. Denis et Point d'Honneur, sergents invalides qui ont demandé à repasser en France.

Le nommé Mattey que vous nous recommandez est à Mazulipatam maitre de port, où cet homme est utile; il consent de rester dans l'Inde pourvu qu'on permette à sa femme et ses enfants qui sont au Port Louis de le venir trouver; nous vous prions, Monsieur de leur accorder leur passage sur un des vaisseaux de la Compagnie.

Ci-joint un reçu du capitaine de la *Gloire* pour une barrique de vin rouge que nous luy avons fournie de nos magasins.

Nous avons mis en remplacement sur la *Gloire* le sieur Bonamour, officier de la *Cybèle*, qui était venu icy de l'Isle de France et le sieur Pradier au lieu et place du sieur Aillot, chirurgien de la dite frégate, que nous avons retenu aux Indes et envoyé à Bengale.

Nous somme etc . . .

Signé : DUVAL DE LEYRIT, BARTHÉLEMY, COLLÉ, etc.

INVENTAIRE des expéditions du Conseil supérieur à M. Roth, directeur, commandant à Lorient, sçavoir :

Nᵒˢ 1 Lettre du Conseil de ce jour.
 2 Connaissement du chargemeut de la frégate la *Gloire*.
 3 Procès-verbal des vivres de l'*Hermione*.
 4 Procès-verbal d'une caisse de camelots de la frégate la *Danaë*.
 5 Procès-verbal de 3 caisses de verreries reçues par *l'Hermione*.
 6 do. de plusieurs caisses de serges, croisées et soyeries reçus par *l'Hermione*.
 7 do. des vivres et boissons venus par *l'Hermione*.
 8 do. de cent caisses de vin rouge reçues par *l'Hermione*.
 9 do. de plusieurs caisses d'olive reçues par *l'Hermione*.
 10 do. de vivres gatés de la frégate la *Gloire*.

N°s 11   Procés-verbal de l'ouillage des boissons du magasin général.

12   do.   des vivres avariés du *St. Priest.*

13   do.   de cent caisses de vin rouge reçues par le *St. Contest.*

14   do.   de l'ouillage des boissons venues par le *St. Contest.*

15   Reçu des expéditions du Conseil supérieur par le sieur des Essarts.

16   Copie des ordres et instructions du Conseil supérieur au dit sieur.

17   Etat des passagers embarqués pour France sur le dit vaisseau.

18   Etat des fournitures faites du magasin de la marine au *St. Priest* pendant son séjour icy.

19   do.   do.   du magasin de la marine au *St. Contest.*

20   Etat des dépenses de la caisse pour la frégate la *Gloire* depuis son arrivée de France jusques à son départ pour Bengale.

21   do.   do.   du *St. Priest* depuis son arrivée de France jusqu'à son départ pour Chine.

22   do.   do.   du *St. Contest* depuis son arrivée de France jusqu'à son départ pour Bengale.

23   Etat des elfets fournis du magasin général de Chandernagor à la *Gloire.*

24   do.   do.   du magasin de marine de do.

25   Procès-verbal de vivres gâtés à Chandernagor de la frègate la *Gloire.*

26   Etat de dépenses faites à la caisse de Chandernagor pour la dite pendant son séjour à do.

N°s 27 Etat des fournitures du magasin de la marine faites à la *Gloire* depuis son retour de Bengale.

28 Etat do. do. général à la do. depuis do.

29 Décompte du nommé André Mir, matelot de la frégate la *Gloire*.

30 Reçu du sieur des Essarts d'une barrique de vin rouge fournie du magasin général.

31 Etat de dépenses de la caisse faites à la frégate la *Gloire*.

32 Décompte des marins morts aux Indes.

33 Paquet à l'adresse de Messieurs les directeurs députés aux ventes.

34 8 lettres à l'adresse de M. Roth.

35 3 do. à celle de M. Godeheu d'Igoville.

36 93 lettres particulières.

37 Le présent inventaire.

A Pondichéry, le 19 Octobre 1756.

INVENTAIRE du duplicata des expéditions du Conseil supérieur au directeur commandant à Lorient sçavoir :

N°s 1 Lettre du Conseil de ce jour.

2 Paquet à l'adresse de Messieurs les directeurs députés pour les ventes.

3 Procès-verbal des vivres gâtés de la frégate *l'Hermione*.

4 do. d'une caisse de camelots venue par la *Danaë*.

5 do. d'une caisse de verreries venue par *l'Hermione*.

6 do. de 4 caisses de serges, baffetas, satins et drogues venues par *l'Hermione*.

Nᵒˢ 7   Procès-verbal de l'ouillage du vin rouge, vin de Madère et eaux de vie venus par la dite.

8   do.   de la vérification de cent caisses de vin rouge venues par la dite.

9   do.   de plusieurs caves d'olive par la dite.

10   do.   de vivres gâtés de la *Gloire*.

11   do.   de vins de Xérès, Madère, vin rouge et eaux de vie en quarteau du magasin général.

12   do.   de vivres gâtés du *St. Priest*.

13   do.   de la vérification de cent caisses de vin rouge venues par le *St. Contest*.

14   do.   des vins rouge, Xérès, Madère, eaux de vie venus par le *St. Contest*.

15   Reçu du sieur des Essarts pour une barrique de vin fournie du magasin général.

16   Reçu des expéditions du Conseil supérieur par le sieur des Essarts.

17   Copie des ordres et instructions donnés par le Conseil supérieur au dit sieur.

18   Etat des passagers pour France embarqués sur la *Gloire*.

19   Duplicata des décomptes des marins morts aux Indes.

20   Le présent inventaire.

A Pondichéry, le 19 Octobre 1756.

A Pondichéry, le 18 Octobre 1756.

Messieurs les Directeurs Députés aux ventes.

1ère par la *Gloire*.
2ème par *l'Indien*.
3ème par voie de Mahé.

Messieurs,

La présente est uniquement pour avoir l'honneur de vous remettre la facture du chargement de la frégate la *Gloire* montant à Pag. d'or : 12.836 - 4 - 32. Nous avions fait avec nos marchands un contrat que, suivant les ordres de la Compagnie, nous avions réduit considérablement mais nos moyens se sont trouvés si courts qu'il ne nous a pas été possible de leur faire à beaucoup près les avances nécessaires. Nous envoyerons en janvier les cafés, poivres et marchandises que nous pourrons nous procurer s'il nous vient quelques vaisseaux.

Nous sommes etc. . .

Signé : Duval de Leyrit, Barthélémy, Collé, Boyelleau, Lenoir.

A Pondichéry, le 19 Octobre 1756.

Messieurs les Sindigs et Directeurs généraux.

1ère par *l'Indien*.
2ème par le bateau le *Nécessaire*.
3ème par voie de Mahé.

Messieurs,

Nous avons l'honneur de vous donner avis que nous vous envoyons par le vaisseau *l'Indien* que nous expédions ce jour pour Mahé et qui doit ensuite aller à l'Isle

de France le duplicata de nos expéditions par la frégate
la *Gloire* qui a appareillé de cette rade la nuit du 19 au
20 du courant, et qui a disparu le même jour.

Nous avons pris la liberté de tirer sur vous, Messieurs, le 28 du courant une lettre de change de
127 marcs - 6 on. - 3 r. - 19 grains à l'ordre de Monsieur
Amat à Lorient, valeur reçue comptant de M. Lamothe,
capitaine, en 2.526 Rs.

Nous sommes etc. . .

Signé : Duval de Leyrit, Barthémémy, Boyelleau,
etc. . .

Pondichéry le 25 Janvier 1757.

Messieurs les sindics et directeurs généraux
de la Compagnie des Indes.

1ère par voye de Mahé par la frégate la *Fière*.
2ème par le *Séchelle* et le *Berry*.

Messieurs,

Nous avons déjà eu l'honneur de vous accuser réception de vos lettres des 17, 23 décembre 1755, 14 et 19
Février 1756 qui nous ont été envoyées de l'Isle de
France par le bâteau le *Nécessaire*. Le Compagnie
nous prescrivant de luy répondre lettre par lettre, nous
allons la satisfaire par la présente et, par une autre
particulière, nous luy rendrons compte de tout ce qui
s'est passé depuis notre dernière.

Lettre du 17 Décembre 1755.

Nous n'avons rien à répondre à cette lettre, nous
exécuterons les ordres de la Compagnie au sujet de nos
états de demandes autant qu'il dépendra de nous. Ceux

18

que nous luy envoyons avec la présente et la lettre en forme de mémoire d'observations qui y sera jointe feront la réponse de cette lettre.

Lettre du 23 Décembre 1755.

Nous avons déjà eu l'honneur de vous instruire dans le temps de l'heureuse arrivée des frégates la *Danaë* et *l'Hermione* et de la destination que nous leur avions donnée. Elle a dû aussy apprendre celle du *St. Contest* et nous luy avons renvoyé *la Gloire* en octobre dernier avec ce qu'elle a pu prendre de marchandises. *Le Maurepas*, sa cargaison et ses fonds sont restés à l'Isle de France. Nous avons porté nos plaintes à la Compagnie sur cette retenue qui nous a beaucoup dérangé et empêché d'envoyer de nouveaux secours à Bengale qui en a le besoin le plus pressant.

Conformément aux ordres de la Compagnie, on a travaillé et on travaille encore sans relache aux fortifications de cette place et nous espérons qu'elle sera en état de se soutenir en cas d'attaque. Nous apprenons que les Anglais en font autant à Madras et à Goudelour c'est-à-dire au Fort St. David, car, pour la ville, il parait qu'ils veulent l'abandonner faute d'assez de monde pour garder un aussy grand espace. Notre seule peine actuellement est dans le manque d'argent et de munitions. Nos vaisseaux par lesquels nous attendons ces secours n'arrivent point et notre seule ressource est dans le revenu des fermes qui peut nous manquer au moment que nous y attendons le moins par les premiers actes d'hostilités que commettront les Anglais et Mahmetalykan. Aussy profitons-nous de l'espèce de tranquillité dont nous jouissons encore à cette côte pour retirer le plus d'argent qu'il nous est possible de nos fermes. et souhaiterions nous fort la voir durer jusqu'après la récolte. Nous entretiendrons la Com-

pagnie dans notre autre lettre de ce qui concerne ses
fermes et des mesures qu'a prises M. le Commandant
général pour en assurer en cas de tranquillité tant le
produit de cette année que ce que reçoit le fermier des
années dernières.

Nous avons pris et prenons en bons et fidèles sujets
toute la part possible au bonheur et à l'accroissement
de la famille royale pour laquelle nous faisons les vœux
les plus sincères.

Nous regrettons sensiblement M. Duvelaër que nous
avons eu l'honneur de voir dans l'Inde et qui était
chargé du département qui nous concerne. Nous
espérons que M. le Directeur qui l'a remplacé voudra
bien avoir pour nous les mêmes bontés et les mêmes
attentions que M. Duvelaër.

La Compagnie doit être persuadée de l'intérêt que
nous prenons à l'avantage de son commerce et combien
nous avons été touchés de la mauvaise vente qu'elle nous
marque avoir faite en 1755. Si le succès de son commerce dépendait entièrement de nous, il passerait ses
espérances, mais il dépend beaucoup plus de la circonstance du temps et des affaires qui depuis bien des
années n'ont point été favorables que la paix et la
tranquillité si fort à désirer dans ces quartiers reviennent
et elle verra par nos actions que nous ne luy avançons
que ce que nous avons le plus à cœur. Nous n'avons
encor reçu aucune des lettres de Messieurs les députés
aux ventes que la Compagnie nous annonce. Nous
nous y conformerons autant qu'il sera en notre pouvoir.

Nous eussions fort souhaité que la Compagnie eut été
instruite de bonne heure de la véritable situation de ses
affaires dans l'Inde et des dettes considérables qu'elle a
contractées tant icy qu'à Bengale. Il parait par sa
lettre qu'elle nous croit fort au large au moyen des
derniers envoys qu'elle nous a faits et des revenus dont
elle jouit. Elle a vu par notre dernière l'employ que

nous avons été obligés de faire des premiers et le peu
que nous avons retiré des revenus. On a fait entendre
qu'ils sont très considerables, et ils le sont en effet, mais
ils exigent pour les assurer dans le temps présent de si
grandes dépenses, et leur rentrée est sujette à tant
d'évènements que ce serait folie à nous de les luy
assurer aussy affirmativement qu'on a pu le faire par le
passé. Nous luy dirions et nous le luy dirons pour ses
véritables intérêts que dans ses envoys elle doit faire
au moins en plus grande partie abstraction de tous ces
revenus et conformer ses envoys au commerce qu'elle
prétend faire. Qu'elle ne croie pas pour cela que nous
les négligeons. Notre intention est toute autre. En
luy donnant un pareil avis, nous pensons au contraire
à son avantage et voicy ceux que nous trouvons : 1º en
faisant ses envoys à l'ordinaire, elle ne met point les
nôtres ni son commerce en compromis ; 2º nous serons
en état de luy renvoyer en marchandises le montant en
entier de ses envoys, nos revenus étant beaucoup plus
qu'il ne faut pour fournir à nos dépenses quand nous
n'aurons à faire aucune opération de guerre ; 3º la
Compagnie nous met par ce moyen en situation d'acquitter nos dettes et celles du Bengale et d'éteindre les gros
intérêts qu'elle est obligée de payer dans l'Inde. Enfin
elle nous met en état de ramasser, les dettes payées, de
quoy luy faire un fond d'avance dans l'Inde, chose
qu'elle a toujours eu si fort à cœur et si avantageuse au
succès de son commerce.

Nous remettons ci-joint à la Compagnie le tableau de
ses employés. Elle peut voir par le nombre dont il est
composé que nous n'avons pas besoin qu'elle l'augmente.
Il serait à souhaiter seulement qu'ils fussent meilleurs
et plus zélés à se rendre capables de servir la Compagnie.
Le moyen d'y parvenir serait de les mettre à lieu de se
soutenir et leur donner une expectative agréable qui
put les encourager. Nous l'avons déjà marqué à la

Compagnie. Il est impossible icy aux employés de vivre
même misérablement avec les appointements ; la dépense y est excessive, la vie y est plus chère qu'à Paris
et l'entretien occasionné par la nature du climat y est
considérable.

Comme nous l'avons dit plus haut à la Compagnie,
nous souhaitons autant qu'elle même la prospérité de
son commerce ; c'est notre avantage au surplus et nous
ne pouvons espérer d'elle qu'autant qu'elle sera floris-
sante, mais cela dépend moins de nous que de la
circonstance du temps ; il faut la paix et la tranquilité
pour nous mettre à lieu de remplir ses désirs et les
nôtres. Mais la première chose à laquelle elle doit
penser est de se libérer de toutes ses dettes tant icy
qu'à Bengale pour y soutenir son crédit, au surplus elle
doit être persuadée que nous ne négligerons aucun
moyen pour luy renvoyer les vaisseaux entièrement
chargés.

La Compagnie verra longtemps sur nos livres les
23.906 piastres qui luy sont dues à Moka, si elle ne nous
autorise à les retirer par la force. C'est le seul moyen
d'y parvenir. Le gouvernement de cette ville est le
plus tyrannique qu'il y ait au monde. Nul égard, nulle
bonne foi, de là la ruine du commerce et celuy de tous
les marchands arabes ou maures qui se sont retirés.
Il n'y reste plus que des baguans plus capables par leur
rapacité de perdre le peu qui en reste que de le rétablir.
Vexés plus que des esclaves par le gouvernement, ils
se recupèrent sur les négociants auxquels ils font la loy,
étant les seuls maitres du commerce.

Nous avons déjà répondu à la Compagnie au snjet de
la société des poivres. Elle ne doit plus ignorer à
présent combien cet avantage ruineux pour la Compagnie est peu lucratif pour les particuliers par le
retardement que nous sommes obligés d'apporter, faute
de fonds, à leur remboursement. Leurs représentations

cette année nous ont obligé à leur accorder des billets
à intérets de leurs créances. Comme la Compageie le
verra par notre délibération du 23 Octobre 1756, si la
navigation de la côte malabare est peu longue, elle est
d'autre part bien dangereuse par la quantité de pirates
qui infestent cette côte et le deviendra sans doute
davantage par la suite, les Marrattes beaucoup plus
puissants que les Angrias qu'ils ont détruits avec les
secours des Anglais les ayant remplacés dans le métier
de pirates.

La guerre étant déclarée dans l'Inde entre les Anglais
et nous, comme auxiliaires de nos alliés, il était nécessaire, en établissant la trève, de nous donner réciproquement des passe-ports pour laisser passer comme en
temps de paix nos gens, marchandises etc. . . . Les
Anglais ne peuvent correspondre entre eux et leurs
concessions sans passer sur leurs terres ni nous avec
les nôtres sans passer sur les leurs, de là l'obligation
réciproque des deux parties contractantes pour empêcher
réciproquement la prise des marchandises, gens, etc. . .
qu'ils faisaient aller et venir et pouvoir travailler sans
trouble à la paix qu'ils se proposaient. Cet usage au
surplus est établi en Europe et est d'autant plus nécessaire icy que les gens du pays ne demandent pas mieux
qu'à piller et ne font la guerre que pour cela. C'est
aussy à quoy seul ils sont propres ou à tomber sur des
troupes déroutées et battues. C'est tout, ce que nous
pouvons dire à la Compagnie sur cet article qui ne
demande pas un plus grand détail. Elle ne nous fera
plus de reproches sur la brièveté de nos lettres. Nos
dernières luy rendent un compte exact et détaillé de
toutes ses affaires dans l'Inde qui sont à notre connaissance ; pour le surplus nous nous référons à M. le
Commandant général. Nous nous ferons toujours un
plaisir et un devoir de ne luy rien laisser ignorer de
l'administration qu'elle a bien voulu nous confier.

Malgrè la prise de l'*Indien* par les Anglais à la côte malabare et la publication de la déclaration de la guerre dans leurs comptoirs de cette côte, la trève conclue par M. Godeheu icy n'a point été rompue par aucun acte d'hostilité de notre part non plus que de l'autre. Ils ont même affecté de publier qu'ils avaient ordre de n'en commettre aucun par terre ; mais nous ne donnons aucune créance à ces discours, et attribuons plutôt leur inaction à leur impuissance présente ; aussy, depuis la nouvelle de la guerre, travaillons-nous à force ainsi qu'eux à mettre nos places en état de défense. Nous nous trouverions très embarassés faute d'argent s'il était question de mettre des troupes en campagne. Nous avons d'ailleurs un intérêt pressant à laisser durer la trève le plus qu'il sera possible pour pouvoir recouvrer nos revenus, seule ressource que nous ayons pour nous soutenir. Il eut été bien à souhaiter que les affaires de l'Inde eussent pu être accommodées avant la rupture en Europe et que les Compagnies respectives du consentement des roys eussent conclu une neutralité entière passé le Cap. Les guerres dans ces pays occasionnent des frais immenses et ruineux sans que les profits qui s'y peuvent faire retournent à ceux qui en font la dépense. Il serait de l'intérèt et de l'avantage des nations de vivre ensemble dans cette partie du monde dans l'union et dans la paix et de s'aider réciproquement contre la tyrannie des gens du pays. La catastrophe de Golcotta en est une preuve sensible.

On n'a point trompé la Compagnie en luy annonçant que les forces des Anglais de ces cotés-cy étaient supérieures aux nôtres ; la forte diversion qu'ils ont été obligés de faire du côté de Bengale, qu'on fait monter à plus de 1.200 hommes sans les cypayes prouve ce qu'on luy a avancé; à l'égard de la qualité des troupes, elle est instruite de l'envoy d'un régiment royal anglais, troupe aguerrie et disciplinée. Aussy n'a-t-on rien négligé icy pour mettre les troupes de la Compagnie en état de luy tenir tête et à en juger par les belles actions que partie d'entre elles ont faites en allant au secours de M. de Bussy et en soutenant les attaques de 30.000 hommes pendant six jours, dont elles ont jeté un grand nombre sur le carreau et malgré lesquelles elles sont venues à bout de le joindre, nous avons tout lieu de croire qu'elles surpasseront nos espérances et feront honneur aux officiers qui les dressent et les exercent, ce qu'on ne discontinue point.

Il y a longtemps que la Compagnie est instruite du corps de troupes qu'on entretient auprès de Salabetjingue et de la nécessité qu'il y avait à l'y entretenir. Elle aura été instruite du congé qu'il avait donné à M. de Bussy et des démarches des Anglais pour nous remplacer auprès de luy ; la victoire de nos troupes sur les siennes et la frayeur qu'elle luy a inspirée a rétabli la paix. M. le Commandant général a donné ordre au sieur de Bussy de revenir sur les quatre provinces où il est arrivé, sa présence y étant nécessaire pour achever d'y rétablir l'ordre et la tranquillité après les troubles qui s'y étaient élevés, et pour nous en assurer la possession dans les circonstances actuelles. Nous nous référons pour le détail de cette affaire à ce que M. le Commandant général en écrira à la Compagnie.

C'est à tort que la Compagnie nous reproche la pauvreté de nos Colonies et le peu de commerce qui s'y fait en comparaison de celles des Anglais. Qu'elle ait la bonté de considérer combien longtemps avant nous ils étaient établis dans les Indes et avaient gagné la confiance des gens du pays qui s'enrichissent avec eux. Aussy malgré la prise de Madras, n'avons-nous pu attirer qu'un très petit nombre d'Arméniens et presque point de gentils, d'ailleurs leurs employés viennent presque tous avec des fonds ou du crédit et sont en état de travailler. Leurs emplois les mettent aussy à même, il n'en est pas ainsi de nous. Nous venons presque tous avec rien et ce n'est qu'après un temps infini que nous nous trouvons en état de travailler et de commercer. Nos gouverneurs et directeurs d'icy et de Bengale, n'ont cependant rien négligé en cette partie. Jusqu'à quel point M.M. Lenoir et Dupleix n'ont-ils pas poussê notre commerce jusqu'à l'égaler à celuy des Anglais et les en rendre jaloux. Arrivés encore dans le bon temps, ils en ont profité. M. Dumas, gouverneur, a suivi les mêmes errements, mais il n'a pas réussi, le commerce était déjà bien déchu. La guerre qui est survenue a achevé de ruiner nos colonies. Nós vaisseaux ont été pris et faute de forces maritimes nous n'avons osé faire aucune entreprise. Les Anglais, maitres de la mer, ont profité de la coujoncture et continué leur commerce même après la prise de Madras. Notre colonie de Chandernagor la plus brillante de toutes était presque anéantie. M. de Leyrit l'a relevée et malgré la pauvreté où elle était réduite, y a fait tant d'armements qu'elle causait de la jalousie aux Anglais. Mais que de peines et de pertes n'a-t-il pas essuyées pour y parvenir ! Il regardait encore ce rétablissement comme son ouvrage, et soutenait, quoique absent et malgré les pertes immenses qu'il y a faites, les armements de cette colonie. Aujourd'huy la guerre l'a obligé de les abandonner et de laisser retomber cette colonie dans l'état d'où il l'a tirée, s'il ne nous vient pas des forces capables de nous défendre et de nous soutenir contre celles des Anglais.

Nous ne répondrons rien par la présente à l'article de la lettre de la Compagnie concernant les comptoirs de Mazulipatam et Yanaon. Nous remettons à en traiter dans la lettre qui suivra celle-cy.

Nous avons appris avec plaisir l'heureuse arrivée en France de M. Dupleix à qui nous y souhaitons toute la santé et le bonheur possible. Il a laissé en dépot au secrétariat cette caisse dont nous parle la Compagnie, avec permission à ses procureurs de la retirer quand ils jugeraient à propos. En août ou septembre dernier elle leur fut remise sur leur reçu et, par ordre de M. Dupleix, ils firent tirer des copies des papiers qu'elle contient. Ils l'ont depuis rapportée ficelée et cachetée de leurs armes. Nous attendons le résultat de la Compagnie au sujet de ses comptes, ses ordres pour le remboursement à faire à Vinaiquen, écrivain des dépenses, et aux marchands. Nous ignorons ce qui forme la créance du premier, mais nous présupposons que ce ne peut être que pour les dépenses de la guerre pour lesquelles cet écrivain a fait des avances considérables qu'il a puisées dans les bourses de divers malabars qui le persécutent aujourd'huy pour être remboursés. A l'égard des marchands nous savons que M. Dupleix a exigé d'eux qu'ils se cotisassent pour fournir aux frais de la guerre et c'est Papiapoullé qui a été l'entremetteur de cette affaire et qui a touché l'argent. Aussi l'ont-ils passé dans leurs comptes. Nous ferons en sorte d'envoyer à la Compagnie les copies figurées et en forme de leurs titres qu'elle nous demande. Lorsque nous vous avons écrit sur ces deux affaires, le secrétaire a oublié de faire mention de 20.000 Rs. dues également par M. Dupleix aux entrepreneurs de la monnaye qu'il leur a demandées pour les mêmes motifs, et qu'ils se sont également cotisés et ont même emprunté à de gros intérêts pour les luy fournir; ils ont son billet entre les mains dont nous remettons ci-joint copie.

Il serait à souhaiter que la Compagnie put décider le plutôt que possible toutes ces affaires et qu'elle nous donne ses ordres en conséquence, pour en éteindre les intérêts considérables que ces gens en payent et qui ne peuvent que tourner à leur détriment.

Nous voyons avec chagrin l'avarie que la Compagnie a eue dans le *Centaure* qui ne vient que de l'incapacité ou du peu d'attention des officiers préposés à la charge du vaisseau. Nous veillerons dorénavant avec soin à ce que la Compagnie n'essuye plus de pareilles pertes.

Nous sommes bien mortifiés d'apprendre que la Compagnie n'ait pu encore terminer l'affaire du vaisseau *Séchelle*, et nous la prions instamment de la poursuivre et de la mettre à fin. Plusieurs particuliers intéressés dans cette affaire n'ont point d'autres ressources, et c'est tout leur avoir. Quoiqu'elle nous autorise à rembourser sous condition aux intéressés leurs capitaux, nous ne sommes pas en état d'user de cette permission. Nous avons cependant écrit à Bengale mais sans y faire part des ordres que nous avons reçus de nous faire passer les titres des prétendants. Car il ne se trouve point icy l'un des intéressés, et nous pensons que cette pièce qui était au secrétariat en a été retirée par M. Dupleix qui a sans doute oublié de l'y remettre, ce qui nous jettera dans un grand embarras pour le remboursement à faire aux intéressés qui n'ont point d'autre titre que cette liste.

Nous sommes bien charmés d'apprendre qu'elle a réduit les demandes de Messieurs des Isles, qui étaient exorbitantes. Nous luy en avons souvent porté des plaintes. Nous aurons cependant attention de leur fournir leurs besoins les plus urgents.

Les dépenses faites pour secourir les Maldivois consistent dans les frais des bâtiments payés et entretien des troupes qu'on a envoyées à leur secours. La Compagnie eut été plus qu'indemnisée de toutes ces dépenses si le morceau d'ambre que M. Godeheu luy a porté comme la pièce la plus rare et la plus curieuse eut été vendue sa vraie valeur. Nous sommes surpris qu'elle l'ait laissé aller au prix qu'elle nous dit qu'il a été adjugé à sa vente ; nous pensons qu'elle eut mieux fait de nous le renvoyer icy, ayant dû être instruite par M. Godeheu de l'offre de 50.000 Rs. qui lui a été faite pour ce morceau par un particulier. Les Maldivois l'estimaient bien d'avantage et comptaient fort que les dépenses acquittées et les 14.800 Rs. qu'ils ont donné à prendre sur la vente aux sieurs Termellier et autres, payées, il leur serait encore rentré quelque chose. Comment leur apprendre qu'il n'a pas été vendu la moitié de ce qu'ils l'estimaient et leur persuader de payer ce qu'ils se trouveront pouvoir être redevables à la Compagnie, et les 14.800 Rs. qu'ils avaient donné à prendre dessus ?

Nous avons déjà marqué à la Compagnie l'impossibilité où nous étions de dresser le tableau des officiers sans faire beaucoup de mécontents. Leurs prétentions sur l'ancienneté et la date de leurs brevets ou de leur réceptions sont si contradictoires qu'il nous serait difficile de nous en tirer sans occasionner quelques troubles. Il vaut beaucoup mieux que cet arrangement vienne de la Compagnie à qui les troupes appartiennent et qui peut disposer des places comme il luy plait. Les officiers qui se trouveront lésés nous en porteront leurs plaintes et nous les envoyerons à la Compagnie pour y avoir tel égard qu'elle jugera bon être.

Nous avons déjà écrit plusieurs fois à la Compagnie que le départ tardif de ses vaisseaux pour leur retour en France ne venait pas de nous et qu'au contraire nous souhaiterions fort pouvoir les luy expédier dès l'ouverture des moussons. Indépendamment de l'avantage qui en résulterait pour son commerce, nous aurions celui de la croire instruite de bonne heure de nos demandes et à lieu de nous les faire passer sans retardement.

Nous avons défà prié plusieurs fois la Compagnie de ne plus nous envoyer de draps que nous ne luy en demandions.

Le corail œuvré et en grains est le plus de défaite ici, et c'est le seul que les Anglais y apportent, aussy en ont-ils un plus prompt débit que nous, les gentils surtout dù nord en consommaient beaucoup dans leurs joyaux.

Messieurs du Conseil de l'Isle de France nous ont envoyé par le *Nécessaire* partie des vins que la Compagnie avait fait charger sur les vaisseaux le *Séchelle* et le *Duc de Berry*. Mais à l'ouverture et vérifications des caisses il s'est trouvé une avarie considérable de toute cette partie, la seule marque D. V. s'est trouvée passable. Nous ne concevons pas comment après tant de plaintes de notre part sur la faiblesse et mauvaise qualité de ces vins et les soins qu'elle veut bien apporter pour y remédier, nous soyons contraint à luy en porter toujours de nouvelles et à luy faire envisager la perte qu'elle en souffre, tantis que les officiers de ses vaisseaux qui en ont toujours quelque petite partie sont mieux servis qu'elle. Nous la prions de considérer avec attention d'où peut venir cette indifférence de la part de ses pourvoyeurs à la bien servir et à nous contenter et à y apporter le remède convenable. Nous sommes fàchés de voir la Compagnie souffrir des pertes dans une partie aussy considérable de son commerce et qu'elle ne fait que pour nous procurer cette partie des besoins de la vie que nous ne sommes point à lieu de nous fournir nous même.

Nous avons envoyé à la Compagnie en octobre dernier un mémoire au sujet de Nelisseram et nous attendrons ses ordres au sujet de ce nouvel établissement et de Mahé. Nous l'entretiendrons au surplus plus amplement dans notre lettre des affaires de ce comptoir ainsi que des Maldives.

Quelque considérable que paraisse à la Compagnie la pension allouée par M. Godeheu à Raja Saheb, elle n'est cependant pas aussy forte que les offres que l'on prétend que luy ont fait les Anglais. La Compagnie s'étant réservé la conclusion des affaires de l'Inde, c'est à elle à luy procurer et luy faire assurer un domaine qui la dispense de cette onéreuse pension.

Nous avons déjà pris la liberté de faire sentir à la Compagnie les désagréments et les avantages du poste de teneur de livres et le grand travail de cet employé ce qui fait que peu d'employés veulent s'y adonner. Il est donc nécessaire d'engager ceux qui voudraient y mordre par quelques gratifications et surtout ceux qui en sont chargés en chef pour les indemniser de leur grand travail des postes dont ils se trouveront privés en occupant cet employ.

Lettre du 14 Février 1756.

Cette lettre de la Compagnie qui ne traite que des bureaux militaires qu'elle veut être établis dans nos comptoirs à l'instar de celuy qu'elle a établi aux isles et du sien à Paris, nous jette dans le plus grand embarras pour l'exécution de ses ordres à ce sujet, attendu les contradictions qu'il nous a paru être dans cette lettre par le troisième article et par le mémoire qui y est joint. Il paraitrait qu'elle prétend que ce soit le major des troupes qui les commande en cette qualité sous les ordres de M. le Commandant général et du Conseil, qui soit chargé de la manutention et de la correspondance de ce bureau, puisqu'elle en a chargé le commandant des troupes à l'Isle de France. Le major des troupes de cette place instruit des arrangements pris par la Compagnie à ce sujet à l'Isle de France, a, par une requête présentée à M. le Commandant général, revendiqué ce bureau, et a prétendu en être chargé ainsi que de la correspondance. N'est-ce-pas soustraire en quelque sorte les militaires à l'autorité du Conseil et établir un conflit de puissances qui ne pourront jamais s'accorder? Nous ne pensons pas que ç'ait été jamais l'intention de la Compagnie, mais presque tous les autres articles de sa lettre chargent le Conseil nommément et de la manière de gérer ce bureau et de la correspondance qu'il doit avoir avec les autres bureaux des comptoirs de la dépendance qu'elle donne ordre d'y établir, ainsi que de celle à avoir avec elle et avec les Isles. Comment la pourrons-nous entretenir, cette correspondance, si ce bureau n'est point géré par nous, et si nous n'avons aucune connaissance de tout ce qui regarde le militaire ? Par un autre article elle nous donne ordre de charger un officier de chaque Compagnie du détail de sa troupe qui nous en remette les états qu'il exigera pour former ceux à luy envoyer. Elle ne prétend donc pas par cet article donner au major la direction de ce bureau. Le Conseil s'est rangé au sentiment de M. le Commandant général qui a opiné à surseoir à l'établissement de ce bureau jusqu'à ce que la Compagnie nous ait expliqué ses intentions ou du moins jusquà ce que nous sachions l'effet qu'aura produit à l'Isle de France le dit établissement.

Le projet de la Compagnie de former à l'Isle de France une pépinière de soldats peut être accepté en temps de paix, mais il nous parait sujet à plusieurs inconvénients pour les établissements qu'elle a dans l'Inde tant que nous serons en guerre. Nous sommes exposés tous les jours à nous trouver dans des circonstances qui demandent des secours prompts et dont les suites peuvent être fâcheuses avant que nous puissions recevoir des iles les troupes que nous y demanderions. Messieurs du Conseil de ces iles voudront-ils d'ailleurs se dessaisir en notre faveur de ce qu'ils auront de meilleur et en quelque façon nous mettre sous leur dépendance? La Compagnie aura vu les dernières plaintes que nous luy avons portées sur la retenue du détachement qu'elle nous envoyait par le *Maurepas* et qui nous a empêché de faire passer des secours à Bengale. Mahé est pareillement dénué de troupes et nous en demande. Karikal est aussy dégarni, sans que nous puissions leur en faire passer. Nous prévenons au surplus la Compagnie que ce sera à elle que nous nous adresserons toujours pour les recrues dont nous aurons besoin, espérant si son projet à lieu qu'elle voudra bien donner ses ordres à l'Isle de France pourqu'elles nous soient envoyées.

Lettre du 19 Février 1756.

Le conseil n'a jamais pris connaissance des créanciere de Surate et, depuis M. Lenoir qui le premier a été chargé de traiter avec eux, ça toujours été le gouverneur qui s'est mêlé de cette affaire. Nous nous référons donc au compte que M. le Commandant général en rendra à la Compagnie.

Nous nous conformerons à ses ordres sur les essais de piastres qu'elle demande qui luy soient envoyés annuellement.

La chappe du roy de la Cochinchine est déposée au secrétariat. La Compagnie a pu voir par notre dernière le peu d'avantage qu'elle nous a procuré et les vexations des gens du pays qui nous ont obligés de renoncer du moins pour le présent à l'établissement du comptoir que nous nous proposions d'y faire.

Le fondeur dont la Compagnie nous parle est un mestri de cette ville, assez bon ouvrier, mais qui n'entend point assez la fonte pour luy en confier une fonderie. Il s'est trouvé dans cette garnison un officier nommé le sieur Mondolot qui a quelques pratiques en cette qualité, et à qui M. le commendant général a confié la fonte de quelques canons, S'il réussit et que nous puissions tirer quelque avantage de son talent, nous ne manquerons pas d'en profiter et de faire refondre toutes nos pièces défectueuses, ou hors de service ainsi que celles qu'elle nous ordonne de demander aux Isles.

La croix de St Louis pour le sieur Law qu'elle nous marque nous renvoyer ne nous est point encor parvenue.

Le sieur Martiné est en garnison à Mazulipatam.

Nous avons écrit au Conseil du dit lieu les intentions de la Compagnie au sujet de cet officier. Nous n'avons encor reçu aucune réponse ce qui nous fait penser que cet officier est content de rester où il est.

Le frère du sieur Anquetil n'est point encore arrivé. Celui venu icy en 1755 a passé à Bengale où il a été recommandé à M. le commandant général, je dis, le directeur. Nous aurons les mêmes égards à la recommandation de la Compagnie en faveur de ce dernier

Nous avons déjà eu l'honneur d'informer la Compagnie que la succession Golard a été gérée par des exécuteurs testamentaires nommés par le défunt qui étaient les sieurs Jean Dumont et d'Héry. Nous avons cependant écrit au Conseil de Chandernagor la demande qu'elle nous a fait d'un mémoire au sujet de cette succession pour qu'il le demande aux dits exécuteurs et le fasse passer à la Compagnie.

Nous n'avons aucune connaissance du sieur Laloud et ignorons où cet officier est mort.

A l'égard de celle du sieur Montval, tué à Trichinopoly, il a été remis le 24 janvier à la caisse de la Compagnie la somme de 3.099 Rs. 2 f. 32 l, appartenant à cette succession ; vous pouvez, Messieurs, faire compter cette somme à la famille de cet officier. S'il parait du retard dans la liquidation, il ne provient que de ce que M. Godeheu a ordonné que la succession des officiers soit liquidée par le major de la garnison ; en conséquence de ce nouveau réglement la succession du sieur Golard, capitaine, débiteur de celle de feu sieur Montval ayant passé par les mains de trois ou quatre majors qui se sont succédés dans cette place, il n'a pas été possible de satisfaire plutôt la famille du feu sieur Montval.

Il serait à souhaiter, Messieurs, pour l'intérêt des

20

familles que nous remettions les choses en leur premier état. Beaucoup d'officiers faisant icy du commerce et même des acquisitions d'immeubles et plusieurs d'entre eux mariés ayant femme et enfants, il en naît entre les officiers de justice et le major de la garnison des difficultés et des contestations qu'il conviendrait d'arrêter. On ne doit donc point consulter icy pour ce qui concerne la liquidation des successions le code militaire qui n'entend parler que des garnisons qui sont censées n'avoir avec elles que le simple nécessaire, c'est-à-dire leurs hardes et effets et non leurs biens immeubles. Icy l'officier a avec lui tout ce qu'il possède et par conséquent sa garnison doit être réputée le lieu de son domicile. Il est bien plus à propos que l'officier de justice liquide indistinctement toutes les affaires et qu'il les porte ensemble sur un seul état comme auparavant.

A la recommandation de la Compagnie nous avons tiré de la troupe le sieur Lamel de Sivrey qui nous parait être un jeune homme fort doux et appliqué. Il a été mis au secrétariat pour y travailler et il lui a été alloué 32 Rs. par mois payées par ordonnance. On est content de son assiduité et de son travail.

Le nommé Louis Michel le Duc est prisonnier à Goudelour. Nous aurons attention de le garder dans l'Inde jusqu'à ce que la Compagnie nous le redemande.

Les lettres de change sur les sieurs Boyelleau et Denis, que la Compagnie nous annonce par sa lettre du 19 février 1756 ne se sont point trouvées dans le paquet, il n'y avait que le reçu de la dame d'Herbouville de 250 liv. qui a été remis au caissier pour en être fait retenue sur les appointements de son mary. Cet officier ne nous parait pas trop aisé ny en état de faire passer des secours à la dame son épouse. Nous tâcherons cependant de l'y engager.

Les sieurs Roussel, Astruc et Sombreuil que la

Compagnie marque renvoyer dans l'Inde ne sont point encore arrivés, non plus que le sieur Hulot.

Nous sommes . . .

Signé: Duval de Leyrit, Barthélemy, Guillard, Boyelleau, du Bausset, Delarche, Delaselle, Gueulette, Desvaux.

Pondichéry, le 30 Janvier 1757.

Messieurs les Sindics et Directeurs généraux de la
Compagnie des Indes.

1ère par voye de Mahé par la frégate *la Fière*.
2ème par le *Sechelles* et le *Berry*.

Messieurs,

Nous avons par notre première en date du 25 de ce mois, qui accompagne celle-cy, répondu à toutes les lettres que nous avons reçues de la Compagnie. Nous allons par la présente nous acquitter de la promesse que nous luy avons faite, et luy rendre compte de tout ce qui s'est passé depuis notre dernière par la *Gloire* en date du 30 septembre apostillée du 19 octobre.

Les affaires de Bengale n'avaient point autrement changé de situation. La seule et unique lettre que nous ayons reçu de Messieurs du Conseil de Chandernagor en date du 23 octobre nous marque qu'indépendamment des soyes de Cassembazard que le Nabab les avait voulu forcer de prendre à un prix arbitraire, il les voulait encore obliger de prendre pour 4 à 500.000 Rs. de marchandises de Daka, mais que les troubles excités par le Nabab de Pourania au devant duquel il était allé avaient suspendu ses poursuites, qu'au reste ils étaient dans la plus rude dépendance dans leur colonie et que la démolition qu'ils avaient faite de deux maisons et l'arrivée du secours à eux envoyé par la *Favorite* les avaient fait soupçonner de quelques desseins, ce qui les faisait veiller de près par les Maures. Par cette même lettre ils nous font mention de la triste situation des Anglais au bas du Gange qui y périssent de misère et de maladie et que le premier détachement de 240 hommes à eux envoyés de Madras était réduit à 60 hommes au plus. Par l'apostille à cette même lettre et l'extrait d'une lettre de M. Law qui était jointe, nous apprenons que le Nabab de Moxoudabat avait battu celui de Pourania à la poursuite duquel il était, ce qui jetait Messieurs du Conseil de Chandernagor dans les plus vives alarmes. Ils ignoraient pour lors la déclaration de la guerre et combien il est de notre intérêt que ce tyran jouisse du moins pendant la guerre de cette prospérité pour empêcher les Anglais de se rétablir dans le Bengale et d'y tourner ensuite leurs forces contre notre établissement.

Suivant nos ordres, Messieurs du Conseil de Chandernagor cherchaient les moyens de relever leurs petits comptoirs et avaient pour cela autorisé M. de La Brèteche, chef à Patna, à se défaire de tous ses draps même à prix de factures. Daka, quoique plus proche et moins chargé d'effets et marchandises, les mettait dans un aussy grand embarras pour le relever que Patna, tant à cause de ce qu'ils y doivent que de ce qui leur est dû par les *dalales* dont le sieur Courtin ne pouvait rien retirer, le Nabab exigeant de ces mêmes *dalales* qu'ils luy remissent ce qu'ils doivent aux Anglais.

Nous ignorons si la *Danaé* que nous avons expédiée pour le Gange le 13 août dernier y est bien arrivée.

Voilà, Messieurs, tout ce que nous pouvons avoir l'honneur de vous dire au sujet de Chandernagor dont le silence nous jette dans les plus vives inquiétudes les sachant sans argent, sans crédit depuis la catastrophe de Calcutta, et ignorant ce qui peut être arrivé depuis leur dernière ; il est vray que le sieur le Verrier y a donné la nouvelle de la déclaration de la guerre et que nous mêmes, sur celle de la prise de *l'Indien*, nous avons écrit à Messieurs du Conseil du dit lieu de ne point penser à nous expédier leurs vaisseaux s'ils craignaient quelque risques et que la neutralité n'eut plus lieu dans le Gange, et peut-être ce sont ces ordres et cette nouvelle qui les ont empêchés de nous expédier le *St. Contest* à la fin de décembre comme nous leur avions prescrit ci-devant. Cependant il y a apparence que l'escadre anglaise qui portait des secours dans le Gange n'y est point arrivée. Nous avons été instruit de la relâche à Vizagapatam d'un des forts vaisseaux de cette escadre, où il a été mis à terre 300 soldats et 200 cypahis qui avaient été embarqués dessus à Madras et depuis, par voye indirecte, nous avons appris qu'elle était arrivée en rade de Balaçor dans le plus triste état, manquant de vivres, coulant bas d'eau et après avoir perdu la plus grande partie de son monde, pour surcroit de malheur qu'elle en avait été chassée par un coup de vent et que depuis on en avait eu aucune connaissance. Cette dernière catastrophe arrivée aux Anglais dont Messieurs du Conseil de Chandernagor n'ont pu manquer d'être instruit, si elle est vraye, jointe au triste état ou on les dit réduits au bas du Gange, le Nabab leur ayant absolument coupé les vivres, auraient pu leur permettre de nous expédier du moins un bot pour nous faire part des nouvelles et de leur situation, mais jusqu'à présent rien n'a paru et nous ne pouvons deviner la cause de leur silence.

Messieurs du Conseil de Mahé nous avaient fait passer leurs expéditions pour la Compagnie, mais étant arrivées trop tard, nous les leur avons renvoyées. Ils pourront profiter de cette occasion que nous leur fournissons pour les luy faire passer. Car n'ayant icy aucun vaisseau et craignant qu'il n'en arrive trop tard pour donner de nos nouvelles à la Compagnie, nous leur avons écrit de retenir et fréter le brigantin du sieur Montrivage que nous avons appris y être en relàche, de le charger de poivres et de l'expédier pour l'ile de France, aussitôt que nos expéditions leur seront parvenues.

La Compagnie verra dans notre correspondance le nouveau traité que M. Louet s'était proposé de faire avec Baonor, mais auquel ce dernier avait fait des chargements tout à son avantage. Sur l'avis qu'il nous en a donné nous leur avons répondu qu'il eut été à souhaiter qu'il eut pu le conclure, mais que les circonstances présentes ne nous paraissent guère favorables pour y parvenir. Depuis M. Louet a écrit à Monsieur le Commandant général qu'il avait repris cette négociation, mais nous ignorons encore la suite qu'elle aura.

Nous avons déjà eu l'honneur de donner avis à la Compagnie de l'arrivée à Mahé des envoyés des Maldives. Leurs pourparlers avec Alyraja n'ont abouti qu'à les persuader que ce dernier les veut tromper comme elle le verra dans la correspondance de ce comptoir. Ils sont repartis pour leurs isles dans cette persuasion et avec peu d'espérance de parvenir à l'accommodement qu'ils souhaitent pour procurer la liberté à leurs roys que l'Alyraya tient toujours prisonniers.

Le sieur Debellevue, capitaine d'un vaisseau particulier, à son retour de Bassora est venu mouiller à Mahé où il a remis ses fonds à la caisse de ce comptoir au moyen d'une rescription sur nous de 49.267 Rs. que nous n'avons pu acquitter qu'en billets. Cette somme jointe à ce qui restait en caisse a soutenu jusqu'à présent ce comptoir, que nous nous trouvons absolument hors d'état d'aider pour le présent.

Nous y avons fait passer par *l'Indien* partie des munitions que le Conseil de Mahé nous demandait et dont il n'a pu profiter par la prise que les Anglais ont faite

de ce vaisseau. Nous ne nous étendrons pas sur ce
triste évènement qu'elle pourra voir circonstancié dans
la correspondance de Mahé. Nous ne nous y serions
jamais attendu, la guerre n'étant point déclarée lorsque
nous l'avons expédié d'icy, et n'ayant aucune nouvelle
que les Anglais eussent des vaisseaux à la côte malabare.
Il a fallu que toutes les circonstances se trouvent réunies
pour occasionner ce malheur : une traversée heureuse,
que ce vaisseau a faite en 14 ou 15 jours, ce qu'on ne
fait ordinairement en cette saison qu'en un mois ou un
mois et demi, et la rencontre inopinée d'une escadre
anglaise partie de Bombay avec des troupes pour aller
suivant toute apparence porter du secours à Golgotta,
où l'on dit qu'elle est allée avec *l'Indien*. Le commandant ayant proposé au sieur Boucher, capitaine, de
rançonner le vaisseau, ce dernier en a donné au plus
vite avis à M. Louet qui a envoyé le sieur Houssé pour
en traiter, mais après l'estimation faite de ce vaisseau
et de la cargaison, il en a demandé le double, dans la
persuasion où on l'a mis qu'il y avait 300.000 Rs.
effectives dans le lest ce qui a fait rompre le marché. A
notre grand regret, ce comptoir et les iles se trouvent
frustrés par là de ce que nous leur envoyons pour leurs
besoins et que nous nous trouvons hors d'état de remplacer. Nous avions aussy mis sur ce vaisseau le
duplicata de nos expéditions par la *Gloire*. Nos paquets
ayant été jetés à la mer, nous les avons fait refaire et
les envoyons par cette occasion à la Compagnie.

Nous avons déjà eu l'honneur d'instruire la Compagnie du détachement envoyé au secours du sieur de
Bussy et de l'avantage considérable qu'il avait remporté.
M. le Commandant général avait donné ordre au dit
sieur de Bussy de luy faire repasser deux cents hommes
que ce dernier à renvoyés à Mazulipatam sur la nouvelle
de la déclaration de la guerre et de la prise de *l'Indien*.
Nous avons écrit à ce comptoir de nous les renvoyer

par *l'Aurore* au plus tard le 15 décembre pour ne point mettre ce détachement en risque d'être pris par les Anglais. Messieurs du Conseil du dit lieu qui sans doute étaient bien aises de se réserver ces deux cents hommes, l'élite de notre garnison, se sont retranchés pour l'inexécution de ces ordres sur ce que *l'Aurore* n'était point arrivée et qu'ils ne pourraient jamais les faire passer au temps prescrit. Nous n'osons, aujourd'hui que nous ignorons encore avoir aucune force sur mer, les y risquer et nous nous trouvons privés de ces secours dont nous avions besoin.

Le nommé André de Limoux dont la Compagnie nous a demandé des nouvelles est mort à Ederabat le 18 août dernier.

Suivant les lettres de Messieurs du Conseil de Mazulipatam, les pluyes et débordements ont été si considérables que la recette a été presque entièrement perdue dans toute la province et surtout à Divy. Cet évènement a aussy occassionné une perte de plus de 50.000 Rs. de sel qui était en Mullot.

Les Gemidars d'un autre coté ont aussy contribué à la ruine du pays déjà assez affligé par les ravages du débordement. Ils se sont révoltés lors de la disgrâce de M. de Bussy, et ce n'est qu'après bien des combats et les avoir forcés de retraites en retraites qu'on a pu venir à bout de les soumettre. Il n'en restait plus qu'un dans le Condavir où M. de Moracin s'est rendu et, par leur dernière, ces Messieurs nous marquaient qu'il serait bientôt obligé de se rendre à son tour. Il est heureux que les troubles qui s'étaient élevés dans cette province aient pu être dissipés, car dans la circonstance présente de la grande guerre en Europe, ils nous eussent mis dans le plus extrême embarras pour la conservation de cette province. Aussitôt la nouvelle de la déclaration de la guerre et de la prise de *l'Indien*, nous avons donné avis au Conseil du dit lieu et luy avons ordonné de tenir prêt le bot le *Machaut* qui était à se racommoder à Narsapour pour aller en droiture en porter la nouvelle à l'Ile de France, où nous l'avons écrit. Ce bot a dû partir dans le courant du mois dernier.

Après ce que nous apprenons à la Compagnie de la situation de Mazulipatam et de ses dépendances dont les reveuus suppléeront encore aux dépenses de l'armée de M. de Bussy, indépendamment des dettes anciennes et nouvelles contractées pour l'entretien de cette armée, elle ne doit pas s'attendre à tirer beaucoup de marchandises de ce comptoir. Messieurs du Conseil du dit lieu tout occupés sans doute de leur guerre avec les Gemidars ne nous parlent en aucune façon de leur commerce et quoiqu'ils nous ayent prévenu prudemment des avances qu'ils avaient faites à leurs marchands, nous ne voyons pas qu'ils aient des marchandises en magasin, ils ne nous en disent mot. Ils nous parlent seulement de celles que le sieur Panon s'est procurées à Yanaon qui ne nous sont point parvenues et que nous n'espérons pas recevoir cette année puisqu'ils ont tardé si longtemps à nous les faire passer et qu'il y aurait trop de risque à les faire venir à présent.

Le vaisseau *l'Aurore* qui nous avait apporté des marchandises d'Yanaon et du blé, y a été renvoyé le 19 octobre, mais ce bâtiment sur lequel nous avions compté pour recevoir tout ce que nous attendions de ces comptoirs n'y est point arrivé, et nous ne savons ce qu'il est devenu. Nous ne pouvions l'expédier plus tôt puisqu'il n'est arrivé que le 17 octobre et est reparti deux jours après.

Le sieur Porcher, commandant à Karikal, à qui nous avions donné ordre de se mettre en état de défense, nous a demandé à entourer son aldée en terre pour la sécurité des habitants et de dresser une batterie sur le bord de la rivière pour en empêcher l'approche et la descente à terre. Nous avons consenti au premier et nous attendons la réponse de l'officier ingénieur que nous y avons fait passer pour nous décider sur le second.

Les représentations du dit sieur Porcher sur l'insolvabilité de ses marchands, si nous refusons de les aider, nous a fait consentir comme elle le verra par notre délibération du 17 janvier à recevoir les tarlatanes du rebut qu'ils ont tant icy qu'à Karikal, mais pour cette fois seulement et avec une diminution considérable et conforme à leurs mauvaises qualités. Pour montrer aux dits marchands que notre intention est telle et que nous ne serons plus aussy faciles à leur égard, nous avons ordonné au dit sieur Porcher de les trier et tirer tout ce qui se trouvera de mauvais, nous les réservant à les mettre icy en sorte.

Ce comptoir nous a beaucoup aidé de bois de teck que le sieur Porcher s'est procuré par Négapatam. Sans ce petit secours nous eussions été assez embarrassés, n'en tirant plus du Pégou depuis que la guerre y est allumée. Nous y avons envoyé de notre côté par un bot particulier qui s'est trouvé en cette rade ce que nous avons pu des munitions que le dit sieur Porcher nous demandait pour les besoins de sa place.

C'est par les sieurs Le Verrier et Boucard que nous avons eu les permiers avis de la déclaration de la guerre que les Anglais ont fait publier dans leur loge de Surate. Depuis, elle nous est venue de Bassora par le sieur Perdriau qui la tenait du consul d'Alep. Nous sommes très surpris que la Compagnie ne nous en ait pas donné avis elle-mème par cette voye. Cette nouvelle nous a fait changer au plus vite les ordres que nous avions donnés au sieur Le Verrier et au lieu de coton que nous luy avions demandé pour le chargement de *l'Hermione*, nous luy avons écrit de tenir prêt pour ce vaisseau une cargaison de blé et autres vivres pour porter aux Isles qui pourraient se trouver hors d'état d'en fournir aux vaisseaux que la Compagnie y aura fait relâcher, mais cette nouvelle luy avait déjà fait prévenir nos ordres, et par sa dernière il nous marque qu'elle l'avait empêché d'acheter les cotons que nous luy avions demandés, ce qui nous fait plaisir.

Par cette même lettre le sieur Le Verrier nous marque avoir en magasin les 30 balles de coton filé qu'il a coutume d'envoyer, mais qu'il n'ose les risquer de peur qu'elles ne tombent entre les mains des Anglais. Il avait vendu les 20 balles de draps à luy envoyées à raison de 3 rs. 8 annas la gaize anglaise. La Compagnie a déjà vu par nos précédentes qu'il s'est plaint des couleurs qui n'étaient point convenables au pays. Nous verrons à le satisfaire quand le temps le permettra.

Le sieur Le Verrier nous demande à réparer l'étage de la loge prête à manquer. Nous ne luy avons encore rien répondu à ce sujet.

Le sieur Perdriau nous a envoyé l'état de ses dépenses divisé en 4 chapitres montant ensemble à Rs. 18.429 depuis son arrivée à Bassora. Nous luy avons alloué celles qu'il a intitulées dépenses de la loge et l'avons renvoyé à la Compagnie pour celles qu'il désigne sous le titre de voyage à Bagdad. Nous avons déjà eu l'honneur d'en instruire la Compagnie. Ce voyage, quoique coûteux, n'a cependant pas été inutile, puisqu'il nous marque avoir obtenu du pacha la remise du droit de 1.300 crux que chaque vaisseau est obligé de payer au gouverneur de Bassora. A l'égard de celles passées sous le nom de dépenses de vêtements aux serviteurs et de dépenses de table, nous avons remis pour en décider à être instruit des conditions faites avec luy par M. Godeheu, car, par une négligence impardonnable de la part du secrétaire du conseil alors en place, les instructions données au sieur Perdriau n'ont point été portées sur le registre destiné à cet usage et nous ignorons absolument ce qui luy a été alloué. Le Conseil cependant pour ne pas léser cet employé qui parait

avoir avancé la plus grande partie de ces dépenses et
tiré sur nous pour en avoir le remboursement a
consenty d'avancer à son procureur les sommes qui ne
luy sont point allouées avec promesse de sa part de
rapporter ce qu'il se trouvera redevoir après la décision
de la Compagnie et du Conseil sur toutes les dépenses
que nous trouverons trop fortes pour le peu d'avantage
que la Compagnie en retire et que dans notre réponse
au sieur Perdriau nous luy dirons de modérer et que
nous fixerons.

Nous avons prévenu ci-dessus la Compagnie de la
perte des effets pour l'Isle de France que nous avions
chargés sur *l'Indien* et de l'impossibilité où nous étions
faute d'argent de la réparer. Nous y avons donné avis
de la prise de ce vaisseau et de la déclaration de la
guerre. Mais Messieurs du Conseil de la dite Isle à
qui nous avions renvoyé le bot le *Favory* pour nous
donner des nouvelles ne nous l'ont point expédié suivant
toute apparence et nous ne savons absolument sur quoi
compter.

Nous n'avons non plus aucune nouvelle certaine du
Pégou, et nous ignorons si la *Galathée* et le *Diligent*
que nous y avons envoyés y sont arrivés. Par voye indirecte, mais, ce dont nous ne pouvons assurer la certi-
tude, il nous est revenu que Syriam avait été surpris
par les Barmas dans le temps des pluyes, que tous les
Européens, français et anglais, avaient été tués, à l'exception d'un constructeur anglais à qui son âge avancé avait
fait obtenir grâce et que le sieur Bruno avait fini de la manière la plus tragique, ayant été embroché et rôty tout vif.
Nous avons appris par la voye des Anglais qu'il y avait
dans le détroit de Malac un vaisseau français de 26 pièces
de canon et de 200 hommes d'équipage, qui était à y
traiter des vivres. Nous supposons que c'est le vaisseau
le *Machaut* envoyé par le Conseil de l'île de France.
Nous craignons fort que toutes les mesures que nous

avons prises pour assurer le voyage de *l'Hermione* ne
deviennent inutiles, car la guerre ayant été déclarée
fort tard en Europe, il est difficile que Messieurs de la
Direction de Canton aient pû en être instruits assez tôt
pour donner des ordres en conséquence à nos agents à
la Cochinchine, comme nous les en avions priés, ce qui
nous met dans l'inquiétude pour ce vaisseau. Nous ne
le sommes guère moins pour le *St. Priest* que nous avons
adressé à Messieurs de la Direction pour luy donner
une cargaison pour Europe.

Voilà toutes les nouvelles que nous pouvons donner
à la Compagnie de tous ses comptoirs de l'Inde. Nous
allons à présent luy faire part de tout ce qui regarde le
nôtre.

Nous avons déjà eu l'honneur de marquer à la Compagnie l'étroite situation où nous sommes ; elle ne peut
être plus extrême, puisque ce n'est qu'à la faveur des
revenus que nous nous soutenons depuis près de deux
mois. Mais les dépenses augmentent tous les jours depuis la déclaration de la guerre et, l'argent ne rentrant
pas aussitôt qu'il serait à souhaiter, nous pouvons nous
trouver à la veille de manquer, surtout si les hostilités
commençaient par terre. Les secours d'Europe que
nous comptions recevoir ce mois ne paraissent pas et
nous ignorons même s'il nous en parviendra. L'argent
de la Compagnie est tout entre les mains de la Compagnie et nous n'en pouvons plus espérer aucune ressource, jugez par là, Messieurs, de l'extrêmité où nous
sommes réduits.

Mécontent du précédent fermier de Cheringam, qui
parait redevoir à la Compagnie, et qui au lieu d'améliorer
les terres et d'aider les habitants, les a au contraire
rendus moins profitables et vexé les gens qui les
mettaient en valeur, nous luy avons tiré la ferme et
nous l'avons donnée au nommé Virachetty, marchand de
la Compagnie, mais à un prix bien inférieur à celuy de

l'année dernière, vu le dépérissement de cette ferme.
La Compagnie verra par les différents avis à la suite de
la délibération combien cette affaire a été discutée, mais
pour mettre dorénavant les peuples à l'abry des vexations du fermier, veiller au travail des habitants et faire
valoir les terres et aussy pour remédier aux abus qui
s'étaient glissés dans la garnison de Cheringam, nous
avons, par notre délibération du 29 août dernier, nommé
commissaire des troupes et inspecteur de la ferme de
Cheringam le sieur de St. Maurice que M. Guillard,
Commissaire du Conseil au dit lieu, a fait reconnaitre
en cette qualité à son départ. Quand le compte du
précédent fermier aura été examiné et rapporté au
Conseil pour en décider, nous en ferons part à la
Compagnie.

Nous avons marqué à la Compagnie par notre lettre
du 30 septembre dernier que le fermier général ne
payait point et qu'il se trouvait redevable de 900.000 Rs.
Pressé de rendre raison de sa conduite, il a fourni un
compte des 2 premières années pour solde desquelles
il ne se dit redevable que d'environ 400.000 Rs. devant
pour les dites deux premières années 30 lacs et n'en
ayant payé que 12 effectifs. C'est 14 lacs qu'il passe en
non valeur. Cette somme nous ayant paru exorbitante,
nous avons donné au sieur Lenoir, l'un de nous, ce
compte à examiner pour ensuite en faire son rapport
au Conseil. Nous comptions fort pouvoir instruire la
Compagnie de la décision de cette affaire, mais ce
fermier étant tombé dangereusement malade et n'étant
pas même entièrement rétabli et les amaldars des
différents paraganés dont la présence est absolument
nécessaire pour la discussion de ce compte étant obligés
de résider dans leurs paraganés pour veiller sur la
récolte, nous avons été obligés d'en remettre l'examen
au mois de mars, temps auquel nous pourrons rassembler toutes les personnes nécessaires à la vérification

de ce compte ; mais pour ne point être exposés comme les années précédentes au manque des revenus qui font notre seule ressource et aussy pour assurer à la Compagnie la rentrée de ce qui se trouvera luy être dû pour les années précédentes, M. le Commandant général a jugé à propos, sans cependant rien changer aux dispositions de M. Godeheu ny aux contrats passés par le dit fermier, d'ordonner aux trois commissaires de percevoir chacun le revenu de leur département, sans les laisser passer dans les mains du dit fermier et de le remettre au trésor. M. Boyelleau s'étant démis de son département, il a été remis à M. Desvaux qui, au moyen de cela, se trouve chargé du recouvrement de deux.

Par délibération du 17 janvier, nous avons alloué au sieur Monginot 2.000 Rs. pour l'horloge de la chapelle du fort que luy avait commandée M. Dupleix et qui est en place. Il luy a aussy été alloué 20 Rs. par mois pour en avoir soin et de celle de l'hôpital. Cet ouvrier ne se trouvait pas payé avec ce que nous luy avons accordé, nous l'avons renvoyé à la Compagnie pour faire ses représentations.

S'il nous fut arrivé quelques vaisseaux, nous eussions pu, quoique Mazulipatam et Yanaon nous ayent manqué en renvoyer deux entièrement chargés, dont l'un en cafés et l'autre en cauris, bois rouge, poivre et marchandises d'icy. Nous avons instruit la Compagnie qu'il est resté à Moka 200 et tant de balles de cafés que nous sommes bien embarrassés pour faire venir dans un de ses comptoirs. Nous écrirons à M. Louet pour voir s'il pourrait trouver quelques moyens de les faire venir à Mahé sans risque.

La voye dont nous sommes obligés de nous servir pour donner de nos nouvelles à la Compagnie ne nous permet pas de luy envoyer le régistre des baptèmes. Nous luy remettons seulement l'état des successions. Nous profiterons de la première que nous pourrons nous procurer pour luy faire passer ce que nous ne pouvons luy envoyer pour le présent.

La disette où nous nous trouvons de toutes choses nous ayant fait penser que c'était le temps le plus favorable que nous puissions trouver pour procurer à la Compagnie la défaite d'une grande quantité de mauvais vin que nous avions en magasin et dont nous n'aurions pu espérer de nous débarrasser à l'arrivée des vaisseaux, nous en avons ordonné l'encan. Il en a été vendu le 22 de ce mois 44 barriques dont partie en vinaigre au delà de nos espérances; pour celuy de caisses au nombre de 102, nous avons été obligés de le laisser aller à 80 Rs. les six caisses. Ce vin venu du temps de M. Godeheu était si mauvais et si plein de lie qu'il ressemblait plutot à de la boue qu'à du vin et que nous sommes même étonnés d'en avoir pu avoir ce prix.

Il y a apparence cette année de la récolte la plus abondante, il entre tous les jours dans la ville une quantité considérable de nellys, qui a considérablement diminué de prix. Nous en faisons venir aussy une grande quantité pour la subsistance de nos troupes, car suivant toute apparence nous ne recevrons de Bengale aucune provision, et il est de toute prudence de nous précautionner contre.

Ci-joint l'état des lettres de change que nous prenons la liberté de tirer sur la Compagnie, auxquelles nous la prions de faire honneur.

Du 3 février 1757.

Les vaisseaux le *Sechelles* et le Duc de *Berry* expédiés des Isles en août ont mouillé ce matin en rade. Nous avons reçu par ces vaisseaux toutes les expéditions de la Compagnie dont nous avions reçu les duplicata par la *Nécessaire* qui nous ont mis en état d'y répondre. Nous avons pareillement reçu plusieurs pièces annoncées par les lettres et qui ne nous étaient point encore parvenues, entre autres la croix de St Louis pour le sieur Law. Messieurs du Conseil de l'Ile de France nous ont envoyé par ce vaisseau 120 soldats et environ 3000 marcs de piastres avec une petite partie d'or. On est à travailler à force à les décharger. Le sieur St Denis est bien arrivé à Pondichéry.

Ce même jour nous avons reçu des lettres de Messieurs du Conseil de Chandernagor par Trinquebar où il est arrivé un vaisseau de Bengale. Nous apprenons par ces lettres que l'escadre anglaise dont on ignorait le sort et qu'on croyait périe y était bien arrivée. La *Danaë* qui est entrée en rivière avec elle a eu le bonheur de passer sans qu'on luy ait rien dit. Le commandant de cette escadre devait ignorer la déclaration de la guerre, ou, s'il a su à l'entrée du Gange, il n'a pas voulu sans doute nous donner prétexte par la prise de ce vaisseau de nous ranger du coté du Nabab. Ces Messieurs de Chandernagor nous paraissent fort inquiets sur leur situation, ils craignent également et le succès des Anglais contre le Nabab ou leur défaite ; elle est d'autant plus critique que nous nous trouvons hors d'état d'y remédier, les secours d'hommes et d'argent qui viennent de nous arriver des Isles étant très modiques.

Par une lettre particulière venue de Trinquebar, on affirme la prise de Golgotha par les Anglais le 2 janvier, mais cela mérite confirmation, nos lettres qui sont toutes du mois de décembre ne parlent de rien. La crainte où Messieurs de Chandernagor étaient pour leur établissement leur a fait prendre le party de garder le *St. Contest* dont l'équipage joint à la garnison les met un peu plus en état de se défendre. Ils nous marquent qu'ils étaient à charger la *Favorite*, mais cependant fort indécis, s'ils nous l'expédieraient et en attendant quelque évènement pour se décider, il y a apparence qu'elle n'est point sortie puisqu'elle n'est pas encor icy.

Nos correspondances avec le Conseil de Mahé et celles

22

de Mazulipatam avec nous n'étant pas prêtes ne seront pas jointes à cette expédition : d'ailleurs comme la présente doit aller par terre jusqu'à Mahé, les pièces en augmenteraient trop le volume.

Nous sommes . . .

Signé : Duval de Leyrit, Barthélémy, Guillard, Boyelleau, du Bausset, Delarche, Delaselle, Desvaux.

____

A Pondichéry, le 3 Février 1757.

Messieurs les syndics et directeurs généraux de la Compagnie des Indes.

1ère par voye de Mahé par la frégate, *La Fière*.
2ème par le *Séchelles* et le *Duc de Berry*.

Messieurs,

Nous répondons icy à l'honneur de la votre du 17 Décembre 1755 qui ne nous est parvenue que le 27 août dernier par un brigantin expédié de l'Ile de France. Nous avons sur le champ procédé sur vos ordres à la nomination de M. Delaselle, un d'entre nous, pour commissaire rédacteur, ainsi que nous vous en parlons dans votre lettre générale. Ce commissaire a aussitôt travaillé à se faire rendre compte par les gardes magasins des effets existant au premier juillet dernier et des consommations faites pendant l'année qui précédait cette date. Ces derniers, arriérés dans leurs écritures, n'ont pu luy remettre ces comptes qu'à la fin de décembre. Ce retard joint à celuy de votre lettre qui aurait dû nous parvenir plus tôt, nous met dans l'impossibilité de vous envoyer par cette occasion notre nouvel état de demandes rédigé ainsi que vous le désirez. Nous

espérons cependant qu'au 15 ou 20 de ce mois il se
trouvera prêt et que les états de nos comptoirs dépendants que nous avons demandés pour y être joints nous
parviendront d'icy à ce temps. Nous ne manquerons
pas de vous l'envoyer par les voyes qui se présenteront.
En attendant, dans le cas où ces voyes pourraient nous
manquer, nous vous envoyons ci-joint un autre état de
demandes de la même teneur que les précédents auquel
nous joignons nos remarques et observations servant de
réponse à celles contenues dans votre lettre.

Nous n'avons retenu depuis très longtemps aucun des
effets que la Compagnie nous a adressés pour Bengale
et Mahé, mais étant souvent obligés de nous dégarnir
pour ces comptoirs, il est juste que nous remplacions,
lorsque l'occasion s'en présente, les effets que nous leur
envoyons. Le comptoir de Mahé s'étant trouvé derniè-
rement surchargé d'effets qu'il avait sans doute demandés de trop et qu'il ne pouvait vendre, a jugé à propos
de nous les envoyer, ce qui augmente la quantité d'effets
de non valeur que nous avons en magasin.

Nous aurons attention dorénavant de ne rien changer
aux destinations de la Compagnie et à suivre exactement
les marques et contre marques que vous nous indiquez
tant pour Bengale, que pour Mahé et les Isles.

Nous ne manquerons pas de profiter des premières
occasions pour envoyer à Lorient suivant vos intentions,
les effets viciés de leur nature ou différents de ceux que
nous vous avons demandés qui se trouveront dans nos
magasins.

Cuivre. — C'est avec raison que nous avons entretenu
la Compagnie de la difficulté que nous trouvions à nous
procurer du cuivre du Japon et de la nécessité d'y suppléer en cuivre d'Europe adsolument nécessaire pour la
fabrique des dabous à Mazulipatam où cette monnaie est
de nécessité absolue. Si on n'en a point demandé en
août 1754 c'est sans doute un oubli, ou parce qu'on a

supposé que la demande qui en avait été faite en 1753 devait servir une fois pour toutes. La Compagnie remarquera que le cuivre, monnaie de Suède quarrée et avec la chappe du prince, est le seul bon pour la monnaie de Mazulipatam et qu'il serait à souhaiter qu'elle put l'avoir à meilleur marché étant extrèmement cher à 11. 7. la livre, ce qui fait 84 pagodes d'or 9 fanons le bard. Les Anglais et Suèdois vendent le cuivre rosette en bàton de 70 à 80 pagodes d'or au plus cher.

Le cuivre rosette sortant de la fonte ne convient du tout point et tombe en pure perte à la Compagnie, les ouvriers ne veulent point payer les déchets qu'ils y trouvent, nous avons donc été obligés d'envoyer à Bengale pour nous en procurer, mais nous craignons que la Compagnie n'y trouve non plus son prix. Il nous en reste environ 15 cailles que nous tàcherons de consommer. La Compagnie ne doit point en envoyer du tout de cette espèce, mais bien celuy de monnaie de Suède qui se vendra toujours bien, si l'on ne suffit pas à le consommer.

Chapeaux de Castor.— La Compagnie ne s'est point trompée en disant qu'il y a erreur de compte sur l'article des chapeaux de castor mentionnés dans l'état de août 1754. C'est une erreur de copiste qui avait enflé d'un zéro les recettes, elle aurait pu relever cette erreur sur les factures d'envois puisque jamais elle n'en envoye plus de 150 à 200. Elle doit considérer qu'elle a dans ses comptoirs plus de 300 personnes d'état-major et que la quantité demandée n'est jamais trop.

Les Draps.—Cet article est de la dernière conséquence, et nous prions la Compagnie d'apporter la plus singulière attention aux remarques suivantes :

1º En vous faisant présenter, Messieurs, notre état de demandes d'octobre 1753, vous y trouverez les sortes de draps détaillés par couleur, leurs qualités et quantités avec le nom de la manufacture. Nous avons pensé que cette explication suffisait pour les années suivantes, ce qui a fait qu'on ne les a point répétées dans l'état de 1754 où l'on a spécifié seulement la quantité des balles.

2° Cette quantité demandée en 1753 n'a point été exécutée et il n'a été envoyé en place que des draps chargés de cramoisy et basses couleurs ; l'on avait demandé des londrins mi fins et l'on n'a envoyé que des londrins ordinaires et londrins larges, tous cependant au même prix que les précédents, ce qui a dégouté les marchands par le changement de qualité bien inférieure et cependant aussy cher.

3° L'écarlate cramoisy et autres couleurs sont tous au même prix suivant les factures, il serait naturel que le rouge valut plus que le vert, le jaune etc., les Anglais en font la différence et vendent leurs draps suivant les couleurs : le rouge 6 Rs. le vert et les autres couleurs à 4 et à 5, tandjs que nous sommes obligés de forcer nos marchands à prendre le londrin de toutes sortes de couleurs à 6 Rs.

4° Il est remarqué par le goût des consommateurs que le rouge écarlate est la couleur la plus dominante dans ces pays-ci, et presque la seule recherchée ; ainsi la Compagnie, dans l'approvisionnement des ballots, doit y avoir attention et ne nous envoyer des autres couleurs pour la consommation que le sixième sur la quantité du rouge.

5° Nous prions la Compagnie de faire attention aux autres remarques que nous luy avons faites sur cet article dans notre état de 1753, concernant l'assortiment des couleurs dans l'embarquement qu'elle fait sur chaque vaisseau qui est d'une extrème conséquence pour ses intérêts, il est bon que vous ayez pris le party, Messieurs, de ne point en envoyer jusqu'à nouvelles demandes, les troubles de cette côte en empèchant en partie le débouché.

Fil d'or. —Le fil d'or qui avait été demandé à la Compagnie était à la réquisition des marchands pour servir dans les toiles et malgré la quantité demandée, l'on n'eût pas été embarassé de sa défaite, si on l'avait reçu conforme aux deux bobines envoyées pour montre, mais on a jugé à propos d'en envoyer d'une qualité différente et d'ailleurs avariée. Les troubles survenus pendant ce temps ayant totalement dispersé tous les ouvriers fabriquants ont empêché le peu de vente qu'on aurait pu faire. La caisse qui vous a été envoyée, Messieurs, vous aura prouvé la vérité du fait tant à raison de la qualité défectueuse que de l'avarie, ce fil étant tout rouge et gâté. Nous en avons fait passer une grande partie à Bengale et nous en ferons de même tous les ans.

Etoffes d'or et d'argent. —Nous souhaiterions faire à la Compagnie un détail d'observations sur cet article: ainsi qu'elle le désire, nous tâcherons de la satisfaire dans l'état de demandes rédigé que nous comptons luy envoyer. En attendant nous pouvons l'assurer que jusqu'à présent on s'est toujours déterminé dans le choix de ces étoffes sur les qualités les plus recherchées, les plus légères et du dernier goût: ainsi la Compagnie peut se régler en toute sûreté sur cette qualité dans les petites quantités qui luy sont demandées, la consommation n'en est pas moins considérable, la plus grande partie s'emploie en présent et la vente de 10 à 12 aulnes par année, car pour les enveloppes de lettres aux seigneurs maures, il n'en va guère que 4 à 5 aulnes par an tout au plus.

Gaze et galons d'or et d'argent. —Il en est de même pour cette partie et la Compagnie peut être assurée que le plus beau, le plus riche et le dernier goût en France sera toujours de très bonne défaite. C'est aux fournisseurs à choisir les dernières modes et les dessins; d'un autre côté, nous avons toujours attention de mettre la quantité de gaze et galon sous leur dénomination particulière.

Plomb.—Lorsqu'il a été démandé 200.000 ^{liv}. de plomb, cette quantité n'était pas à beaucoup près suffisante pour les besoins du comptoir de la Monnaie et les ventes avantageuses qu'on en peut faire, car pour les balles et les boulets nous ne nous en servons jamais que dans une urgente nécessité, et lorsque nous manquons de boulets de fer. Il arrive souvent que le plomb destiné pour Pondichéry chargé sur les vaisseaux que la Compagnie envoye dans le Gange, y reste pour y servir de leste, vu l'arrivée trop tardive de ces vaisseaux qui nous ôte le temps de le débarquer.

Serges bleues pour les soldats.—Nous nous conformerons aux instructions de la Compagnie pour l'habillement des soldats lorsque le drap de Lodève qu'elle nous annonce sera arrivé. On y joindra des vestes de guinguan pinasse bleue sans rayure et l'on fera exécuter la même chose dans les autres comptoirs ; ainsi la serge sera supprimée dorénavant dans nos demandes. Nous observerons néanmoins à la Compagnie que l'uniforme bleu est ce qui convient le mieux dans ces pays-cy par rapport à la couleur qui se soutient mieux et est moins salissante que le blanc.

Vin de Xerès et de Madère.—Le vin de Xerès est d'une nécessité absolue pour la consommation de l'hôpital, la vente aux habitants et les besoins des vaisseaux. Il a été remarqué que ce vin attaquait les nerfs, c'est ce qui nous a fait demander du vin de Madère, beaucoup plus doux et plus propre à contribuer à la santé des habitants principaux. Nous ne sommes point étonnés que la Compagnie le paye très cher dès lors qu'elle est obligée de s'adresser à la maison anglaise de l'île de Madère pour s'en pourvoir. Si les Anglais de Madras en avaient une provision surabondante, il nous serait plus avantageux de l'acheter avec eux : la

pipe de vin de Madère n'y valant que de 45 à 60 pagodes
d'or au plus cher, au lieu qu'il nous revient dans le
magasin à plus de 80 pagodes. Il faut nécessairement
que la Compagnie soit trompée par le facteur anglais
pour retrouver une différence si considérable, et nous
sommes persuadés que si elle faisait toucher un vaisseau
à l'ile Madère, elle aurait ces vins à meilleur compte et
d'une qualité supérieure. Le nôtre se trouve inférieur
à celuy que l'on tire de Madras. Si vous pouviez,
Messieurs, nous procurer de ce vin à meilleur marché
et suivant la qualité requise, nous ne craignons point
de vous en demander une centaine de pipes dont vous
auriez sûrement le débouché dans cette colonie. Mais
si vous ne pouvez faire autrement, nous sommes obligés
de nous borner à 50 ou 60 pipes, qui serviront uniquement
aux principaux habitants qui voudront les payer.
Nons vous prions au moins qu'il nous parvienne bon et
tel que les Anglais le reçoivent.

Vin rouge.—Nous sentons parfaitement, Messieurs,
toutes les raisons que vous nous alléguez sur cet article
qui a été assez souvent débattu. Nous sommes persuadés
des connaissances de M. Saige, votre résident à Bordeaux ; cependant, il est vrai de dire, et nous ne pouvons
vous cacher que tout le vin en bouteilles et en barriques
est généralement plus mauvais que bon. Celuy de cette
année est dans le même cas, et nous ne pouvons mieux
faire qu'en renvoyant, Messieurs, à votre prudence les
soins de ces envoys en les augmentant ou les diminuant
suivant les bonnes ou mauvaises récoltes et en y suppléant dans ces derniers cas par des vins de Xérès et
de Madère. Nous pouvons vous assurer seulement et
en toute vérité que lorsque le vin sera bon, il se consommera avantageusement dans cette colonie et en telle
quantité que vous jugerez à propos de nous en envoyer,
fut-elle elle-même 3 fois plus forte que les précédents
envoys. Il est certain que cela compose un des princi-

paux articles de ses cargaisons à cause de l'encombre-
ment. C'est précisément ce qui nous fait désirer
ardemment que les parties qui nous viennent ressortent
meilleures. Nous avons souvent le chagrin de voir que
de 3 à 400 caisses, il ne s'en trouve pas une bonne.
M. Godeheu l'a vu par lui-même et en a voulu d'abord
sauver la perte à la Compagnie en les faisant mettre à
l'encan, il n'en a pu tirer l'argent des bouteilles et a été
obligé de les faire servir à l'hôpital pour fermentations.
Vous voyez en cela, Messieurs, que nous sommes bien
éloignés de pouvoir vous dire les quantités auxquelles
nous pouvons vous borner, puisque des plus forts
envoys que vous nous avez faits, quoique de qualité
médiocre, nous n'en avons jamais eu assez pour en
fournir aux marchands particuliers, ce qui les oblige de
se pourvoir ailleurs, à quelque prix que ce soit. Ils
seraient certainement plus charmés ainsi que nous
d'acheter leurs provisions au magasin. Vous pouvez
considérer en outre, Messieurs, combien vous avez
d'employés et d'officiers dans vos comptoirs de Pondichéry, Mazulipatam et Karikal, lesquels depuis deux ans
n'ont point touché de vin de gratification ; quant aux
autres vins blancs de Bordeaux, nous n'en avons jamais
reçu et nous ne connaissons que le vin de Grave qui
est le seul qui aurait son débouché, mais non en trop
grande quantité, 200 caisses de ce vin nous suffiraient.
Nous avons à vous observer de plus, Messieurs, à l'égard
de ces boissons, qu'il se consomme en cette colonie une
très grande quantité de bierre que nous achetons chez
l'anglais et hollandais ; si vous avez pour agréable de
nous en envoyer une centaine de barriques, bonne et
légère, vous nous rendriez service et en auriez une
prompte défaite.

Velours.— Nous n'avons point outré les demandes que
nous vous avons faites sur cet article et encore moins
retenu ceux que vous aviez destinés pour Chandernagor

et Mahé ; plus que sept à huit pièces sont plus que
suffisantes pour la consommation du premier comptoir
et une pour le dernier. C'est M. Godeheu luy-même
qui a formé la plus part des demandes de l'état octobre
1754. Si dans les 50 pièces portées dans cet état, on
en a demandé du noir, c'est que les 32 pièces qui
restaient dans les magasins étaient totalement pourries,
brulées et hors de service, remarque que l'on aura sans
doute oublié de vous faire. La qualité de celuy qui
nous est venu depuis ne s'est pas trouvée meilleure,
de sorte que nous en avons actuellement en magasin
une très forte partie dans le même cas et qu'on sera
obligé de vous renvoyer.

Corail.—Tout le corail s'est trouvé totalement défec-
tueux et pareil aux trois caisses qui vous ont été
renvoyées par M. Godeheu. Le tout a été vendu à cause
de la mauvaise qualité, conséquemment à la déliberation
du 24 Décembre 1754, savoir :

La lettre A... 100 pagodes le man de 24 p. à 320 r.
La lettre B... 160 do p. ⁰/₀ pag.
La lettre M... 55 do

Ce prix sert maintenant de règle pour les marchands
sans qu'il y ait apparence qu'on puisse le faire revenir
au premier qui était pour :

La lettre A... 108 pagodes le man à raison de 320 r.
La lettre B... 170 do p. ⁰/₀ pag.
La lettre M... 64 do

C'est cependant ce que nous tâcherons de faire s'il
nous en vient de la même qualité que cy-devant. Nous
comptons vous renvoyer une caisse de la lettre B. que
les marchands coraillers n'ont jamais voulu accepter à
moins d'une diminution encore plus grande que celle
cy-dessus, à cause de sa qualité inférieure, nous n'y
avons pas voulu consentir afin de ne pas faire une
planche pour celuy que vous nous enverrez par la
suite.

Montres d'or et d'argent.—Nous croyons vous avoir marqué que les montres de Romilly et Carré sont assez égales. Celles de Romilly cependant sont un peu supérieures, il nous en a été envoyé ainsi que des pendules plus que nous n'en avons demandé, et nous vous observons, Messieurs, que le prix en est excessif. Nous sommes obligés de vendre les montres d'or suivant les factures 206 Rs tandis qu'on en a des particuliers à 160 Rs. Quant aux montres de similor que vous nous avez envoyées, nous ne vous en avons pas demandé. Elles sont pareillement chères, et nous prions de n'en plus envoyer.

Bijouteries et merceries.—Les ciseaux, flacons, couteaux de toutes espèces, lunettes, lames de couteaux, tabatières, peignes, écritoires, serrures, etc. . . . sont des choses absolument nécessaires tant pour les habitants de la colonie que pour les présents, et il s'en consommera toujours une très grande quantité lorsqu'elles se trouveront bonnes et à la dernière mode. Il est aisé de s'en convaincre par ce qui nous reste dans nos magasins qui ne consiste que dans très peu de couteaux de différentes façons et beaucoup de tabatières. . . . . . incrustées venues avariées même d'Europe. Il nous est bien impossible de vous envoyer des modèles de ces choses qui sont susceptibles de choix, n'ayant entre les mains que les rebuts qui nous restent de vos différents envoys. Nous pensons, Messieurs, que le seul véritable moyen de n'avoir point de non valeur sur cette partie serait de se régler entièrement sur les derniers goûts et modes qui règnent en France lors des envoys que vous nous faites. Les Anglais en font un négoce considérable et il vous est facile, Messieurs, de voir que dans nos consommations nous sommes obligés de recourir à eux malgré nous.

Etoffes diverses.—Ces étolfes ne se consomment que par les Européens. Les gens du pays n'en font aucun usage. Nous ne pouvons que vous désigner les couleurs qui peuvent être icy d'une meilleure défaite, mais quant aux dessins, il ne nous est guère possible de vous les marquer. Quand vous nous enverrez du beau, du riche et de la dernière mode, nous pensons qu'elles auront un prompt débit. L'on vous a marqué qu'on était content de vous en donner 30 p. °/₀ sur les factures et nous avons le chagrin de voir les officiers de vaisseaux apporter de ces mêmes étoffes du meilleur goût et meilleur marché, de sorte qu'ils ont la préférence. Vous remarquerez, en outre, que les fournisseurs emballent les soieries trop fraiches quoique dans des caisses de fer blanc, ce qui fait qu'elles nous parviennent souvent piquées et hors de vente. Les différents procès-verbaux en font foi.

Nous ne pouvons nous dispenser de vous répéter très sérieusement, Messieurs, que ces marchandises de toute espèce, étoffes, merceries, bijouteries, galons, etc., sont toutes montées à un prix excessif dans vos factures et que tous les habitants de vos colonies s'en plaignent, ce qui dégoûte les acheteurs et fait un tort considérable à vos intérêts. Il serait tout naturel que par les parties considérables qu'elle a fait passer dans l'Inde, les marchands abonnés avec la Compagnie les luy donnassent à meilleur compte, et nous voyons précisément le contraire. Nous ne pouvons donc trop vous prier, Messieurs, d'apporter toute l'attention possible à cet exposé pour éviter les fàcheux inconvénients qui en résultent.

Miroirs.—La Compagnie ne nous en a point envoyé jusqu'à présent. C'est cependant une marchandise de vente et qui est nécessaire tant pour la Colonie que pour les présents.

Armes et ustensiles de guerre.— Voici, Messieurs, les observations que nous avons à vous faire sur cet article, elles nous justifieront sur les reproches que la Compagnie nous fait à l'occasion de l'énormité de nos demandes.

1° Les fusils en caisse nous parviennent dans l'état du monde le plus pitoyable, les uns avec les chiens cassés, plusieurs avec les grands ressorts et d'autres avec leurs crosses. L'inconvénient qui résulte de cette avarie est d'autant plus fâcheux que nous n'avons qu'un seul armurier qui ne peut même suffire pour les réparations journalières n'ayant avec luy que des gens qui ne savent que dérouiller. Nous avons eu l'honneur de vous demander souvent plusieurs comme taillandiers, couteliers et armuriers que vous ne nous avez pas envoyés jusqu'à présent, il les faudrait sages, actifs et laborieux, la plupart de ceux que nous faisons débarquer sont ivrognes, ignorants et paresseux,

2° Les détachements qui viennant d'Europe n'apportent avec eux que de vieilles armes cassées et hors de service pour leurs armements et nous sommes obligés à leur arrivée de les armer de nouveau.

3° Les troupes détachées dehors, l'armée de Golconde et les cipahis surtout en font des consommations souvent très fortes, mais inévitables auxquelles nous ne pouvons remédier et il n'est pas possible que dans les différentes affaires qui ont lieu quand les troupes sont en campagne il ne s'en perde beaucoup.

Cet exposé doit modérer l'étonnement où vous êtes de l'énormité des demandes que nous sommes obligés de vous faire ; on pourrait y remédier si nous avions des ouvriers pour raccommoder les armes ; il faudrait aussy que vos envois nous parvinssent mieux conditionnés.

Vous nous avez envoyé quelques fusils trop riches et trop chers pour ce pays ci, nous comptons vous les renvoyer ainsi qu'une partie d'épées damasquinées en or.

Nous vous prions de joindre à vos envois des ustensiles pour les armes à feu comme grands ressorts, noix, gachettes, ressorts de batterie, vis de platine assortie, chiens tant pour fusils de munitions que fins et pour pistolet, le peu que nous avons de ces ustensiles nous oblige d'en faire faire ici, et occupent tellement nos ouvriers, ce qui est cause qu'on ne peut suffire aux consommations journalières de la troupe, et qu'on est obligé de négliger et mettre au rebut bien des armes qui pourraient être raccommodées. La paix au surplus lorsque nous en jouirons remédiera à plusieurs de ces inconvénients.

Nous sommes.......

Signé: Duval de Leyrit, Barthélémy, Guillard, Boyelleau, Lenoir, Bausset, Delarche, Desvaux, Gueulette, Laselle.

Inventaire du paquet du Conseil Supérieur à l'adresse de M.M. les Sindics et Directeurs généraux de la Compagnie des Indes à Paris par voye de Mahé par le brigantin du sieur Duhoux de Montrivage.

No 1. Lettre du Conseil à la Compagnie du 25 Janvier 1757.

2.   do   do   du 30 Janvier 1757.

3.   do   do   du 3 Février 1757.

4. Triplicata des expéditions par la *Gloire*.

5. Etat des lettres de change tirées sur la Compagnie.

6. Supplément à l'état de demandes pour le comptoir de Pondichéry.

7.   do   de l'état de demandes du mois d'octobre.

8. Correspondance du Conseil supérieur avec le Conseil de Chandernagor depuis le 18 Octobre 1756 au 28 Novembre suivant.

9.   do   do   de Chandernagor avec le Conseil supérieur contenant une lettre du 23 Octobre 1756.

10.   do   do   du Conseil supérieur avec le Conseil de Mazulipatam depuis le 13 Octobre 1756 jusques au 2 Décembre suivant.

11. Correspondance du Conseil supérieur avec le comptoir de Karikal depuis le 3 Décembre 1756 jusqu'au 18 Janvier 1757.

12. Correspondance du comptoir de Karikal avec le Conseil supérieur depuis le 12 Octobre jusqu'au 15 Décembre.

13. Etat général des sommes provenant de diverses successions liquidées et remises au Trésor de la Compagnie.

14. Extrait du registre des délibérations du Conseil supérieur depuis le 23 Octobre jusqu'au 22 Janvier 1757.

15. Copie collationnée d'un billet de M. Dupleix en faveur des gens de la monnaie de la somme de 20.000 Rs.

16. Copie collationnée   do   en faveur des marchands de la Compagnie de 27.000 Rs.

17.   do   do   en faveur des   do   de 40.000 Rs.

18. Triplicata de la lettre du Conseil supérieur en date du 25 Octobre 1756.

19. Le présent inventaire.

20. Tableau des employés de la Compagnie dans l'Inde.

A Pondichéry le 3 Février 1757.

Inventaire du duplicata des expéditions du Conseil supérieur de Pondichéry à la Compagnie par voye de Mahé par le brigantin du sieur De Montrivage envoyées par le *Séchelles*.

Savoir :

N° 1. Lettre du Conseil à la Compagnie du 25 Janvier 1757.

2.　　do　　do　　du 30 Janvier 1757.

3.　　do　　do　　du 3 Février 1757.

4. Etat des lettres de change tirées sur la Compagnie.

5. Supplément à l'état de demandes pour Pondichéry.

6. Correspondance du Conseil supérieur avec le Conseil de Chandernagor depuis le 18 Octobre 1756 jusqu'au 28 novembre suivant.

7. Correspondance de Chandornagor avec le Conseil supérieur contenant une lettre du 2 Octobre 1756.

8.　　do　　du Conseil supérieur avec le Conseil de Mazulipatam depuis le 18 Octobre 1756 au 2 Décembre suivant.

9.　　do　　du Conseil supérieur avec le comptoir de Karikal depuis le 3 Décembre 1756 jusqu'au 18 Janvier 1757.

10.　　do　　du comptoir de Karikal depuis le 12 Décembre au 15 Décembre 1756.

11. Etat général des sommes provenant de diverses successions liquidées et remises au Trésor de la Compagnie..

12. Extrait du registre et délibération du Conseil
supérieur depuis le 23 Octobre jusques au
22 Janvier 1757.
13. Copie collationnée d'un billet de M. Dupleix en
faveur des gens de la
monnaie de la somme de
20.000 Rs.
14.   do   do   en faveur des marchands de
la Compagnie de 27.000
Rs.
15.   do   do   en faveur des   do   de
40.000 Rs.
16. Tableau des employés de la Compagnie dans
les différents compoirs de l'Inde.
17. Le présent inventaire.

A Pondichéry, le 25 Février 1757.

MESSIEURS LES SINDICS ET DIRECTEURS GÉNÉRAUX
DE LA COMPAGNIE DES INDES.

1ère par le *Sechelles*.
2ème le *Duc de Berry*.

Messieurs,

Nous avons l'honneur de vous envoyer avec la présente notre état général de demandes ainsi que nous
vous l'avons annoncé par notre lettre du 3 du courant
dont ci-joint le duplicata.

Nos comptoirs dépendants ne nous ayant pas envoyé
leurs états et nos écritures se trouvant arriérées ainsi
que nous vous l'avons déjà marqué, il n'a pas été possible de rédiger cet état avec toute la justesse requise.
Il est de plus à observer que ne s'étant fait que peu de
commerce et d'opérations et n'ayant point reçu de
vaisseau dans le cours de l'année dernière, nous n'avons

pu nous régler sur les consommations qui s'y sont faites pour établir nos demandes.

Pour suppléer cependant à ces inconvénients, et vous donner, Messieurs, autant qu'il est en nous la satisfaction que vous désirez, l'on a travaillé cet état dans la forme suivante.

On s'est fait représenter l'inventaire des magasins du 1er Juillet 1755 auquel on a joint le peu d'effets qui nous sont parvenus depuis ce jour jusqu'au 30 Juin 1756. Le total de toutes ces parties rassemblées forme la première colonne des effets existants en 1755 & 1756.

Ensuite ayant fait faire un nouvel inventaire dressé sur pièces des parties restantes en magasin au 1er Juillet 1756, nous les avons soustraites de celles ci-dessus ce qui a procuré la colonne des consommations dans lesquelles se trouvent nécessairement impliqués les envoys faits dans les dépendances ce qui ne devrait pas être: mais réellement dégarnis des effets que nous y avons fait passer et nos demandes devant comprendre leurs besoins avec les nôtres, nous avons supposé, n'ayant point leurs états, ces envois consommés, quoiqu'il puisse leur en rester une partie qui au reste ne peut être considérable.

De toutes ces opérations passant à celle des demandes que nous avons à vous faire, nous nous sommes fait représenter celles qui vous ont été envoyées en Octobre de l'année passée et Janvier dernier. Nous les avons suivies en partie avec cette attention que, beaucoup mieux dirigés par toutes les pièces detaillées sous nos yeux et par les instructions que le commissaire s'est fait donner par chaque comptable, nous avons retranché, augmenté et corrigé les articles qui en paraissent susceptibles et ajouté d'autres qui avaient été oubliés. Ceux que vous trouverez, Messieurs, portés uniquement dans la colonne des demandes sont nouveaux et reconnus pour nécessaires tant pour le débit que pour la consommation.

Les sept mois écoulés depuis le 1er Juillet ont consommé une grande partie des effets qui paraissent rester par inventaire, la guerre déclarée nous annonce des années de révolutions plus fortes que les précédentes ; toutes ces considérations jointes à l'écoulement du temps que nous avons à passer entre nos demandes et vos envoys, nous ont réglé pour les quantités dont nous pouvons avoir besoin et vous ne devez pas être étonnés, Messieurs, de voir des parties demandées en conséquence dont il parait cependant rester une certaine quantité.

Le peu de temps que nous avons eu pour rédiger cet état nous empêche d'en dresser un second que vous nous demandez pour être instruits des articles qui nous sont les plus nécessaires et d'un besoin plus pressant. Mais pour y suppléer nous les avons contre marqués sur ce même état de la lettre P, nous vous prions de nous les envoyer tous ou à compte suivant que le temps et les circonstances vous le permettront.

Nous vous envoyons suivant vos ordres par cette occasion, les effets viciés de leur nature et de non valeur qui périraient dans les magasins, tels que les tabatières, mauvais couteaux, velours noir pourri, raz de St. Maur avariés, serge de soie et étoffes de Reims, toutes gâtées, dont personne ne veut, épées damasquinées en or et la caisse de corail dont nous vous avons parlé dans notre lettre du 3. Ci-joint la facture de toutes ces pièces.

Parmi le peu d'effets qui nous sont parvenus par le vaisseau le *Duc de Berry*, l'on a débarqué une balle qui par sa marque et la facture annonçait des raz de castor ; l'ouverture faite, il ne s'est trouvé à la place que des étoffes de Reims, que nous comprenons dans celles que nous vous renvoyons.

Nous continuons, Messieurs, à vous demander des serges bleues et rouges pour habiller nos soldats, espérant que vous voudrez bien avoir égard aux représentations que nous vous avons faites dans la lettre du 3 du courant sur les inconvénients à les habiller de drap blanc, nous pensons au reste que celuy que vous nous enverrez cette année pourra se teindre en bleu, et si la teinture réussit, nous les ferons servir de cette façon par préférence à la serge. Ci-joint le duplicata de notre état de demandes que nous vous avons envoyé en Octobre.

Nous sommes...

Signé : DUVAL DE LEYRIT. BARTHÉLÉMY, GUILLARD, BOYELLEAU.....

P. S. Les marchandises d'ici que nous comptions vous renvoyer ne pouvant être embarquées sur les vaisseaux le *Duc de Berry* et le *Séchelle* faute de place, nous vous les ferons passer par une autre occasion.

A Pondichéry le 27 Février 1757

MESSIEURS LES SINDICS ET DIRECTEURS GÉNÉRAUX DE LA COMPAGNIE DES INDES A PARIS.

1ère par le *Séchelle*.

2ème par le *Duc de Berry*.

Messieurs,

Craignant de ne point avoir d'occasion de vous donner de nos nouvelles, nous avons eu l'honneur de vous écrire les 25 & 30 du passé par voye de Mahé où nous avions donné ordre de fréter pour les Iles un brigantin français que nous y savions en relache. Ci-joint les duplicata de ces lettres. Par l'apostille de la dernière nous vous donnons avis de l'arrivée des vaisseaux le *Duc de Berry* et le *Séchelle* que nous expédions aujourd'hui pour les Isles avec chacun une cargaison, savoir : le *Duc de Berry* de 1002 balles et caisses, 2500 sacs de cauris, 221.500 de poivres, 14.535 bois rouge, montant à Rs. 385.434 - 10 - 24 et le *Séchelle* de 2.600 balles et demi balles caffé de Moka, 1000 sacs de salpètre, 173.280 livres bois rouge, 1.500 paquets de rottins montant à Rs. 246.191 - 4 - 11.

Malgré la disette d'argent où nous nous trouvons depuis longtemps qui nous a empêché de faire d'autres avances à nos marchands que les 100.000 Rs, dont nous vous avons cy-devant prévenu, et le manque de Mazulipatam et d'Yanaon dont nous n'avons rien reçu en cette mousson, nous sommes cependant parvenu à vous procurer une cargaison assez passable par l'offre que nous ont faite les Portugais établis icy depuis quelques années de nous vendre leurs marchandises, dont partie payable comptant et l'autre en une lettre de change sur la Compagnie pour liquider leurs affaires icy et suivre les ordres qu'ils ont reçus de se retirer, ce que nous avons accepté. Cette opération avantageuse pour la Compagnie ne nous a coûté que 5 p. % que nous avons accordé au subrécargue Portugais pour l'indemniser des intérêts qu'il est obligé de payer de l'argent qu'il a emprunté pour le service de la Compagnie.

Nous ne pouvons rendre encore aucun compte à la Compagnie des cargaisons que les deux vaisseaux ci-dessus nous ont apportées, n'ayant pu encore les vérifier. Nous la prévenons seulement que Messieurs des isles en ont retenu plusieurs choses dont ils nous ont envoyé des états. Il s'en faut bien que nous ayons reçu en effets tous les secours dont nous avons besoin tant pour nous que tous nos comptoirs. Nous espérons que les prochains vaisseaux nous apporteront tout ce qui nous manque.

Nous avons prévenu la Compagnie des 120 soldats qui nous sont venus par ces vaisseaux et d'environ 3.000 marcs de piastres et une petite partie d'or. Mais au lieu de 3.000 marcs environ portés sur la facture de Messieurs du Conseil de l'Ile de France, il s'est trouvé 5.017 ^{m} et 5 gros et 1.277 ^{rs}, comme elle le pourra voir par l'état de vérification ci-joint. Nous écrirons à Messieurs du dit Conseil pour savoir d'où vient cette erreur. Nous avons fait remettre ces matières à **notre** monnaie pour être converties en roupies, que nous comptons faire passer à Bengale par la première voie sure que nous pouvons nous procurer. Le besoin de ce comptoir est extrême et quoique nous n'ayons d'autres fonds que nos revenus qui sont pour ainsi dire plutôt consommés qu'ils ne sont perçus, nous nous gènerons pour le tirer de la triste situation où il est réduit.

Vous trouverez, Messieurs, dans la boite de ces expéditions un lingot d'argent pesant 2 ^{on}. - 3 ^{grs}, provenant de 17 ^{m}. - 3º de fausses piastres qui se sont trouvées et ont été rassemblées dans les envois de 1755 à 1756 dont le titre n'est sorti à notre monnaie que de 6.31/32 toques ; quant aux autres piastres de différentes espèces ou numéros, il ne s'y est trouvé aucune différence des anciens titres. Si nous en apercevons nous ne manquerons pas d'en prévenir sur le champ la Compagnie et de vous en remettre des essais.

Le sieur l'Herbouville à qui nous avons fait part de ce que vous nous avez marqué au sujet de Mme son épouse prie la Compagnie de vouloir bien lui avancer 300 ^{lv}. pour se rendre à Lorient et lui accorder son passage pour le venir joindre ici. Il nous a donné sa soumission tant de cette somme que des 250^l. que la Compagnie à ci-devant avancées à cette dame pour lui en être fait retenue sur ses appointements.

Nous n'avons aucune nouvelle à donner à la Compagnie depuis notre dernière tant de Bengale que des autres comptoirs dont nous n'avons point reçu de lettres.

Le vaisseau *L'Aurore* que nous avons expédié en Octobre pour Mazulipatam n'ayant pu gagner, a relâché à la baie de Trinquemalé, d'où il est arrivé ici le 20 du courant; on ne saurait s'imaginer les mauvais traitements que l'équipage a eu à essuyer de la part des Hollandais jusqu'à lui enlever partie de ses européens, lui refuser de l'eau, des vivres et les secours dont il avait besoin, pour tirer le vaisseau du danger où il était de périr sur les roches. La Compagnie en verra le détail dans le procès-verbal ci-joint. Comme ce n'est pas la première fois que pareille chose arrive et que ce sont des ennemis d'autant plus dangereux qu'ils sont cachés, nous prenons la liberté de lui en porter nos plaintes, afin que si les circonstances le permettent elle ait la bonté de porter les siennes à la Compagnie de Hollande, même aux Etats généraux, s'il est nécessaire. Nous ne pouvons espérer d'humanité de leur part ni les obliger à se tenir tranquilles que par la crainte ou des ordres si sévères qu'ils soient contraints d'y obéir.

Nous remettons ci-joint à la Compagnie copie de la lettre que nous a écrite le sieur de St. Vergent passager sur la *Galathée* et actuellement prisonnier du roi barma. Elle verra certifiée par cette lettre la mort du sieur Bruno, mais non avec les circonstances affreuses qu'avaient publié les Anglais ainsi que celle de plusieurs autres officiers, entre autres du sieur Martin, capitaine de la *Galathée* qui par ses emportements a occasionné ce désastre. Comme nous connaissions son caractère nous ne lui avions voulu donner aucun commandement. Il est triste que le sieur Bonal, capitaine du *Diligent* auquel il avait été confié, n'ait point été au Pégou. Nous ignorons encore ce qu'il peut être devenu. Elle verra aussi par cette lettre la situation des affaires de ce pays. Sur l'exposé que le sieur St. Vergent nous fait ainsi qu'à Monsieur le commandant général des bonnes intentions du roi barma pour la nation, nous

nous proposons d'envoyer le mois prochain au Pégou le bot *l'Oiseau* de retour depuis peu à Mazulipatam de son voyage de la côte de l'Est pour y réclamer la *Galathée* avec toute sa cargaison et notre monde que ce roi parait être dans l'intention de nous rendre.

Ne pouvant envoyer par cette occasion à la Compagnie nos livres dont divers empêchements ont retardé la solde, nous lui remettons un bilan à peu près de notre situation à ce jour, nous ne manquerons pas de les lui faire passer par la 1ère occasion.

Ci-joint l'état général de signalement des soldats qui composent cette garnison et celle des autres comptoirs.

Le sieur Colando, officier d'artillerie, nous ayant demandé un congé pour aller en France terminer quelques affaires de famille nous le lui avons accordé, ci-joint copie de sa requête.

Nous faisons aussi repasser en France le sieur Langlois, particulier, qui nous a donné depuis quelque temps des preuves que son esprit n'est pas dans son assiette.

Les sieurs Desgranges et Piégou, officiers de la garnison des Isles, nous ayant demandé à repasser, nous le leur avons accordé, et ils s'embarquent sur le *Duc de Berry*.

Ci-joint l'état des lettres de change que nous prenons la liberté de tirer sur la Compagnie et auxquelles nous la prions de faire honneur.

Nous sommes, etc...

Signé : Duval de Leyrit, Barthélémy, Guillard, Boyelleau, Lenoir, Bausset, Delarche, Delaselle, Desvaux, Gueulette.

Inventaire du paquet du Conseil supérieur à l'adresse de Messieurs les Sindics et Directeurs généraux de la Compagnie des Indes, à Paris, par le vaisseau le *Séchelle*.

Nº 1. Lettre du Conseil de ce jour.

2. Duplicata des expéditions du Conseil par Mahé.

3. Lettre du Conseil en date du 25 Février 1757.

4. Triplicata de celle du 3 Février 1757.

5. Correspondance du Conseil de Mazulipatam avec le Conseil supérieur depuis le 22 Septembre 1756 au 21 Décembre suivant.

6.   do   du Conseil supérieur avec le Conseil de Mahé depuis le 25 Octobre 1756 au 4 Février suivant 1757.

7.   do   du Conseil de Mahé avec le Conseil supérieur depuis le 7 Octobre 1756 au 12 Décembre suivant.

8. Etat des lettres de change sur la Compagnie depuis le 3 Février présent mois.

9. Correspondance du Conseil de Chandernagor avec le Conseil supérieur contenant une lettre du 15 Décembre.

10. Copie de la requête du sieur Colando, officier.

11. Tableau de situation du comptoir de Pondichéry depuis le 1er Février 1756 au 30 Septembre de la même année.

12. Expédition du Conseil de Mahé à la Compagnie.

13. Copie du procès-verbal des officiers de *l'Aurore*.

14. Copie de la lettre du sieur St. Vergent, du Pégou.

15. Extrait du registre des baptèmes de la paroisse
de Pondichéry.

16. do do de Mazulipatam.

17. Etat des remèdes et ustensiles de chirurgie
nécessaires pour l'hôpital de Pondichéry.

18. Etat général des demandes faites à la Compagnie.

19. Procès-verbal des matières d'argent d'envoy de
Messieurs de l'Ile de France
par le *Duc de Berry.*

20. do d'or et d'argent reçus par le
Séchelles.

21. Facture des marchandises chargées sur le
Séchelles.

22. Un paquet contenant un lingot d'argent Piastre . . . 2^{on}. 3^{gr}.

23. Bilan du comptoir de Pondichéry depuis le
1er Octobre 1756 jusqu'au 31 Janvier 1757,
avec 2 pièces au soutien.

24. Huit pièces remises par Azombaté, écrivain
principal, numérotées 24.

25. Etat général de signalement des soldats.

26. Copie de la requête du sieur de Janville, capitaine d'infanterie.

27. Un pacquet à l'adresse de Messieurs les Sindics
et Directeurs généraux, timbré Comité secret.

28. Huit lettres à l'adresse de Messieurs les Sindics
et Directeurs géné-
raux.

29. do do de Monseigneur le garde
des Sçaux.

30. Huit lettres à l'adresse de M. de Godeheu,
Directeur à Paris.

31. Cinq   do   à l'adresse de Monseigneur le Contrôleur général.
32. Deux   do   à l'adresse de M. de Moras.
33. Trois   do   à l'adresse de M. de Montaran.
34. Sept   do   à l'adresse de M. Roth, Directeur.
35. Deux   do   à l'adresse de M. le Marquis Dupleix.
36. Deux   do   à celle du Duc de Gévres.
37. Deur   do   à celle de M. de Silhouette.
38. Une   do   à celle de M. de Montmorency.
39. Une   do   à celle de M. David Pére.
40. Une   do   à celle de M. de Gilly.
41. Deux   do   à celle de M. de Saintard.
42. Une   do   à celle de Mme la Comtesse d'Argenson.
43. Une   do   à celle de Mr. le marquis du Chatelet.
44. Un paquet à l'adresse de M. Costard.
45. Un   do   à l'adresse de Père Latour, jésuite.
46. 138 lettres particulières.
47. Le présent inventaire.

A Pondichéry le 24 Février 1757.

INVENTAIRE du duplicata des expéditions du Conseil supérieur à la Compagnie par le vaisseau le *Duc de Berry*.

Nᵒ 1. Duplicata de la lettre du Conseil de ce jour.
2. Duplicata de celle du 25 Février.
3. Etat des lettres de change tirées sur la Compagnie par le Conseil supérieur le 3 Février 1757.

4. Copie de la requéte du sieur Collando.

5.   do   do   du sieur Janville.

6. Procès-verbal des matières d'argent d'envoy du Conseil de l'Ile de France, venues par le *Duc de Berry*.

7.   do   des matières d'or par   do. sur le *Séchelles*.

8. Traduction d'un billet de Sandersahib en faveur d'Aroumbaté.

9. Duplicata de la copie de la lettre du sieur St. Vergent, du Pegou.

10. Procès-verbal des officiers du vaisseau *l'Aurore*.

11. Duplicata de l'état général des demandes faites à la Compagnie.

12. Triplicata de l'état des remèdes et ustensiles de chirurgie nécessaires pour l'hopital de Pondichéry.

13. Duplicata du registre des baptèmes, mariages, etc. de la paroisse de Pondichéry.

14. Facture générale des marchandises chargées sur le *Duc de Berry*.

15. Un paquet timbré Comité aecret à l'adresse de Messieurs les Sindics et Directeurs généraux.

16. Un   do   à l'adresse de Messieurs les Sindics et Directeurs généraux.

17. Un   do   à l'adresse de M. De Séchelle.

18. Deux do   à l'adresse de M. de Moras.

19. Deux do   à l'adresse de M. Godeheu.

20. Une   do   à l'adresse de M. le marquis Dupleix.

21. Deux do   à celle de M. Roth, Directeur, à la Compagnie.

22. Une   do   à celle de M. de Montaran.

23. 16 lettres particulières.

24. Le présent inventaire.

A Pondichéry, le 27 Février 1757.

MESSIEURS LES DIRECTEURS DÉPUTÉS AUX VENTES.

1ère par le *Sécgelles*.
2ème par le *Duc de Berry*.

Messieurs,

Nous avons l'honneur de vous remettre ci-joint les factures des chargements des vaisseaux le *Duc de Berry* et le *Séchelle* que nous expédions cejourd'hui pour l'île de France. Savoir: celui du 1er, montant à 246.191 Rs. 4ª - 11 et le second à 685·434 Rs. 10 ª - 24.

Nous ne devions pas nous attendre, vu la disette de fonds où nous nous trouvons, à procurer à la Compagnie une cargaison aussi considérable, mais une circonstance heureuse qui s'est présentée et dont nous avons profité nous en a fourni les moyens. Les Portugais établis ici depuis quelques années ayant été rappelés à Goa et se trouvant hors d'état de liquider leurs affaires nous ont offert partie de leurs marchandises et que nous avons acceptées et visitées mais sans les assortir suivant les conditions faites avec eux. Aussi pour les distinguer d'avec celles fournies par nos marchands, nous avons mis sur les balles un C pour contremarque, afin que nous en puissions faire la différence. En général ces marchandises sont bonnes, il y en a quelques espèces mais en petite quantité qui ne sont point sortes de la Compagnie. Nous n'avons pas laissé que de les prendre pour essay, et avons gardé une montre de chaque espéce pour pouvoir en continuer l'envoi sur ce que vous pourrez nous faire l'honneur de nous écrire des avantages que la Compagnie en pourrait retirer.

Vous ne devez point vous attendre, Messieurs, à avoir aucune marchandise de Bengale. La nouvelle de la déclaration de la guerre que nous avons eue par Bassora et la sécurité du comptoir de Chandernagor ont obligé Messieurs du Conseil du dit lieu à garder auprès d'eux le vaisseau le *St. Contest*, c'est ce qui nous a fait accepter une petite partie de mousseline que nous a offert un particulier et qui est comprise dans le chargement du vaisseau le *Duc de Berry*. Nous eussions souhaiter en trouver une plus grande quantité pour en faire un bon assortiment.

Nous sommes, etc. . .

Signé : DUVAL DE LEYRIT, BARTHÉLÉMY, ETC. . .

———————

A Pondichéry, le 27 Février 1757.

M. GODEHEU D'IGOVILLE, DIRECTEUR COMMANDANT A LORIENT.

1ère par le *Séchelies*.
2ème par le *Duc de Berry*.

Monsieur,

Les vaisseaux le *Duc de Berry* et le *Séchelles* sont bien arrivés ici le 3 du courant, et nous avons reçu les deux lettres que vous nous avez fait l'honneur de nous écrire le 9 Mars dernier avec toutes les pièces qui les accompagnaient ainsi que celle du 13 par le *Duc d'Orléans*. Ce dernier vaisseau n'est point venu ici et l'on a rapporté qu'il avait été envoyé au détroit de Malac. Les provisions chargées dessus pour M. de Leyrit lui ont été envoyées des isles par un des vaisseaux ci-dessus.

Nous avons coutume d'envoyer à la Compagnie tous les ans, un état général de tous les soldats qui composent notre garnison. On en fait autant à Mahé et à Bengale, et nous faisons venir de Mazulipatam celui des soldats qui forment sa garnison. L'armée du sieur de Bussy est ce qui met le plus d'obstacle au bon ordre qu'il doit y avoir en cette partie, et jusqu'à présent nous n'avons pu avoir un état au juste des soldats qui la composent.

Le nommé Pierre Clément dit St. Clément dont vous nous demandez des nouvelles a été tué à Valgonde il y à 4 ans; ci-joint en est le certificat de mort.

Le nommé Joseph Albert Perrier, soldat, dont on a demandé des nouvelles à la Compagnie par le mémoire que vous nous envoyez, est de la garnison de Mazulipatam et à l'armée du dit sieur de Bussy. Ce mémoire nous étant parvenu trop tard, nous ne pouvons faire passer à sa famille les certificats de vie qu'elle demande. Nous écrirons au Conseil de Mazulipatam pour qu'il ait à nous les envoyer et nous vous les remettrons par la 1ère occasion.

Le sieur Anquetil de Briancourt est bien arrivé ici.

Ci-joint les connaissements des marchandises chargées sur les vaisseaux le *Duc de Berry* et le *Séchelles* que nous expédions aujourd'hui pour l'Ile de France à la disposition du Conseil du dit lieu.

L'écrivain du *Séchelles* étant mort, nous l'avons remplacé par le sieur Deblet, employé de la Compagnie en ce comptoir; l'aumonier du *Duc de Berry* est pareillement mort ici le 24 de ce mois, nous l'avons remplacé jusqu'aux iles par le père Durozier.

Vous trouverez ci-joint toutes les pièces que nous avons coutume de vous envoyer.

Nous sommes etc...

Signé : Duval de Leyrit, Barthélémy. ..

Inventaire des expéditions du Conseil supérieur à M. Godeheu d'Igoville, directeur commandant à Lorient, par le vaisseau le *Séchelles*, savoir :

1. Lettre de ce jour.
2. Paquet à l'adresse de Messieurs les Directeurs députés aux ventes.
3. Procès-verbal de 318 caisses de vin rouge d'envoi de Messieurs de l'ile de France, par le bateau le *Nécessaire*.
4. do de vente de 102 caisses et quarante quatre barriques de vin rouge aigre et gâté des magasins de la Compagnie.
5. Procès-verbal de 130 sirargis d'eau rose.
6. do de vin rouge en barriques, eau de vie, vin de Xérès et Madère venu par le *Séchelles*.
7. do do venu par le *Berry*.
8. Certificat de mort du nommé Clément dit St. Clément.
9. Connaissement des marchandises embarquées sur le *Séchelles*.
10. Etat des fournitures faites du magasin de la marine au vaisseau le *Séchelles*.
11. Etat des dépenses faites à la caisse pour le vaisseau le *Séchelles*.
12. Etat des fournitures au vaisseau le *Séchelles* du magasin général.
13. Supplément des fournitures faites du magasin de la marine au vaisseau le *Séchelles*.
14. Reçu de 10 barriques de vin rouge fournies du magasin général à M. St. Martin, capitaine du *Berry*.

15.   do   do   au sieur Caignon, ca-
                                pitaine du *Séchelles*.
16. Un paquet à l'adresse de M. Godeheu d'Igoville.
17. 37 lettres particulières.
18. Le présent inventaire.

A Pondichéry, le 27 Février 1757.

INVENTAIRE du duplicata des expéditions du Conseil à M. Godeheu d'Igoville, Directeur commandant à Lorient, savoir, envoyés par le *Duc de Berry* :

Nº 1. Lettre du Conseil de ce jour.
   2. Paquet à l'adresse de Messieurs les Directeurs députés aux ventes.
   3. Etat des fournitures faites du magasin de la marine au vaisseau le *Duc de Berry*.
   4. Procès-verbal des vins venus des iles par le *Nécessaire*.
   5.   do   des vins, eau de vie etc. . . par le *Séchelles*.
   6.   do   do   par le *Duc de Berry*.
   7.   do   de 130 sirargis d'eau rose.
   8. Certificat de mort du nommé Pierre Clément dit St. Clément.
   9. Connaissement des marchandises embarquées sur le *Duc de Berry*.
  10. Procès-verbal de vente de 44 barriques et 102 caisses de vin rouge gaté du magasin de la Compagnie.
  11. Etat des dépenses faites à la caisse pour le *Duc de Berry*.
  12. Etat des fournitures faites au *Duc de Berry* par le magasin général.
  13. Reçu des barriques de vin rouge fournies du magasin général à M. de St. Martin.

14.   do   do   do   à M. Caignon.
15. Neuf lettres particulières.
16. Le présent inventaire.

A Pondichéry le 27 Février 1757.

A Pondichéry le 11 Mai 1757.

Messieurs les Sindics et Directeurs généraux
de la Compagnie des Indes.

1ère par le brigantin *l'Aurore*.
2ème par voie de Mahé.

Messieurs,

C'est avec douleur que nous vous annonçons aujour-
d'hui la prise de notre comptoir de Chandernagor, qui
après dix jours d'attaque a été obligé de se rendre aux
Anglais le 23 Mars dernier.

Nous avons eu l'honneur de vous informer par notre
dernière des forces que les Anglais avaient fait passer
à Bengale pour se remettre en possession de Calcutta
qu'ils ont prits sur les Maures le 2 Janvier dernier. Le
nabab était venu sur eux avec une armée de 60.000
hommes et paraissait dans la résolution de les chasser
une seconde fois de cet établissement. Cependant après
une action dans laquelle il paraissait avoir eu l'avantage,
il a fait avec eux son accommodement lorsqu'on s'y
attendait le moins et leur a accordé tout ce qu'ils
demandaient ; il paraît s'être déterminé à cet accommodement précipité sur la nouvelle qu'il reçut, étant devant
Calcutta, de la révolution arrivée à Delhy dont les Pat-
tanes se sont emparés. Abdaly, leur chef, a fait prisonnier
Alemghir et son visir et s'est fait reconnaître empereur.
Le nabab a craint pour lui les suites de cette révolution

et s'est pressé de retourner à Moxoudabat. Mais avant
de s'éloigner de Chandernagor, il a voulu faire pour
nous plus encore qu'il n'avait fait pour les Anglais, il
nous a accordé sans aucune sollicitation de notre part
la permission de battre monnaie à Chandernagor, les
mêmes privilèges pour le commerce des particuliers
que pour celui de la Compagnie, l'agrément de nous
fortifier à Chandernagor comme nous le jugerions à
propos : il s'est enfin engagé à nous rendre les 340.000
roupies qu'il nous avait extorquées au mois de juin
dernier. Il nous a fait remettre 100.000 roupies à
compte ; et pour tant de bienfaits inespérés, il n'exigea
qu'une assurance de M. Renault et du Conseil par
laquelle ils s'engageaient à défendre Ougly contre les
Anglais. Il nous offrit même la faussedarie de cet
endroit que Messieurs de Chandernagor refusèrent
d'abord, mais qu'ils ont cru ensuite devoir accepter
dans la crainte qu'il ne l'offrit aux Anglais comme il les
en menaçait. Mais à peine a-t-il été rendu à Moxoudabat que les Anglais se sont disposés à venir sur Chandernagor pour en faire le siège. Cependant cette expédition
fut différée par quelques ouvertures que le Conseil de
Calcutta fit faire à Messieurs de Chandernagor pour la
conservation de la neutralité dans le Gange. Ces
Messieurs en profitèrent pour éviter la ruine de leur
établissement et députèrent deux Conseillers à Calcutta
qui y trouvèrent les esprits disposés à l'accord qu'ils
souhaitaient. Les articles dressés à Chandernagor
furent acceptés par le Conseil de Calcutta qui les signa,
et il ne manquait plus que la ratification de l'Amiral
qui avait promis de le donner, et qui avait même offert
à M. Renault un passeport pour une embarcation qu'il
désirait qu'il nous expédiât pour en recevoir plus
promptement notre ratification qui était également
nécessaire, mais il refusa de donner la sienne lorsqu'on
s'y attendait le moins, et l'on n'a pu attribuer un chan-

gement aussy extraordinaire qu'à l'arrivée des trois vaisseaux de Bombay qui luy apportaient un renfort considérable de troupes, de sorte qu'il se détermina à consommer l'expédition commencée. Toutes ses troupes étaient rendues au grand jardin dès le 18 février.

Nous ne vous ferons point la relation du siège, n'en ayant point encore reçu le détail. Nous n'avons encore reçu qu'une petite lettre de Messieurs Renault et Fournier écrite le lendemain de la prise par laquelle vous verrez que la place avait tenu contre l'armée de terre, de façon qu'il y avait lieu d'espérer que les ennemis auraient échoué dans leurs entreprises, mais les faibles bastions de cette loge ne sont pas faits pour résister à l'artillerie des vaisseaux de guerre qui sont venus s'embosser vis à vis et qui en deux heures et demie ont détruit toutes les fortifications du côté de la rivière et ont obligé à capituler, comme vous le verrez par la susdite lettre dont nous vous remettons copie.

Les Anglais ne s'attendaient point à la résistance qu'ils ont éprouvée. Nous avons su par un officier de *l'Indien* qui a quitté Calcutta depuis la prise de Chandernagor qu'ils avaient eu dans la dernière attaque 120 hommes de tués sur le vaisseau le *Kent* commandé par l'amiral, et que le *Salisbury* en avait perdu 74, que ces deux vaisseaux avaient été maltraités, et surtout le premier qui devait, disait-on, être condamné. Nous ne savons point à combien s'est montée la perte qu'ils ont faite dans leur armée de terre que M. Clive commandait.

Nous expédions aujourd'hui le brigantin *l'Aurore* pour faire part à Messieurs des Iles de ce triste évènement et nous les prions de vous faire passer la présente dès qu'ils en auront l'occasion. Il n'y a eu encore aucun acte d'hostilité à cette côte. Peu de jours avant de recevoir cette nouvelle, M. le Commandant général a fait sortir un détachement qui s'est emparé du fort de Elevanassour. Le chef qui y commandait ci-devant à notre service a été tué et par cette mort nous avons été délivrés d'un brigand qui exerçait de continuels ravages sur nos terres.

Nos revenus ont fourni jusqu'à présent à nos dépenses, mais actuellement que nous avons une armée dehors, nous craignons qu'il ne nous soit pas possible de faire face à tout.

Nous sommes etc...

Signé : Duval de Leyrit, Barthélémy, Guillard, Boyelleau, Lenoir, Desvaux, Gueulette.

Inventaire du paquet de Messieurs du Conseil supérieur à l'adresse de Messieurs les Sindics et Directeurs généraux de la Compagnie des Indes à Paris, savoir :

No 1 Lettre du Conseil de ce jour.
    2. Duplicata d'une lettre de Messieurs du Conseil de Chandernagor à la Compagnie.
    3. Copie de la lettre du dit Conseil supérieur en date du 24 mars 1757 ;
    4. Une lettre à l'adresse de M. Godeheu, Directeur de la Compagnie à Paris.
    5. Le présent inventaire.

A Pondichéry le 11 mai 1757.

A Pondichéry le 30 Septembre 1757

Messieurs les Sindics & Directeurs de la Compagnie des Indes.

Messieurs.

Nous n'aurons l'honneur de répondre par la présente qu'à votre lettre en apostille du 14 juillet. Nous satisferons à toutes les autres par notre lettre générale en vous rendant compte des affaires de l'Inde qui se sont passées depuis notre dernière du 11 Mai dernier.

Nous avons su que le calin que nous avions chargé sur le *Penthièvre* avait été assez bien vendu, et que cette opération avait été avantageuse à la Compagnie. Elle doit être persuadée que toutes nos démarches ne tendent qu'au bien de son service.

C'est avec chagrin que nous avons su la rentrée dans le port des vaisseaux le *Centaure*, le *St. Louis* et le *Duc de Bourgogne* ; les secours qu'ils nous apportaient nous étaient d'autant plus nécessaires que le petit qui nous est venu par *l'Hermione* et la *Danaë* a été bientôt con·sommé. Depuis ce temps nous sommes soutenus tant par la rentrée des fonds de nos fermiers que par nos emprunts. La Compagnie jugera de notre zèle pour son service par le dépouillement volontaire où nous nous sommes tous mis pour la soutenir. Elle a entre ses mains tout le bien de la colonie et quoiqu'il nous soit venu quelques fonds par la première division de l'escadre, dans l'incertitude où nous sommes de l'arrivée même aux isles de la 2e et de la 3e, nous n'avons rien voulu acquitter, ni même payer les appointements qui sont dus depuis plus d'un an, tant au Conseil qu'à divers de ses employés pour être en état de faire face à tout. Les nouveaux arrangements que le Ministre et le Comité secret de la Compagnie ont pris au sujet des affaires de la guerre, ne nous permettent plus de l'entretenir la-dessus. Nous souhaitons qu'ils tournent à son bien et à son avantage.

Nous espérons que les vaisseaux dont la Campagnie était en peine seront bien arrivés et nous avons tout lieu de le présumer si les nouvelles que nous a données un vaisseau portugais parti de Lisbonne le 17 avril sont vraies. Il n'est pas mal dans les circonstances présentes que la Compagnie se trouve de reste une quantité de café : la guerre et la disette de fonds ne nous ayant pas permis d'envoyer à Moca cette année pour lui en procurer une cargaison.

La Compagnie aura été instruite par notre lettre du 27 Février du sort de la *Galathée* ; dans l'article de notre lettre générale qui traitera du Pégou, nous lui ferons part des mesures que nous avons prises pour tâcher de ravoir ce vaisseau.

Toutes nos précédentes lettres ont instruit la Compagnie des démarches des Anglais, nous lui rendrons compte par notre lettre générale de tout ce qui est arrivé depuis.

Nous ne manquerons pas d'instruire la Compagnie de la qualité du vin qu'elle nous dit nous envoyer par cette expédition et dont il ne nous est encore parvenu qu'une très petite quantité ; c'est par les observations que nous lui ferons qu'elle pourra découvrir d'où vient que les peines et les soins qu'elle veut bien se donner pour nous procurer de bon vin, se trouvent perdus et que ce commerce qui devrait lui être profitable lui est au contraire quelquefois onéreux. Nous n'avons point demandé que la Compagnie eut un établissement à Madère, mais seulement un commissionnaire, sûr et fidèle, chargé pour elle de l'achat et embarquement de ce vin. Nous avons pensé que par ce moyen elle pourra l'avoir meilleur et à meilleur compte.

Nous traiterons ce qui concerne les draps dans notre lettre générale, pareillement du voyage des sieurs Dulaurens et Duval à la Cochinchine d'où ils sont de retour l'un et l'autre. Le sieur Pierre (?) était employé de la Compagnie, et c'est à la recommandation de M. Roth qui le connaissait qu'il avait été envoyé à la Cochinchine ; il avait gardé auprès de lui pour l'aider dans ses fonctions le sieur Jaffrays pilotin du vaisseau sur lequel il avait passé : sa mort a dérangé toutes ses opérations et le dit Jaffrays qui s'est trouvé seul de français s'est emparé de tout et l'a diverti comme il lui a plù. La Compagnie doit bien penser que nous ne confions de pareils emplois qu'à des employés dont nous sommes surs de la probité et de la bonne conduite.

Quand nous avons marqué à la Compagnie que le cuivre monnoyé de Suède était le plus convenable ici nous avons eu égard à ses intérêts et à lui éviter de la perte. La Compagnie nous parle de gens d'art, ce n'est point ici qu'on en trouve ; un charpentier est charpentier un orfèvre, orfèvre, un chaudronnier ou cuivrer, comme nous parlons ici, est cuivrer, parce que leurs pères l'étaient et que c'est leur caste. Ils ont appris dans leur enfance à charpenter une pièce de bois, à battre et façonner de l'argent ou du cuivre et ils le font machinalement comme ils l'ont appris, sans connaitre bien parfaitement la nature des matières et métaux sur lesquels ils travaillent. S'ils eussent réussi à bien employer le cuivre rosette, nous n'eussions pas demandé à la Compagnie de nous envoyer de la monnaie de Suède.

Il sera traité dans notre lettre générale de Mazulipatam à l'article de ce comptoir ; nous prendrons seulement la liberté de dire ici à la Compagnie, que ce n'est point de notre faute si nous ne lui rendons pas un compte bien positif sur bien des affaires qui la regardent ; comment le rendre si nous n'en avons aucune connaissance ? L'affaire des 4 provinces en est une, et nous ignorons absolument tout ce qui les concerne. Si nous en avons parlé à la Compagnie, ce n'est que relativement à Mazulipatam, le même article de la lettre générale fera pareillement mention d'Yanaon. La Compagnie nous dit bien que le rétablissement de ce comptoir est nécessaire mais elle ne nous l'ordonne point. Le temps il est vrai n'y est guère propre à présent.

Nous avons pensé qu'il était suffisant de marquer à la Compagnie le montant des demandes de Messieurs du Conseil de l'Ile de France pour lui faire connaitre comment ces messieurs usaient de la liberté qu'elle leur

avait accordée de nous demander. Jamais nous ne
leur avons refusé leurs besoins autant qu'il a dépendu
de nous, mais aussi nous ne sommes pas en état de les
remplir quand ils les font monter si haut. Nous avons
toujours souhaité qu'ils puissent nous fournir le riz et
surtout le blé dont nous avons besoin : il serait bien
plus avantageux pour nos Colonies que l'argent que nous
leur envoyons pour l'achat de ces denrées, de coté et
d'autre, entrât dans les coffres de nos compatriotes ;
mais pour cela il faut qu'ils nous le donnent au prix le
plus bas que nous pouvons les avoir ici et en la quantité dont nous avons besoin. Il faut aussi pour cela
engager les habitants à en semer le plus qu'ils pourront,
et le moyen de les y engager est de recevoir dans le
magasin de la Compagnie tout ce qu'ils en présenteront
et non le refuser, ce qui les oblige à se donner à d'autres cultures plus lucratives sans doute et à ne semer
de blé que ce dont ils ont besoin pour leur propre consommation.

Nous avons suivi dans la fixation du fret pour les îles
l'usage établi contre lequel personne ne s'est récrié.

Nous prenons la liberté de nous référer à la lettre
générale pour....... de celles que nous répondons
(timbres: batiments et fortifications, colonie, employés,
troupes) ; nous lui observerons seulement sur sa réponse à l'article colonie, que ce que nous lui avions dit sur
la situation de ses employés dans l'Inde n'est que trop
réel et que les ressources qu'elle nous croit ne le sont
point du tout ; que le commerce maritime seul à faire
dans l'Inde est absolument tombé et que nous voyons
tous les jours nos facultés diminuer, vu nos dépenses,
dont nos appointements ne couvrent pas le quart. Si
nous ne pouvons pas y vivre, que peuvent faire les
employés qui n'ont que de modiques appointements ?
Nous ne pensons pas que la Compagnie veuille que
nous nous ruinions à son service et nous la croyons

trop équitable pour ne pas avoir égard à nos demandes quand elle en reconnaitra la justice.

Il est triste que la Compagnie n'ait pas terminé la paix de l'Inde avant la déclaration de guerre en Europe.

Nous avons soin de faire faire note dans l'état des décès de ceux qui auront nommé quelque exécuteur testamentaire.

Nous sommes sensiblement obligés à la Compagnie de l'égard qu'elle a bien voulu avoir à notre recommandation en faveur du sieur Carvailho, mais nous voyons avec peine la restriction qu'il a plû à Monseigneur le Controleur général de mettre à cette faveur. Nous prenons la liberté de recommander de nouveau à la Compagnie les intérêts de ce négociant qui ne se trouve pas à beaucoup près indemnisé par là des pertes qu'il a souffertes en abandonnant Madras pour venir demeurer parmi nous et de celles du commerce considérable qu'il y faisait et qu'il ne peut faire de même ici.

Nous ferons passer autant qu'il nous sera possible la petite gratification qu'elle a accordée à M. l'Evêque de Babilone qui ne peut plus la tirer par Chandernagor.

Nous remercions la Compagnie des nouvelles qu'elle a la bonté de nous donner. Nous continuerons à lui donner dans ce temps critique des preuves du zèle qui nous attache à son service et suivrons exactement les ordres qu'il aura plû au Ministre et au comité secret de nous donner, ce que nous n'avons pas encore reçu.

Nous sommes . . .

Signé : Duval de Leyrit, Barthélémy, Boyelleau, Guillard, Delarche, du Beausset, de la Selle, etc. . .

A Pondichéry le 10 Octobre 1757.

Messieurs les Directeurs et Sindics de la
Compagnie des Indes a *Paris.*

Messieurs,

La première division de l'escadre commandée par
M. Bouvet et composée des vaisseaux : le *Comte de
Provence,* le *Duc de Bourgogne,* la *Silphide,* le *St.
Louis,* la *Reine,* le *Duc d'Orléans,* le *Duc de Berry,*
le *Sechelles,* le *Bristol* et le *Rubis,* vaisseau particulier,
est bien arrivée icy le 8 septembre. Nous avons reçu
par les vaisseaux les lettres que la Compagnie nous a fait
l'honneur de nous écrire le 15 et 17 mars, 14 et 21
juillet, 20 et 25 septembre, 29 novembre et 3 décembre
1756. Nous l'allons avoir celui d'y répondre à l'exception de celle du 14 juillet que nous avons déjà répondu
par une lettre particulière et en même temps nous lui
rendons compte de tout ce qui s'est passé depuis notre
dernière du 11 mai dernier que nous avons adressée
à Messieurs du Conseil de l'Ile de France par le vaisseau
l'Aurore pour la lui faire passer par l'occasion la plus
prompte.

Nous remettons à la Compagnie le procès-verbal des
vérifications des matières d'or et d'argent qui nous sont
venues par l'escadre sur les vaisseaux là *Reine* et le
Rubis. Savoir :

	Marcs	Onces	Gros	Grains
Or				
En ditto		1	6	18
Argent				
En ditto	38.198 m	,,	1	,,

Les factures ne portent que 38.158 m 1 once et 4 gros de
matière d'argent ; il se trouve par conséquent un bénéfice de trente neuf marcs, six onces et 5 gros.

COMMERCE.

La Compagnie a pu voir par notre dernière du 11 mai dernier que nous nous sommes soutenus sur le revenu de nos fermes et nos emprunts : il ne nous restera rien à la fin de ce mois de l'argent que nous venons de recevoir ; l'arrivée de l'escadre a augmenté prodigieusement nos dépenses, de sorte que notre situation n'en va que devenir plus difficile et plus embarrassante. Toutes nos ressources sont épuisées, les particuliers de la colonie qui ont leurs fonds à la caisse de la Compagnie demandent aujourd'hui à être remboursés, mais il ne nous a pas été possible de les satisfaire en la moindre chose ; ce qui porte un préjudice notable au crédit de la Compagnie.

La perte de Chandernagor nous privant du commerce de draps que nous faisions dans le Bengale, nous réitérons la prière que nous avons déjà faite à la Compagnie de ne point nous en envoyer que nous ne lui en demandions.

Nous apprenons avec plaisir par la lettre de la Compagnie l'arrivée du *Bourbon* à Vigo. Nous souhaitons qu'il ait pu de là se rendre heureusement en France ainsi que tous les autres vaisseaux de cette expédition de la dernière. Nous n'avons point reçu ou on ne nous a point donné communication des lettres et ordres du ministère et du Comité secret, auxquelles nous nous conformerons dès que nous en aurons connaissance. Nous avons remis à chacun les lettres à cachet volant qui étaient adressées après en avoir fait lecture au Conseil.

Sur nos délibérations des 28 juin et 3 août nous avons ordonné la défaite à l'encan des vins gâtés qui nous restaient en magasin et du riz vieux qui aurait pu s'avarier : l'abondante récolte que nous avons eu cette année nous ayant mis à même de remplir la ville de nelly et ne point craindre la disette de cette denrée la plus nécessaire à la vie pour nos troupes et les gens du pays.

Nous avons bien reçu l'extrait du registre d'adjudication qui constate le prix qu'a été vendu le morceau d'ambre envoyé à la Compagnie ; nous doutons fort que les Maldivois en soient contents.

Ayant besoin d'un bâtiment tant pour faire passer des munitions de guerre à Mazulipatam que pour nous procurer du bois de construction que nous n'avons plus aucune espérance de pouvoir tirer du Pégou et dont nous avons un extrème besoin, nous avons par notre délibération du 15 juillet dernier consenti à l'achat du vaisseau le *Diligent* qu'on nous offrait pour la somme de six mille roupies, et l'avons expédié pour les dits endroits. Le sieur Duponcel, capitaine du *Diligent*, a ordre de partir à la fin de décembre pour se rendre ici en droiture avec le bois qu'il aura pu se procurer, et nous comptons l'expédier ensuite pour les Maldives où la guerre ne nous a pas permis d'envoyer cette année. Nous ferons part à la Compagnie dans l'article timbré : affaires générales, des ordres particuliers donnés au capitaine au sujet du Pégou.

Les sieurs Dulaurens et Bunal, employés à la Cochinchine sont bien de retour. Le premier resté à la côte Malabar est revenu icy par un vaisseau danois et le second a suivi la destinée du vaisseau, car ayant appris à leur atterissage à la côte Malabar la déclaration de la guerre et la prise de *l'Indien*, le capitaine, suivant les ordres qu'il avait, a fait route pour les iles. La cargaison de sucre a été remise par le sieur Bunal à Messieurs du Conseil de l'ile de France, qui nous marquent nous en avoir crédité. La Compagnie verra par nos livres ce que ce voyage lui a rendu ; mais nous prévoyons que faute d'avoir pu exécuter nos opérations, il ne peut lui avoir été avantageux, les avanies considérables que le roy de la Cochinchine a faites aux sieurs

Dulaurens et Bunal ne contribuent pas peu aussi à la perte que peut-être elle aura essuyée, car privés par là de l'argent sur lequel ils comptaient, ils se sont trouvés à court pour compléter la cargaison du vaisseau.

A la mort du sieur Pierre, le nommé Jaffrays s'est trouvé comptable de 2517 ^{k} 3 ^{m} 50, desquels il n'a été retiré par les sieur Dulaurens et Bunal que 886 ^{k} 3 ^{m} 18, le reste tombe en pure perte à la Compagnie, tant parce qu'il est dû par des gens insolvables que parce qu'il a été dépensé par le dit Jaffrays sur lequel il n'y a aucun recours à avoir. Il y a cependant espérance de recouvrer encore 842 ^{k} 3 ^{m} que les sieurs Dulaurens et Bunal ont prié un jésuite missionnaire à la Cour de retirer s'il y avait moyen.

CHANDERNAGOR.

Nous n'avons reçu aucune nouvelle de Messieurs du Conseil du dit lieu depuis la lettre que Messieurs Renault et Fournier nous ont écrite, pour nous apprendre la reddition de cette place après dix jours de siège, dont nous avons informé la Compagnie par notre lettre du 11 mai. Ce malheur que nous n'avons pu éviter ne serait point arrivé, si la Compagnie instruite comme elle était de l'escadre que les Anglais entretenaient dans l'Inde depuis la paix et des apparences prochaines de rupture, nous eut fait passer des forces l'année dernière ; il ne nous sera jamais possible de résister tant qu'ils seront les maitres de la mer ; comme ils peuvent l'être encore par la retraite de l'escadre de M. Bouvet qui, ne se croyant pas assez forte pour tenir contre celle que les Anglais attendent et qui n'a point encore paru, a pris le parti de retourner aux iles pour se joindre aux deux autres divisions et revenir avec elles en janvier ou février prochain. Cette retraite et ce retardement de l'escadre entiere fait un tort considérable à la Compagnie, qui non seulement se trouverait maitresse de toute la côte si elle fut arrivée en juillet mais encore de tout le Bengale, où nous eussions pu rendre aux Anglais tout le mal qu'ils nous ont fait. La face des choses est bien changée à présent, nous avons appris par voye indirecte que les Anglais se fortifiaient à force dans le Gange et on parle d'une révolution arrivée dans le gouvernement de ce royaume, les uns disent que Sarajatdola a été assassiné par un de ses gémidars, d'autres disent que les Anglais l'ont chassé et ont mis ce dernier à sa place. La mort du nabab mérite confirmation ; mais de quelque source que soit arrivé le changement dans le gouvernement, il ne peut être que très préjudiciable à nos desseins dont le succès dépend beaucoup de l'intelligence avec les gens du pays. Ce qu'il y a d'étonnant c'est qu'il n'est arrivé aucun vaisseau de Bengale ni aux Anglais ni à aucune autre nation. On croit que les Anglais, instruits de l'arrivée de notre division, n'ont osé sortir et ne permettent pas non plus aux autres vaisseaux des autres nations de venir à la côte pour nous laisser ignorer leur situation dans le Bengale.

– C'est par des lettres du M. de la Bretèche chef à Patna et par M. Anquetil le cadet qui est revenu ici par terre que nous avons su la retraite de M. Law du coté de Patna, où le nabab lui a donné un petit fort à 7 ou 8 lieues de là pour se retirer lui et son monde. Nous ignorons ce qui lui est arrivé depuis, ainsi qu'au sieur Courtin, chef à Dacca, dont nous n'avons aucune nouvelle, mais que nous pensons qu'il se sera retiré lui et son monde du même côte : nous ignorons pareillement si le sieur de la Bretèche aura pu sauver de la main des Anglais les draps qui lui restaient en assez grande quantité et sur la vente desquels il comptait pour fournir à la dépense et entretenir de la troupe de M. Law. C'est aussi par les mêmes avis que nous avons

appris la mauvaise foi des Anglais, qui, après une
capitulation authentique et signée d'eux dont M. le
Commandant général a une copie par voye indirecte l'ont
violée en tenant prisonniers à Calcutta Messieurs les
Conseillers et employés, ainsi que M. Renault directeur
et commandant, qui après la prise de Chandernagor
s'étaient retirés à Chinchura, sous prétexte, nous a-t'on
rapporté, qu'ils favorisaient les désertions des prisonniers dont plusieurs se sont rendus auprès de M. Law.
Les Hollandais qui auraient dû être sensibles à un
outrage aussi sanglant fait à leur pavillon sous la protection duquel nos Messieurs se croyaient à l'abri, non
seulement n'en ont témoigné aucun ressentiment mais
ont été même les premiers, à ce qui nous a été rapporté,
à dénoncer ceux qui s'étaient cachés et les faire prendre
et livrer ; voilà tout ce que nous savons du sort de nos
Messieurs, dont depuis ce temps nous n'avons eu aucune
nouvelle.

Nous sommes encore bien inquiets sur les livres du
comptoir que nous avions tout lieu de présumer avoir
été sauvés et qui peuvent depuis la détention de ces
Messieurs avoir été pris par les Anglais. Ce n'est que
par eux que peuvent être constatés les droits des particuliers qui dans un temps aussi critique ont tout livré
à la Compagnie pour l'entretien du comptoir et la
défense de la place, à laquelle ils ont pareillement
contribué au risque de leur vie. Ils se trouveraient
réduits à la dernière misère si faute de pièces juridiques
qui justifiassent leurs créances ils étaient frustrés de
leurs dûs qui sont aujourdhui leur unique avoir.

N'étant pas douteux que dans une pareille circonstance que celle où se trouvait M. Renault dont on
ignorait encore la détention, il devait manquer d'argent
pour subvenir à la nourriture de tous les employés
particuliers qui s'étaient retirés avec lui, M. le Commandant général lui a fait passer 100.000 roupies par

les Danois qui ont chargé cet argent sur leurs vaisseaux comme à eux appartenant ; de cette somme il devait lui en être remis 40.000 Rs. et les 60.000 autres devaient être employées en blé que les Danois ont bien voulu se charger d'acheter comme pour eux ; cette opération demandant un grand secret il n'en a point été fait mention au Conseil ni dressé de délibération. Nous nous référons à ce que M. le Commandant général écrira à la Compagnie sur la suite de cette affaire.

Le sieur Etienne que la Compagnie nous recommande était employé à son service à Bengale ; nous ignorons le sort de ce jeune homme, ainsi que celui de tous les autres, dont on ne fait point la même mention que du Conseil.

MAZULIPATAM.

Par notre lettre du 30 janvier dernier nous avons instruit la Compagnie de tout ce qui s'était passé dans ce comptoir et les dépendances, la mauvaise récolte qu'il y avait eu et la révolte des provinces contre nous sur la nouvelle de la disgrâce de M. de Bussy auprès de Salabuzingue, mais tout est rentré dans l'ordre depuis et les plus mutins ont été châtiés. La Compagnie doit bien sentir que dans ce temps de troubles, il n'a pas été permis à Messieurs du Conseil du dit lieu de penser à aucun commerce ; nous ignorons encore s'ils se sont procuré quelques marchandises, leur correspondance n'en faisant nullement mention.

En exécution des ordres de M. le Commandant général et de la délibération du Conseil pour user de représailles sur les Anglais, nos troupes se sont emparé de Menepelly, magasin des Anglais tout auprès d'Yanaon qu'ils avaient fortifié, dans lequel il s'est trouvé quelque peu de grosses toiles et quelques pièces d'artillerie tant de fonte que de fer, et de l'aldée de Bandermoulanca où il ne s'est rien trouvé du tout ; cette aldée qui est à

8 ou 9 lieues dans le sud d'Yanaon est très considérable et il s'y fait un grand commerce ; M. de Bussy s'est aussy emparé de Vizagapatam, comptoir anglais dans la province de Chicacol où l'on a fait 157 prisonniers de guerre indépendamment de 26 à Menepelly. M. le Commandant envoye à la Compagnie l'état de l'artillerie qui a été prise à Vizagapatam. Ces représailles, toutes modiques qu'elles sont, nous font cependant plaisir, tant par rapport au tort qu'elles font aux Anglais que par la connaissance qu'elle donne à la Compagnie de l'attention que nous apportons au bien de son service.

Le bot *l'Oiseau*, qui à son retour de la côte de l'Est s'était rendu à Mazulipatam et devait partir suivant nos ordres pour aller au Pégou et de là retourner à la côte de l'Est a été retenu par M.M. du Conseil du dit lieu sur des nouvelles peu certaines venues à M. Moracin de la situation des affaires au Pégou. ; quoique nous n'ayons pu approuver cette inexécution de nos ordres, nous avons été cependant obligés d'y consentir et depuis le bot y est resté ; nous sommes même obligès de l'y garder, prévoyant le besoin que nous pourrons en avoir en janvier et février prochain, tant pour nous apporter les provisions que nous avons demandées à Mazulipatam et Yanaon que nous ne pouvons plus tirer de Bengale que pour servir au pilotage de l'escadre que nous attendons au mois de janvier, supposé qu'elle aille à Bengale.

La Compagnie, dans sa lettre par apostille, nous fait mention du rétablissement du comptoir d'Yanaon, comme d'un poste nécessaire à son commerce ; jusqu'à des ordres de sa part à ce sujet, nous nous sommes contentés d'y faire envoyer un employé pour emballer et charger les marchandises que les marchands y avaient amassées, nous ignorons absolument si nous en recevrons aucune cette année et la correspondance de Mazulipatam ne fait non plus mention du commerce du lieu ; le temps n'est pas propre à penser à son rétablissement ou réhabilitation ; mais nous pensons avec ceux qui y ont résidé et qui connaissent le local qu'il conviendrait mieux l'établir à Coringuy, petite isle à 2 lieues au nord d'Yanaon au bord de la mer, formée par les rivières de Coringuy et Yanaon et abordables aux chaloupes ; il peut aussi entrer dans cette rivière des bots et gouraves. Indépendamment de ces avantages par lesquels vous pouvez assurer à peu de frais ce comptoir contre les gens du pays en quelque nombre qu'ils soient, le risque que court la loge d'Yanaon de se voir emporter dans peu d'années par la riviére qui mange le terrain petit à petit est encore une raison pour la transporter en un autre endroit, et pour lors Coringuy est préférable par sa situation avantageuse de toute façon, beaucoup moins couteux en frais de commerce, et point exposé aux inconvénients d'un comptoir avancé dans les terres, où l'on ne peut savoir ce qui se passe à la mer. Nous faisons passer nos réflexions à ce sujet à la Compagnie, pour qu'elle ait le loisir de les examiner et nous fasse part de ses ordres pour l'exécution ; il est cependant à observer que les Anglais devant ces troubles s'étaient emparés de cet endroit qu'ils ont abandonné à la prise de Menepelly et de Bandermoulanca.

La Compagnie ne se plaindra plus qu'elle n'a encore reçu aucun livre de Mazulipatam, le sieur Dorez que nous y avons fait passer de Bengale en qualité de teneur de livres a rédigé ceux de 4 années qui lui seront envoyés, en considération de quoi par notre délibération du 15 juin dernier et sous le bon plaisir de la Compagnie, nous lui avons accordé une gratification de 27.000 (?) livrés une fois payée et une de 500 ^{liv} annuelle comme teneur de livres ; nous avons déjà pris la liberté de représenter à la Compagnie combien cet employ était disgracieux et à charge à ceux qui en étaient revètus et qu'il convenait de les indemniser par quelque gratification qui les encourageàt, ainsi que ceux qui voudront y mordre dont le nombre n'est pas grand.

KARIKAL.

Nous n'avons pas grand chose à dire à la Compagnie sur ce comptoir que le sieur Porcher fait fortifier. Les dernières marchandises que nous en avons reçues sont entrées dans la cargaison du *Séchelles*. Nous avons tiré de cet endroit une assez grande quantité de bois de teck, que le sieur Porcher s'est procuré à Négapatam, ce qui nous a été bien utile pour nos travaux et surtout pour notre artillerie. Il nous a procuré aussi une certaine quantité de blé ; nous usons de toutes sortes de moyens pour nous procurer cette denrée, dont l'escadre ainsi que les troupes qui doivent venir consommeront une grande quantité et dont nous craignons de manquer.

Nous n'avons point encore répondu aux propositions que la Compagnie verra dans la correspondance que le sieur Porcher nous fait de nouveau, de mettre à ferme le tabac et bétel, ainsi que de rétablir un droit sur les terrains enfermés dans l'aldée de Karikal que nous lui avons permis de faire enterrer. Les occupations que nous avons eues depuis l'arrivée de la première division, et celles que nous donnent les présentes expéditions ne nous ont pas encore permis d'y penser. Nous examinerons ces propositions et ferons part à la Compagnie de ce que nous aurons décidé.

MAHÉ.

Nous avons remis à la Compagnie le mémoire qu'elle nous a demandé au sujet de Ramataly et Nelsseram, le sieur Collé qui a résidé longtemps en cet endroit l'a composé par notre ordre ; les connaisances que ce mémoire lui donnera, ainsi que les explications qu'elle pourra avoir avec le dit sieur Collé, qui est repassé en France, la mettront en état de se décider sur ce nouvel établissement : quoiqu'il nous paraisse que la Compagnie soit en doute si elle le gardera, vu le peu d'avantage qu'elle en a retiré jusqu'à présent et les dépenses considérables qu'il lui a occasionnées ; cependant comme nous pensons qu'elle ne doit pas absolument abandonner le Mont Dely et que l'acquisition du nouveau terrain que Cheriquel nous a cédé la fera persister à s'y conserver, nous avons consenti à l'offre que Cheriquel en a fait à M. Louet, moyennant une somme de 40.000 roupies, qu'il a fait réduire à 30.000, et qui va en déduction de ce que ce prince doit à la Compagnie. Elle verra plus en détail dans la correspondance, les raisons que M. Louet nous a apportées pour nous faire consentir à cette acquisition qui libère la Compagnie d'une somme que peut-être on n'eût jamais tiré de ce prince.

Le brigantin particulier que nous avions donné ordre à M. Louet de fréter tant pour porter les expéditions pour la Compagnie que nous lui avions fait passer, que les provisions et poivres, que nous lui avions demandés de charger dessus pour les isles, n'ayant pu partir faute d'équipage, a été remplacé par la frégate la *Fière* qui est venue icy apporter des nouvelles. Le brigantin particulier est bien arrivé ici et nous l'avons retenu, dans le besoin extrème où nous sommes de bàtiments pour porter des effets et provisions à Mazulipatam, et nous en rapporter ceux que nous avions demandés au Conseil du dit lieu.

La prise de *l'Indien* à la côte Malabar par les Anglais n'a été suivie que de celle d'une tonne de poivre et encore sous prétexte que ce poivre recueilli à Ramataly l'avait été dans les dépendances des Anglais qui régnaient dans cet endroit comme en faisant partie, ce que la Compagnie doit considérer avant que de se résoudre à l'abandonner puisqu'il y a tout à croire que cette démarche serait suivie de la prise de possession qu'en feraient les Anglais. Cette prise a occasionné une petite correspondance entre le gouverneur de Tellichéry et M. Louet qui n'a comme à l'ordinaire rien opéré.

Le besoin extrème où était ce comptoir nous a fait lui envoyer par terre en différentes fois jusqu'à la concurrence de 12.000 Pagodes d'or, 500 roupies d'or qui y sont bien parvenues. Nous nous proposons de lui envoyer des secours, tant en hommes qu'en effets et argent, dans le courant du mois par le *Bristol* nouvellement venu des isles que pour cet effet, nous armons en guerre, et dont sur la demande que nous a faite le sieur Penhouet, qui le commandait, de se débarquer, nous avons donné le eommandement au sieur Desage de Montrivage, dont nous connaissons la bravoure et la capacité. Le sieur de Montrivage après cette opération et avoir chargé des marchandises propres pour le golfe en Perse, a ordre de se rendre à Bassora et du produit de sa cargaison s'en procurer une de blé pour nous apporter ici.

Conformément à nos ordres M. Louet a fait passer aux isles les sieurs Marguenat père et fils, officiers dont la conduite peu mesurée envers leur commandant était de trop mauvais exemple pour ne pas leur faire porter la peine qu'elle méritait.

SURATE.

Le sieur le Verrier, chef au dit lieu, nous a donné avis de la défaite de la petite partie de draps que nous lui avions envoyés pour essai, mais les couleurs n'étant pas propres pour le pays, elle n'a point été avantageuse pour la Compagnie. Dès que les circonstances nous le permettront, nous lui en ferons passer des couleurs qu'il demande.

Le sieur Le Verrier, comme nous l'avions bien prévu, n'a point insisté sur son rappel qu'il nous avait demandé : ses deux vaisseaux pris par les Marates ne lui ont point été rendus, malgré l'entremise de M. de Bussy, qui en avait obtenu main levée de Balagirao. Sur la nouvelle de la guerre, il n'a point voulu risquer les 30 balles de coton filé qu'il comptait faire passer à Mahé, et attend la première occassion sûre pour les envoyer soit aux isles soit dans quelques comptoirs de la Compagnie.

Sur l'avis que nous a donné le sieur Le Verrier de quelques petites avances qu'il avait faites pour M. de Bussy, nous lui avions écrit de s'en faire rembourser par le dit sieur de Bussy sur les revenus dont il dispose pour l'entretien de son armée. Nous avons aussi permis au dit sieur Le Verrier de faire à la loge les réparations les plus indispensables.

L'Hermione pour laquelle nous lui avions écrit de tenir prêt une cargaison de vivres pour porter aux isles n'ayant pu y aller, le sieur Le Verrier nous marque que, ne pouvant les y faire passer, il va chercher à s'en procurer la défaite pour qu'ils ne tombent pas en pure perte à la Compagnie qui, quelque chose qu'il fasse, ne pourra manquer d'y perdre un peu ; nous sommes d'autant plus mortifiés de ce contretemps que c'était le seul moyen que nous eussions pu trouver pour procurer des vivres à ces iles, n'en ayant point ici une assez grande quantité pour pouvoir leur faire part des nôtres.

La Compagnie aura vu par notre lettre du 30 septembre dernier les arrangements que nous avons pris sur les prétentions du sieur Perdriau, tant pour ne point léser cet employé, que pour nous mettre à lieu d'exécuter les ordres qu'il plaira à la Compagnie de nous donner à ce sujet ; depuis la lettre du Consul d'Alep, qu'il nous a fait passer et qui nous a appris la prise du Port Mahon et la déclaration de la guerre, nous n'avons eu aucune nouvelle de Bassora. Nous sommes étonnés que la Compagnie qui était instruite de la résidence de cet employé en cette ville par son ordre uniquement

pour nous faire tenir ses paquets et lui faire passer les
nôtres, ne se soit point servi de cette voie pour nous
donner avis de la guerre, et de ce qui se passait en
Europe, ainsi que de celle des vaisseaux danois et portugais par lesquels elle aurait pu nous écrire.

ILES DE FRANCE & DE BOURBON.

Les fonds qui nous sont venus par la première division, nous ont été envoyés par Messieurs du Conseil de
l'Ile de France. Les lettres de M. Godeheu d'Igoville
n'en font point mention, ainsi nous ignorons absolument
si la quantité est la même que celle que la Compagnie
avait ordonné de charger pour nous; nous savons seulement qu'ils ont retenu dans leur isle beaucoup d'effets
de marine et autres chargés pour nous sur la dite
escadre. Ont-ils eu ordre de retenir ces effets et la
Compagnie ne leur a-t-elle rien envoyé pour eux?
C'est ce que nous ne savons point; mais nous ne
craindrons pas de dire à la Compagnie que si elle laisse
Messieurs du Conseil de l'Ile de France les maitres de
choisir sur ce qui nous sera adressé ce qui leur con-
viendra, nos colonies bien plus considérables et d'une
bien plus grande conséquence pour elle se trouveront
manquer de tout; nous laissons à la Compagnie à faire
là-dessus les réflexions qu'elle jugera convenables.

Nous aurons égard autant que cela dépendra de nous
aux demandes de Messieurs des iles, mais elles sont
tous les ans si considérables qu'il ne nous est pas
possible de les remplir; nous savons d'ailleurs par les
négociants qui ont été commercer chez eux que les
marchandises y étaient aussi communes qu'icy. A quoi
bon donc toutes ces demandes? nous leur envoyons
cependant tout ce que notre étroite situation nous permet.
L'Aurore que nous leur avons expédiée en mai et qui
n'était point encore arrivée lors du départ des isles de

la première division, était chargé de quelques marchandises pour eux. Nous venons de leur en envoyer encore par la *Reine* et la *Gloire* qui sont parties pour l'Ile de France le 30 septembre, indépendemment de ce que le *Rubis*, vaisseau particulier, en a chargé pour le compte de ses armateurs ; nous ne pourrons rien faire de plus dans l'étroite situation où nous sommes et avec les dépenses auxquelles nous sommes obligés.

La frégate la *Fière* arrivée de Mahé y a jeté quelque peu de fer de l'Isle de France et y a pris en remplacement les provisions et poivres que nous avions donné ordre à ce comptoir de lui envoyer ; nous avons reçu pour l'escadre nombre d'effets de campagne et quelques pièces de bois pour plateforme.

Nous avons instruit cy-dessus la Compagnie (article timbré Surate) que *l'Hermione* n'avait pu y aller. Cette frégate, instruite de la guerre et de la prise de *l'Indien* à la côte malabar, a fait route pour l'Ile de France, où elle est bien arrivée et a été échangée contre le *Bristol* ayant besoin de . . .

Ce n'est pas seulement des demandes indiscrètes de M.M. du Conseil de l'Ile de France, dont nous nous plaignons, mais encore des discours indiscrets que tiennent ces Messieurs sur notre compte et dont ils avaient imbu tous ces Messieurs du Régiment de Lorraine, au gouvernement ; quelque peu de cas que nous fassions de pareils discours qui tombent sur ceux qui sont capables de les tenir, nous ne pouvons nous empêcher d'en porter nos plaintes à la Compagnie qui se trouve intéressée à ne les point souffrir.

BATIMENTS ET FORTIFICATIONS.

Les bastions du nord de la ville sont relevés ; on travaille actuellement au bastion La Reine, que nous ne ferons discontinuer que quand il sera élevé au dessus de l'eau du fossé pour le reprendre après les pluies. Le petit fort de Villenour est entièrement achevé.

Nous sentons bien que les casernes et autres ouvrages projetés ne sont point à entreprendre dans un temps de guerre, non plus que les canaux pour la conduite des eaux d'Oulgaret dans la ville. Tous ces ouvrages de longue haleine et de beaucoup de dépenses demandent la plus profonde paix et un tout autre ordre dans les affaires de la Compagnie que celui que nous pouvons garder pour le présent.

On travaille aussi dans les différents postes des terres qui le méritent, comme Chalambaram, Vradachelon et autres pour les mettre en état de défense.

COLONIE.

Nous avons déjà prévenu la Compagnie combien cette colonie était devenue considérable et que la cherté y était extrême ; que serait-ce quand les quatre bataillons que nous attendons seront arrivés? où trouver des vivres et des maisons pour nourrir et loger tant de monde? à l'arrivée des 2 bataillons de Lorraine, nous avons été obligés de loger les principaux officiers chez tous les bourgeois, conseillers, employés et autres, et les autres officiers dans l'ancien gouvernement, et les soldats à la blanchisserie. Pour remédier autant que possible à l'embarras où nous nous sommes trouvés à l'arrivée de ces deux premiers bataillons nous faisons louer tout ce que nous trouvons de maisons pour loger les officiers de ces 4 derniers bataillons.

Ce que nous disons icy à la Compagnie au sujet de la cherté extrême des vivres qui vont encore augmenter de prix à l'arrivée de ces nouvelles troupes, doit lui donner à penser que nous ne lui avions avancé rien que de vrai et demandé rien que de juste en la priant de mettre à lieu de vivre ses employés, en augmentant

leurs appointements ; nous ne répèterons pas ici, ce que
nous lui en avons déjà écrit, et ce que nous prenons la
liberté de lui dire encore à ce sujet par notre réponse
à sa lettre pour apostille. M. Godeheu peut lui affirmer
la vérité de nos justes représentations.

Nous sommes surpris que la Compagnie n'ait encore
pu obtenir la révocation de l'arrêt du Conseil que nous
l'avons prié de postuler, qui défend aux R. R. P. P. Capucins la continuation de la bâtisse de leur nouvelle
église. La vieille menaçait tellement ruine qu'on a été
obligé de l'abandonner et on est actuellement à la démolir ; c'est à présent un des bas cotés de la nouvelle qui
sert d'aide de paroisse, et son espace ne peut contenir
la huitième partie des chrétiens de cette Colonie ; nous
la supplions de vouloir bien travailler à obtenir la révocation tant attendue puisque l'élévation de cette église
ne peut nuire en aucune façon à la défense de la place,
et que la forteresse ne peut lui servir de rien.

EMPLOYES.

Nous enverrons à la Compagnie en janvier prochain
le tableau des employés.

Le sieur Hullot, sous-marchand, dont elle nous avait
prévenu cy-devant, est bien arrivé et a été envoyé à
Mazulipatam.

Nous avons nommé secrétaire du Conseil le sieur
Lagrenée, sous-marchand, qui nous a paru capable de
remplir ce poste en la place de M. Lenoir, conseiller,
qui n'avait été chargé de cet emploi que faute de sujets
capables pour lors de le remplir.

Nous avons pareillement nommé commis juré au
greffe le sieur Dulaurens cadet qui nous a paru avoir
de la capacité pour cette partie.

TROUPES.

Les nouveaux arrangements que le Ministre a pris au sujet des troupes et de la guerre ne nous donnent pas grand chose à dire à ce sujet à la Compagnie. Dans plusieurs endroits de cette lettre, nous lui parlons des deux bataillons de Lorraine arrivés et des 4 de Berry et Lally que nous attendons ; ces troupes, ainsi que celles de la Compagnie, se trouvent à présent en l'absence de M. Lally sous les ordres de M. de Soupire, qui sans doute rendra compte au ministre des opérations qu'il fera : nous souhaitons qu'elles remplissent l'effet qu'on s'en est promis. Si la Compagnie nous eut fait part de ses réflexions à ce sujet, nous eussions pu luy communiquer les nôtres. Le silence qu'elle observe avec nous à cet égard nous engage à en faire autant.

En conséquence de notre délibération du 29 avril qui autorise M. le Commandant général à se servir des forces de la Compagnie pour user de représsailles sur les Anglais, il a fait marcher du côté de Trichinopoly, qu'il savait manquer de troupes pour sa défense, sa garnison ayant été dans le Maduré contre Mafouskhan ; mais cette entreprise qui paraissait immanquable n'a pas eu les suites que nous attendions. Nous laissons à M. le Commandant général à rendre compte à la Compagnie plus en détail de tout ce qui regarde cette affaire : nos troupes revenues de cette expédition ont marché à Vandavachy que les Anglais assiégèrent et les ont obligés de se retirer. Depuis ce moment jusqu'à l'arrivée de notre escadre, nos troupes sont restées campées à Vandavachy pour couvrir nos terres et les Anglais à quelques lieues plus loin sans qu'il y ait eu aucune action, les nôtres ne voulant point abandonner le poste avantageux qu'elles occupaient, et les Anglais n'ayant osé les y attaquer.

La Compagnie désirant absolument que nous travaillions à dresser le tableau des officiers, nous verrons à l'arrivée de M. de Lally s'il y a moyen de la contenter.

Nous avons bien reçu le brevet de Capitaine pour le sieur Muriol qui n'est point encore ici. Le sieur de Sombreuil est bien arrivé.

Le nommé Augustin Joseph Duriez fut compris dans le détachement envoyé au secours de M. de Bussy, nous avons écrit à Mazulipatam de nous le faire repasser.

Le nommé Henry Latour a été estropié des deux mains à Chalembron en faisant un salut ; il a été compris dans le détachement envoyé à Chandernagor par Messieurs du Conseil de Mazulipatam où il avait été envoyé en garnison, nous ignorons le sort de ce soldat, dont il nous sera bien difficile d'être instruits.

Le sieur Dumesnil est bien arrivé icy, le sieur Mandeville viendra sans doute par une des autres divisions.

Nous aurons tous les égards possibles à la recommandation de la Compagnie en faveur du nommé Bertrand dit l'Edifice.

Le sieur Chevalier de St. Cyr était sergent dans le régiment de Loraine, il en a été tiré à son arrivée icy pour être reçu enseigne dans les troupes attachées au service de la Compagnie.

Elle verra par notre délibération du 15 juillet dernier la nomination que nous avons faite de plusieurs jeunes volontaires en qualité d'officiers et entre autres des sieurs Dulaurens et Affosty, employés qui ont sollicité vivement pour embrasser cet état.

AFFAIRES GENERALES.

La commission de Commandant général des Etablissements français aux Indes que sa Majesté a bien voulu accorder à M. de Leyrit est bien arrivée et a été portée sur le registre destiné à cet usage, serment a été par

lui prêté entre les mains de M. Barthélémy premier
conseiller.

Nous avons pareillement bien reçu les lettres de
change tirées à notre ordre. Celles sur M. Barthélémy
et Boyelleau ont été acquittées icy ; celle sur le sieur
De Bussy a été envoyée à Mazulipatam pour y être
acquittée.

Nous avons appris avec un sensible plaisir la nomination de M. de Moras à la charge de Controleur général.
La part qu'en cette qualité il doit prendre aux affaires
de la Compagnie, nous fait espérer de voir renaitre
l'heureuse administration de Monsieur son père.

Nous sommes mortifiés de voir que la Compagnie
n'ait voulu avoir aucun égard aux représentations que
nous avons pris la liberté de lui faire de la part des
armateurs du *Chevalier marin*, ni sentir qu'ils n'ont pas
été les maitres de connaitre et faire visiter ce qu'ils
achetaient ; quelque considérable que soit la perte qu'ils
en souffrent, nous ne lui en parlerons pas davantage.

Les deux sieurs Anquetil sont icy. Le cadet vient
d'arriver de Patna par terre et c'est par lui que nous
avons appris les nouvelles que nous donnons à la Compagnie (article timbré : Chandernagor) ; on continue à
leur payer à l'un et à l'autre, tant la pension accordée
à l'un d'eux sur la Bibliothèque du Roy que celle à
eux allouée icy sous le bon plaisir de la Compagnie pour
les mettre en état de s'appliquer au genre d'état qu'ils
ont embrassé.

Nous remettons à la Compagnie un paquet cacheté
qui renferme les papiers trouvés après la mort du sieur
Helliot Ruffet. Le fils naturel qu'il avait laissé (et auquel nous avions assigné sur la succession pour pension
alimentaire un capital de six cent pagodes) étant mort,
M. le Procureur général a versé cette somme à la caisse de la Compagnie avec les intérêts pour en être
compté aux héritiers légitimes du dit sieur Ruffet.

Dans l'inventaire des papiers de Madras venus icy et à venir à notre secrétariat, il ne se trouve rien qui concerne le sieur Cotterel ; il est écrit sur le dit inventaire au N° 89 : ce registre resté à Madras contient les délibérations depuis le 21 Mars 1747 au 12 août 1748. S'il y a quelque chose qui concerne le sieur Cotterel, ce ne peut être que dans ce registre dont nous n'avons aucune autre connaissance que celle que nous donne le dit inventaire.

Nous n'avons non plus aucune connaissance de l'affaire du sieur Dzierzanowsky que la Compagnie renvoye et qui n'est point encore arrivé, et ignorons absolument ce qui l'a fait casser, ce qui sans doute n'est connu que de M. Dupleix.

Nous n'avons point trouvé dans les expéditions de la Compagnie le mémoire du sieur Duez dont elle nous fait mention. La marine de l'Inde dans laquelle elle souhaite que nous le placions est bien tombée, surtout depuis cette guerre, il ne reste presque plus de vaisseaux tant à la Compagnie qu'aux particuliers, la plupart ayant été coulés dans le Gange pour en fermer le passage et empêcher ceux des Anglais de monter jusqu'à Chandernagor.

Le neveu de M. de Moracin est bien arrivé, il a passé à Mazulipatam pour aller rejoindre son oncle.

Les fonds de la succession Friell venus à la caisse de la Compagnie pour le compte des demoiselles O'Connor se montent à 16.368 roupies arcattes, les intérêts à 7 % en sont dus depuis le 15 Mai 1753 jusqu'au jour que cette somme sera acquittée.

Nous ignorons qui a pu porter des plaintes au sujet de l'hôpital de cette ville et de l'administration du sieur Aubert, chirurgien major, qui n'a jamais été chargé que du soin de ses malades. Nous avons exécuté les ordres de la Compagnie au sujet de l'inspection des remèdes,

dont nous avons chargé le sieur Bourdier, médecin,
mais en même temps nous ne pouvons nous empêcher
de lui dire que le sieur Aubert ne méritait pas ce
manque de confiance, qu'il a icy celle du public et que
nous aurions tout lieu d'être satisfaits de ses services,
si sa santé lui permettait comme cy-devant qu'il a
desservi lui seul la ville et l'hôpital, de soigner des
malades avec le même zèle et la même attention. La
Colonie perdrait beaucoup à présent si elle perdait ce
chirurgien, le seul que nous ayons d'expérimenté dans
ce pays, où le sieur Bourdier n'a pas fait encore un
assez long séjour pour s'attirer la même confiance, mais
que nous ne doutons pas qu'il n'acquière par la suite.
Nous sommes du reste contents de la conduite de ce
médecin.

Nous ne pensons pas que Melles. Bernard du Grelot,
sœurs du feu sieur de La Tour, puissent prendre à
partie la Compagnie sur la succession de leur frère dont
elle ne peut être responsable. Nous allons avoir l'honneur de lui rendre compte de notre conduite sur cette
affaire. Le testament du feu de Latour n'est point dans
le cas d'être cassé quoiqu'il eut quelques fautes ; un
militaire qui se mêle de faire un testament holographe
n'est point obligé de le dresser avec autant d'exactitude
qu'un notaire et des fautes qui d'ailleurs ne masquent
point la volonté du testateur peuvent bien être passées ;
c'est justement le cas de celui du feu sieur Latour, par
exemple au lieu d'exécuteur testamentaire il nomme
légataire universel le sieur de Solminiac ; mais la suite
fait voir qu'il s'est trompé de termes, d'ailleurs nous
connaissions l'amitié et l'union qu'il y avait depuis au
grand nombre d'années entre le défunt et le sieur de
Solminiac et la famille de ce dernier. nous ne pouvions
donc douter de la volonté du feu sieur de Latour, et
par conséquent nous empêcher d'homologuer un testament que d'ailleurs ne va point contre les lois puisqu'elles

laissent au mourant le maitre de donner un bien d'acquit
à qui il lui plait; or celui-ci n'a fait que de simples
legs, mais l'arrêt qui est intervenu n'homologue le testament que suivant sa teneur ; or, il parait par ce testa
ment que le dit feu sieur de la Tour laissait après lui
des fonds dans l'Inde, et que sur ces fonds seuls les
légataires pouvaient répéter et prendre leur legs ; mais
nous ignorons où sont ces fonds et en quoi ils consistent,
le testament n'en faisant point mention, mais si les légataires sont payés de leurs legs sur d'autres, c'est alors
et contre la teneur de l'arrêt qui ne les autorise à les
percevoir que sur ceux laissés dans l'Inde et destinés à
cet usage. Le Procureur général va agir dans cette
affaire pour ces demoiselles et nous instruirons la Compagnie de l'effet qu'auront ses pousuites.

Nous exécuterons les ordres que la Compagnie nous
donne au sujet des fonds que ses employés voudront
faire tenir en France pour se procurer quelques besoins
qu'elle ne nous fait pas passer ou payer les pensions et
entretien des enfants qu'ils y ont, mais nous avouerons
à la Compagnie que nous ne comprenons pas bien les
motifs d'un pareil réglement qui lèse ses employés et
tourne à son profit ; si c'est cet objet qui l'y a déterminé,
nous n'avons rien à dire, sinon que c'est bien peu de
chose. Les avances qu'elle avait la bonté de faire ne
lui tournaient point en perte, et elle peut avoir par les
livres qu'elles lui ont toujours été exactement rem-
boursées ; elle trouvait au contraire l'avantage d'avoir
de l'argent tout porté dans l'Inde et qu'elle n'était point
obligée de risquer ; elle trouvera bien encore cet avantage par son nouveau réglement, mais ce sera au
préjudice de ses employés qui seront obligés de remettre leur argent à sa caisse; sans en percevoir aucun
intérêt pour une lettre de change qui ne sera acquittée
qu'un an après sa dette, en recevoir le produit ou en
savoir l'emploi qu'après le même espace de temps. La

Compagnie n'ignore plus que nous agissons bien autrement à son égard et que nous nous sommes dépouillés tous tant que nous sommes pour son service.

Nous ferons passer à M. Phillipe une lettre de change sur la Compagnie à un mois de vue en payement de celle passée à notre ordre et tirée par M. Dupleix sur M.M. Dubausset et Delarche.

Les R. R. P. P. Capucins de la province de France ayant nommé pour supérieur et custode le père Dominique, il a été nécessaire de le présenter à l'Evêque pour la cure de Pondichéry dont était pourvu le R. P. Sebastien cy-devant supérieur, dont nous avions tout lieu d'être contens.

Nous avons instruit précédemment la Compagnie du peu de satisfaction que nous avions de la gestion de Rangapa courtier et nommé fermier général par M. Godeheu, ce qui a obligé M. le Commandant général, sans rien changer aux dispositions faites à cet égard, de lui ôter le maniment des revenus et de nommer M. Desvaux conseiller pour trésorier de la ferme et en cette qualité en percevoir les revenus et veiller sur leur entrée ; au moyen de quoi il n'est plus resté à ce courtier que le nom de fermier. Cette disposition a réussi et le dit sieur en a retiré 1.300.000 roupies, sans ce qu'en ont rendu Tirnoular et Oulaquilenour, département particulier où avait été envoyé le sieur Mallet. Il y a apparence que sans la guerre qui a arrêté les revenus de Vandavachy, principal paragané de toutes nos concessions, il fut venu à bout de percevoir tout ce à quoi nos fermes avaient été portées pour l'année 56 à 57 ; nous avons aussi fait mention dans nos précédentes du compte à nous présenté par le sieur Rangapa des deux premières années de sa gestion, nous l'avions donné à M. Lenoir, Conseiller, pour l'examiner et en faire son rapport au Conseil; il y a travaillé, mais faute d'avoir pu avoir les amaldars pour en poursuivre l'examen, ce

compte est resté là. Nous ferons en sorte de faire terminer cette affaire en hiver, et nous aurons l'honneur
d'en instruire la Compagnie en janvier.

Nous n'avons pas eu plus lieu de nous louer du dernier fermier de Cheringam que du précédent et avons
été obligés de résilier son bail qui était de cinq ans;
cet homme, sur les pertes prétendues qu'il avait faites, a
demandé une indemnité de 90.000 Rs. pour cette année
et de réduire la ferme à 300.000 Rs. pour la 2me année
au lieu de 480.000 Rs. à quoi elle avait été portée ; des
demandes aussi exorbitantes nous ont engagé à nommer
par délibération du 15 juillet dernier M. Lenoir, conseiller, pour commissaire à Cheringam, avec ordre à
lui d'examiner les comptes du dernier fermier et de
donner à ferme paragané par paragané ou de laisser en
régie sous l'inspection de M. St. Maurice les fermes de
Cheringam, suivant qu'il le jugerait plus avantageux à
la Compagnie. Le dit sieur Lenoir s'est acquitté de sa
commission et en est bien de retour ; il a apporté avec
lui les comptes que nous lui avons demandés, mais les
occupations qui nous sont survenues à l'arrivée de
l'escadre ne nous ont pas permis de les examiner et de
nous décider sur cette affaire ; ce que nous ferons après
cette expédition et dont nous aurons l'honneur de rendre compte à la Compagnie ; il a affermé plusieurs
paraganés de cette ferme à gens surs et solvables et a
laissé le reste en régie entre les mains du dit sieur
St. Maurice, commissaire des troupes à Cheringam,
employé exact et entendu, qui en rend compte au dit
sieur Lenoir, que nous avons laissé chargé de tout ce
qui regarde ce département pour nous en rendre compte à nous mêmes.

Nous avons parlé plus haut, article timbré commerce,
de l'envoy du *Diligent* à Merguy pour nous en rapporter du bois. Comme cet endroit n'est pas éloigné du
Pégou avec lequel on peut même avoir communication

par terre, il a été ordonné au sieur Duponcel, capitaine du *Diligent* et pratique de ce pays où il a séjourné plusieurs fois, de s'informer exactement de la situation des affaires du Pégou et si les dispositions du roy Burma à notre égard sont aussi favorables que nous l'a marqué le sieur St. Vergent, auquel cas il a ordre de traiter ou de faire traiter avec le dit roy pour la reddition du vaisseau *la Galathée* et des gens pris à bord de ce vaisseau, enfin de faire tout ce qui dépendra de lui pour les faire relâcher, et nous les ramener à la côte. Son retour nous instruira de ce qu'il aura pu faire et de la situation de ce pays qui nous mettra en état de nous décider nous mêmes sur le parti que nous aurons à prendre. Nous sentons à présent par la disette des choses que nous avions coutume de tirer de ce pays, combien il nous est nécessaire de nous y établir.

Du 15 Octobre 1757.

Par une lettre de M. Renault, directeur à Chandernagor, à M. le Commandant général venue par une palle portugaise, arrivée icy de Bengale le 12 de ce mois, nous avons eu confirmation de l'infraction de la capitulation faite par les Anglais, qui ont enlevé nos Messieurs de Chinsura où ils étaient réfugiés et les ont conduits à Calcutta où ils ont été renfermés et gardés à vue et d'où ils n'ont pu sortir qu'après avoir signé un consentement forcé de ne point servir contre eux pendant toute cette guerre. La conduite des Anglais toute odieuse qu'elle soit l'est encore moins que celle des Hollandais, comme la Compagnie le verra par cette lettre. Le Conseil délivré s'est retiré à Chandernagor avec presque toute la Colonie, et où il est encore, jusqu'à ce qu'il plaise aux Anglais de l'en tirer, car il y a apparence qu'ils ont dessein de transplanter tous les Français du Bengale et nous en attendons incessamment vingt-cinq à trente, qui avaient eu ordre de s'embarquer pour repasser à la côte, le reste a-t-on dit doit revenir en janvier. Quelques Français qui se sont retirés chez les Danois ont essuyé de leur part un traitement bien plus favorable et y ont été accueillis avec toutes sortes de bontés et de cordialité, reproche bien amer pour les Hollandais, s'ils étaient sensibles à autre chose qu'à leur intérêt.

Cette même lettre nous confirme la mort de Siradja Doula, nabab de Moxoudabad, et de l'élévation de Mirzaffer au poste; ce malheureux seigneur que sa passion a aveuglé au point de causer la révolution qui vient d'arriver, s'est encore laissé tromper par des traitres, et au lieu de nous secourir et de sentir que de notre conservation dépendait la sienne propre, a laissé prendre Chandernagor, s'imaginant sans doute qu'il ne pouvait rien lui arriver de plus heureux que de voir deux nations européennes travailler réciproquement à leur destruction et qu'il aurait ensuite plus de facilité à les expulser ou à les réduire au point où il les voulait amener; la suite lui a fait voir qu'il s'était confié à des traitres; Chandernagor n'a pas été plutôt pris que les Anglais malgré la paix faite avec luy, ont renouvellé la guerre et marché vers Moxoudabad. Le nabab a vu alors la faute qu'il avait faite et s'est repenti d'avoir suivi le conseil pernicieux qu'il lui avait été donné d'abandonner les Français; il a rappelé à son secours M. Law qu'il avait été obligè à la requisition des Anglais d'expulser de Cassembazard. Ce conseiller, à la tête de tout ce qu'il avait pu ramasser de Français s'est mis en chemin, c'est tout ce que nous savons. La lettre de M. Renault fait mention de sa retraite à Bénarès. Le subrécargue portugais a ajouté que les Anglais l'avaient poursuivi plusieurs jours sans le pouvoir atteindre; la même lettre fait mention de la retraite de M. Courtin, chef à Dacca, on ignore où, et du séjour de M. La Bretèche à Patna, où il est resté malade. Une lettre

que nous avons reçue par terre de ce dernier quelques
jours devant l'arrivèe de cette pale nous confirme la
même chose et la plupart des évènements insérés dans
cet article.

Le subrécargue portugais nous a assuré que les
Anglais avaient perdu soit par les combats ou par
maladies la plus grande partie de leur monde, et que
le reste était en si mauvais état qu'ils ne pouvaient tenir
s'il ne leur venait pas de secours. M. Waston, amiral,
est mort de maladie et l'escadre n'est plus composée en
tout que de deux vaisseaux dont le plus fort est de
70 pièces de canon et une frégate de 20.

Le bruit court icy depuis quelques jours que le fils
de Gazindinkhan a été expédié de Delhy avec des forces
et une artillerie considérable pour se rendre maitre du
gouvernement de Bengale ; mais il mérite confirmation.
Rien de plus heureux ne pourrait nous arriver et M. Law
en se joignant au seigneur qu'il doit rencontrer sur sa
route est en état de relever nos espérances, et de nous
rétablir, s'il peut gagner la confiance et obtenir de se
joindre à luy ; nous attendons avec impatience la confirmation de cette heureuse nouvelle.

La *Diligente* est arrivée icy le 16 du courant, nous
répondrons par une lettre particuliére à toutes celles
de 'la Compagnie que nous avons reçues par cette
frégate.

Nous sommes avec respect . . .

Signé : DUVAL DE LEYRIT, BARTHÉLÉMY, ETC.

Pondichéry le 22 octobre 1757.

MESSIEURS LES SINDICS ET DIRECTEURS DE LA COM-
PACNIE DES INDES.

Messieurs,

Nous avons eu l'honneur par l'apostille à notre lettre
générale de vous donner avis de l'arrivée de la *Diligente*

et accuser la réception de vos lettres du 12 février et 26 avril de la présente année. Sur les fonds que la Compagnie nous destine, nous avons déjà reçu 38 198... ᵐ et nous recevrons sans doute le restant à l'arrivée de l'escadre que nous n'attendons qu'en février où mars prochain ; ce qui joint aux lettres de change fait un objet de près de 200.000 Marcs et doit selon la Compagnie tant avec les revenus du Carnate et des provinces du nord que nos traites sur elle, nous mettre en état non seulement de fournir à toutes les dépenses qu'entrainent les forces qu'elle nous a fait passer, mais encore de faire un commerce assez considérable qui l'indemnise de tous ses frais.

Nous avons déjà fait savoir à la Compagnie l'emploi des premiers fonds reçus dont à peine il nous reste aujourd'huy 100.000 roupies et l'embarras où nous allons nous trouver jusqu'en janvier pour fournir à toutes les dépenses, les fermes ne rendant rien ou presque rien à présent ; des lettres de change qu'elle nous envoye, il n'y aura guère que celles tirées sur M. Barthélémy et M. Boyelleau et M. Cornet (?) qui seront acquittées c'est-à-dire les plus modiques et M.M. Bausset et Delarche à qui nous avons présenté celle tirée sur eux nous ont répondu qu'ils étaient hors d'état de les acquitter et n'avaient point d'argent. Ces lettres de change sur le produit desquelles la Compagnie comptait, forment un objet de près de 250.000 roupies de moins qui nous ferons faute. A l'égard des revenus du Carnate et des provinces du nord sur lesquelles elle fonde pour toutes les dépenses, nous lui dirons au sujet de ceux du Carnate qu'ils ne rentrent qu'à fur et à mesure et ne sont pas tellement assurés et surtout en temps de guerre qu'on puisse compter entièrement dessus ; ceux du nord, nous entendons par là ceux de Mazulipatam, outre qu'ils sont exposés pour la rentrée à autant d'inconvénient et même plus que ceux d'ici, sont absorbés tant par les dépenses de Mazulipatam que par celles de l'armée de M. de Bussy. Les traites que nous prenons la liberté de faire sur la Compagnie feraient un objet assez considérable si c'était de l'argent qui entrât dans la caisse de ce comptoir, mais la plus forte partie est en extinction des dettes que nous avons contractées cy-devant, qui nous libère il est vrai d'autant, mais ne remédie point à la disette où nous nous trouvons. La Compagnie peut voir par ce petit détail que, bien loin de pouvoir espérer d'être en état avec les fonds qu'elle nous a fait passer de faire un commerce assez considérable pour l'indemniser de ces frais immenses, nous craignons fort qu'ils ne suffisent pas et de nous trouver sans ressources ; notre crédit est épuisé, et elle a entre ses mains tout le bien des particuliers qui se trouvent aujourd'hui hors d'état de rien faire de plus.

Nous lui avons expédié en février dernier les vais-seaux *le Berry* et le *Séchelles* qui font un objet assez considérable ; nous souhaitons que les cargaisons de ces deux vaisseaux qui ont été déchargés à l'ile de France lui parviennent heureusement; elle aurait pu en avoir une de Bengale si le *St. Contest* avait pu sortir du Gange ; elle est instruite du sort de ce vaisseau, il ne nous reste rien en magasin pour le présent ; à l'arrivée de l'escadre nous ferons tout ce qui dépend de nous pour contenter la Compagnie ; elle doit bien sentir qu'il serait plus satisfaisant pour nous de luy employer ses fonds en marchandises de retour que de les disperser en dépenses qui la plupart tournent en pure perte ; il a du passer aux isles par la frégate *la Fière* quelque peu de poivre; nous procurerons au comptoir de Mahé des occasions pour nous faire passer ou à l'ile de France ceux qui restent en magasin.

Il ne dépendra pas de nous de nous entendre avec Messieurs les officiers généraux de terre et de mer, et pour peu qu'ils veulent bien s'y prêter, nous ferons de notre côté tout ce qui dépendra de nous pour le bien du service de la Compagnie.

Nous avons bien reçu la copie de la lettre qu'elle a écrite au sieur Perdriau, nous tiendrons la main à ce qu'il ne s'écarte plus des ordres qui lui ont été présentés puisqu'elle veut bien les approuver ; nous avons déjà instruit la Compagnie des mesures que nous avions prises pour que cet employé ne souffrit point du retardement que nous apportions à lui allouer ses comptes, que nous avions renvoyés à ses décisions. Puisqu'elle veut bien s'en remettre à nous, nous les discuterons après la présente expédition et aurons l'honneur de lui donner avis de ce qui aura été décidé à ce sujet.

Nous prévenons cy-dessus la Compagnie du refus que Messieurs de Bausset et Delarche font d'acquitter les lettres de change tirées sur eux par M. Dupleix, savoir les deux de 2.604 ^{liv}. 76 chacune à cinq mois de vue et celles, l'une de 190.000 livres, l'autre de 210.000 à quatre mois; ils nous ont dit pour les premières qu'ils n'en ont. point d'avis et pour toutes ensemble qu'ils n'en ont point d'argent pour y faire honneur ; nous nous conformerons aux ordres qu'elle nous donne pour la forme des protests à lui envoyer.

M. Boyelleau a déjà fait passer en février dernier sur les fonds qu'il a de M. Castanier la somme de 48.322 Rs. en lettres de change sur la Compagnie et continuera de même pour ce qui lui reste, qui est dehors, à mesure qu'il lui en rentrera.

Nous vous remettons cy-joint les procès faits à l'occasion des deux lettres de change que M.M. Delarche et du Bausset ont refusé de payer.

Nous sommes avec respect. . . . . .

Inventaire des expéditions du Conseil supérieur de Pondichéry à Messieurs les Sindics et Directeurs généraux de la Compagnie des Indes à Paris par la frégate la *Diligente*, savoir :

1. Lettre du Conseil en date du 10 Octobre 1757.
2. Seconde lettre du Conseil en date du 30 Novembre 1757.
3.   do   de la correspondance du Conseil de Chandernagor avec le Conseil supérieur contenant une lettre du 15 Décembre 1756.
4. Duplicata de la correspondance du Conseil de Mazulipatam avec le Conseil supérieur depuis le 22 Septembre 1756 jusqu'au 21 Décembre suivant.
5. Duplicata de la correspondance du Conseil de Mahé avec le Conseil supérieur depuis le 7 Octobre 1756 jusqu'au 12 Décembre.
6. Duplicata de la correspondance du Conseil supérieur avec le conseil de Mahé depuis le 25 Octobre 1756 jusqu'au 12 Février 1757.
7. Correspondance du Conseil de Chandernagor avec le Conseil supérieur depuis le 8 Janvier 1757 jusques et compris le 2 Juillet suivant.
8. Correspondance du Conseil supérieur avec le Conseil de Chandernagor contenant une lettre du 21 Avril 1757.
9. Correspondance du Conseil supérieur avec le Conseil de Mazulipatam depuis le 5 Mars 1757 jusques et compris le 2 Octobre suivant.
10.   do   du Conseil de Mazulipatam avec le Conseil supérieur depuis le 20 Février 1757 jusques et compris le 10 Juin suivant.

11. do du Conseil supérieur avec le Conseil de Karikal depuis le 31 Mars jusques et compris le 5 Août suivant.

12. do du comptoir de Karikal avec le Conseil supérieur depuis le 25 Janvier 1757 jusques et compris le 22 Août suivant.

13. do du Conseil de Mahé avec le conseil supérieur depuis le 26 Janvier 1757 jusques et compris le 3 Septembre suivant.

14. do du Conseil supérieur avec le Conseil de Mahé depuis le 12 Avril 1757 jusques et compris le 30 Septembre suivant.

15. Extrait du registre des délibérations du Conseil supérieur depuis le 1er Mars 1757 jusqu'au 6 Octobre suivant.

16. Duplicata des expéditions du Conseil à la Compagnie du 11 May dernier.

17. Procès-verbal des matières d'or et d'argent d'envoy de M. M. du Conseil de l'Ile de France.

18. Etat des lettres de change tirées par le Conseil supérieur sur la Compagnie.

19. Copie de la requète du R. P. Sébastien, capucin.

20. Copie de la requète du R. P. Dominique curé et supérieur des Capucins.

21. Copie de celle du sieur Bourdier, docteur en médecine.

22. Copie de celle du nommé Thomas Vierra, habitant du Macao.

23. Copie de celle du sieur Mougenot, horloger.

24. do do Dupuy, armurier.

25. Paquet contenant la succession de feu Sieur Helliot Ruflet.

26. Procès-verbal de vins gàtés du magasin général vendu à l'encan.
27. Lettre du Conseil à la Compagnie en date du 22 Octobre 1757.
28. Protest des deux lettres de change sur M. M. Bausset et Delarche.
29. Un paquet de M. de Leyrit à l'adresse de M. M. les Sindics et Directeurs de la Compagnie, timbré comité secret.
30. Six lettres à l'adresse de M. M. les Sindics et Directeurs de la Compagnie des Indes.
31. Un paquet de M. de Leyrit à Mᵍ. de Moras, ministre et secrétaire d'Etat de la marine, contrôleur général des finances.
32. Deux paquets à l'adresse de Monseigneur de Moras, ministre et secrétaire d'Etat.
33. Deux paquets à l'adresse de M. le Prince de Clermont.
34. Une lettre à l'adresse de M. le Duc de Penthière.
35. Un paquet à l'adresse de M. le Maréchal de Noailles.
36. Une lettre à l'adresse de M. le Marquis d'Argenson.
37. Un paquet à l'adresse de M. le Garde des Sceaux.
38. Un paquet de M. de Leyrit à l'adresse de M. Godeheu, directeur de la Compagnie.
39. Un paquet de M. de Leyrit à l'adresse de M. Godeheu.
40. Un paquet de M. de Leyrit à M. Roth, directeur de la Compagnie.
41. Deux paquets à l'adresse de M. Roth.
42. Un paquet de M. de Leyrit à l'adresse de M. Castanier, directeur de la Compagnie
43. Quatre paquets à l'adresse de M. de Silhouette, Commissaire du Roy à la Compagnie des Indes.

44. Une lettre à l'adresse de M. Michel, directeur
    de la Compagnie.
45. Un paquet et une lettre à celle de M. Saintard
    de la Compagnie.
46. Une lettre à M. Boutin, Commissaire du Roy à la
    Compagnie des Indes.
47. Une lettre à M. Gilly, directeur de la Compagnie.
48. Un paquet à   do   de M. Moutaran, maître
    des requêtes.
49. Trois lettres   do   à M. Dupleix.
50. Un paquet à M. Costar, secrétaire de la Compa-
    gnie.
51. Un paquet à M. d'Hardancourt ancien directeur
    de la Compagnie.
52. Un paquet à Mme. l'Ecureau.
53. Soixante et onze paquets ou lettres particulières.
54. Deux paquets à l'adresse du P. le Fèvre de la
    Compagnie de Jésus.
55. Le présent inventaire.

A Pondichéry le 22 Octobre 1757.

INVENTAIRE du Duplicata des expéditions du Conseil
supérieur à M. M. les Sindics et Directeurs de la Compagnie des Indes à Paris par la galiote le *Marquis de
Castries*, savoir :

1. Lettre du Conseil en date du 10 Octobre 1757.
2. Seconde lettre du Conseil en date du 30 Novembre 1757.
3. Correspondance du Conseil de Chandernagor
   avec le Conseil supérieur depuis le 8 Janvier
   1757 jusques et compris le 2 Juillet suivant.
4. Correspondance du Conseil supérieur avec le
   Conseil de Chandernagor contenant une lettre
   du 21 Avril 1757.

5. Correspondance du Conseil supérieur avec le Conseil de Mazulipatam depuis le 5 Mars 1757 jusques et compris le 2 Octobre suivant.

6. Correspondance du Conseil de Mazulipatam avec le Conseil supérieur depuis le 20 Février 1757 jusques et compris le 16 Juin suivant.

7. Correspondance du Conseil supérieur avec le comptoir de Karikal depuis le 31 Mars jusques et compris le 5 Août suivant.

8. Correspondance du comptoir de Karikal avec le Conseil supérieur depuis le 25 Janvier 1757 jusques et compris le 22 Août suivant.

9. Correspondance du Conseil de Mahé avec le Conseil supérieur depuis le 26 Janvier 1757 jusques et compris le 3 Septembre suivant.

10. Correspondance du Conseil supérieur avec le Conseil de Mahé depuis le 12 Avril 1757 jusques et compris le 30 Septembre suivant.

11. Extrait du registre des délibérations du Conseil supérieur depuis le 1er Mars 1757 jusqu'au 6 Octopre suivant.

12. Procès-verbal des matières d'or et d'argent d'envoy de M.M. du Conseil de l'Ile de France.

13. Etat des lettres de change tirées par le Conseil sur la Compagnie.

14. Copie de la requête du P. Sébastien, capucin.

15. Copie de celle du R. P. Dominique, curé et supérieur des Capucins.

16. Copie de celle du sieur Bourdier docteur en médecine.

17. Copie de celle du nommé Vierra, habitant de Macao.

18. Copie de celle du sieur Mougenot, horloger.

19. Procès-verbal des vins gâtés du magasin général vendus à l'encan.

20. Copie de la requête du nommé Dupuy, armurier.

21. Lettre du Conseil à la Compagnie en date du
    22 Octobre 1757.
22. Protest des deux lettres de change sur M.M.
    Bausset et Delarche.
23. Un paquet de M. de Leyrit à M.M. les Sindics
    et Directeurs généraux de la Compagnie des
    Indes, timbré comité secret.
24. Un paquet de M. de Leyrit à l'adresse de
    M. de Moras Ministre et secrétaire d'Etat,
    Controleur général des finances.
25. Trois paquets à l'adresse de M.M. les Sindics et
    Directeurs généraux de la Compagnie des
    Indes.
26. Deux lettres à M. Silhouette Commissaire du
    Roy à la Compagnie.
27. Une lettre à l'adresse de M. Castanier, direc-
    teur de la Compagnie.
28.   do   do   de M. Saintard   do
29.   do   do   de M. Godeheu   do
30.   do   do   de M. Boutin   Commis-
    saire du Roy à la Compagnie.
31. Onze lettres particulières.
32. Le présent inventaire.

A Pondichéry, le 22 Octobre 1757.

M. Godeheu d'Igoville Directeur a Lorient.

Monsieur,

Nous avons reçu par la première division de l'escadre
commandée par M. Bouvet qui a mouillé en cette rade
le 8 du mois dernier, les lettres que vous nous avez
faif l'honneur de nous écrire par les vaisseaux le *Bristol*,
le *St. Louis*, la *Reine*, le *Comte de Provence*, le *Duc de*

Bourgogne, *la Compagnie des Indes* et la frégate la *Silphide* en date du 30 Septembre, 18 Octobre, 17 et 27 Décembre, ainsi que tous les papiers et paquets qui y étaient énoncés. M. le Chevalier de Soupire, les deux bataillons de Lorraine et le corps royal artillierie sont heureusement arrivés icy.

Nous avons appris avec plaisir l'arrivée en France du vaisseau la *Diane* ainsi que celle du *Prince de Conty* et *Duc de Bourbon* à la Corogne et Vigo et sommes bien charmés qu'ils ayent échappé à tous les dangers de la guerre.

On aura attention dorénavant lorsqu'on fera passer en France des soldats invalides ou autres par congé, de vous envoyer en même temps leurs décomptes.

Le nommé René Matjouez, chirurgien, dont vous nous demandez des nouvelles était sur la *Princesse Marie*; il est mort à Goga dans le courant du mois d'Août 1747 et n'a rien reçu aux Indes pendant qu'il y a été ; c'est le seul indice qu'il y ait au sujet de cet homme au bureau de la marine. Le nommé René Mabil, de Saumur, faisait partie du détachement du vaisseau le *Brillant* en 1741 et dont vous souhaitez être informé du sort, n'est point compris dans le détachement, dis-je, dans l'état que nous avons du détachement de ce vaisseau. Nous avons un soldat de ce nom venu sur le *Centaure* en 1752, il est de Montfort, et est actuellement dans les invalides à Gingy ; quant à Nicolas d'Hérisson, il était sergent dans les troupes qui assiégèrent Arcate en 1751 et il y fut tué d'un boulet de canon ; c'est sur le témoignage d'un appelé Formentin dit St. Aumur, sergent major, Duboil sergent d'artillerie et Amicalement soldat invalide icy, qui étaient à côté de lui dans ce moment, que nous tenons ce fait. Cy-joint est leur certificat.

Il ne s'est trouvé aucun papier de famille ni brevet de service à la succession du sieur de la Hautière officier mort le 28 juin 1752, hors quelques lettres qui n'étant point intéressantes, elles ont été déchirées par M. le Procureur général.

La caisse contenant des registres et autres papiers militaires nous est heureusement parvenue ainsi que les signaux pour le retour en France des vaisseaux de la Compagnie auxquels nous nous conformerons.

Le sieur Astruc, capitaine d'infanterie et Hullot sous-marchand sont arrivés icy ; le premier a payé à notre caisse les 360 L^{vs}. à quoi il s'était engagé pour les frais de sa traversée.

On n'a point trouvé sur le registre le nommé Jean Rodolphe Hubert, natif de Basle en Suisse ; après les informations faites dans la compagnie étrangère, on n'a eu d'autres éclaircissements sur son sort sinon que plusieurs soldats croient qu'il était à l'armée du Dékan. M. Barthélémy chargé du bureau militaire a écrit à M. de Bussy commandant la dite armée, afin de le découvrir au cas qu'il y soit ; nous ne manquerons pas de le faire revenir ici et le renverrons en France comme vous le souhaitez.

La petite boite contenant 3 ^{m} 5 ^{o} 2 ^{g} 1/2 d'or à la consignation des R. P. Carmes de Mahé, ne nous a point été remise. La *Compagnie des Indes* ayant resté aux Isles, M. M. du Conseil nous ont fait passer par le *Bristol* et le *Rubis* les marchandises que vous aviez chargées sur ce vaisseau pour notre comptoir, à l'exception cependant de tous les effets de marine qu'ils ont retenus.

Il ne parait point que le nommé Jean François Robodier du Villenoux, soldat dont vous nous demandez des nouvelles soit passé à Pondichéry, les plus exactes perquisitions n'ont pu servir à le découvrir.

Messieurs du Conseil de Mazulipatam ne nous ont point encore envoyé le certificat de vie du nommé

32

Joseph Albert Perrier, soldat que vous nous avez demandé cy-devant.

Vous trouverez cy-joint le décompte des marins morts dans l'Inde depuis le mois de février 1757 jusqu'en septembre dernier ainsi que toutes les pièces que nous avons coutume de vous envoyer.

Messieurs du conseil de l'Ile de France ont expédié le mois dernier la frégate la *Diligente* qui a mouillé icy le 16 du courant pour nous donner avis du départ de France de la 2me division de l'escadre commandée par M. D'Aché qu'elle a quittée à la hauteur du Cap Vert et en même temps de celle de l'arrivée à l'Ile de France de la *Thérèse*; nous avons reçu, Monsieur, la lettre que vous nous avez fait l'onneur de nous écrire par ce vaisseau avec les pièces qui l'accompagnaient.

Nous sommes avec respect, Monsieur,

Signé : Duval de Leyrit, Barthélémy, Guillard Boyelleau, Delaselle, Delarche, Bausset, Desvaux, Gueulette.

Inventaire des expéditions du Conseil supérieur à M. Godeheu d'Igoville, Directeur commandant à Lorient par la frégate la *Diligente*, savoir :

Nᵒ 1. Lettre du Conseil de ce jour.
    2. Procès-verbal des eaux de senteur et liqueurs du magasin général.
    3. Procès-verbal de la bougie. . . .
    4. do do de la bougie venue par les vaisseaux le *Séchelles* et le *Duc de Berry*.
    5. Procès-verbal du vin rouge en caisse venu par ces vaisseaux.
    6. do de quatre balles de drap avariées du magasin général.

7.   do   de l'ouillage des vins rouge, Xérès
etc. . du dit magasin général.

8. Procès-verbal de l'ouillage des vins rouge, blanc
et eaux de vie venus par le vaisseau la *Reine*.

9. Procès-verbal de l'ouillage des vins de Madère et
eau de vie venus par le vaisseau le *Bristol*.

10. Procès-verbal de six balles de draps mangés des
carias du magasin général.

11. Décompte des marins morts dans l'Inde depuis
le mois de Février 1757 jusqu'en Septembre
de la même année.

12. Certificat de mort du nommé Nicolas d'Hérisson
dit Aleçon, soldat.

13. Etat de la dépense du vaisseau la *Reine* pendant
son séjour icy.

14. Deux paquets à l'adresse de M. Godeheu d'Igoville, Directeur, commandant à Lorient.

15. 35 paquets et lettres particulières.

16. Le présent inventaire.

A Pondichéry, le 22 Octobre 1757.

INVENTAIRE du duplicata des expéditions du Conseil
supérieur de M. Godeheu d'Igoville, Directeur commandant à Lorient, par le *Marquis de Castries*, savoir :

N° 1. Lettre du Conseil de ce jour.

2. Procès-verbal des eaux de senteur et liqueurs du
magasin général.

3. Procès-verbal d'une caisse de verrines du magasin général.

4.   do   do   de la bougie venue par les vaisseaux le *Séchelles* et le *Duc de
Berry*.

5.   do   do   du vin rouge en caisse venu par
les dits vaisseaux.

6. Procès-verbal de quatre balles de draps avariés
       du magasin général.
7.   do   do   de l'ouillage des vins rouge, blanc
       et eau de vie du magasin géné-
       ral.
8.   do   do   de l'ouillage des vins rouge, blanc
       et eau de vie venus par la *Reine.*
9.   do   do   de l'ouillage des vins de Madère et
       eau de vie venus par le *Bristol.*
10.   do   do   de six balles de draps mangés des
       carias du magasin général.
11. Certificat de mort du nommé Nicolas dit Aleçon,
    soldat.
12. Deux letters particulières.
13. Le présent inventaire.

A Pondichéry le 22 Octobre 1757.

A Pondichéry, le 9 Décembre 1757.

MESSIEURS LES SINDICS ET DIRECTEURS DE LA COMPAGNIE
DES INDES.

1ère par voie de Bassora.

Comité secret.

Messieurs,

La présente vous parviendra par la voye de la caravane ; il ne s'est rien passé icy de nouveau depuis notre
dernère.

Nous venons de recevoir des lettres de Mazulipatam
par les quelles nous apprenons que le vaisseau anglais la
Restitution, expédié par M.M. de Calcutta le 14 Octobre
dernier pour transporter à Madras une partie des prisonniers faits à la prise de Chandernagor y avait mouillé
le 21 du même mois ; ces prisonniers au nombre de
trente-six ne croyant pas leur vie en sureté dans un
vaisseau, malgré et dans une saison aussy critique s'en

sont emparés et l'on conduit à Mazulipatam. Vous serez mieux instruits, Messieurs, de cet évènement singulier par la copie cy-jointe que nous vous remettons de la déclaration qui a été faite au greffe du Conseil de Mazulipatam par les susdits prisonniers.

M. Pigot, gouverneur de Madras, ayant écrit à M. de Leyrit pour réclamer ce vaisseau qu'il lui avait déjà annoncé en lui demandant son agrément pour qu'il put venir jusqu'en cette rade, afin d'y remettre les prisonniers, ce à quoi M. de Leyrit avait consenti et l'engagement en même temps à faire venir icy ce vaisseau pour y être mieux instruit de ce qui s'était passé en cette occasion et se déterminer en conséquence, nous avons profité de cette ouverture et sans rien décider nous avons donné ordre à M.M. de Mazulipatam de nous envoyer icy le vaisseau avec les officiers anglais qui le commandaient, et les prisonniers qui y avaient été embarqués ; nous attendons qu'il soit icy pour juger de la validité de cette prise : nous avons aussi ordonné à ces Messieurs sur la demande qu'en a fait également M. Pigot de nous faire passer par cette occasion les prisonniers anglais que nous avons à Mazulipatam provenant de la prise de Vizagapatam et de Menepelly, afin de les échanger à leur arrivée contre un pareil nombre de ceux que nous avons depuis trois ans au fort St. Dayid et à Trichinopoly.

Le sieur Perdriau agent de la Compagnie à Bassora nous a fait passer la lettre qu'elle lui a adressée pour nous ; nous en avions déjà reçu le duplicata par la frégate la *Diligente* et nous y avons répondu ; quoique le dit sieur Perdriau se soit annoncé comme consul à Bassora, et qu'il a fait arborer le pavillon malgré les ordres contraires que nous lui avions donnés, nous pensons que dans les circonstances actuelles il convient de laisser subsister jusqu'au rétablissement de la paix les choses sur le pied où il les a mises. Nous nous contenterons seulement pour le présent de retrancher de ses dépenses celles de la table qu'il s'est allouée dans ses comptes.

Nous joignons icy, Messieurs, deux états de demandes que nous a remis M. le Chevalier de Soupire et vous prions d'y avoir égard ; nous ne pouvons parvenir qu'avec beaucoup de dépenses à suppléer à ce qui nous manque pour satisfaire à toutes ses demandes.

Nous sommes avec respect, Messieurs.

Signé : DUVAL DE LEYRIT, BARTHÉLÉMY, GUILLARD, BOYELLEAU, DELARCHE, ETC. . .

A Pondichéry, le 13 Février 1758.

MESSIEURS LES SINDICS ET DIRECTEURS
DE LA COMPAGNIE DES INDES.

Messieurs,

Nous avons l'honneur de vous remettre cy-joint notre état de demandes dans la forme que vous nous avez prescrite, et exactement pris article par article sur l'inventaire des magasins, lequel état a été dressé par M. Gueulette, l'un de nous, que nous avons commis à cet effet.

La Compagnie ne doit pas être étonnée si malgré ce qui parait rester en magasin au 30 juin dernier nous lui faisons des demandes considérables ; nous avons égard en cela aux consommations faites depuis le 1er juillet jusqu'au 31 décembre ; indépendamment de cette raison, nous sommes bien aises de nous précautionner pour le rétablissement du comptoir de Chandernagor qui aura besoin de tout, et que nous ne pouvons trop tôt mettre en état d'être utile à la Compagnie, c'est cette même raison, qui malgré ce que nous avons eu l'honneur de lui écrire cy-devant, nous oblige à lui demander 500 balles de draps pour en provisionner ce comptoir, il nous en reste au plus 5 à 600 balles.

Nous avons fait à cet état nos observations, ainsi que la Compagnie l'a désiré ; nous la prions de faire attention que tout ce qui est munition de guerre est demandé par Mrs du Corps royal ou par M. de Soupire ; quant à ce qui nous concerne plus directement, nous lui serons obligés de vouloir bien nous faire passer les quantités que nous lui demandons et le plutôt qu'il lui sera possible.

Depuis deux ans que nous n'avons rien reçu de France nous sommes démunis de tout et de ce qui est le plus nécessaire ; elle doit pareillement faire attention que nous avons actuellement un gros corps de militaires, lequel va entrainer une consommation bien considérable en toutes sortes de choses, surtout dans celles nécessaires à la vie et qu'elle ne peut trop nous provisionner.

Nous sommes avec respect. . . . . etc.

Signé : Duval de Leyrit, Barthélémy, Guillard, Boyelleau, Delarche, Duplan de Laval, Bausset, Delasselle, Desvaux Gueulette, le Chevalier de Luker.

A Pondichéry, le 18 Février 1758.

Monsieur Godeheu d'Igoville, Directeur Commandant a Lorient.

Monsieur,

La présente n'est uniquement pour avoir l'honneur de vous envoyer l'état de décomptes des marins morts depuis le mois d'octobre et que vous trouverez cy-joint ainsi que le triplicata de nos expéditions du 22 octobre de l'année dernière.

Nous sommes avec respect. . .

Signé : Duval de Leyrit, Barthélémy, Guillard, etc...

Inventaire des expéditions du Conseil supérieur à M. Godeheu d'Igoville, Directeur commandant à Lorient.

Nᵒ 1. Lettre du Conseil en date du 18 Février 1758.
2. Triplicata des expéditions par la frégate *la Diligente.*
3. Décompte des marins morts depuis le mois d'Octobre.
4. Trois paquets à l'adresse de M. Godeheu d'Igoville, Directeur commandant à Lorient.
5. Un paquet à l'adresse de M. le Directeur commandant à Lorient.
6. Une lettre à l'adresse de M. l'Evêque de Léon.
7. 29 lettres particulières.
8. Le présent inventaire.

A Pondichéry, le 18 Février 1758.

A Pondichéry, le 18 Février 1758.

Messieurs les Sindics et Directeurs de la
Compagnie des Indes.

Messieurs,

Nous avons eu l'honneur de vous écrire les 30 septembre, 10, 15 et 22 octobre dernier, tant pour répondre à toutes les lettres que vous nous avez fait celui de nous écrire que pour vous rendre compte de l'Administration de vos comptoirs et des évènements qui sont arrivés. Nous allons continuer à vous faire part de notre situation actuelle.

Par une autre lettre du 9 décembre dernier à Messieurs du Comité secret par voye de la caravane dont cy-joint le duplicata, nous avons donné avis de l'arrivée à Mazulipatam du vaisseau anglais la *Restitution* dont les prisonniers français qu'on a forcés à Bengale de s'embarquer dessus se sont emparés. Les Anglais étaient dans la résolution de faire repasser icy en décembre ou en janvier tous les Français qui sont encore à Bengale et ils viennent de l'effectuer malgré les protestations faites contre le violement de la capitulation. M. Renault et le Conseil et beaucoup d'autres personnnes sont arrivées icy par les vaisseaux danois, et nous attendons les autres par différentes occasions. A l'égard des Français embarqués de force, se voyant obligés de sortir du Gange le 14 octobre pour venir à Madras, exposés si tard à donner à la côte et essuyer le coup de vent dans un vaisseau mal gréé, ils demandèrent au capitaine à faire route pour Mazulipatam, ce que leur ayant été refusé, ils prirent sur eux pour sauver leur vie qu'ils croyaient en risque, de s'emparer du vaisseau et de le conduire à Mazulipatam où ils arrivèrent le 21 après avoir donné au capitaine un écrit par lequel ils exposent les raisons de leur conduite et promettent de lui remettre le vaisseau et rendre la liberté aussitôt arrivés. Mais Messieurs du Conseil de Mazulipatam sans égard à cet engagement s'en sont emparé et nous en ont donné avis, M. Pigot, gouverneur de Madras, l'a réclamé, comme vaisseau de Cartel et nous ayant proposé de le faire venir icy avec les prisonniers français pour nous mettre plus en état de juger de la validité de cette prise, nous avons profité de cette ouverture pour le faire venir sans risque icy, où il est arrivé le 16 janvier avec les anglais prisonniers de Nelepelly, Bandermoulanka et Vizagapatam : mais aucun des Français n'a voulu s'embarquer dessus dans la crainte de retourner entre les mains des Anglais, ce qui nous prive des éclaircissements que nous attendions d'eux pour terminer cette affaire.

Messieurs du Conseil de Chandernagor ont tiré sur nous en faveur du Conseil de Madras une lettre de change de 35.000 roupies à laquelle nous avons fait honneur en demandant cependant dessus la déduction des 844 roupies que le Conseil de Chandernagor avait avancées pour secourir les Anglais lors de la prise de Calcutta par les Maures.

Nous parlons cy-dessus des prisonniers faits à Nellepely, Bandermoulanca et Vizagapatam sur les Anglais ; les deux premiers endroits ont été pris par des détachements envoyés à cet effet par M. de Moracin et le troisième l'a été par M. de Bussy en personne ; on a encore rien décidé sur l'échange de ces prisonniers. A l'égard des effets et marchandises trouvés dans ces endroits, ils ont été remis dans les magasins de la Compagnie et les dernières font partie de celles que Messieurs du Conseil de Mazulipatam nous marquent avoir fait passer à l'ile de France avec des provisions sur les vaisseaux le *St. Vincent* et la *Ste. Brigitte* ; c'est tout ce que nous avons à espérer de ce comptoir ainsi que de celui d'Yanaon et il ne parait pas que nous ayons aucune marchandise à en attendre cette année.

Indépendamment des provisions qui nous sont venues de Mazulipatam par la prise anglaise et par le bot *l'Oiseau*, nous en attendons encore par divers autres bâtiments, entre autres par le brigantin la *Ste. Rite* que nous y avons envoyé à ce dessein.

Nous n'avons eu encore aucune nouvelle du nommé Duriez redemandé par la Compagnie et Messieurs du Conseil de Mazulipatam ne nous ont point répondu à ce que nous leur avons écrit au sujet de cet homme.

Il s'est perdu auprès d'Yanaon un bâtiment anglais ; le Sr. Bury fils qui est résident en cet endroit s'en est emparé au nom de la Compagnie et a fait passer à Mazulipatam les officiers de ce bâtiment qui ont été renvoyés sur leur parole d'honneur ; ce qui a été sauvé de ce bâtiment est peu de chose, et ne consiste guère que dans des débris et gréements que nous avons permis au Conseil de Mazulipatam de les vendre au sieur Bury qui a offert de s'en accommoder. Il a été pris à Ganjam un autre bot anglais nommé le *Mazlboroug* par le sieur

Azam qui y réside ; les prisonniers ont pareillement été renvoyés sur leur parole et cette prise suivant les lettres du Conseil de Mazulipatam est estimée 9.385 pagodes d'or.

Suivant ce que nous marquent Messieurs du Conseil, la récolte promettait beaucoup dans leurs quartiers mais la venue des Marattes, qui ont commis quelques désordres dans la province de Condavir, la fuite des habitants qu'elle a occasionnée et le pillage des parias qui ont profité de l'abandon des terres, pour en enlever les récoltes leur font craindre une grande perte, on a envoyé des détachements contre eux, mais la difficulté est de les joindre, nous ignorons encore le succès qu'ils auront eus Les sieurs Duplan, Ribaut et le baron du Crousé, qui revenaient icy par terre, ayant été rencontrés par un parti de Marattes ont été dépouillés entièrement et ensuite relâchés, ils sont heureusement arrivés.

Le *Bristol* dont nous avons déjà prévenu la Compagnie de l'armement, est bien arrivé à Mahé, d'où après avoir mis à terre les effets, argent et soldats qu'il avait à y remettre, il est reparti pour Bassora le 11 décembre, heureusement pour lui, car trois jours après son départ, 4 vaisseaux anglais ont mouillé à Telichéry avec la galiote le *Marquis de Castries* qu'ils ont prise à la hauteur de Ceylan; il a été chargé sur le *Bristol* 200 candits de poivre pour fournir à l'achat du blé qu'il doit nous rapporter et son équipage a été recruté de tous les marins qui se sont trouvés à Mahé, c'est tout ce que M. Louet a pu lui fournir, et il nous marque qu'il n'avait pas assez de fonds en caisse pour lui donner le cardomone que nous avions ordonné de charger dessus; depuis le départ du *Bristol* pour Mahé, nous y avons fait passer par terre 8 mille pagodes d'or et quelqu'étroite que soit notre situation, nous n'abandonnerons pas ce comptoir qui n'a aucune ressource.

Les sieurs Anquetil qui sont passés à Mahé sont bien

arrivés, et doivent profiter de la première occasion favorable pour se rendre à Surate où l'aîné remplacera le Sieur Drouet, qui nous a demandé son rappel.

Les sieurs S^t. Hélène, Martin et Dumez que nous avions donné ordre de faire passer aux isles ayant trouvé le moyen de s'évader sont venus par terre à Trichinopoly où ils ont été faits prisonniers de guerre et de là à Madras d'où ils ont été renvoyés sur leur parole ; le sieur Baron de Haugwitz officier s'est aussi évadé et sauvé chez les Danois à Calicut.

Le sieur Le Verrier, chef à Surate, nous demande depuis longtemps avec instance son retour icy, il nous a donné avis de l'arrivée à Bombay de 4 vaisseaux et d'une frégate de guerre partis d'Angletterre le 15 mars qui n'ont apporté aucune troupe de débarquement ; ils sont commandés par M. Stewen ; nous comptions que cette escadre serait à cette côte en ce mois, mais jusqu'à présent elle n'a point passé.

Conformément aux ordres de la Compagnie nous avons examiné les comptes du sieur Perdriau et les avons confrontés avec les instructions, en conséquence nous lui avons alloué toutes les dépenses passées sous le titre de celle de la loge, gages et entretiens de serviteurs, et avons retranché celles de table, de même que celles de son voyage à Bagdad. Nous lui avons cependant permis pour le remboursement de ces dernières de continuer à tirer sur les vaisseaux français le droit de 1.300 crux, dont il a obtenu l'abolition, jusqu'à ce qu'il ait été entièrement remboursé des frais du voyage, nous laisserons les choses subsister sur ce pied, jusqu'à ce que la paix nous mette à lieu de réformer ce que nous n'avons point approuvé dans le ton que le sieur Perdriau a pris à Bassora, nous lui avons fait passer par le *Bristol* sa gratification ainsi que celle accordée à Monseigneur l'évêque de Babylone.

L'affaire des héritiers Latour a été jugée icy à la

requête du procureur général faisant pour eux, et le sieur de Solminiac a été condamné à payer ce qu'il a retenu pour ses legs sur les fonds venus du Bengale avec les intérèts à 5%, nous prions cependant la Compagnie de penser favorablement du sieur de Solminiac qui se croyait autorisé par le testament à prendre son legs partout ou il le trouverait; n'ayant pas trouvé à se le faire payer icy, il n'aurait pas même attendu un jugement pour rembourser, s'il n'eut craint que cette affaire n'occasionnàt quelques procès par la suite dans sa famille, ce qui l'a obligé de se mettre en régle.

Le *Diligent* que nous avons expédié en juillet dernier pour se raccommoder à Merguy et nous en rapporter une cargaison de bois, n'est point encore de retour, nous commençons à ètre inquiets de son retardement, nous pensons cependant qu'il peut ètre occasionné par le grand ouvrage qu'il y avait à faire à ce bâtiment dont il fallait refaire tous les hauts.

L'Aurore que nous avions pareillement expédiée en may dernier pour les Isles a manqué son voyage et a été hiverner à Achem où elle a consommé en frais au delà de sa cargaison qui y a été vendue pour fournir à ses dépenses, et est revenue icy le 1er de ce mois. Pendant son séjour à Achem, il est venu plusieurs vaisseaux anglais qui ont voulu s'en emparer, mais le Roy pour les en frustrer et nous obliger, en a fait un achat simulé avec le capitaine, et a envoyé à bord un équipage malaye pour le garder; le capitaine et ceux qui étaient sur le bàtiment se louent beaucoup des bons offices de ce prince qui craint sans doute notre ressentiment sur la mort de M. de Beaubriant, et cherche par toutes sortes de moyens à l'effacer de notre esprit. La Compagnie ne nous a rien répondu à ce que nous avons eu l'honneur de lui écrire à ce sujet; quoique nous soyons certains que ce prince n'a trempé en rien dans cette triste catastrophe, nous eussions cependant désiré être autorisés à profiter de cette circonstance pour faire payer à la Compagnie et à la nation de bien des sommes qui lui sont dues dans ce pays. Le Père Lambert, cordelier, aumonier du vaisseau l'*Hermionne* et le sieur Crestien qui avaient été embarqués sur l'*Aurore* pour repasser en France sont revenus icy.

La Compagnie par notre délibération du 1er décembre verra la promotion d'employés que nous avons été obligés de faire pour ne point refuser à M. de Soupire la grâce qu'il nous a demandée pour le sieur Duprès son secrétaire, et en même temps ne point dégoûter les bons employés qu'elle a à son service ; les places qui se sont trouvées vacantes nous ont mis en état de satisfaire les uns et les autres.

Le sieur Porcher, commandant à Karikal, nous avait cy-devant demandé la permission d'établir une ferme de tabac et bétel pareille à celle de Pondichéry. Nous la lui avions refusée dans la crainte d'indisposer les habitants qui mettent ces terres en valeur et que nous avions intérêt de ménager ; sur les nouvelles instances qu'il nous en a faites par sa lettre du 22 août dernier et l'assurance qu'il nous a donnée, que l'habitant en serait content, nous y avons consenti, mais ces mêmes habitants au contraire étant venus icy en grande troupe nous en porter des plaintes et ayant appris la désertion des habitants de plusieurs aldées que cette raison et de mauvais traitements de la part des fermiers ont obligé de se retirer, nous avons aussitôt aboli cette ferme qui n'est pas considérable. On continue toujours à travailler l'enceinte de Karikal.

Depuis l'affaire de Chetoupet les troupes sont rentrées en ville et quoique la saison permette de mettre en campagne et que nos forces supérieures nous donnent tout lieu de croire que nous en serions les maitres, nous sommes hors d'état faute d'argent de pouvoir profiter de cette favorable circonstance. Nous avons déjà

marqué à la Compagnie avec quelle rapidité les fonds
venus par la première division ont été consommés ;
depuis ce temps nous sommes aux expédients et manquons absolument d'argent, le revenu des fermes qui
ne rentre que peu à peu est plus tôt consommé qu'il n'est
entré en caisse ; il est impossible d'y pouvoir suffire et
nous avons été obligés de suspendre tous travaux quelque nécessaires qu'ils soient. Notre disette extrème
n'empêche pas qu'on ne nous demande toujours ; nous
estimons nos dépenses actuelles à 230.000 Rs. par mois,
les revenus de la Compagnie peuvent se monter à
2.100.000 Rs. non compris Cheringam et Karikal dont
les revenus sont affectés à leurs dépenses. Ainsi en
les retirant tous, ce serait encore 600.000 roupies qui
nous manqueraient pour fournir aux dépenses actuelles
pendant l'année ; mais ce serait se tromper que de
compter retirer les 2.100.000 Rs. en entier, et nous
nous trouverions très heureux si nous en retirions
1.400.000 Rs. C'est donc 1.360.000 roupies qui manquent pour les dépenses telles qu'elles sont à présent.
S'il faut mettre en campagne, il faut les doubler, les
tripler, où prendre de quoi y fournir. Nous ignorons
ce qu'on a donné à endendre à la Compagnie sur ses
revenus, mais nous voyons sûrement qu'on la trompe
puisqu'elle nous écrit qu'elle compte que nous lui ren-
voyerons des marchandises en retour de ses fonds.
Elle pense donc que ses revenus sont et au délà suffisants pour fournir à toutes les dépenses, mais ni les
uns ni les autres revenus ne sont capables d'y fournir.
Quelles vont-elles être à l'arrivée de M. de Lally ? le
seul décompte de ce qui sera dû tant aux officiers qu'au
régiment de ce nom absorbera en plus grande partie
les fonds que nous attendons par l'escadre ; le reste sera
employé sans doute aux préparatifs des expéditions qu'il
projettera. Avec quoi payer les autres ? Comment
rembourser aux personnes de la Colonie tout ce qu'elles

ont avancé pour le service de la Compagnie ? Comment leur payer seulement les intérêts qui leur sont dus, et à nos employés leurs appointements qu'ils n'ont point touché depuis-dix huit mois ? On se plaint que nous ne voulons faire aucun préparatif pour mettre M. de Lally en état d'opérer à son arrivée. La Compagnie jugera de la réalité de ces plaintes par le précis que nous lui faisons de la situation où nous sommes réduits, elle ne peut être plus extrême et nous ne voyons pour le présent aucun moyen de nous en tirer, il est triste qu'elle nous mette hors d'état de profiter des secours considérables que la Compagnie nous a fait passer, qui pourraient par les avantages qu'ils lui procureraient l'indemniser des frais immenses à quoi ils l'obligent.

Par ce petit détail cy-dessus la Compagnie peut bien penser que nous n'avons ni n'aurons aucune cargaison à lui envoyer cette année ; c'est beaucoup si nous pouvons sans nous endetter davantage faire face à toutes les dépenses, ce que nous ne croyons pas possible, nous faisons cependant passer aux isles par cette occasion une petite partie de marchandises que nous avons trouvé moyen de nous procurer pour pourvoir autant qu'il est en nous aux besoins de ces isles.

Nous ne saurions trop nous louer des services que nous ont rendus et nous rendent encore tous les jours les Danois. Le malheur de notre colonie de Chandernagor ne les a point fait se démentir, et ils ont retiré chez eux toutes les personnes qui ont voulu s'y refugier ; quel contraste avec les Hollandais qui nous ont trahis et livrés malgré les indignités qu'ils ont essuyées de la part des Anglais ! Nous avons prévenu la Compagnie de l'envoy qui avait été fait aux Danois pour nous procurer par leur moyen du blé et autres provisions ; ils se sont acquittés de notre commission et nous ont envoyé par leurs vaisseaux le blé et autres effets que nous leur avions demandés.

M. Renault nous dit avoir prévenu la Compagnie de la perte de son chiffre au moyen de quoi nous ne pouvons plus nous en servir; nous la prions de vouloir bien nous en faire passer un autre.

Nous avons aussi l'honneur de donner avis à la Compagnie qu'il a été tiré sur M. Pechevin par le Conseil de Chandernagor une lettre de change de 2.129 marcs 4 onces 3 gros et 1 grain en date du 5 Janvier 1757 à l'ordre de M. Desvaux, dont ce Conseil n'a pu la prévenir; nous la prions de vouloir bien y faire honneur.

Nous avons accordé au sieur Desnaudières, greffier en Chef, un congé de dix huit mois pour aller en France vaquer à ses affaires; il passera par les vaisseaux danois. Nous avons nommé le sieur Denoual sous-marchand et notaire pour le remplacer.

Ci-joint, Messieurs, l'état des lettres de change que nous prenons la liberté de tirer sur la Compagnie, montant à 10.349^m. 7. 3. 7.

Nons faisons passer aux isles par cette occasion les sieurs Dumez et S^t. Martin dont nous vous avons donné avis cy-dessus de l'arrivée icy.

Messieurs du Conseil de Chandernagor sur la requête presentée par les dames de ce comptoir qui n'ont jamais voulu consentir à quitter Bengale, leur ont accordé ainsi qu'aux femmes de divers ouvriers, maitres de vaisseau, pilotes, et par délibération dont cy-joint copie, une subsistance montant par mois à 330.500 (?) ce que nous avons approuvé; le sieur Fleurin a été laissé à Bengale pour payer cette subsistance de même que celle des prisonniers.

Nous remettons aussi par cette occasion à Messieurs du Conseil de l'Isle de France nos livres de 1755 à 56, ceux du comptoir de Chandernagor de la même année pour les faire tenir à la Compagnie par les premiers vaisseaux qu'ils expédieront.

34

M. de Luker a été admis au Conseil en vertu des ordres que la Compagnie a adressés à M. de Leyrit.

Ci-joint le bilan de sortie des livres du comptoir de 1755 à 1756 et un de la Compagnie avec le fort Louis de Pondichéry extrait de ces livres, ainsi que deux états au soutien.

Nous sommes avec respect, Messieurs. . . .

Signé : Duval de Leyrit, Barthélémy, Guillard, Boyelleau, Delarche, Duplan de Laval, Bausset, Delaselle, Desvaux, Gueullette, etc. .

P. S. Il nous a été présenté par le sieur Termellier, capitaine du vaisseau le *Charles*, une requète par laquelle il demande la restitution de son vaisseau et de sa cargaison qu'il fait monter suivant sa mise dehors à Rs. 68.175 - 7 - 10. Ce vaisseau a été coulé tout chargé ainsi que le vaisseau le *Fort d'Orléans* et le brigantin *l'Entreprise* pour fermer le passage de la rivière aux vaisseaux anglais. Nous nous attendons à de pareilles représentations de la part des propriétaires et armateurs de ces deux derniers bâtiments ; nous attendrons les ordres qu'il plaira à la Compagnie de nous donner sur ce sujet avant de rien décider.

Signé : Duval de Leyrit, Barthélémy etc . .

Inventaire des expéditions du Conseil supérieur à Messieurs les Sindics et Directeurs généraux de la Compagnie des Indes à Paris par le brigantin le *Ruby*.

N°. 1. Lettre du Conseil à la Compagnie du 18 Février 1758.

2. Triplicata de celle du 9 Décembre 1757.

3. Triplicata des expéditions de la frégate la *Diligente*.

nagor qui accorde aux dites dames leur subsistance.

18. Copie de la requète du sieur Desnaudières.

19. Bilan de sortie des livres du fort Louis de Pondichéry au 30 Juin 1756.

20. Compte de la Compagnie des Indes avec le fort
Louis de Pondichéry au 30 Juin 1756.

21. Deux pièces au soutien des deux comptes et
bilan.

22. Demande des remèdes nécessaires à la pharmacie de Pondichéry.

23.   do   des instruments de chirurgie   do.

24. Un paquet de M. de Leyrit à l'adresse de Messieurs les Sindics et Directeurs généraux,
timbré comité secret.

25. Un paquet de M. de Leyrit à l'adresse de M. de
Moras ministre et secrétaire de la marine.

26. Quatre paquets à l'adresse de Messieurs les
Sindics et Directeurs généraux de la Compagnie des Indes à Paris.

27. Un paquet à l'adresse de M. de Moras ministre
et secrétaire de la marine.

28. Un paquet et une lettre à l'adresse de M. Godeheu directeur de la Compagnie.

29. Deux paquets et une lettre à l'adresse de M. Roth
directeur de la Compagnie.

30. Un paquet à l'adresse de M. Silhouette commissaire du roy à la Compagnie.

31. Deux lettres à l'adresse de M. de Montaran.

32. Deux paquets à l'adresse de M. Michel directeur
de la Compagnie.

33. Une lettre à celle de M. de Laistre syndic de
la Compagnie.

34. Un paquet à celle de M. Castanier, directeur de
la Compaguie.

35. Une lettre à celle de Mgr le Comte de Clermont.
36. Une lettre à celle de Mgr le Duc de Penthièvre.
37. Un paquet à celle de Mgr le Duc de Gesvres.
38. Un paquet à celle de M. le ministre et secrétaire d'Etat de la guerre.
39. Trois paquets à celle de M. le Marquis Dupleix.
40. Deux paquets à l'adresse du R. P. de la Tour, procureur des missions des Indes de la Compagnie de Jésus.
41. Un paquet à l'adresse de Madame L'Ecureau.
42. 84 lettres particulières.
43. Le présent inventaire.

A Pondichéry le 18 Février 1758.

INVENTAIRE du duplicata des expéditions du Conseil supérieur à Messieurs les Sindics et Directeurs généraux de la Compagnie des Indes à Paris par le brigantin le *Ruby.*

N°s 1. Duplicata de la lettre du Conseil à la Compagnie en date du 18 Février 1758.

2. Duplicata de la lettre du Conseil à la Compagnie en date du 15 Février 1758.

3. Correspondance du Conseil supérieur avec le Conseil de Mahé depuis le 18 Octobre 1757 jusques et compris le 11 Janvier 1758.

4. Correspondance du Conseil de Mahé avec le Conseil supérieur depuis le 30 Septembre 1757 jusques & compris le 26 Décembre 1758.

5. Correspondance du Conseil supérieur avec le Conseil de Mazulipatam depuis le 3 Décembre 1757 jusques et compris le 13 Janvier 1758.

6. Correspondance du Conseil de Mazulipatam avec le Conseil supérieur depuis le 24 Octobre 1757 jusques et compris le 3 Janvier 1758.

7. Correspondance du Conseil supérieur avec le comptoir de Karikal depuis le 15 Novembre 1757 jusques et compris le 11 Février 1758.

8. Correspondance du comptoir de Karikal avec le Conseil supérieur depuis le 4 Octobre 1757 jusques & compris le 7 Février 1758.

9. Extrait du régistre des délibérations du Conseil supérieur depuis le 1er Décembre 1757 jusques et compris le 26 Janvier 1758.

10. Etat des lettres de change tirées par le Conseil supérieur sur la Compagnie.

11. Tableau des employés de la Compagnie dans les différents comptoirs de l'Inde, arrêté le 18 Février 1758.

12. Etat général des successions liquidées au greffe de Pondichéry.

13. Etat de demandes du magasin général.

14. Copie de la requète des dames de Chandernagor à M. M. du Conseil.

15. Copie de la délibération du Conseil de Chandernagor qui accorde aux dites dames leur subsistance.

16. Copie de la requète du sieur Desnaudières.

17. Le présent inventaire.

A Pondichéry le 18 Février 1758.

A Pondichéry le 11 Mars 1758.

MESSIEURS LES SINDICS ET DITECTEURS DE LA COMPAGNIE DES INDES.

Messieurs,

Nous profitons de l'occasion d'une frégate portugaise appartenant à la Compagnie de Lisbonne pour avoir l'honneur de vous donner avis que nous avons pris la liberté de tirer sur vous, Messieurs, en faveur de diverses personnes pour la somme de 2.037 m. 4. l. 11. suivant l'état cy-joint. Nous vous prions de vouloir bien faire honneur.

L'escadre anglaise qui était dans le Gange, commandée par l'Amiral Pocok, est arrivée à Madras le 23 du mois dernier au nombre de quatre vaisseaux et de deux frégates de guerre dénués de monde, et la plupart faisant beaucoup d'eau ; nous attendons de jour en jour la nôtre aux ordres de M. d'Aché, dont nous n'avons point encore eu jusqu'à présent aucune nouvelle de l'arrivée aux isles.

Nous n'avons rien de nouveau à marquer à la Compagnie depuis notre dernière en date du 18 février passé â laquelle nous nous référons et que nous avons adressée à M. M. du Conseil de l'Isle de France par le brigantin *le Ruby* pour lui être envoyée par le premier batiment qu'ils expédieront pour France.

Nous sommes etc. . .

Signé : DUVAL DE LEYRIT, BARTHÉLÈMY, GUILLARD, BOYELLEAU, BAUSSET, DELARCHE, LENOIR, DELASELLE, DESVAUX ET GUEULETTE.

A Pondichéry le 10 Juillet 1758.

MESSIEURS LES SINDICS ET DIRECTEURS DE LA COMPAGNIE DES INDES.

Messieurs,

Nous répondons par le vaisseau le *Diligent* que nous expédions pour les isles, et sur lequel passe M. le comte de Montmorency Laval, aux lettres que la Compagnie nous a fait l'honneur de nous écrire le 16 janvier, 3 et 4 février, 4 et 6 avril de l'année dernière qui nous sont parvenues par l'escadre de M. le comte d'Aché arrivée icy le 28 avril dernier. Les vaisseaux le *Comte de Provence*, le *Duc de Bourgogne*, *St Louis*, et la *Silphide* dont la Compagnie nous donne avis du départ de France font partie de ceux qui composent cette escadre.

Le sieur de Gadeville dont la Compagnie nous annonce le retour est bien arrivé ainsi que le sieur Dusaussay. On fera retenue au premier qui est actuellement dans les armées en campagne des 3.600 Rs. qu'elle a bien voulu lui avancer sur son décompte.

Nous avons fait passer à Mazulipatam les lettres de change de 416 Rs. 2/3 et de 41 M. 4/6 tirées sur le sieur Denys commandant au dit lieu par Madame sa mère, pour y être acquittées. Les sieurs Deligny et Astruc sont aussi bien arrivés, le dernier est mort à Cheringam. Il a été fourni une note au trésorier militaire de ce que doit le premier pour son passage afin que retenue luy soit faite sur sa paye, quant au sieur Astruc il a remboursé dès l'an passé les 360 Rs. à quoi il s'était engagé pour les frais de sa traversée

Nous avons mis en exécution la délibération que la Compagnie a passée au sujet de l'hôpital de Pondichéry, et le sieur Bourdier en conséquence a été chargé de l'ins_ pection de la pharmacie. Comme cet hôpital est plus considérable que jamais par l'arrivée de l'escadre, le Conseil a chargé M. Lenoir, l'un de nous, de l'inspection sur le dit pour veiller avec attention aux soins et à la nourriture des malades.

Nous avons appris avec plaisir que la plupart des vaisseaux que nous vous avons expédiés, Messieurs, à la fin de 1755 et au commencement de 1756 sont heureusement arrivés. Nous sommes sensibles à la perte que la Compagnie a faite du vaisseau le *Pondichéry* pris par les Anglais.

Nous avons déjà eu l'honneur de vous instruire du retour des employés que nous avions envoyés à la Cochinchine, et du peu d'apparence qu'il y aurait de pouvoir établir un comptoir dans ce royaume où les étrangers sont sujets à mille vexations.

Nous avons aussy eu l'honneur de vous iuformer par notre lettre du 22 octobre dernier du refus que les sieurs Delarche et Bausset ont fait d'acquitter les deux lettres de change tirées sur eux par M. Dupleix montant chacune à 2.604 M 1/6 et ce parce qu'ils n'en avaient point eu de lettres d'avis. Nous vous avons en même temps envoyé les protets des deux autres lettres de change l'une de 190.000 Rs. et l'autre de 210.000 Rs. qu'ils ont refusé de payer et dont vous recevrez les triplicata par cette expédition. Depuis l'arrivée de l'escadre de M. d'Aché ces deux Messieurs ont accepté ces deux premières lettres de change de 2.604 ^{m}.1/6 et ont acquitté celle en faveur de M. Philippe de 729 ^{m} 1.2. 24 g. à qui nous en fournissons une sur la Compagnie de même valeur. Ci-joint est la réponse que nous faisons à sa lettre et que nous vous prions de lui faire remettre.

Conséquemment aux ordres de la Compagnie nous avons pris possession en son nom de la maison du sieur de Brain et en avons passé un contrat, elle sert de demeure pour le présent à M. le comte d'Aché et à ses officiers. Nous la laisserons dans l'état où elle est jusqu'à ce que les circonstances et les moyens nous permettent de l'accommoder, la rendre plus propre à l'usage auquel elle est destinée.

Le billet du sieur Goupi len faveur du sieur de Mainville a été acquitté.

Nous ne manquerons pas d'avoir égard à la recommandation de la Compagnie en faveur du sieur de Vaudran, soldat, au cas qu'il s'en rende digne par sa conduite. Nous ignorons s'il est arrivé icy. peut être est-il dans le nombre de ceux qui ont été incorporés dans les régiments du roy. Le sieur Deville est employé à l'armée ; nous ne pouvons encore nous rendre aucun compte à son sujet.

Les deux sieurs Anquetil sont passés à Surate où le cadet, qui était à Bengale et qui est revenu icy par terre, trouvera plus de facilité que dans aucun autre endroit de l'Inde pour cultiver le talent qu'il a pour les études des langues orientales. Nous avons accordé à l'ainé qui sait travailler aux affaires du commerce auxquelles nous l'aurions employé icy de remplir les fonctions de sous-marchand à Surate, et les avons recommandés l'un et l'autre au sieur Le Verrier, chef au dit lieu.

Il s'est passé peu de chose de nouveau depuis notre dernière du 18 février dans les différents endroits où elle a des établissements, et nous remettons à luy en parler dans nos lettres du mois d'octobre prochain.

Madame la veuve Dulaurens nous pressait depuis longtemps pour obtenir une pension et quoique nous sentissions le besoin qu'elle aurait de ce secours pour vivre, nous nous étions toujours refusés à ses instances, retenus par les ordres de la Compagnie. M. le comte de Montmorency s'est employé pour elle et nous a sollicité de luy accorder sa demande et s'est chargé de la faire approuver par la Compagnie. Nous avons donc consenti par délibération du 29 juin à accorder à la dite dame la pension usitée aux veuves des conseillers et nous espérons que la Compagnie voudra bien la lui confirmer.

Ne pouvant nous refuser aux recommandations qui nous ont été faites par diverses personnes de considération pour l'avancement de plusieurs employés et ne voulant point non plus faire des passe-droits trop marqués à ceux dont nous sommes contents, nous nous sommes vus forcés de faire une nouvelle promotion par délibération du 29 juin dans laquelle pour reconnaitre les bons services du sieur Le Blanc, employé dans un posté très difficile et très épineux à l'armée dont M. le comte de Montmorency nous a rendu témoignage, nous l'avons nommé sous-marchand et le sieur Dubois a été reçu commis sur une lettre de la Compagnie à Monsieur son oncle, intendant de l'armée, en date du 27 décembre 1756. Nous prisons la Compagnie de vouloir bien agréer la délibération que nous avons passée à ce sujet.

Le sieur Dumont, conseiller à Mazulipatam, nous ayant demandé un congé pour repasser en France où il est désiré par sa famille, nous le luy avons accordé, avec permission de passer sur un vaisseau étranger s'il le jugeait à propos, ainsi qu'au sieur Martin, sous marchand au dit lieu.

Cy-joint un extrait du registre des dépots faits au greffe du Conseil de Chandernagor, qui fait la réponse à la lettre que vous avez écrite à Messieurs du dit Conseil le 14 décembre 1756 au sujet de la répétition que fait le sieur Louet, frère du sieur Dermigny, d'une somme de 986 Rs. 23. 10. déposées au greffe pour le compte de la succession du feu sieur Dermigny.

Du 2 Septembre 1758.

La destination du *Diligent* n'ayant plus lieu et l'escadre de M. le comte d'Aché partant pour les isles, nous vous faisons, Messieurs, passer la présente par la dite escadre sur laquelle s'embarque M. le comte de Montmorency.

Nous venons d'avoir nouvelle de l'arrivée à Mahé du vaisseau le *Bristol* le 18 août, venant de Bassora.

Nous sommes etc...

Signé : Duval de Leyrit, Barthélémy, Guillard, Delarche, Bausset, Delaselle, Desvaux, Gueulette et le chevalier de Luker.

Inventaire des expéditions Conseil supérieur à Messieurs les Sindics et Directeurs généraux de la Compagnie des Indes par l'escadre de M. le comte d'Aché, savoir :

Nos 1. Lettre du Conseil en date du 10 Juillet avec une apostille du 2 Septembre 1758.
  2. Protest de deux lettres de change.
  3. Lettre à l'adresse du sr. Philippe, l'ainé.
  4. Requête du sieur Dumont, commissaire à Mazulipatam.
  5.   do.   du sieur Martin, sous-marchand.
  6. Extrait du registre des dépôts faits au greffe du Conseil de Chandernagor.
  7. Le présent inventaire.

———

A Pondichéry, le 20 Juillet 1758.

M. Philippe l'ainé.

Nous avons, Monsieur, reçu la lettre que vous nous avez fait l'honneur de nous écrire le 7 décembre 1756 et celle de change de 35.000 Rs. à notre ordre que vous a fournie M. le marquis Dupleix sur M.M. du Bausset et Delarche ses procureurs. Elle vient d'être acquittée et pour nous conformer aux ordres que nous a donnés la Compagnie à ce sujet, nous vous remettons ci-joint une traite sur M. Péchevin, son caissier, et à votre ordre de la somme de 729^m 1. 2. 24. de piastres faisant à 48 ^{liv}. monnaie de France pour un marc de piastre celle de 35.000 Rs.

Nous avons l'honneur d'être très parfaitement etc...
Signé : Duval de Leyrit, Barthélémy, Guillard, Delarche, Bausset, Delaselle, Desvaux, Gueulette, le chevalier de Luker etc...

———

A Pondichéry, le 15 Octobre 1758.

MESSIEURS LES SINDICS ET DIRECTEURS DU COMITÉ
SECRET à PARIS.

Par le bot " *L'Oiseau* "

Messieurs,

Le prompt départ de l'escadre qui a appareillé de
cette rade la nuit du 2 au 3 du mois dernier ne nous a
pas laissé assez de temps pour faire part à la Compagnie
de tous les évènements qui se sont passés dans l'Inde.
Nous allons avoir l'honneur de l'en instruire par la
présente sans néanmoins entrer dans le détail des faits,
nous referant aux comptes que les généraux de terre et
de mer en rendront.

Cette escadre composée de la 1re et 2me divisions au
nombre de 9 vaisseaux de guerre et de 2 frégates,
parut à la hauteur de Goudelour le 28 avril dernier où
elle mouilla après avoir forcé deux frégates de guerre
anglaises à s'y échouer et à se brûler, il en fut détaché
le mème jour le *Comte de Provence* et la *Diligente*
pour conduire icy M. le Comte de Lally, avec l'argent,
les officiers principaux et un détachement d'artillerie
qui y arriva sur les deux heures après-midi, et qui aussitôt fit partir par terre les troupes qui étaient icy pour
investir le fort, St. David et la ville de Goudelour. Le
lendemain 29, l'escadre anglaise au nombre de 9 voiles
ayant paru dans le sud, la nôtre appareilla sur le champ
et fut au devant ; les deux escadres se joignirent à
2 heures 1/2 et combattirent jusqu'à 5 heures du soir.
Nos vaisseaux après ce combat qui est resté indécis
s'étant ensuite approchés de terre pour y mouiller, le
Bienaimé perdit coup sur coup plusieurs càbles, et a
eu le malheur de s'échouer à une lieue d'Alemparvé et
de s'ouvrir ; le 9 mai ils vinrent mouiller en cette rade

manquant des vivres et d'eau et avec une très grande
quantité de malades et de blessés.

La ville de Goudelour s'était déjà rendue et l'on continuait le siège du Fort St. David avec vigueur. Nous
n'entreprendrons point de faire le détail de ce siège
dont toutes les circonstances sont honnorables à la
nation. Nous nous contenterons de dire que le 2 juin
après 17 jours de tranchée ouverte, les assiégés demandèrent à capituler, et se rendirent le même jour. La
garnison qui était composée d'infanterie anglaise et suisse et des équipages des deux frégates dont nous avons
parlé cy-dessus fut faite prisonnière de guerre. M. de
Lally, après avoir donné les ordres nécessaires à la sûreté
de sa conquête, se mit en marche le 4 pour Divicoté,
mais à son approche les Anglais l'évacuèrent et se retirèrent à Trichinopoly, malgré la bonne défense qu'ils
pouvaient faire par la situation avantageuse de cette
place située entre deux bras du Colram et inondée des
eaux de cette rivière qui en rendent les approches très
difficiles ; nous nous en sommes mis en possession le 5.

Dès le jour même que le fort St. David capitula, M.
de Lally nomma Messieurs Barthélémy, Boyelleau et
Clouet commissaires pour travailler à l'inventaire de ce
qui se trouvait dans le fort, et dès le lendemain ces
Messieurs conjointement avec M. Duboyer, commissaire
des guerres, procédèrent à cet inventaire dont nous
vous remettons cy-joint une copie. A l'égard de Divicoté il s'y est trouvé 55 pièces d'artillerie et une grande
quantité de nelly.

L'escadre anglaise après le combat du 29 avril s'était
retirée à Coblom et s'y étant raccommodée en avait appareillé vers le 8 ou le 10 may et avait poussé au large.
On ignorait ce qu'elle était devenue et ce ne fut que
15 jours après qu'on la vit apparaitre entre Alemparvé
et cette ville, à 5 ou 6 lieues dans le nord. Comme elle
paraissait dans le dessein de secourir le fort St. David

qui était encore assiégé, nous souhaitions fort que M. d'Aché prit le party d'appareiller, mais ayant représenté qu'il lui manquait nombre de gens de son équipage et qu'il avait besoin d'un secours d'hommes, M. de Lally se transporta icy en personne et en amena du siège environ 400 de bonne volonté, qui s'offrirent de s'embarquer et auxquels par notre délibération du 30 may, il fut arrêté qu'il serait donné une gratification de dix roupies par soldat et de cinq roupies par cypaye. Notre escadre avec ce renfort appareilla le lendemain de cette rade pour remonter devant Goudelour ; ce qui produisit un tel effet que celle des Anglais qui était toujours dans la même position dans le nord disparut et se retira à Madras. Nos vaisseaux furent au delà de Négapatam où ils croisèrent jusqu'à la mi-juin. Ce fut pendant ce temps qu'ils prirent le brigantin anglais l'*Expérimente* dont la cargaison consistait en porcelaines et en araque ; nous en avons gardé ce qui convenait à la Compagnie et le reste a été vendu à l'encan.

Nous en sommes actuellement à l'expédition du Tanjaour. M. le comte de Lally ayant pourvu à la sûreté de Pondichéry pour le temps qu'il devait être absent, en disposant un camp au nord de cette ville de quatre à cinq cents hommes sous les ordres de M. de Soupire, et après avoir pris des arrangements pour faire revenir icy l'escadre de M. d'Aché qui était au haut de la côte, partit avec l'armée pour Karikal ; peu de jours après, il se rendit maitre de la grande aldée de Nagour et en a vendu au sieur Fischer pour le compte de la Compagnie toutes les marchandises et effets que les habitants et marchands y avaient laissé pour la somme de 200.000 roupies ; il se rendit ensuite à Tanjaour où il arriva vers le commencement du juillet et en forma le siège qu'il a été obligé de lever, faute de munitions et de vivres, le 9 août et sur l'avis qu'il eut de l'évènement d'un seul combat arrivé le 3 devant Karikal, qui laissait les Anglais maitres du haut de la côte et faisait craindre pour Karikal, pendant que la garnison de Madras marchait sur Alemparvé.

L'escadre anglaise ayant remonté de nouveau dans le sud à la fin de juillet dans le dessein sans doute de combattre la nôtre, M. d'Aché se prépara à faire la même manœuvre pour luy gagner le vent, et appareilla une seconde fois de cette rade ; c'est dans cet intervalle que le vaisseau la *Restitution* qui avait été envoyé d'abord à Karikal et de là à Divicoté y charger du nelly pour nous les apporter, ayant rencontré en revenant icy la flotte ennemie sans avoir aperçu la nôtre qui avait passé devant Divicoté, donna dedans et n'eut que le temps de s'échouer entre Portenovo et Goudelour et de se brûler.

Les deux escadres s'étant rencontrées le 3 août devant Négapatam, il y eut entre elles dans l'après midi un second combat qui dura une heure et demie et pendant lequel le feu prit au *Zodiaque* et au *Comte de Provence* par des artifices dont les ennemis firent usage ; on craignit beaucoup pour ce dernier vaisseau. Ces accidents ayant obligé notre escadre à faire retraite, elle revint en rade le 4 août où elle mouilla en très mauvais état. M. d'Aché a été blessé légèrement dans cette occasion.

Nous vous prévenons, Messieurs, que nos magasins de marine sont entièrement dénués de tout ; les fournitures que nous avons été obligés de faire à l'escadre après ces deux combats les ont épuisés tant en matières et vergues, qu'en agrès et apparaux etc. de sorte qu'il nous serait impossible actuellement d'armer le plus petit bâtiment ; cette situation est fâcheuse et nous expose à un grand embarras, si l'année prochaine nous nous trouvons dans le cas de fournir des secours à des vaisseaux d'une escadre qui en auraient besoin. Nous nous flattons que la Compagnie aura prévu la nécessité

où nous sommes de ces sortes d'effets et nous en aura
fait des envois par la 3me division que nous attendons
avec beaucoup d'impatience.

Depuis ce dernier combat du 3 août, les Anglais sont
restés en croisière entre Négapatam et Trinquebar, c'est-
à-dire sur la barre de Karikal jusqu'au 24 septembre
qu'ils sont revenus à Madras.   Le lendemain du combat,
le brigantin le *Ruby* parut à la côte revenant de l'Ile
de France où nous l'avions envoyé en .... ;   cette
embarcation fut chassée par une frégate ennemie ; le
sieur Desjardins qui la commandait s'étant réfugié dans
la rade de Négapatam mouilla sous le canon du fort et
s'échoua même à terre, mais les Anglais ayant envoyé
plusieurs chaloupes armées l'ont enlevée sans que les
Hollandais s'y soient opposés et ayent fait la plus légère
démonstration pour luy donner le moindre secours,
quoique le sieur Desjardins qui n'a eu que le temps de
se sauver à terre ait fait auprès du Gouverneur toutes
les instances possibles pour l'y engager. Monsieur le
comte d'Aché, sur les avis que luy donna le sieur Desjardins et sur le compte qu'il luy rendit en cette occasion de sa conduite et de la protestation qu'il avait
faite contre le Gouverneur, fit arrêter en repressailles de
l'insulte qui venait d'être faite au pavillon du Roy un
vaisseau hollandais de Batavia qui passait devant notre
rade et nous le remit le lendemain, comme vous pourrez
le voir par notre délibération du 10 août. Au retour
icy de M. Lally de son expédition de Tanjaour le conseil fut assemblé à ce sujet et de l'avis unanime il fut
délibéré que le dit vaisseau le *Haarlem* resterait en
séquestre jusqu'à ce qu'il plût à la Cour à qui la décision de cette affaire a été remise de nous donner ses
ordres. Le sieur Duplan de Laval, l'un de nous, fut
nommé commissaire pour veiller au déchargement de
ce vaisseau et inventorier l'argent, les effets et marchandises qui en seraient débarqués, mais dont nous n'avons

gardé que ce qui appartenait à la Compagnie d'Hollande conformément à la facture et au connaissement du vaisseau, ayant permis aux capitaines, officiers et particuliers de Négapatam de prendre ce qu'ils réclamaient. Il nous a été envoyé de la part du Conseil de Négapatam trois députés porteurs d'une lettre que ce Conseil nous a écrite à ce sujet, par laquelle il proteste contre nous de l'arrêt que nous avons fait de ce vaisseau; nous vous envoyons la réponse que nous y avons faite; elle finit par leur dire que nous avions renvoyé cette affaire à nos supérieurs en France et que nous garderons le vaisseau et sa cargaison jusqu'à ce qu'ils nous fassent passer leurs ordres; il y a peu de jours que ces mêmes députés en nous présentant l'extrait d'une lettre de leur Conseil nous ont offert de rendre ce brigantin qu'on nous a assuré que le Gouverneur Hollandais avait acheté de l'amiral Pocok avec quelques hardes et autres drogues de peu de valeur, mais nous avons refusé de l'accepter et nous les avons ainsi congédiés.

Ce n'est pas en cette occasion seule que nous avons lieu de nous plaindre des Hollandais ; leur liaison avec les Anglais, leur conduite irrégulière à la prise de Chandernagor, celle qu'ils tiennent déjà avec nous à cette côte sont des preuves convaincantes de leur mauvaises dispositions pour nous et de leur partialité en faveur des Anglais ; aussi nous n'hésitons point à mettre en question s'il ne vaudrait pas mieux avoir guerre ouverte avec eux qu'une neutralité qui les met à lieu, sans avoir rien à craindre de notre part, de nous faire le plus de mal qu'ils peuvent, tandis qu'ils fournissent à nos ennemis tous les secours qui dépendent d'eux, nous venons de l'éprouver. M. d'Aché ayant été mouiller avec la flotte dans leur rade au mois de juin dernier, à peine a-t-il pu se procurer quelques cordages et agrés qu'il leur demandait. Les Anglais au contraire après le combat du 3 août y ont trouvé tout ce dont ils ont besoin ; ils se font raccommoder et réparer dans leur rade et ont tiré de leurs magasins tous les secours possibles ; à des preuves si marquées de mauvaise foi vous jugerez aisément, Messieurs, que la nation a toujours été mal récompensée des ménagements qu'elle garde avec eux dans l'Inde ; ils n'y ont aucun égard ; l'honneur et l'équité avec lesquels nous nous comportons à leur égard ne sont pas des exemples dont ils fassent usage ; c'est sur ces principes que le sieur de Montrivage, capitaine du *Bristol*, s'est réglé pendant les relâches qu'il a faites dans leurs ports dont il a respecté la neutralité, ayant trouvé dans tous des vaisseaux ennemis dont il aurait pu facilement se rendre maitre comme à Cochin, à l'Isle de Karec et à l'embouchure de l'Euphrate, et notamment M. d'Aché dans la rade de Négapatam.

Ci-joint est copie d'une requête que le sieur Jean Dumont, négociant, nous a présentée avec deux mémoires des reprises qu'il a contre les Hollandais de Chinchura et dans lesquelles la Compagnie se trouve intéressée pour une somme de Rs. 39.400 de capital, ce qui avce les intérèts de 10 Pc/o par an fait un objet d'environ Rs. 62.012. 7a. Nous vous prions, Messieurs, de vouloir bien l'examiner avec attention. Ce sont des titres qui nous fondent de plus en plus et nous confirment dans les justes préventions que nous avons contre cette nation.

M. d'Aché nous ayant annoncé à la fin d'août son départ pour les isles, nous en fûmes très surpris, n'ignorant pas que les ordres du Roy fixaient son séjour à cette côte jusques vers le 15 de ce mois. Nous luy representâmes qu'en restant icy jusqu'à ce temps il n'avait rien à craindre de la saison, qui change rarement avant le 15, et qu'en nous quittant, il nous laissait à la merci de l'escadre anglaise, et qu'il exposait les vaisseaux qui pourraient venir de l'Ile de France et particulièrement

le *Centaure* que nous attendions de jour en jour à
être pris; fondés sur des raisons aussi puissantes nous le
priâmes de différer son départ, mais il nous fit réponse
que l'état où était l'escadre ne luy permettait pas
de faire un plus long séjour icy. Sur cet exposé M.
le comte de Lally fit assembler un Conseil général où
se trouvèrent Messieurs les officiers généraux, Messieurs da la Marine et nous et cette affaire ayant été agitée et discutée, la pluralité des voix fut pour que l'escadre n'appareillerait de cette rade pour faire son retour
aux isles au plutôt qu'au 15 au 20 de septembre comme
vous le verrez par la délibération du 31 août. Mais M.
d'Aché déclara au Conseil que les ordres du Roy l'autori-
saient à prendre le party qui luy paraitrait le meilleur
pour la sûreté de ses vaisseaux, il appareilla donc la
nuit du 2 au 3 septembre.

Nous vous remettons ci-joint copie de toutes les lettres que nous avons écrites à M. d'Aché et ses réponses,
de même que les copies de toutes les délibérations qui
ont été prises dans les assemblées des Conseils mixtes,
tenues au sujet des affaires de la marine et des pièces
qui y ont rapport. Le lendemain du départ de M. d'Aché,
M. de Lally fit des dispositions pour chasser les ennemis
de tous les postes qui étaient en déça de la rivière du
Paléar, et en conséquense il s'est emparé de Tirnoumalé
que les ennemis avaient repris, du fort de Carangouly
ainsi que de celui d'Arcate et Cavéripacom, qui nous
rendent maitres de presque toute cette province.

Vous verrez, Messieurs, par notre délibération du 14
may les raisons qui nous ont engagé à suspendre pour
quelque temps les ordonnances du Roy au sujet des
appointements des officiers et celles qui nous ont porté
à leur donner par forme d'ustensiles ceux qu'ils avaient
cy-devant en campagne, la Compagnie trouve de l'avant
age comme vous en jugerez par l'état de comparaison
que nous avons à la suite de cette délibération et les

réflexions qui le suivent, puisqu'elle dépense moins suivant ce nouvel arrangement qu'en leur donnant les appointements réglés par les dites ordonnances, et en fournissant de vivres et voitures et l'officier en est plus satisfait. Nous nous flattons qu'elle voudra bien approuver le parti que nous avons pris à cet égard.

Les effets et l'artillerie qui se sont trouvés dans le fort St. David ont été transportés icy ; on travaille actuellement à la démolition de ce fort qui est déjà bien avancée, on se propose ensuite de détruire les fortifications de Divicoté.

L'escadre anglaise a appareillé de Madras le 10 ou 11 de ce mois et a pris la route du sud, le bruit général est qu'elle va à Bombay, quelques uns pensent cependant qu'elle pourrait bien aller hyverner dans la bàye de Trinquemalé, mais l'état de cette escadre nous donne lieu de croire qu'elle n'a point d'autre parti à prendre que le premier ; ce qui nous fait craindre pour Mahé qui se trouve aujourd'huy très dégarni de troupes et sans argent.

Sur la demande que nous a faite M. de Lally, nous avons expédié le vaisseau le *Haarlem* pour Mazulipatam pour en rapporter des vivres et munitions en décembre prochain.

Nous sommes etc. . .

Signé : DUVAL DE LEYRIT, BARTHÉLÉMY, GUILLARD, BOYELLEAU, LENOIR, DUPLAN DE LAVAL, DELARCHE, BAUSSET, ETC.

Pondichéry, le 7 Octobre 1758.

MESSIEURS LES SINDICS ET DIRECTEURS GÉNÉRAUX DE LA COMPAGNIE DES INDES A PARIS.

Par le bot *l'Oiseau.*

Messieurs,

Par notre lettre en date du 10 juin dernier dont M. le comte de Montmorency a bien voulu se charger, nous avons répondu aux lettres que la Compagnie nous a fait l'honneur de nous écrire le 26 janvier, 6 et 14 février, 4 et 16 avril 1757 et luy avons en même temps marqué que par notre expédition d'octobre nous lui rendrions compte de tout ce qui s'est passé dans ses différents établissements, nous le faisons donc aujourd'hui article par article, suivant l'usage.

Messieurs du Conseil de l'Isle de France nous ont envoyé par l'escadre de M. le comte d'Aché cent vingt deux caisses et barils d'argent et un sac d'or lesquels ont pesé suivant le procès-verbal cy-joint, savoir :

L'argent . . . . M. 38.238. 7. 5. „

et L'or 4. 7. 3. 18

COMMERCE.

Nous avons fait part à la Compagnie par notre lettre du mois de septembre de l'année dernière de la destination que nous avions donnée au *Bristol* que nous avions expédié pour Mahé et ensuite pour Bassora ; ce vaisseau à son retour de ce dernier endroit à mouillé à Mahé le 17 août avec la cargaison de blé que lui a procuré le sieur Perdriau auquel nous l'avions adressé qu'il l'a renvoyé bondé avec 160 tonneaux environ ; il en est reparti le 21 pour suivre la destination particulière que M. de Leyrit luy a donnée pour le mettre en sureté parceque par la croisière que l'escadre anglaise retenait depuis le dernier combat du 3 août devant Karikal, il aurait été en risque d'être pris si nous l'avions laissé revenir icy.

Le vaisseau le *Faquir* affreté par le Conseil de Mazulipatam et envoyé aux Maldives en février et conformément à nos ordres, a heureusement terminé son voyage et est de retour icy depuis le mois dernier avec une cargaison de cauris et de kaire. Nous aurions bien souhaité qu'il eut eu en grande quantité de ce dernier article qui nous aurait servi à faire des câbles et autres cordages dont nos magasins de marine sont entièrement dépourvus par les fournitures prodigieuses qu'il nous a fallu faire à l'escadre après les deux combats qu'elle a livrés à celle des ennemis et qui les ont épuisés ; ce vaisseau est parti pour retourner à Mazulipatam. Le sieur le Termellier qui le commande a ramené des Maldives le détachement de blancs et de cypahis qui y étaient depuis trois ans. Il avait été désarmé avant son arrivée par les gens du pays que la mauvaise conduite du sergent qu'on y avait laissé, avait poussés à bout et à laquelle les extravagances d'un capitaine d'une embarcation française qui l'avait devancé ont mis le comble, de sorte que nous n'avons plus personne aujourd'huy dans ces isles. le chef qui les gouverne en l'absence du roy a chargé M. le Termellier de nous faire de plaintes sur la modicité de la vente du morceau d'ambre que M. Godeheu a fait passer en France en 1754.

Nous avons marqué l'an passé à la Compagnie que nous avions envoyé le *Diligent* à Mazulipatam et de là à Merguy, ce vaisseau en est de retour depuis le mois de mars et a échappé par un grand bonheur à deux frégates anglaises qui croisaient depuis plus de 3 semaines devant notre rade ; la veille de son arrivée elles étaient remontées dans le sud, il nous a apporté une cargaison complète de bois, dont nous avions un extrême besoin pour l'artillerie ; le sieur Duponcel qui le commande a écrit au roy des Barmas pour procurer la liberté des prisonniers français que nous y avons depuis 2 ans. Mais il n'a eu aucune réponse à ses lettres et il pense que ce roy étant pour lors à Ava ne les aura reçues que très tard et n'a pu luy faire parvenir les siennes avant son départ ; le mauvais état où on luy a dit qu'était la *Galathée* dans la rivière du Pégou abandonnée et jetée au plein ne nous donne aucune espérance de retirer ce vaisseau que nous croyons perdu pour la Compagnie.

En conséquence, des nouvelles ordonnances du Roy l'on fourni des magasins de la Compagnie tout ce qui a rapport aux uniformes du militaire au prix des factures de France.

Messieurs du Conseil de Mazulipatam ne nous ont point fait passer des marchandises d'aucune espèce. non plus que le comptoir de Karikal, et nous n'avons en magasin que les cauris que vient d'apporter le vaisseau le *Faquir*; il s'en faut bien que notre situation nous permette de faire la moindre avance aux marchands, nous sommes réduits à la plus extrème nécessité, les revenus de nos fermes ne suffisent pas au quart des dépenses auxquelles nous sommes obligés depuis l'arrivée de l'escadre. La Compagnie ne doit donc pas s'attendre à aucun envoi de notre part et elle ne pourra en recevoir que lorsqu'elle nous en donnera les moyens en nous faisant passer des fonds suffisants pour subvenir aux dépenses et faire reprendre son commerce; ce que d'ailleurs elle ne pourra faire qu'après avoir liquidé ses dettes au moins en partie.

CHANDERNAGOR.

Nous avons informé la Compagnie par notre dernière du 18 février de l'arrivée icy de M. Renault et du Conseil de ce comptoir, ainsi que de tous les Français qui y étaient; depuis ce temps nous n'avons eu aucune nouvelle du Gange ni du sieur Fleurin auquel les Anglais ont permis de rester à Chandernagor pour vacquer aux affaires des familles françaises qui sont répandues chez les Danois et les Hollandais. M. Law ci-devant chef à Cassembazar qui s'était retiré à Eliabad avec tous les Français qu'il avait pu ramener, ayant sujet de craindre en cet endroit les menées de Jafferalikan aujourd'hui

Nabab de Moxoudabat et plus encore celle des chets dont le crédit s'étend dans tout l'empire du Mongol, et n'y trouvant aucun secours pour faire subsister sa troupe s'est déterminé à quitter cette province, et le 7 février il s'est mis en marche pour aller à Delhy comme la Compagnie le verra par la copie cy-jointe de deux lettres qu'il nous a écrites en date du 7 février et 30 mars, mais arrivé à deux journées de cette capitale, il a rencontré un corps de Marattes auprès duquel le fils ainé de l'empereur mogol s'était refugié mécontent du vizir, et s'est joint à eux après en avoir reçu quelqu'argent pour la solde de ses troupes. Ce prince et le chef maratte luy avaient fait entendre que leur intention était d'aller dans le Bengale, mais ce dernier ayant fait son accommodement avec le vizir, M. Law s'en sépara ainsi que du prince qui quitta aussi le Maratte dans la crainte qu'il ne le livrât au vizir, comme il s'y était engagé par son traité. M. Law reprit la route d'Eliabad pour être plus à portée de Bengale et de profiter de quelque révolution pour y entrer. Il était le 13 juillet à Chotapour, nous n'en avons pas de nouvelles depuis.

MAHÉ.

La Compagnie jugera par notre correspondance avec ce comptoir de la situation étroite où il se trouve réduit. Nous l'avons aidé jusqu'à présent autant qu'il nous a été possible en lui faisant passer quelques fonds par terre, mais c'est avec chagrin que nous nous voyons tous les jours plus embarrassés pour luy en fournir et le mettre hors du danger où il se trouverait si nous venions à cesser nos envois. Ses dépenses se montent tous les mois à 14.000 Rs. environ non compris les provisions de riz, beurre, etc., qu'il faut qu'il se procure.

Les divers envois que nous avons faits au comptoir depuis le mois de mars dernier se montent jusqu'à

présent à environ 17.000 Pag. d'or non compris près
de 31.000 Rs. de rescriptions que ce Conseil a tirées
sur nous et à la plupart desquelles nous avions fait
honneur. Nous l'avons autorisé à faire des emprunts à
intérêts de terre à Goa et à Calicut et nous serions
charmés qu'on y put réussir à trouver des sommes
assez considérables pour subvenir aux dépenses tant de
Mahé que de Ramataly jusqu'à ce que nous nous trouvions en état d'aider ces comptoirs.

Le sieur Haugwist officier qui s'était retiré chez les
Danois à Calicut est revenu icy et a repassé aux isles.

Le roy des Marattes ayant fait porter des plaintes à
M. Louet au sujet de la conduite qu'a tenue le sieur
Tréhouard, capitaine de la frégate la *Gloire* à Zanzibar,
(?) qu'il soupçonnait être de connivence avec le gouverneur de cette ville, qui voulait se révolter, nous lui avons
donné ordre de luy écrire à cet égard que ses craintes
étaient mal fondées et de l'assurer de nos bonnes intentions et de l'amitié que nous voulions toujours entretenir avec luy.

M. Louet a profité d'un vaisseau danois, qui revenait
de Calicut à Trinquebar, pour y charger les remèdes et
médicaments qui luy avaient été envoyés par les subré-
cargues de Moka, il y a deux ans, et il a laissé à notre
disposition les moyens de satisfaire le capitaine danois,
tant pour le fret de ces remèdes que pour le passage de
plusieurs français qui sont venus à cette côte par son
vaisseau ; nous luy avons fait offrir par M. Porcher, commandant à Karikal, une somme de 1000 Rs. dont il a
paru content et qui luy a été payée.

Le sieur Fermet, commis, est mort à Mahé. Sa veuve
qu'il a laissée sans bien et avec quatre enfants nous
ayant démandé une pension pour pouvoir vivre, nous
n'avons pu luy refuser cette grâce, tant par l'indigence
où elle est réduite qu'en considération des anciens services de son mary, qui sert la Compagnie depuis plus

de 35 ans et avons donné ordre à M. Louet de luy payer la demi solde de son mary.

Nous avons accordé au sieur Collin, chirurgien major à Ramataly, son retour icy.

Le vaisseau le *Bristol* dont nous avons déjà parlé cy-dessus à la Compagnie est arrivé à Mahé le 11 août et en est reparti le 24. M. Louet qui manquait de blé a pris une cinquantaine de candits de sa cargaison. M. de Leyrit, aussitôt après le deuxième combat naval, luy a donné ordre d'aller hyverner à Merguy et de revenir icy dans le mois de décembre.

Tout est tranquille dans ce comptoir et la bonne intelligence continue avec Cheriquel et les princes voisins, ce premier a consenti que la Compagnie deférât à Baonor le titre de Porladiry Raja et la cérémonie en a été faite.

MAZULIPATAM.

Messieurs de ce Conseil nous ont envoyé en mars dernier le bot le *Marlboroug* avec une provision de blé. Nous avons déjà parlé plus haut du vaisseau le *Faquir* qui avait été freté pour 4.000 Rs. et envoyé aux Maldives ainsi que de son arrivée icy, ces deux bâtiments ont été renvoyés à Mazulipatam pour s'y raccommoder et les mettre en sûreté pendant l'hyver, de même que le brigantin *l'Aurore* et *l'Expérimente*, prise faite sur les Anglais par l'escadre ; nous avons donné ordre à Messieurs de ce Conseil de nous les expédier tous vers le 15 ou 20 décembre, chargés de blé, riz et beurre dont nous allons faire un amas le plus considérable qu'il nous sera possible et qui sera réservé pour l'escadre que nous attendons au commencement de l'année prochaine, nous luy avons ordonné en outre de nous faire passer par terre une très grande quantité de moutons, cabrits et bœufs qui seront également destinés pour l'escadre.

M. de Moracin s'étant aperçu qu'il s'introduisait des roupies à la marque des Hollandais de Kakinar, qui apparemment en avaient frappé chez eux, a fait défense de les recevoir sous peine de châtiment afin d'en arrêter le cours.

Nous avons accordé aux sieurs Dumont, conseiller, Martin, sous-marchand, et La Chassagne, commis de ce comptoir, un congé pour s'en aller en France vacquer à leurs affaires de famille.

M. de Moracin a eu ordre de M. de Lally de se rendre icy avec une grande partie de sa garnison ; nous venons d'apprendre qu'il avait tiré 160.000 Rs. environ de la pagode de Tirpaty et qu'il avait pris ensuite la route d'Arcatte. Nous l'attendons tous les jours icy. M. de Leyrit fera part à la Compagnie de tout ce qui a rapport au retour de ces troupes.

KARIKAL.

Cet établissement par le défaut des payements de ses fermiers se trouve arriéré de plus de 20.000 Pagodes, c'est ce que la Compagnie pourra voir dans sa correspondance avec nous et de l'embarras où se trouve le sieur Porcher pour subvenir à ses dépenses, qui ont été considérables cette année par la double relâche qu'y a faite l'escadre lorsqu'elle a remonté dans le sud. Depuis notre retraite le Radja ou plutôt ses troupes n'ont fait autre chose que de reprendre Nagour que nous avions abandonné ; mais quoiqu'elles laissent les terres de la dépendance de Karikal assez tranquilles, les habitants qui ont fui n'y sont point revenus, de sorte qu'elles restent abandonnées et sans culture, ce qui est cause aujourd'huy que les fermiers ont demandé à se démettre de leurs fermes et ont présenté requète au sieur Porcher à ce sujet ; cela l'embarrasse d'autant plus que c'est actuellement le temps d'ensemencer ; nous tâcherons de terminer ces affaires du mieux qu'il sera possible soit en diminuant quelque chose du prix de ces fermes, soit en les mettant en régie pour une année seulement.

SURATE.

Nous avons permis au sieur Le Verrier, chef au dit lieu, de revenir icy sur les demandes instantes qu'il nous en a faites, ainsi qu'au sieur Drouet, sous-marchand, et luy avons donné ordre de remettre les affaires de son comptoir au sieur Anquetil de Briancourt au sujet duquel de même que de son frère, nous avons parlé à la Compagnie dans notre lettre du 10 juillet dernier. Le sieur Abeille qui avait été nommé l'an passé pour remplacer le sieur Le Verrier n'a pas eu occasion de s'y rendre.

Les Marattes de Bassein ont enfin rendu les 2 vaisseaux qu'ils avaient pris au sieur Le Verrier avec leurs canons, mais entièrement dépouillés du reste. Il nous instruit en même temps du projet qu'ils avaient eu cy-devant de s'emparer de Surate de concert avec les Anglais et qui a manqué, mais ils viennent de le renouveller et en ont remis l'exécution, dit-on, après les pluies. Les premiers doivent garder la ville et les derniers le fort. Si cette usurpation a lieu comme nous le craignons, si leur escadre va à Bombay ainsi qu'on l'assure, les Anglais vont envahir le commerce du golphe de Cambaye et feront la loi à tout le Guzerate.

ILES DE FRANCE ET DE BOURBON.

L'étroite situation où nous sommes par le manque d'argent nous met dans l'impossibilité cette année de faire passer des secours à Messieurs du Conseil de ces deux iles, et quelque désir que nous ayons de leur faire

un envoy en janvier prochain, nous ne prévoyons pas
que nos ressources soient plus considérables en ce
temps là et nous permettent de remplir vos intentions,
au reste ils pourront se procurer une grande partie de
leurs besoins par le moyen du commerce particulier que
la Compagnie a permis.

Nous comptons leur expédier dans le courant de mois
le bot *l'Oiseau* pour y porter le duplicata de nos expéditions à la Compagnie.

BATIMENTS ET FORTIFICATIONS.

Nous avons marqué l'an passé à la Compagnie que
nous reprendrions après les pluyes le bastion la *Reine*,
mais faute d'argent nous avons renoncé à continuer
cet ouvrage et avons cessé même tous les travaux par
l'impossibilité où nous sommes de payer les ouvriers.
Les troupes du roy, à l'exception des officiers, n'ont point
encore logé dans la ville où la Compagnie n'ignore pas
qu'il n'y a point de casernes ; à l'égard des officiers ils
sont logés dans diverses maisons que nous avons louées
à cet effet et coûtent à la Compagnie plus de 24 000 Rs.
par an.

COLONIE.

Ce n'est pas sans bien des peines et de l'embarras
que nous sommes parvenus à fournir à la subsistance
de l'armée et à celle de l'escadre pendant le long séjour
qu'elle a fait icy et à l'approvisionner pour son retour
aux isles ; comme nous manquons d'argent, il ne nous
a pas été possible de tirer nos subsistances des pays
voisins mais de nos possessions sur lesquelles il a fallu les
prendre, ce qui les a dépeuplées et dévastées au point
que nous n'y voyons plus aucunes ressources pour faire
subsister la nouvelle escadre que nous attendons.

Deux articles essentiels nous manquent aujourd'huy,

c'est le pain et le vin, ce dernier surtout dont nous sommes entièrement dépourvus. La bouteille de vin se vend aujourd'huy icy quatre à cinq roupies, ce qui fâche beaucoup les officiers des troupes du roy, qui s'attendaient sur la promesse qui leur a été faite que les magasins de la Compagnie leur fourniraient leur vin à un prix raisonnable.

M. de Lally a accordé aux R. R. P. P. Capucins la permission de continuer leur nouvelle église à laquelle ils vont travailler en janvier prochain. C'est un travail absolument nécessaire, les Capucins ayant été obligés d'abattre l'ancienne qui menaçait ruine sont réduits à faire l'office divin dans un des bas cotés de la nouvelle, il ne peut se faire décemment dans cet endroit qui ne contient pas d'ailleurs la moitié des chrétiens de la Colonie.

EMPLOYÉS.

Nous enverrons à la Compagnie par l'expédition de janvier prochain le tableau des employés auquel nous ajouterons la promotion que nous avons faite par la délibération du 29 juin, et dont nous luy parlons par notre lettre du 10 juillet dernier ; les sieurs René Drouet et L. Dulaurens, sous-marchands, et Fermet, commis, sont morts.

Nous avons accordé au sieur La Porterie la permission de s'en aller aux isles, et aux sieurs Dumont, conseiller, Martin et St. Maurice, sous-marchands et La Chassagne, commis, celle de passer en France par congé.

Nous avons réglé par notre délibération du 29 juin le traitement qui serait fait aux employés pour les emplois qu'ils rempliront aux armées lorqu'ils seront en campagne et nous espérons que la Compagnie voudra bien l'approuver.

TROUPES.

Les deux régiments de Lally et le reste du corps royal sont arrivés icy par l'escadre de M. le comte d'Aché ainsi que le sieur Mariol, capitaine, que la Compagnie avait annoncé cy-devant. Le nommé Joseph Duriez, soldat, a été renvoyé à Mazulipatam et sert actuellement dans les armées qui sont en campagne ; nous le renverons en France par la première occasion, conformément à ce qui nous a été ordonné à son sujet.

La Compagnie sera instruite, Messieurs, par notre lettre à Messieurs les directeurs du Comité secret des raisons qui ont engagé M. de Lally et le Conseil à suspendre pour quelque temps les ordonnances du roy au sujet des appointements des officiers et de celles qui ont déterminé à leur payer les anciens appointements de campagne par forme d'ustensiles.

Les sieurs Panault, de Mouhy et du Penhaire, capitaines, Launay, lieutenant, et Deschamps, enseigne, retournent en France par congé et sont embarqués sur l'escadre.

AFFAIRES GÉNÉRALES.

Le sieur Clouet est bien arrivé icy, en conséquence des ordres de la Compagnie qui le chargent de l'administration des terres et du trésor militaire, nous l'avons aussitôt pourvu de ces emplois et sur la demande qu'il nous a faite de deux conseillers pour l'aider à former un bureau et avec lesquels il put travailler conjointement à régir les fermes, nous avons nommé par délibération du 20 may les sieurs Lenoir, cy-devant inspecteur des fermes de Cheringam, et Desvaux, commissaire de celle du Carnate.

Nous sommes très sensibles au peu de confiance que la Compagnie nous a marqué en envoyant icy le sieur Clouet pour être chargé seul de la gestion de ses terres, il est mortifiant et même humiliant pour le Conseil qu'il ait crû n'y pouvoir trouver aucun membre sur la fidélité et capacité duquel elle put compter pour cet emploi, qui demande des connnaissances que nous ne pouvons supposer dans M. Clouet, mais quelque juste que nous semble notre sensibilité à cette préférence nous n'en avons pas été moins empressés pour nous conformer aux intentions de la Compagnie en mettant autant qu'il a dépendu de nous le sieur Clouet en état d'y répondre.

La prise du fort St. David nous ayant rendu maitre des aldées qui en dépendaient, nous les avons affermées au nommé Niana Pregachem, sur la présentation que nous en a fait le sieur Clouet, pour la somme de 12.000 Pagodes d'or à l'Etoile la première année, 13.000 la 2me, et 14 000 la 3me, qui est le prix que les Anglais en retiraient et dont nous avons été à lieu de nous informer.

Cy-joint est la requête du sieur Clouet par laquelle il nous demande la permission de passer aux isles pour y rétablir sa santé. Nous la luy avons accordée et il s'est embarqué sue l'escadre. L'employ de trésorier militaire étant venu à manquer par son départ, nous en avons chargé le sieur Lenoir, l'un de nous ; quant à la régie des fermes, comme le sieur Desvaux demandait à repasser en France, il ne pouvait en rester chargé et il était nécessaire de prendre de nouveaux arrangements, il en a été proposé plusieurs à M. Lally sans qu'il se soit arrêté sur aucun, il voulait de l'argent et il parlait même de vendre des terres pour en avoir ; les sieurs Abeille et Miran viennent de lui faire des propositions qui paraissent avantageuses dans le pressant besoin que M. de Lally a d'argent pour pouvoir se remettre en campagne ; ils demandent la ferme sur le pied qui est aujourd'hui et offrent de donner 500.000 roupies comptant dans l'espace des deux premiers mois ; ces propositions communiquées au Conseil ont été accep-

38

tées d'une voie unanime, quoique le plus grand nombre de nous doute que les deux proposants puissent remplir leurs engagements.

Par notre délibération du 24 du mois de juillet la Compagnie verra les raisons qui nous ont déterminé à faire payer au sieur Bourgine une somme de 20.000 roupies qu'il avait remise au garde magasin de Chandernagor, et qui a été versée dans le trésor peu de temps avant que les Anglais soient venus mettre le siège devant la loge; ce remboursement nous a paru juste, et comme nous n'avions point d'argent, nous l'avons fait en billets.

Le sieur de Luker, commissaire des guerres, repasse en France sur un vaisseau danois, qui part dans le courant de ce mois.

La *Restitution*, prise faite sur les Anglais par nos Messieurs prisonniers de Chandernagor et dont nous avons parlé plusieurs fois dans nos précédentes lettres à la Compagnie, avait été envoyée à Karikal sur la fin de juin pour y porter des munitions de guerre avec ordre de mouiller au retour à Divicolé pour y charger le nelly qui s'était trouvé à la prise de cette place et nous le rapporter icy; comme ce vaisseau revenait de ces deux voyages, il a rencontré à la fin de juillet l'escadre anglaise, qui remontait dans le sud, qu'il n'a pu éviter, et qui l'a forcé de s'échouer et de se brûler.

Les prisonniers anglais que nous avons faits à Nelepelly, Bandermoulanca, Vizagapatam et au Fort St. David, nous ont mis à même de faire un échange avec le Conseil de Madras pour une partie de nos Messieurs de Chandernagor et entre autres de M Renault, directeur et des Conseillers qui ont passé icy.

M. de Lally ayant agréé les services de Rajasaheb et l'offre qu'il luy a faite de lever 200 cavaliers d'élite pour servir sous ses ordres, sur les demandes que nous a faite ce seigneur de lui assigner quelques terres dont les revenus fixés pussent servir à l'entretien de cette troupe, nous avons arrêté par notre délibération du 3. juillet de luy abandonner tant pour cet objet que pour sa pension de 50.000 roupies que luy a accordé M. Godeheu, les rentes des paraganés de Tiroumaly, Chingaman, Calachipuram, de Raotonellore et de Calacourchy avec deux petits jaquirs, le tout se montant ensemble à 220.700 Roupies dont nous luy donnons seulement la jouissance à condition de pourvoir à la garde des dits paraganés, et jusqu'à ce que la Compagnie et la nation luy en aient fait un état.

Cy-joint est l'état des lettres de change que nous avons tirées sur la Compagnie depuis le 11 mars dernier montant à 45 875 .^{m} 5. 5. 56 et 729^m 1. 2. 24. et auxquelles nous la prions de faire honneur, nous n'hésitons point d'en fournir à tous ceux qui en demandent en acquit des billets à intérêts dont ils sont porteurs, dans le vue de soutenir autant qu'il est possible le crédit de ses billets qui s'escomptent aujourd'huy sur la place pour de l'argent comptant à 15, 20 et 25 P °/₀ de perte. Dans la situation où sont les choses, il est important de nous conserver la confiance publique, mais nous la voyons avec peine diminuer tous les jours, ce qui ne peut être autrement avec les dépenses considérables que nous avons à soutenir sans argent ni ressources, ni sans espérance sur les envois de la Compagnie ; elle a vu dans le cours. de cette lettre le triste état du comptoir de Mahé où il est nécessaire que nous fassions passer des fonds tous les mois, celui de Karikal arriéré et enfin la grande disproportion de nos revenus avec nos dépenses. Les secours que nous avons reçus des provinces du nord se bornent à 100.000 roupies que M. de Leyrit a reçues de M. de Moracin et à 150.000 que M. de Bussy a adressées à M de Lally, mais ces secours et nos revenus quand bien même ils rentreraient en entier, ne peuvent suffire à 500.000

roupies et plus de dépenses qui se font icy aujourd'huy tous les mois. Pouvons-nous même espérer que la Compagnie nous fasse des envois assez considérables pour y fournir et nous tirer de la situation cruelle et embarrassante dans laquelle nous nous trouvons aujourd'huy? La province ruinée et dévastée par la guerre depuis bien des années ne fournit plus aucune ressource, les Français de l'Indoustan qui y conservaient encore quelques correspondants les ont tous rappelés et en ont tiré leurs fonds.

La Compagnie est informée qu'elle doit à Arombaté, son écrivain principal, suivant les comptes arrêtés par M. Dupleix, une somme de Rs. 232.000 de capital pour des avances que cet homme a faites et comme jusqu'à présent il ne luy a été rien payé à compte, et qu'il doit luy-même considérablement icy, il a entièrement perdu son crédit; cependant, c'est le seul qui soit capable de l'emploi dont il est chargé, qui est d'être le fournisseur des vivres, des voitures et de bien d'autres choses aux armées. Il a été agité dans une assemblée du Conseil où présidait M. de Lally, s'il n'y avait pas moyen (puisque nous étions dans l'impossibilité de luy donner de l'argent pour subvenir aux dépenses des troupes en campagne) d'y suppléer en rétablissant le crédit du dit Aroumbaté, moyennant un arrangement qui luy permettrait comme cy-devant de faire des avances à la Compagnie. Ce party ayant paru le plus convenable à l'état de nos affaires, il a été décidé qu'on luy payerait les derniers 232.000 Roupies qui luy sont dues en divers billets à intérêts à lieu de faire de nouvelles avances; mais ces arrangements n'ont point encore été mis en exécution, nous espérons que la Compagnie voudra bien approuver notre conduite en cette occasion.

Le vaisseau le *Diligent* est prêt à partir pour aller à Bassora faire la même opération que le *Bristol*, et nous rapporter une cargaison de blé; nous lui donnons à cet effet des toiles bleues et du sucre et adressons le tout au sieur Perdriau, agent de la Compagnie en cet endroit.

Ci-joint est la requête que nous a présentée le sieur d'Après de Mannevilette, capitaine du *Duc de Bourgogne* que M. le comte d'Aché a jugé à propos de mettre au commandement de son vaisseau, nous l'avons renvoyé par devant la Compagnie pour se faire droit.

Nous avons appris depuis le retour de l'escadre anglaise à Madras la prise qu'elle a faite de la goëlette du sieur Benoit vers le commencement de septembre ; ce bâtiment nous avait été expédié dans le courant d'août par Messieurs du Conseil de l'Isle de France pour nous annoncer le départ de France de la 3e division, mais ses paquets ne sont point tombés entre les mains des ennemis, le capitaine ayant eu la précaution de les jeter à la mer avant d'être pris.

Du 31 octobre 1758.

Nous avons reçu par la frégate l'*Expédition*, qui a mouillé dans notre rade le 16 du courant, toutes les lettres que la Compagnie nous a fait l'honneur de nous écrire suivant l'inventaire du 23 Janvier 1758 de même que de ceux du 4 et 6 février et les lettres des 18 et 22 février et 10 avril de la même année auxquelles nous n'avons point de temps de répondre par cette occasion ; nous le ferons par notre première expédition.

Messieurs de Mazulipatam nous ont informé de l'arrivée chez eux du *Centaure*, qui a mouillé le 18 septembre dernier et qui en est reparti le 22. M. de Surville, qui le commande, ayant rencontré par la hauteur de Madras un vaisseau hollandais qui luy parut suspect l'a emmené avec luy et l'a remis au Conseil de cet endroit qui, après l'avoir examiné avec toute l'attention possible, ne l'a point jugé de bonne prise et l'a relâché.

Ci-joint un paquet contenant les expéditions du greffe qui renferme diverses successions liquidées et entre autres celle du feu sieur de Latour, capitaine d'infanterie au service de la Compagnie, frère de Mesdemoiselles du Bernard du Greslot.

Ci-joint aussy le tableau de situation de ce comptoir à commencer du 1er Juillet 1757 au 1er octobre de cette année avec deux états au soutien.

Nous sommes avec respect,...

Signé : DUVAL DE LEYRIT, BARTHÉLÉMY, GUILLARD, BOYELLEAU, LENOIR, DELASELLE, DELARCHE, DUPLAN DE LAVAL, NICOLAS, RENAULT, ETC.

INVENTAIRE des expéditions du Conseil supérieur à Messieurs les Sindics et Directeurs du Comité secret de la Compagnie des Indes à Paris, par le bot *l'Oiseau*.

1. Lettre du Conseil en date du 15 Octobre 1758.
2. Copie de l'inventaire de ce qui s'est trouvé dans le fort St. David.
3. Copie de l'inventaire de ce qui s'est trouvé dans la ville de Goudelour.
4. Procès-verbal du déchargement du vaisseau le *Haarlem*.
5. Copie de la lettre du Conseil supérieur de Pondi_chéry au Conseil de Négapatam en date du 10 Septembre 1758 et les lettres du Conseil de Négapatam au Conseil supérieur.
6. Copie de la requète du sieur Jean Dumont négo_ciant avec deux mémoires et l'état des repri_ses de la Compagnie, ensemble quatre pièces.
7. Cahier contenant les lettres de M. d'Aché au Conseil, et celles du Conseil à M. d'Aché.

8. Copie du délibéré du Conseil mixte en date du
   28 May 1758.
9. Copie du délibéré du 30 May 1758.
10. Copie du délibéré du Conseil du 13 Juin 1758.
11. Le présent inventaire.

A Pondichéry le 15 Octobre 1758.

INVENTAIRE des expéditions du Conseil supérieur à
Messieurs les Sindics et Directeurs généraux de la Compagnie des Indes à Paris par le bot *l'Oiseau.*

1. Lettre du Conseil à la Compagnie en date du
   7 Octobre 1758 avec apostille du 31 du dit.
2. Duplicata des expéditions du 18 Février 1758 par
   le brigantin le *Ruby.*
3. Duplicata des expéditions du 17 Mars 1758 par
   la frégate portugaise.
4. Duplicata des expéditions du 10 Juillet 1758 par
   l'escadre de M. le comte d'Aché.
5. Correspondance du Conseil supérieur avec le
   Conseil de Mahé depuis le 8 Mars 1758 jusques et compris le 20 Octobre 1758.
6. Correspondance du Conseil de Mahé avec le
   Conseil supérieur depuis le 13 Janvier 1758
   jusques et compris le 18 Octobre 1758.
7. Correspondance du Conseil supérieur avec le
   Conseil de Mazulipatam depuis le 6 May 1758
   jusques et compris le 8 Octobre 1758.
8. Correspondance du Conseil de Mazulipatam avec
   le Conseil supérieur depuis le 25 Février 1758
   jusques et compris le 24 Septembre 1758.
9. Correspondance du Conseil supérieur avec le
   comptoir de Karikal depuis le 17 Avril 1758
   jusques et compris le 17 Août 1758.

10. Correspondance du comptoir de Karikal avec le
    Conseil supérieur depuis le 4 Mars 1758 jus-
    ques et compris le 3 Septembre 1758.
11. Copie de deux lettres de M. Law, conseiller ci-
    devant chef à Cassembazard, au Conseil supé-
    rieur.
12. Extrait du Registre des délibérations du Conseil
    supérieur depuis le 29 Avril 1758 jusques et
    compris le 3 Septembre 1758.
13. Etat des lettres de change tirées par le Conseil
    supérieur sur la Compagnie depuis le 11 Mars
    1758 jusqu'au 27 Octobre suivant.
14. Deux copies des registres des baptêmes et morts
    de la paroisse de Notre Dame des Anges,
    intitulés N. D. des Anges.
15. Quadruplicata de la lettre du Conseil au sieur
    Philippe l'ainé.
16. Copie de trois requêtes du sieur Clouet, con-
    seiller.
17.   do   du sieur du Penhair, capitaine d'infan-
          terie.
18.   do   du sieur Deschamps, officier d'infanterie.
19.   do   du sieur de la Chassagne, employé à
          Mazulipatam.
20.   do   du sieur d'Après, capitaine du *Duc de
          Bourgogne*, en deux pièces.
21. Procès-verbal des matières d'or et d'argent venues
    par l'escadre de M. le comte d'Aché d'envoy
    de Messieurs du Conseil de l'ile de France.
22. Tableau de situation du comptoir de Pondichéry
    depuis le 1er Juillet 1757 jusqu'au 1er Octobre
    1758 avec deux pièces au soutien.
23. Paquet du Conseil à Messienrs les Sindics et
    Directeurs de la Compagnie, timbré comité
    secret.

24. Paquet du Conseil de Mahé à la Compagnie.
25. 79 paquets ou lettres particulières.
26. Deux lettres à l'adresse de Messieurs les Sindics et Directeurs de la Compagnie des Indes.
27. Trois lettres à l'adresse de M. Montaran.
28. Une lettre à celle de M. Michel, directeur de la Compagnie.
29. Une lettre à celle de M. Roth,   do   do
30. Une lettre à celle de M. Gilly,   do   do
31. Six lettres à celle de M. le Marquis Dupleix.
32. Une lettre à celle de Madame de Boullogne.
33. Le présent inventaire.

A Pondichéry, le 31 Octobre 1758.

Pondichéry, le 15 Octobre 1758.

M. GODEHEU D'IGOVILLE, DIRECTEUR COMMANDANT A LORIENT.

Par le bot *l'Oiseau*.

Monsieur,

Nous répondons aujourd'huy par le bot *l'Oiseau* que nous expédions pour l'Isle de France aux lettres que vous nous avez fait l'honneur de nous écrire par les vaisseaux le *Dauphin*, le *Centaure*, le *Bien-aimé* et le *Vengeur*, en date des 4 mars et 26 avril de l'année passée et qui nous sont parvenues par l'escadre de M. le Comte d'Aché dont ces deux derniers faisaient partie, les deux autres sont restés à l'isle de France.

Le 28 avril dernier, cette escadre composée de la 1re et 2me divisions au nombre de 9 vaisseaux de guerre et 2 frégates arriva à la hauteur de Goudelour où elle

39

mouilla après avoir forcé deux frégates anglaises à s'y
échouer et à se brûler; le même jour le *Comte de Provence* et la *Diligente* emmenèrent icy M. le Comte de
Lally, qui y arriva l'après midi et qui aussitôt envoya par
terre tout ce qu'il trouva icy de troupes pour investir le
fort St. David et Goudelour. La flotte anglaise composée
de 9 voiles parut le lendemain dans le sud, la nôtre
appareilla et fut au devant, ces deux escadres se joignirent à 2 heures 1/2 et combattirent jusqu'à 5 heures du
soir, qu'elles se séparèrent sans aucun avantage décidé
de part ni d'autre; les Anglais se retirèrent à Coblon, et
nos vaisseaux à la nuit s'approchèrent de terre pour y
mouiller. Le *Bien-aimé* ayant perdu coup sur coup
plusieurs câbles eut le malheur de s'échouer près
Alemparvé où il s'est ouvert le 9 may, les dix autres
mouillèrent dans notre rade. Cependant le siège du
Fort St. David se continuait toujours, mais le 2 juin
cette place après 15 à 16 jours de tranchée ouverte a
capitulé, et la garnison s'est rendu prisonnière de guerre.
M. de Lally, sans perdre de temps, ayant marché à
Divicoté situé sur le Coleram trouva cette place abandonnée, nos troupes y sont entrées le 5 sans coup férir;
peu de temps après M. de Lally partit pour l'expédition
du Tanjaour, qui n'a pas eu tout le succès qu'on en
attendait. Le 3 août il s'est donné un deuxième combat
entre l'escadre ennemie et la nôtre, qui n'a pas été
moins vif que le premier quoiqu'il n'ait duré qu'une
heure et demie. Le feu ayant pris à deux de nos vaisseaux, notre escadre fut forcée par ces accidents de
faire retraite et de revenir icy où elle s'est raccommodée
et réparée, et la nuit du 2 au 3 de septembre, elle est
repartie pour retourner aux isles. M. de Lally vient
de se rendre maitre d'Arcatte et d'une très grande partie
des terres que possédaient les Anglais, qui vont se trouver
dans peu réduits à Madras. Voilà, Monsieur, les principaux événements qui se sont passés à cette côte depuis

l'arrivée de notre escadre. Celle des ennemis est partie de Madras et l'on assure qu'elle doit aller hiverner à Bombay.

Le *Centaure*, comme nous l'avons dit plus haut, ayant resté aux isles, nous ne pouvons vous accuser la réception des effets et marchandises que vous envoyez par ce vaisseau, le Conseil de l'Ile de France nous en a fait passer par l'escadre qui, sans doute, proviennent de sa cargaison.

Tous les paquets et lettres que vous avez coutume de nous adresser nous sont bien parvenus conformément aux inventaires.

Nous avons appris avec plaisir que la plupart des vaisseaux qui vous avaient été expédiés de l'Inde à la fin de 1755 et au commencement de 1756, sont heureusement arrivés en Europe ; nous sommes très sensibles à la perte que la Compagnie a faite du *Duc d'Aquitaine* et du *Pondichéry*.

Le nommé François Le Gal, soldat, est dans les armées en campagne, nous aurons l'attention de le faire revenir pour le renvoyer en France suivant votre demande. Cy-joint est le certificat de mort du nommé Joseph Albert Perrier, soldat, dont vous nous avez demandé des nouvelles cy-devant.

Vous recevez, Monsieur, tous les papiers que nous sommes dans l'usage de vous remettre conformément à l'inventaire cy-joint.

Nous avons prévenu la Compagnie que nos magasins de marine étaient entièrement dénués de tout, soit en agrés et apparaux, qu'en matières, vergues, bray etc... et l'avons prié instamment de nous faire ces envois le plus tôt qu'il luy sera possible. Nous vous prions aussy, Monsieur, de presser l'envoy de toutes ces demandes dont nous avons un extrème besoin actuellement que nous sommes dans l'attente de la troisième division jointe à l'escadre de M. d'Aché.

Du 31 Octobre 1758.

Nous avons reçu par la frégate l'*Expédition* qui a mouillé dans cette rade le 16 du courant la lettre que vous nous avez fait l'honneur de nous écrire le 14 avril de cette année, ainsi que les nouveaux signaux pour l'atterrisage de nos vaisseaux icy et à Karikal, auxquels nous nous conformerons; elle a été expédiée de l'Isle de France le 16 du mois dernier et Messieurs du Conseil nous donnent avis de l'arrivée dans leur port de tous les vaisseaux de la Compagnie composant l'escadre de M. de l'Esguille, ce que nous apprenons avec plaisir ; c'est par cette frégate que vous recevrez la présente ainsi que la boite contenant nos dépèches à la Compagnie que nous vous prions de luy faire remettre.

Nous sommes etc...

Signé : DUVAL DE LEYRIT, BOYELLEAU, GUILLARD, LENOIR ETC...

INVENTAIRE des expéditions du Conseil supérieur par le bot l'*Oiseau* à M. Godeheu d'Igoville, directeur commandant à Lorient.

1. Lettre du Conseil datée du 15 Octobre 1758 apostillée du 31 Octobre 1758.
2. Duplicata des expéditions du brigantin le *Ruby*.
3. Certificat de mort du nommé Joseph Albert Perrier, soldat.
4. Etat des fournitures faites des magasins de la marine au vaisseau Le *Zodiaque*.
5. Etat des fournitures faites des magasins de la marine au vaisseau le *Comte de Provence*.
6. do   do   au *Vengeur*.
7. do   do   au *Duc d'Orléans*.

8. do   do   au *St. Louis.*

9. do   do   au *Duc de Bourgogne.*

10. do   do   au *Moras.*

11. do   do   au *Condé.*

12. do   do   à la frégate le *Silphide.*

13. do   do   à la frégate la *Diligente.*

14. do   de supplément fourni à toute l'escadre après les états arrêtés.

15. Lettre du Conseil de Mahé à M. Godeheu d'Igoville.

16. Trente lettres particulières.

17. Le présent inventaire.

A Pondichéry, le 31 Octobre 1758.

Inventaire du duplicata des expéditions du Conseil supérieur par le bot *l'Oiseau* à M. Godeheu d'Igoville, directeur commandant à Lorient.

1. Lettre du Conseil datée du 15 Octobre 1758 apostillée du 31 Octobre 1758.

2. Certificat de mort du nommé Joseph Albert Perrier soldat.

3. Etat des fournitures faites des magasins de la marine au vaisseau le *Zodiaque.*

4. do   do   au *Comte de Provence.*

5. do   do   au *Vengeur.*

6. do   do   au *Duc d'Orléans.*

7. Etat des fournitures faites des magasins de la marine au vaisseau le *St. Louis.*

8. do   do   au *Duc de Bourgogne.*

9. do   do   au *Moras.*

10. do   do   au *Condé.*

11. do   do   à la frégate le *Silphide*.
12. do   do   à la frégate la *Diligente*.
13. do   do   le supplément fourni à
                        toute l'escadre après les
                        états arrêtés.
14. Le présent inventaire.

Pondichéry le 31 Octobre 1758.

INVENTAIRE du Duplicata des expéditions du Conseil supérieur à la Compagnie, à Messieurs les Sindics et Directeurs généraux de la Compagnie des Indes à Paris, par le bot *l'Oiseau*.

1. Lettre du Conseil à la Compagnie en date du 7 Octobre 1758 apostillée du 31 Octobre du dit.
2. Triplicata des expéditions du 18 Fevrier 1758 par le brigantin le *Ruby*.
3. Triplicata do do du 11 Mars par la frégate portugaise.
4. Triplicata do do du 10 Juillet 1758 par l'escadre de M. le comte d'Aché
5. Duplicata de la correspondance du Conseil supérieur avec le Conseil de Mahé, depuis le 8 Mars 1758 jusques et compris le 20 Octobre 1758
6. Duplicata de la correspondance du Conseil de Mahé avec le Conseil supérieur depuis le 13 Janvier 1758 jusques et compris le 18 Novembre 1758.
7. Duplicata de la correspondance du Conseil supérieur avec le conseil de Mazulipatam depuis le 6 Mai 1758 jusques et compris le 7 Octobre 1758.
8. Duplicata de la correspondance du Conseil de Mazulipatam avec le Conseil Supérieur depuis

le 25 Février 1758 jusques et compris le 24 Septembre 1758.

9. Duplicata de la correspondance du Conseil supérieur avec le comptoir de Karikal depuis le 17 Avril 1758 jusques et compris le 17 Août 1758.

10. Duplicata de la correspondance du comptoir de Karikal avec le Conseil supérieur depuis le 4 Mars 1758 jusques et compris le 3 Septembre 1758.

11. Copies de deux lettres de M. Law, Conseiller cy-devant chef à Cassembazard, au Conseil supérieur.

12. Extrait du registre des délibérations du Conseil supérieur depuis le 29 Avril jusques et compris le...

13. Etat des lettres de change tirées par le Conseil supérieur sur la Compagnie, depuis le 11 Mars 1758 jusques le 26 Octobre suivant.

14. Copie de trois requêtes de M. Clouet, conseiller.

15. do du sieur Dupenhair, capitaine d'infanterie.

16. do du sieur Deschamps, officier d'infanterie.

17. do du sieur de la Chassagne, employé de la Compagnie.

18. do du sieur D'Après de Mannevillette, capitaine du vaisseau le *Duc de Bourgogne*, deux pièces.

19. Procès-verbal des matières d'or et d'argent venue par *l'escadre* de M. le comte d'Aché d'envoy de Messieurs de Conseil de l'Isle de France.

20. Tableau de situation du comptoir de Pondichéry depuis le 1er Juillet 1758 jusques au 1er ..... 1758 avec 2 pièces au soutien.

21. Duplicata du registre des baptêmes, mariages etc... des paroisses St. Louis et Notre-Dame des Anges.

22. Paquets du Conseil supérieur à Messieurs les Sindics et Directeurs de la Compagnie des Indes, timbré comité secret.
23. Paquet du Conseil de Mahé à la Compagnie.
24. Le présent inventaire.

A Pondichéry, le 31 Octobre 1759.

Pondichéry le 15 Janvier 1759.

A Messieurs les Sindics et Directeur de la Compagnie des Indes a Paris.

1ère expédition par le *Volant*.
2ème par la frégate *l'Expédition*.

Messieurs,

Par l'apostille de notre lettre en date du 7 octobre de l'année dernière nous avons eu l'honneur de vous accuser la réception des lettres que vous nous avez fait celui de nous écrire le 20 décembre 1757, 7, 11, 12. 13. 14. 16. 17. 18. 19. 20. 21. 22. 23. 24. 27. 28. 29. 30. et 31 janvier, une du 1er, trois du 18 et une du 22 février et enfin une du 10 avril 1758, qui nous ont été apportées ici par la frégate l'*Expédition*. Nous allons y répondre lettre par lettre afin de satisfaire entièrement à tous les articles qui le demandent.

Lettre du 20 décembre 1757.

La Compagnie nous renvoie plusieurs fois dans le cours des lettres auxquelles nous répondons présentement à celle que Messieurs du Comité secret de l'Inde nous écrit, mais elle ne nous est point encore parvenue et nous ignorons les ordres qu'elle nous donne au sujet du plan de l'expédition qu'elle a faite dans l'Inde et autres affaires qu'elle nous annonce.

Nous sentons aisément que les contre temps que la Compagnie essuye dans son commerce lui font un tort considérable surtout en temps de guerre où il lui est plus nécessaire que ce commerce soit abondant et que les cargaisons de retour soient riches, puisque ce n'est que par leur produit qu'elle peut couvrir les dépenses immenses auxquelles elle est obligée, mais il nous a été impossible de remédier à ces inconvénients les années précédentes, tant par le défaut d'argent dont nous sommes à court depuis longtemps et qui ne nous ont point permis de faire aux marchands les avances convenables pour nous procurer des marchandises, que par la nécessité où nous avons été d'en acheter de toutes faites pour composer les cargaisons des vaisseaux que nous avions à lui expédier. De là vient que quelques unes ne se sont pas trouvées entièrement dans leurs sortes et que nous n'avons pu bonder les vaisseaux que nous lui renvoyons, comme nous l'aurions souhaité.

Nous vous avons déjà marqué, Messieurs, par notre lettre du 7 octobre dernier, notre situation urgente et l'impossibilité où nous étions pour lors de vous faire quelques envois, nous sommes réduits aujourd'huy à une plus extrême nécessité, nous manquons généralement de tout, de munitions de guerre de toute espèce, d'effets de marine et enfin de marchandises et provisions d'Europe. Voilà au vrai et en peu de mots notre situation actuelle.

La perte du Comptoir de Chandernagor nous a privé de ses livres de négoce de 1755 à 1756 et nous sommes par là hors d'état d'instruire au juste la Compagnie de l'intérêt qu'elle avait dans l'armement du *Montaran* lorsqu'il a péri en pleine mer. Celui qu'elle avait dans le voyage précédent de ce vaisseau aux Maldives était de 25.000 Rs. de capital, et le sieur Le Broin teneur de livres à Chandernagor pense qu'elle était intéressée de la même somme lors du malheur qui lui est arrivé. La

40

Compagnie verra par notre lettre du 7 octobre dernier qu'il ne nous reste plus personne aux Maldives, le détachement de blancs et de cypayes en étant de retour ; ainsi ses intentions à ce sujet se trouvent exécutées. La nature et l'objet des dépenses qu'ont occasionnées les différentes expéditions faites à ces isles était pour s'en procurer le commerce exclusif et donner à la Compagnie des cauris pour ses cargaisons de retour en France.

Le Conseil de Mahé ne peuvant remettre une copie du passeport qui a été donné à la salle, arrêtée en sortant d'Adem (?) avec pavillon français, par une frégate portugaise, et cette pièce étant absolument nécessaire pour poursuivre cette affaire et réclamer cette embarcation, nous pensons qu'il ne nous convient plus de continuer nos demandes à ce sujet.

Le sieur Abeille que nous avions nommé pour remplacer le sieur Le Verrier à Surate, étant une des deux personnes qui afferment les terres de la Compagnie de la province du Carnate, ne peut suivre la destination que nous lui avions donnée précédemment, nous avons destiné à sa place le sieur Isact, sous-marchand, et nous avons particulièrement eu en vue dans ce choix la recommandation que M. et Mme de Moras en ont fait à la Compagnie.

Nous nous conformerons, lorsque nous aurons des fonds, à ce qu'elle nous prescrit au sujet des demandes de Messieurs du Conseil de l'Ile de Frauce et de Bourbon et nous nous bornerons désormais à leur fournir les effets qu'ils ne pourront se procurer par la liberté du commerce particulier.

Les difficultés pour former le tableau militaire que la Compagnie nous demande sont presque insurmontables actuellement ; il y a déjà eu beaucoup d'officiers de tués devant Madras qui est assiégé depuis le 12 décembre dernier et à la bataille de Rajimendry, dont le nombre ne nous est point encore connu ; d'ailleurs

nous n'avons pas la note de ceux que M. de Lally a
promus à des grades supérieurs ; toutes ces raisons,
Messieurs, nous obligent de remettre à un temps plus
tranquille et plus favorable l'exécution de vos ordres à
ce sujet.

Nous avons expressément enjoint au sieur Denoual,
chargé du greffe par le départ du sieur Desnaudières,
de se conformer à vos ordres au sujet des copies des
inventaires et ventes des effets des successions qui
passent en France ; nous espérons que vous aurez lieu
d'être content de son exactitude à cet égard, et qu'il
vous fera parvenir joint à l'état général des dites successions les pièces en règle au soutien.

Vous trouverez joint au dit état les pièces justificatives de la succession du feu sieur Delaville Héliot Ruflet de façon à ne laisser rien à désirer à son héritier,
qui doit avoir reçu les 600 Pagodes que nous avions pré-
levées sur la dite succession Ruflet pour son enfant naturel, lequel est mort, et le greffe a fait passer cette somme en France ainsi appert à l'état général des successions du mois de janvier 1758 ; ainsi cette première
succession se trouve entièrement soldée.

Vous recevrez aussi par la même expédition de janvier 1758 toutes les pièces concernant la succession
Le Roy, qui nous ont été envoyées de Mazulipatam.
Nous croyons que toutes ces pièces revêtues de leurs
formalités juridiques doivent suffire aux héritiers qui
ont quelques droits à répéter et que leur authenticité
doit l'emporter sur tous les autres renseignements et
allégations que l'on peut présenter à ce sujet et que
ces actes publics doivent être préférés à de simples
présomptions, d'ailleurs l'état général des successions
que le greffe envoie annuellement quoique sommaire à
la vérité mais arrêté sous les yeux du ministère public
et visé du Conseil supérieur et de plus appuyé par
vous Messieurs, est un titre plus que suffisant pour

satisfaire les héritiers, jusqu'à ce qu'ils se pourvoient par devant le Conseil Supérieur pour retirer les pièces justificatives qu'ils croyent nécessaires pour éclaircir leurs doutes.

Nous sommes fort touchés de la perte des vaisseaux le *Duc d'Aquitaine* et le *Prince de Conty* et surtout des effets de marine que ce dernier apportait dont nous manquons totalement ici ainsi qu'à l'Ile de France.

On fera payer au sieur Anquetil les 500 Lvs. que la Compagnie a reçues de M. Bigon, il est actuellement à Surate, et nous ne pouvons rendre compte à cause de son absence des progrès qu'il fait dans les langues orientales.

Le sieur Beinges, employé, a été tué dans une affaire que M. Law a eue contre les gens du pays en allant à Delhy. On a remis au major de la place un extrait des ordres de la Compagnie au sujet du nommé Robert Oblin, soldat.

Les sieurs Germain, sous marchand, et Chevreau cadet sont arrivés ici, ce dernier a été nommé au poste de commis et nous l'avons remboursé des frais de sa traversée. Vous verrez, Messieurs, que par notre délibération du 29 juin 1758 nous avons placé au rang des sous marchands les sieurs De Sanguine et le Comte Marey que vous nous recommandez. Nous sommes charmés d'avoir prévenu vos intentions à leur sujet et de leur avoir donné l'avancement que vous nous avez désigné et qu'ils méritent par leur capacité. Le sieur de l'Eglise n'a point encore paru icy, nous nous conformerons à ce que vous nous ordonnez à son sujet. L'affaire qu'il s'est faite avec M. Chery, capitaine des troupes de la Compagnie, ne lui permet guère de rester dans l'Inde.

On a fait enregistrer au greffe la copie du contrat de la maison du sieur de Brain et on a rempli toutes les formalités nécessaires pour assurer cette maison à la Compagnie.

M^r. De Leyrit a acquitté la lettre de change de mille marcs de piastres que M. Roth a tirée sur lui à l'ordre de la Compagnie et le sieur Bourquenoud a fait également honneur à celle de 50 marcs que nous avons envoyée au Conseil de Mahé.

Le sieur Cherbouville a payé à la caisse militaire la reconnaissance de 250 Lvs. de Mme son épouse.

Vous nous recommandez beaucoup, Messieurs, de veiller avec une extrême attention aux dépenses extraordinaires que nous sommes dans le cas de faire et d'employer avec économie les faveurs que vous nous envoyez. Mais quelque soin que nous prenions à ménager ces dépenses et quelque attention que nous y portions nos peines sont pour ainsi dire inutiles dans un temps de guerre où l'on ne peut se priver des choses nécessaires soit pour la défense soit pour l'attaque et surtout lorsqu'on la fait offensivement ; toutes les vues d'économie pour lors deviennent insensibles et l'on est indispensablement entrainé à des dépenses immenses et absolues. C'est donc à d'autres temps qu'il faut remettre l'exécution des intentions de la Compagnie à ce sujet dont nous sentons vivement la nécessité, c'est à des temps plus paisibles et plus tranquilles, c'est en un mot à la paix que viendront les moments de réformer ces dépenses prodigieuses auxquelles nous sommes forcés aujourd'hui, qui ne dépendent pas de nous et dont nous ne pouvons arrèter le cours.

Lettre du 7 Janvier 1758.

Nous avons fait parler au sieur Law par le procureur général du roi au sujet de la décharge que vous nous avez demandée concernant la succession du feu P. Thomas Conway et le cautionnement de l'abbé Stafford ; il nous a fait répondre qu'il ne pouvait donner cette décharge, sans avoir auparavant été instruit si cette affaire a été entièrement liquidée, il nous a remis une lettre pour Milord Clare son procureur dans laquelle est inclus le pouvoir nécessaire pour la libération de l'abbé Stafford.

Nous nous conformerons dorénavant aux intentions de la Compagnie en laissant aux seconds le commandement des vaisseaux dont les capitaines seront morts, à moins d'une incapacité prouvée ou des défauts essentiels qui ne permettraient pas qu'on leur confiat des navires.

Les cauris que nous avons achetés du sieur Le Termeillier étaient pour former une partie des cargaisons des vaisseaux que nous avions à renvoyer en France ; nous ne comprenons pas ce que la Compagnie entend par les bénéfices de la première main qu'elle dit avoir perdu par cet achat, les cauris du sieur Le Termillier étaient ceux d'un armement dans lequel elle était intéressée, ainsi qu'elle y avait sa part de bénéfice et ne pouvait prétendre à avoir des cauris au prix qu'on les a achetés aux Mal.lives ; pour qu'elle jouit de cet avantage il faudrait qu'elle fit faire à ses vaisseaux l'opération qu'a faite l'an passé le vaisseau le *Faquir* et dont nous lui avons rendu compte par notre lettre du 7 octobre dernier, et c'est là le bien que lui procurerait le commerce exclusif des Maldives et auquel elle nous a donné ordre de renoncer. Si nous avons payé le dit sieur Termeillier en billets d'intérêts, c'est parce que nous étions pour lors hors d'état de le payer en argent et nous ne savons pas trop ce qui peut avoir engagé la Compagnie à désapprouver ce que nous avons fait en cette occasion et à nous écrire que nous aurions dû fournir des lettres de change sur elle. Il serait heureux que nous puissions parvenir à lui former des cargaisons et à faire des achats de marchandises en les remboursant en lettres de change sur elle, mais c'est une spéculation qui ne peut avoir son effet.

Lettre du 11 Janvier 1758.

Nous n'avons rien à ajouter aux instances que nous avons fait cy-devant à la Compagnie au sujet de la modicité de la gratification qu'elle nous a allouée sur le produit des ventes au comptant puisqu'elle a si peu d'égards à nos demandes à ce sujet. Nous nous contenterons de lui dire en peu de mots que la cherté des vivres et des provisions d'Europe dont toutes ses Colonies sont entièrement dépourvues rendent notre situation bien dure et bien disgracieuse. Il est fâcheux pour nous qu'elle y fasse si peu d'attention à présent, nous espérons qu'elle voudra bien se rappeller cet article à la paix et prendre quelques arrangements en notre faveur.

Lettre du 12 Janvier 1758.

Il ne sera plus envoyé à la Compagnie du fil fin de coton et nous nous bornerons désormais à ne lui faire passer que celui de Surate suivant l'usage.

Lettre du 13 Janvier 1758.

Nous sommes sensibles aux égards que la Compagnie a bien voulu avoir aux bons témoignages que nous avons rendus à la capacité du sieur du Petival et de la gratification qu'elle lui a accordée pour sa place de teneur de livres en chef et dont nous lui faisons nos remercîments. On l'en a fait jouir conformément à vos ordres à commencer du 1er janvier de l'année dernière.

Lettre du 14 Janvier 1758.

Nous n'envoyons point à la Compagnie le tableau des employés, n'y ayant été fait aucun changement essentiel depuis le dernier que nous lui avons remis. Nous aurons attention à ne remplacer que par intérim les

postes de commandement, de chefs et autres emplois
d'administration qui viendront à vaquer et n'accor-
derons désormais des congés à ceux qui s'en retourneront
en France que pour l'espace de dix-huit mois et en les
astreignant de se présenter à la Compagnie soit à Lorient
ou soit en écrivant à l'administration à Paris.

Lettre du 16 Janvier 1758.

La Compagnie ayant remis la décision de l'affaire que
traite la sus dite lettre à M. le comte de Lally, le Conseil
n'a aucune réponse à y faire.

Lettre du dit jour.

La Compagnie n'ayant pas jugé à propos d'accorder
au sieur Le Bon, sous marchand, la demande qu'il lui a
faite par sa requête, quoique d'ailleurs elle soit satisfaite
de ses longs services, il vous prie, Messieurs, de vouloir
bien lui donner quelques marques de votre estime pour
récompense de son attachement et de son affection à la
Compagnie en plaçant au rang des commis son fils
cadet qui travaille assidûment au bureau du secrétariat
depuis près d'un an Nous joignons d'autant plus volontiers nos instances à celles de cet ancien serviteur de la
Compagnie que ce jeune homme se comporte bien.

Lettre du 17 Janvier 1758.

Les diverses affaires que nous avons eues jusques à
présent ne nous ont point encore permis d'examiner
celle que la Compagnie traite par la présente au sujet
du mémoire que lui a présenté le P. Ignace de St. Hi-
polyte, carme déchaussé. Nous écrirons incessamment
au Conseil de Mahé pour être plus instruit des articles
du dit mémoire que la Compagnie a laissé à notre décision et nous aurons l'honneur de lui rendre compte
de ce que nous aurons terminé à cet égard.

Lettre du 18 Janvier 1758.

Nous avons remis au sieur Bourdier, médecin, copie
de cette lettre avec le mémoire d'observations qui y
était joint par lequel la Compagnie souhaite établir ici
une pharmacie où l'on fasse toutes les compositions nécessaires au soulagement des malades et que l'on ne
tire d'Europe que les drogues simples afin que l'on mette à profit toutes celles qui se trouvent dans le pays et
par ce moyen éviter les dépenses considérables qu'elle
fait pour l'envoi de tant de compositions, qui tombent
en pure perte par l'altération qu'elles souffrent dans de
si longues traversées. Rien de plus facile à exécuter
que ce projet. Le besoin urgent des malades a déjà
obligé le sieur Bourdier de le mettre en exécution, la
provision de remèdes tant pour les vaisseaux que pour
les troupes de terre qui a été prise par les Anglais dans
le brigantin le *Ruby*, auráit été une perte irréparable
pour la Colonie s'il n'eût pas tiré parti des drogues du
pays pour en faire les compositions nécessaires au soulagement des malades ; dans un temps moins difficile
et moins fâcheux que celui-ci, il lui sera encore plus
aisé de composer des remèdes avec les simples du pays,
mais comme les troubles que la guerre occasionne nous
empêchent de lui procurer ceux que nous fournit l'Ara-
bie, la côte Malabar et autres lieux de l'Inde, il ne lui
est pas possible encore de se passer des rémèdes et
médicaments d'Europe ; c'est ce qui fait que son état
de demandes sera encore assez considérable cette année
et nous prions la Compagnie de le remplir en attendant
que nous puissions nous conformer au projet d'épargne
qu'elle a à ce sujet. Le sieur Bourdier observe qu'il a
reçu de la thériaque et de la confection hyacinthe sans
altération ; il est vrai que les sirops ne supportent pas
la traversée et que les sels se liquéfient faute de ne les
pas envoyer dans des vases bien fermés ; mais il remar-

que que s'il y a une **si** grande diminution et avaries
dans les remèdes qui viennent de France, on doit en
attribuer la raison au défaut d'attention des capitaines
et officiers de vaisseaux, qui tournent et retournent peut-
être deux cent fois une caisse de remèdes dans une
traversée, ce qui excite la fermentation et l'altération
dans toutes les préparations galéniques qui nous parviennent. Il ne lui a pas été possible de faire l'examen
que la Compagnie désire au suiet de quelques articles
de médicaments composés suivant une nouvelle métho-
de parceque, comme on l'a dit plus haut, ces remèdes
ont été pris par les Anglais.

Si toutes les conditions que le sieur Bourdier demande
par le mémoire qu'il envoie à la Compagnie peuvent
être remplies, nos états de demandes consisteront
dorénavent en quelques préparations chimiques et drogues simples.

Lettre du 19 Janvier 1758.

Nous nous conformerons, Messieurs, à tout ce que
vous nous prescrivez par cette lettre en maintenant la
subordination que la Compagnie a établie entre le Conseil et le militaire et serons de la sévérité nécessaire
envers ceux qui ne respecteront pas notre autorité,
autant cependant que les circonstances présentes le
permettront, car vous sentez assez que c'est dans les
temps comme ceux-ci où l'on doit avoir des ménagements et de la douceur et passer quelques fautes quand
elles ne sont pas essentielles et ne tendent point à la
désobéissance. Lors donc que la paix viendra et que
nous réformerons tous les abus que la guerre a en-
trainés, nous remplirons entièrement vos ordres à l'égard
des officiers qui ne se soumetteront point à notre autorité.

Lettre du 20 Janvier 1758.

La Compagnie verra lorsqu'elle recevra nos expéditions du mois d'octobre dernier que nous nous sommes

conformés à ses intentions aussitôt que nous avons reçu
ses ordres, en ne fournissant des lettres de change sur
elle qu'à six mois de vue. Nous ne pouvons cependant
nous empêcher de lui faire observer que quoique cet
arrangement lui convienne et qu'elle ne l'ait pris que
par des raisons solides et nécessaires, il semble néanmoins qu'elle ne saurait assez favoriser et engager les
particuliers à remettre des fonds à ses caisses dans l'Inde
pour en être remboursés en France en lettres de change
et que ce terme de six mois est bien long et les éloigne
de se servir de cette voie dont ils ne feront usage que
lorsque toute autre leur manquera. Nous pensons qu'elle
aurait pu donner une autre forme à cet arrangement
qui ne l'aurait pas gênée et aurait également accrédité
nos traites sur elle, c'eut été de fixer pour toujours les
avances proportionnellement aux valeurs de ces lettres
et selon qu'elles auraient été plus ou moins considérables.
Nous souhaitons que cette idée puisse s'accorder aux
vues de la Compagnie.

Lettre du 21 Janvier 1758.

Nous avons fait part aux R. P. Capucins de la
permission que la Compagnie leur a donnée de continuer
la construction de leur église à laquelle ils travaillent
depuis le commencement de cette année et ils se sont
soumis à la condition dont nous les avons prévenus
qu'on l'abattrait et la détruirait si, dans la suite et par
quelque évènement, il arrivait qu'elle nuisît soit à la
défense de la ville soit à celle du fort.

Lettre du 22 Janvier 1758.

Nous mettons en usage depuis quelques temps ce que
vous nous ordonnez, Messieurs au sujet des malabars
établis dans ce qu'on appelle la ville blanche que nous
tâchons de former d'Européens ou gens de chapeaux

seulement et on a soin de faire estimer par l'ingénieur
de la place les maisons et terrains des noirs qu'on oblige
de vendre ou céder aux blancs. Quant à ce que la
Compagnie nous marque que le canal qui divise la ville
blanche d'avec la ville noire peut devenir une sureté il
n'en fera jamais une lorsqu'il existera tel qu'il est et
pour qu'il pût servir à cette fin il faudrait qu'on le
revêtit de maçonnerie des deux côtés ; tôt ou tard on
sera forcé de faire cet ouvrage tant parce que ce canal
est un cloaque actuellement qui dans l'été infecte et
incommode beaucoup et que dans l'hiver les eaux qui
y viennent inondent une partie du quartier des maures
et tailleurs du côté de l'hopital.

Lettre du 24 Janvier 1758.

Si la Compagnie n'a pas reçu de bonne heure nos
paquets et ceux du Conseil de Chandernagor par lesquels on l'informait du sort de cette place, elle ne doit
l'attribuer qu'au retard de nos expéditions ; Messieurs
de ce comptoir et M. de Leyrit lui ont écrit par voye
de Surate et de Bassora, et nous avons expédié d'ici
pour les isles en may 1757 le brigantin *l'Aurore* pour
lui porter la nouvelle de ce malheureux évènement,
mais ce n'est qu'au retour de ce bâtiment en janvier
1758 que nous avons appris qu'à sa sortie d'ici il avait
essuyé un coup de vent qui l'a forcé d'aller hyverner à
Achem. S'il nous avait été possible de prévoir cet accident nous y aurions remédié en expédiant un nouveau
bâtiment.

Nous avons été aussi surpris que vous, Messieurs, des
irrégularités de la capitulation de Chandernagor à la
première lecture que nous en avons faite et en conséquence, avons cherché à nous instruire sur ce qui s'est
passé : dans toutes nos perquisitions nous n'avons rien
appris qui ne soit conforme à la copie ci-jointe du mé-

moire que nous a présenté M. Renault et pour sa justi-
fication et sa réponse à vos observations. Ci-inclus un
autre écrit de lui qui détaille les motifs qui ont engagé
le Conseil de Chandernagor à couler les vaisseaux qui
étaient en rivière et à démolir les maisons autour de la
loge ainsi que leur appréciation.

Les Anglais n'ont point rendu fidèlement le dernier
article de la capitulation, il n'a été accordé aux directeurs, conseillers et employés que leurs hardes et linges;
nous ne pourrions sans injustice les soupçonner d'avoir
manqué de fidélité et de zèle, par l'état où ils se sont
réduits volontairement pour défendre les intérêts de la
Compagnie et M. Renault n'a jamais démenti cette réputation d'honneur et de probité qu'il s'était acquise.

Quant aux irrégularités de la capitulation, nous ne
croyons pouvoir les attribuer qu'à l'état déplorable de
cette place lorsqu'elle s'est rendue, ou tout au plus à
un défaut d'assez d habitude sur ces matières.

Si nous nous rétablissons à Bengale, comme la Compagnie se réserve le commandement pour le donner à
propos, nous croyons en attendant de ne pouvoir confier
ses intérêts en meilleures mains qu'en celles de M.
Renault.

Les réflexions que vous faites, Messieurs, à l'occasion
du traité conclu entre le nabab de Mouxoudabat et les
Anglais sont justes et fondées; dès le moment que
nous avions été instruits des conditions de ce traité nous
avons senti qu'il était entièrement contraire aux véritables intérêts de la Compagnie, elle doit être persuadée
que lorsque nous porterons nos armes dans le Gange
nous ne négligerons rien pour obtenir les mêmes avantages dont jouissent les Anglais ou au moins pour mettre les choses sur un pied d'égalité, afin que cette nation
impérieuse ne puisse dominer sur nous et usurper une
supériorité de commerce qui serait tout à fait contraire
à celui de la Compagnie.

Lettre du 27 Janvier 1758.

Pour vous référer, Messieurs, par cette lettre à celle
que Messieurs les Sindics et directeurs du comité secret
de l'Inde nous ont écrite à l'occasion des différentes fermes et des arrérages qui sont dûs à la Compagnie par
le nommé Rangappa, courtier, à qui les terres avaient
été affermées cy-devant ainsi que pour le renouvellement des fermes d'Ariancoupom, Mouroungapak et
Oulgaret, nous avons déjà eu l'honneur de vous dire
plus haut que cette lettre du comité secret ne nous
était point parvenue, ainsi nous n'avons rien à répondre
à cet article.

Lettre du 28 Janvier 1758.

Messieurs Delarche et Bausset ayant refusé d'accepter
les deux lettres de change de 24.000 chacune que le
sieur Helliot a passées à notre ordre, nous lui envoyons
ci-joint le protèt fait en cette occasion faute d'accepta-
tion que nous prions la Compagnie de lui faire remettre.

Il ne se fait aucune remise ici à la caisse qu'elle ne soit
évaluée en roupies et les précautions que vous nous don-
nez ordre de prendre en ne recevant point de Pagodes, se
trouvent inutiles puisque cela est contraire à notre usage.

Nous fournirons à Madame Perdiguier des lettres de
change à six mois de vue pour toutes les sommes qui
seront remises au trésor pour compte de la succession
du sieur Perdiguier, son mari, et dont nous vous donnerons avis.

Lettre du 29 Janvier 1758.

Le sieur Barat de Montalibert que vous nous avez
envoyé avec le grade de sous commis, est arrivé ici. Ce
jeune homme se sentant plus de goût pour le service
militaire que pour la plume a été au siège de Madras
et a été reçu enseigne dans les troupes de l'Inde.

Le sieur Devue a été reçu dans la même qualité en Juillet 1757, ainsi les intentions de la Compagnie à son sujet se trouvent remplies.

Lettre du 30 Janvier 1758.

En perdant Chandernagor vous ne devez pas douter, Messieurs, que les marchandises qui y étaient destinées pour la cargaison du *St. Contest* n'ayent été perdues aussi pour la Compagnie; vos appréhensions et vos craintes sur notre embarras à vous procurer dorénavent des marchandises de Bengale sont fondées et nous ne voyons guère en effet beaucoup de moyens pour en tirer du Gange où les Anglais sont maitres et où nous apprenons qu'ils gênent le commerce des Hollandais tant par leur crédit auprès du Nabab de Mouxoudabat qu'ils disposent à leur gré et auquel ils font faire ce qu'ils veulent, que par les prétextes dont ils font usage à Calcutta en arrêtant, fouillant et retenant toutes les embarcations des Hollandais qui passent devant leur Colonie; c'est dit-on de cette façon qu'ils ont retardé l'expédition de leurs vaisseaux qui n'ont pu sortir pour aller à Batavia l'an passé. Vous devez juger par là, Messieurs, combien nos ennemis sont jaloux de cette branche de commerce et combien ils voudraient se l'acquérir seuls; jusques à présent les circonstances n'ont point été favorables et n'ont point permis de penser à aller dans le Bengale, notre marine n'ayant point eu la supériorité qu'il eût fallu pour cette entreprise et M. le comte de Lally ayant jugé à propos de porter ses forces sur Madras, qui comme nous l'avons déjà marqué cy-devant, est assiégé depuis le 12 décembre dernier. Nous pourrions encore prendre des arrangements au moyen desquels nous nous procurerions des mousselines fines, unies, brodées, rayées et brochées, enfin dans l'espèce que la Compagnie les souhaite,

si comme nous vous l'avons déjà marqué plusieurs fois,
Messieurs, nous n'avions pas été obligés de suspendre
tout le commerce de la Compagnie faute d'argent dont
nous manquons entièrement pour nos dépenses les plus
pressées ; ces arrangements ne peuvent se concerter
avec les Portugais, la Compagnie portugaise qui était
établie ici ayant rappelé ses agents qui s'en sont retour-
nées à Lisbonne au mois de mars de l'année dernière
et les Portugais de Goa ne faisant aucun commerce
dans le Gange, et avec les Maures parce qu'ils ne font
plus aucun commerce aujourd'hui de Bengale à la côte
depuis qu'Ougly a été brûlé et pillé et que tout ce qui
serait nouveau à ce sujet paraitrait suspect aux Anglais
qui d'ailleurs n'ont jamais respecté en temps de guerre
le pavillon des nations indiennes ; au reste pourrions-
nous rien faire maintenant dans le Gange par le canal
des gens du pays que le Nabab de Mouxoudabat ne le
sût et n'en instruisit les Anglais auxquels il est dévoué
et dont les intérêts sont communs ? Il ne nous reste
donc, Messieurs, que deux voyes, celle des Hollandais
et celle des Danois. Mais il ne nous est plus permis
de nous fier à ces premiers qui sont plus nos ennemis
que les Anglais mêmes et qui nous ont déjà trahi dans
cette guerre, particulièrement Messieurs du Comptoir
de Chinchura ; les Danois sont les seuls à qui nous
pourrions nous ouvrir avec sureté et confiance et qui
en cette occasion nous obligeraient comme ils ont fait
en plusieurs autres depuis le cours de la présente
guerre, ce ne serait qu'avec cette nation que nous pourrions correspondre pour procurer à la Compagnie les
marchandises de Bengale qu'elle nous demande si notre
situation nous permettait de penser à former des cargaisons pour le chargement de ses vaisseaux que nous
aurons à renvoyer en France, mais c'est ce que nous
ne prévoyons pas de voir arriver de sitôt.

La Compagnie est instruite actuellement de la catastrophe arrivée à Saraja Dolla, Nabab de Mouxoudabad et du Nabab que les Anglais ont élevé à sa place. Depuis cette révolution elle a perdu tous ses comptoirs de Cassimbazard, de Daka et Patna. Messieurs Law et Courtin ont été obligés d'abandonner ceux qu'ils commandaient, poursuivis par les Anglais et ce nouveau Nabab qui les ont forcés à se retirer dans le haut du Gange, sur les terres de divers Rajas où ils se sont soutenus jusqu'à présent tant par les secours que nous leur avons fait passer par la voie des *saocars* que par leurs négociations avec ces princes. M. Courtin cependant a été obligé de se rendre depuis aux Anglais comme nous le dirons par la suite. Ainsi, Messieurs, toutes les ressources que nous aurions pû tirer de ces comptoirs s'ils avaient existé et sur lesquels vous comptiez nous ont manqué et nous ne pouvons par conséquent nous procurer par eux les marchandises que vous nous demandez.

Lettre du 31 janvier 1758.

Nous avons déjà eu l'honneur de marquer à la Compagnie le montant à peu près de ce dont elle était intéressée dans le vaisseau le *Montaran* lorsqu'il a péri en pleine mer et de lui faire part des difficultés insurmontables, qui se rencontrent à présent pour former le tableau militaire des officiers, qui sont à son service ; elle nous permettra de nous référer pour ces deux articles à ce que nous lui avons écrit plus haut dans le cours de la présente lettre.

Lorsque nous avons interdit le sieur Miran et nommé le sieur Piques à sa place pour le remplacer dans le comptoir de Mahé, nous avons écrit aussitôt au Conseil de Chandernagor de nous le renvoyer ici afin de le faire passer à sa destination, mais l'escadre anglaise qui était dans le Gange ne lui ayant point permis d'en sortir, il a subi le sort de ceux qui étaient à Chandernagor;

42

l'année d'ensuite, il est arrivé à Mazulipatam dans la *Restitution* et il était du nombre des prisonniers qui s'emparèrent de ce vaisseau; depuis ce temps est il resté à ce comptoir où il est encore. Nous aurons attention désormais de n'accorder aucun congé aux employés des comptoirs subalternes que quand ils auront été remplacés par d'autres et que lorsqu'ils auront mis au fait, ceux qui les succèdent, des fonctions qu'ils remplissaient.

Il n'a point été envoyé de vaisseau à Moka depuis le retour de la *Danaë* en 1756. Nous pensons que les cafés dont la Compagnie se trouve surchargée ne lui seront pas longtemps à charge, d'autant que si la guerre dure encore quelques années nous ne prévoyons pas qu'il soit aisé de lui en procurer.

Lettre du 1er février 1758.

Nous nous conformerons, Messieurs, dorénavant à tout ce que la Compagnie nous prescrit par la présente lettre au sujet des bâtiments et fortifications projetés et à faire dans cette place dont vous avez déjà reçu une partie des plans et élévations faits par le sieur Sornay, ingénieur en chef, qui est mort l'an passé et que nous avons remplacé par le sieur Dupassage l'aîné auquel nous avons donné nos ordres sur tout ce que traite votre lettre, en lui en remettant une copie. Nous lui avons surtout recommandé de faire les devis estimatifs de tous les ouvrages dont le sieur Sornay nous a remis les plans et profils et de se conformer à cet usage pour ceux qu'il aura à nous présenter et que nous ferons passer à la Compagnie, visés par le Conseil, avec un plan topographique de l'endroit où il sera placé et une lettre détaillée contenant nos avis. Enfin nous prions la Compagnie d'être persuadée que nous ferons nos efforts pour la satisfaire sur tout ce qu'elle nous demande à ce sujet.

Elle nous permettra de lui observer que l'ordre positif qu'elle nous enjoint de n'entreprendre aucun ouvrage, sans qu'elle nous l'ait permis, exige cependant quelques modifications que nous aurions été flattés qu'elle eut laissé à notre disposition ; tel est par exemple le cas où l'on serait si nous portions nos forces cette année dans le Gange. Il faudrait nécessairement pour nous y soutenir qu'on s'y fortifiât aussitôt qu'on y sera arrivé et que l'on travaillât même à des fortifications considérables sans attendre ses ordres. C'est à des circonstances semblables que nous aurions souhaité que la Compagnie nous eût réservé un peu plus de confiance et nous eût laissé les maitres de prendre un parti sans attendre qu'elle l'ait approuvé, puisqu'on n'est forcé de se décider que par les circonstances.

La ligne parallèle que la Compagnie nous trace pour les terrains qu'elle veut se réserver à l'est des remparts de la ville, du nord au sud, et qui passera en dehors de l'ancien gouvernement, comporte un grand tiers au moins de la ville blanche. Nous le lui fesons remarquer actuellement afin qu'elle fasse attention à la quantité de bâtiments que nous serions obligés d'acquérir lorsque nous en viendrions à l'exécution de ses ordres. Il se trouve néanmoins dans l'espace qu'elle indique un terrain dans le nord qui contient des hangards à son usage et un terrain vide dans le sud destiné pour les casernes projetées.

Lorsque notre situation nous permettra de songer à l'exécution des ouvrages qu'elle nous ordonne dans cette ville, nous commencerons par faire travailler, préférablement à tout, à la conduite de l'eau d'Oulgaret. La plupart des jardins tant dans la ville qu'aux environs ne sont cultivés que pour les légumes et on n'en tire aucun droit d'entrée pour en exciter la culture. La Compagnie nous ferait plaisir et nous mettrait plus à même de remplir ses intentions sur cette partie, si elle voulait donner ordre aux capitaines des vaisseaux qui passent au Cap de Bonne Espérance de nous apporter des graines de légumes de toute espèce.

La colonnade élevée près de la porte de la mer est un édifice très utile aujourd'hui et sert de hangard pour tous les effets d'artillerie et de tout ce qui se débarque des vaisseaux.

Lettre du 18 Février 1758.

Nous répondrons par une lettre particulière sur les demandes que nous fait la Compagnie, par la présente, à ce qui a donné lieu au Comité secret de l'Inde, qui a subsisté jusques à l'arrivée ici de M. Godeheu, commissaire du Roy, et nous aurons soin de la satisfaire sur tous les points qu'elle traite.

2e. lettre du 18 Février 1758.

Nous sommes charmés de l'arrivée en France des vaisseaux la *Compagnie des Indes* et le *Duc de Béthume* et de celle de nos expéditions par le *Séchelles* et le *Duc de Berry*.

3e. lettre du 18 Février 1758.

En conséquence de ce que la Compagnie nous prescrit, par la lettre à laquelle nous répondons, et pour remplir entièrement tous les objets qu'elle traite, nous avons nommé M. Nicolas, l'un de nous, chef du bureau qui a été formé pour travailler aux dépenses, fournitures du magasin général et de la marine et des vaisseaux du Roi et de la Compagnie ainsi qu'à celles des troupes de Sa Majesté passées dans l'Inde; nous avons donné les mêmes ordres aux comptoirs de Karikal, Mahé et Mazulipatam et nous espérons, au moyen des arrangements que nous avons pris à ce sujet, satisfaire entièrement à tout ce que la Compagnie désire de nous en cette partie. Nous aurons l'attention de lui faire passer, par les occasions qui se présenteront, tous les états de dépenses, comptes etc., qui se trouveront prêts afin qu'elle puisse s'en faire rembourser par qui il appartiendra.

Lettre du 22 Février 1758.

Les cinq lettres de change, montant à 46.000 livres, que M. Dupleix a tirées sur M. M. Delarche et Bausset en faveur de M. d'Arnaud et passées à notre ordre, ont été acquittés, nous lui remettons ci-joint notre traite sur M. Péchevin montant à 958 m. 3. 2/5 de gros, à laquelle nous prions la Compagnie de faire honneur.

Lettre du 10 Avril 1758.

Nous sommes charmés que la Compagnie ait heureusement reçu en France la cargaison de *l'Achille*.

Le sieur Bourgoin que vous nous recommandez, Messieurs, a été fait commis, par notre délibération du 1er décembre 1757.

Toutes les troupes étant en campagne nous ignorons si les nommés Lefrance et Marnier, soldats, existent ; nous aurons soin de nous conformer aux ordres que la Compagnie nous donne à leur sujet ; le nommé La Rosière a, depuis 3 ans, un congé absolu et profitera de la permission que vous lui accordez de passer à l'Isle de France.

Nous prevenons la Compagnie que le sieur de Terraneau, cy-devant officier à Chandernagor, a déserté chez les Anglais pendant le siège de cette place et a même servï contre nous ; il ne nous est plus possible de faire rembourser dans l'Inde les avances de 240 Lᵛˢ. qu'elle a faites à Madame sa mère.

M. de Leyrit a acquitté .la lettre de change de mille marcs de piastres que M. Roth a tirées en notre faveur.

M. de Solminiac a fait honneur à celle de 20 marcs
tirée à notre ordre par le sieur Morellet.

Le sieur Miran remettra à la caisse icy tous les ans
une somme de 480 roupies dont nous lui fournirons
une lettre de change en faveur du nommé Guymard.

Nous sommes etc...

Signé : Duval de Leyrit, Barthélémy, Boyelleau,
Lenoir, Bausset, Delaselle, Delarche
etc..

Pondichéry, le 16 Janvier 1759.

A Messieurs les Sindics et Directeurs de la
Compagnie des Indes.

1ère expédition par le vaisseau le *Volant*.
2ème expédition par la frégate *l'Expédition*.

Messieurs,

Nous répondons à la lettre que vous nous avez fait
l'honneur de nous écrire le 18 février 1758 au sujet des
contestations, qui se sont élevées entre l'administration
de la Compagnie et M. Dupleix. Avant d'entrer dans le
détail des éclaircissements que vous nous demandez sur
la formation d'un comité secret par ce gouverneur,
nous devons vous rappeler, Messieurs, qu'immédiatement après le conclusion de la dernière paix, la
Compagnie adressa des ordres particuliers et directs
non seulement à M. Dupleix mais même aux directeurs
de Bengale et de Mahé ; que ces chefs communiquèrent
aux conseils dont ils étaient présidents, les articles de
ces lettres dont ils devaient avoir connaissance pour y
travailler conjointement ; qu'enfin ce n'est que d'après
ces communications que les Conseils ont pris des

arrangements relatifs à divers plans proposés par la Compagnie pour améliorer son commerce, ou perfectionner l'administration des finances. M. Dupleix, en vertu d'une lettre qu'il avait reçue de la Compagnie, présenta au Conseil, le 21 août 1749, un tableau dans lequel les conseillers, qui n'avaient eu jusques là qu'un même rang, furent partagés en deux classes. On donna aux douze conseillers qui composaient la première le titre de conseillers des Indes, et celui de conseillers adjoints aux douze autres qui composaient la seconde ; on fixa dans l'avant propos mis à la tête de ce tableau les fonctions des uns et des autres et il y fut arrêté que les premiers seraient membres du comité secret, qui serait convoqué toutes les fois que les susdits chefs le jugeraient nécessaire. Nous avons envoyé dans le temps à la Compagnie la copie de ce tableau joint à notre lettre du 20 novembre 1749. Nous lui en remettons ci-joint une nouvelle ; cette pièce constate l'établissement de ce comité, qui n'a jamais été rempli que par les conseillers à qui leur rang donnaient de droit voix délibérative et si vous avez remarqué que des lettres écrites sur la même matière sont signées par différents conseillers, vous ne devez attribuer cette différence qu'aux différentes transmigrations des membres que la situation actuelle des affaires ou divers incidents rendaient nécessaires. Le sieur Guillard, par exemple fut envoyé à Mazulipatam au mois de juin 1751 pour prendre la place du sieur Friell, qui était décédé. Le sieur Moracin, arrivé de Mahé la même année, prit par son rang la place de conseiller des Indes vacante par cette mort. Il releva au mois d'avril 1752 dans le commandement de Mazulipatam le sieur Guillard, qui avait demandé son rappel. enfin le sieur Barthélémy remplaça à Karikal au mois de décembre 1752 le sieur Le Riche, qui avait demandé son retour en France. Ces différentes mutations ont nécessairement occasionné la différence des signatures aux lettres du Comité secret de Pondichéry. L'observation de leurs dates relatives à ces mutations achèvera, Messieurs, de vous convaincre qu'on n'a jamais pu reprocher à M. Dupleix d'avoir appelé à ce comité tel ou tel conseiller par préférence à tel ou tel autre; il a été régulièrement composé de ceux qui avaient droit d'y assister et non d'autres. Nous ignorons à qui Monsieur Godeheu s'est adressé, pendant son séjour à Pondichéry, pour avoir des éclaircissements sur l'établissement de ce comité, mais il est certain que s'il eut interrogé ou quelqu'un des membres contemporains ou le secrétaire du Conseil ou enfin le sieur Delarche, qui avait été du Comité, ce commissaire eut eu pleine satisfaction sur tous les points qui causent aujourd'hui un embarras à la Compagnie; on luy eut montré dans les archives un carton timbré : *Papiers du comité secret*, dans lequel il y a 3 liasses, savoir :

1° Une liasse concernant la correspondance du comité avec M. Louet et le Conseil de Mahé pour les affaires de Baonor et de Nelisseram.

2° Une liasse contenant les lettres et autres pièces relatives à l'établissement projeté à Colèche et un mémoire du sieur Dumont du Corrier sur cet établissement.

3° Une liasse qui ne contient que la minute d'une lettre de M. Dupleix au sieur François Carvailho, subrécargue à Manille, pour s'y procurer s'il eut été possible des plans de girofliers et de muscadiers aux frais de la Compagnie.

Nous croyons inutile d'envoyer à la Compagnie de nouvelles copies de tous ces papiers, le comité lui a envoyé celles des deux premières liasses par sa lettre du 14 Octobre 1751 et ce qui vient d'être dit est le précis de la troisième.

Nous allons à présent transcrire icy, Messieurs, les six articles qui peuvent être regardés comme le précis de votre lettre et mettre à côté nos réponses.

1º S'il existe quelque délibération qui constate l'établissement du Comité de l'Inde.

Le tableau que nous avons cité et dont la copie est ci-jointe est la pièce fondamentale qui constate l'établissement de ce comité ; il n'a jamais été passé aucune délibération à ce sujet.

2º Si ce Conseil a eu des fonctions suivies ?

Ce Conseil n'a pu avoir de fonctions suivies qu'autant que les affaires extraordinaires pour lesquelles il était assemblé les ont occasionnées, ses fonctions ont toujours fini en même temps que les affaires, qui faisaient l'objet des convocations étaient terminées.

3º Comment ces fonctions ont été exercées ?

M. Dupleix communiquait au Comité les dépêches particulières de la Compagnie ou des différents chefs de l'Inde ; lorsque les matières qui y étaient traitées demandaient à être consultées on convenait du sens des réponses qui étaient ensuite rédigées par quelqu'un des membres ou par le secrétaire.

4º Comment ce Comité a constaté ses résolutions ?

Par deux délibérations dont la Compagnie a eu connaissance et par les réponses du comité aux lettres qui lui ont été communiquées, les minutes desquelles ont resté entre les mains du sieur Delarche et sont comprises dans les liasses citées ci-dessus.

5º S'il y avait un secrétaire de ce Comité qui tient un plumitif ou registre de ses délibérations ?

Le sieur Delarche, ainsi qu'il a été dit, était secrétaire, il a tenu un registre où sont portées les deux délibérations cy-dessus seulement et a gardé toutes les lettres et autres pièces en liasses.

43

6º   S'il a été fait rapport   Il n'eût pas été dans sa
dans quelques occasions   place que le Comité établi
des résolutions ou arrê-   pour connaitre seul des af-
tés de ce Comité?   faires les plus importantes
et qu'il convenait de tenir secrètes, eût fait rapport au
Conseil ordinaire de ses résolutions.

Nous croyons avoir suffisamment satisfait, Messieurs,
au contenu de votre lettre par la présente réponse qui
prouve évidemment que le Comité de l'Inde n'était point
un être de raison mais bien un Conseil secret formé par
un ordre exprès de la Compagnie, lequel nous a été
signifié par M. Dupleix, qu'il a toujours été composé des
seuls membres qui avaient droit d'y assister conformément a son institution, qu'enfin ce gouverneur ne s'est
jamais écarté de l'esprit de cette institution, lorsqu'il a
assemblé ce comité.

Nous joignons ici, Messieurs, ainsi que vous nous
l'ordonnez, les déclarations des sieurs Guillard et Mora_
cin qui ont assisté diverses fois à ces comités. M. Bar_
thélémy doit vous avoir remis directement la sienne.
Ce sont les trois seuls membres de ce Comité qui existent présentement dans l'Inde.

Nous sommes etc...

Signé : DUVAL DE LEYRIT, BARTHÉLÉMY, GUILLARD,
BOYELLEAU, LENOIR, DELASELLE, DUPLAN DE
LAVAL ETC...

INVENTAIRE du présent paquet à l'adresse de Messieurs
les Sindics et Directeurs généraux de la Compagnie des
Indes, par le bot le *Volant*.

1º Lettre du Conseil à la Compagnie en date du
16 Janvier 1759.

2º Tableau des employée de l'Inde qui constate
l'établissement du Comité secret de l'Inde en
1749.

3º Déclaration de M. Guillard touchant le dit Comité.

4º do de M. Moracin do

5º Le présent inventaire.

A Pondichéry le 16 Janvier 1759.

A Pondichéry le 28 Février 1759.

M. Helliot a Nantes.

1ère expédition par le *Volant*.
2ème expédition par la frégate *l'Expédition*.

Nous avons reçu, Monsieur, les deux lettres de change de 24.000 chacune que vous nous avez envoyées,
tirées par M. Dupleix sur Messieurs Delarche et Bausset, conseillers, qui ne les ont point acceptées. Nous
vous en remettons le protest afin qu'il puisse vous servir
à faire les poursuites nécessaires en pareille occasion.

Nous avons l'honneur d'être très parfaitement, Monsieur, vos. . . etc. .

Signé : Duval de Leyrit, Barthélémy, Guillard,
etc. . .

A Pondichéry le 28 Février 1759.

M. d'Arnault a Paris.

1ère expédition par le *Volant*.
2ème par *l'Expédition*.

Nous avons reçu, Monsieur, les cinq lettres de change montant à 46.000 livres que vous a fournies M. Dupleix

sur Messieurs Delarche et Bausset, qui les ont acquittées et pour nous conformer aux ordres que la Compagnie nous a donnés à ce sujet, nous vous remettons ci-
joint une traite sur M. Péchevin, son caissier général,
et à votre ordre de la somme de 958ᵐ. 2. 5. 24. qui
fait à raison de 48 livres tournois pour un marc de piastres celle de quarante six mille livres.

Nous avons l'honneur d'être très parfaitement. . .

Signé : Duval de Leyrit, Barthélémy Guillard etc...

Inventaire du paquet à l'adresse de Messieurs les
Sindics et Directeurs de la Compagnie des Indes, par le
brigantin le *Volant*.

Nº 1. Lettre du Conseil à la Compagnie en date du
15 Janvier 1759.

2. Copie du mémoire de M. Renault au Conseil
supérieur, daté du 26 Octobre 1758 avec 3
pièces y jointes.

3. Copie d'un autre mémoire de mon dit sieur Renault présenté en date du 10 Décembre 1758
et une pièce y jointe.

4. Lettre du Conseil au sieur Helliot négociant à
Nantes.

5. Lettre du Conseil à M. d'Arnault, négociant à
à Paris.

N'a point été remise par
le Sr. Law.

6. Lettre du sieur Law
au Milord Clare, maréchal
de France.

7. Lettre du Conseil à la Compagnie, en date du
16 Janvier 1759, suivant son inventaire particulier.

8. Le présent inventaire.

A Pondichéry le 15 Janvier 1759.

A Poudichéry le 28 Février 1759.

Messieurs les Sindics et Directeurs de la
Compagnie des Indes, a Paris.

1ère expédition par le *Volant*
    2ème   do   par l'*Expédition*.

Messieurs,

Nous expédions aujourd'hui le brigantin le *Volant*
à Messieurs du Conseil de l'Ile de France pour y porter
nos expéditions à la Compagnie, par lesquelles nous allons
lui faire part des évènements qui se sont passés dans
tous ses comptoirs et à cette côte depuis nos dépèches
du mois d'octobre, dont cy-joint le duplicata.

Nous avons reçu à la fin de l'année dernière des nouvelles de M. Courtin, qui a été enfin obligé de se rendre
aux Anglais contre lesquels et les gens du pays, il n'a
pù se soutenir. Après avoir fait tous ses efforts pour
joindre M. Law, il est descendu dans la province de
Rangapour, en Décembre 1757, pour être à portée de
profiter des révolutions qu'aurait pu causer dans le
Gange l'arrivée de nos forces si elles y étaient venues,
mais ayant été attaqué et harcelé pendant deux mois
par les troupes du fossedar de cette province et se
voyant à la veille de succomber avec la poignée de monde qu'il avait, il s'est rendu aux Anglais, qui lui ont
accordé les honneurs de la guerre et la liberté de rester dans le Bengale ou de se retirer ici. C'est ce que
la Compagnie verra plus en détail par la copie des deux
lettres ci-jointes de M. Courtin, ainsi que la conduite
qu'il a tenue vis à vis des Chets, qui ont abusé de la
circonstance où il se trouvait pour l'obliger à leur
remettre en marchandises une somme d'environ 150.000
roupies, en nantissement de 55.000 qu'il leur devait
pour compte de la Compagnie, qu'ils ont laissé dépérir;
ils ont voulu depuis engager les Anglais à les vendre
pour leur en remettre le montant, mais cette affaire en
est restée là.

M. Courtin, en quittant Dacca en juin 1757 pour aller joindre M. Law, chargea le goumasta des Chets de cette ville du recouvrement d'une somme de 70.000 roupies, qui était due à la Compagine par les *dalales* et autres gens ; mais cet homme a négligé de faire rentrer ces fonds quoiqu'il eût une autorité suffisante pour cela ; il a fait déclarer à ses maitres qu'ils seraient un jour à défalquer sur ce qui leur était dû par la Compagnie.

M. Courtin a tiré sur nous une somme de 12.000 roupies payable le mois prochain, la détresse où nous sommes ne nous laisse guère entrevoir de moyens pour faire honneur à cette traite.

Par les dernières nouvelles que M. de Leyrit a reçues de M. Law, en date du 29 novembre dernier, il était à Chotterpour avec son détachement, mais dans un grand embarras faute d'argent pour pouvoir subsister.

Le Conseil de Mahé se serait trouvé dans une grande peine si Messieurs de ce Conseil n'avaient eu le bonheur de faire un emprunt de 28.000 roupies à Goa sur la permission que nous leur en avons donnée précédemment et que le sieur Le Roux, subrécargue, leur a procurées ; nous serions charmés qu'ils puissent en trouver davantage afin de pouvoir soutenir leurs établissements que nous sommes dans l'impossibilité des secourir par la triste situation où nous sommes nous mèmes. Nous leur avons fait passer le mois dernier, en deux envois, une somme de 14.000 roupies, mais nous ne prévoyons point, après cet effort et l'acquit de plusieurs rescriptions qu'ils ont tirées sur nous montant à 6.712 R. 3/5, pouvoir les aider en argent d'icy à l'arrivée de notre escadre. Ces 28.000 roupies leur ont à peine suffi à couvrir les dépenses des mois de décembre et janvier derniers, parce qu'ils ont employé partie de ces fonds à rembourser deux traites de 8.300 roupies de capital qu'ils ont tirées sur nous l'an passé en faveur de deux brames et auxquelles nous n'avons pû faire honneur, comme vous pourrez le voir, Messieurs par notre correspondance avec le comptoir que nous vous remettons cy-jointe suivant l'usage. Mais nous trouvant avoir en magasin quelques toiles bleues et quelques soieries de Bengale dont la vente est assez avantageuse à la Côte Malabar, nous avons profité de l'occasion d'un vaisseau portugais de Macao, qui était en rade, pour leur en faire un envoi montant à 20.050 Rs., ce petit secours est le dernier que nous puissions leur faire d'icy à quelques temps et les aidera jusqu'au mois d'avril ou may.

Le sieur Perdriau a envoyé à Mahé, par un taranquin de Mascate, 910 sacs de blé qui n'ont pu être embarqués sur le vaisseau le *Bristol*, qui est arrivé de Merguy au mois de décembre dernier où il avait eu ordre d'aller hyverner.

Nous vous avions marqué précédemment, Messieurs, que nous pensions que l'escadre anglaise qui était appareillée de Madras au mois d'octobre dernier, passerait à Bombay et vous avions fait part de nos inquiétudes à ce sujet dans la crainte qu'elle ne songeât à faire quelque entreprise sur nos établissements de Mahé et Nellisseram; elle y est allée en effet et nous n'avons pas appris qu'elle en soit sortie. Ces deux colonies jusqu'à présent sont tranquilles.

Les fermiers des terres du comptoir de Karikal ayant remis leurs fermes à M. Porcher, nous luy avons écrit de les faire régir pour une année seulement afin que les revenus de ces aldées ne tombent point en pure perte à la Compagnie, après quoi nous comptons les affermer de nouveau, ce party étant celui qui convient le mieux et qui est le moins onéreux.

Vous verrez, Messieurs, par la correspondance de ce comptoir avec nous, combien il est arriéré par le défaut de payements de ses fermiers qui se trouvent redevoir plus de 125.000 roupies à la Compagnie, particulièrement le nommé Tiruvangadon que nous avons renvoyé en cet endroit au mois de novembre dernier. Nous comptons que le sieur Porcher sera parvenu à se faire rembourser d'une partie de cette somme, ce qui, avec les fonds des terres en régie qui doivent rentrer journellement, l'aura mis dans une situation moins fàcheuse que celle où il était par le passé; nous allons lui écrire de nous faire une provision considérable en nelly que nous savons y ètre à très grand marché et qui sera destiné à l'usage de l'escadre.

Le sieur Le Verrier nous a écrit qu'il était arrivé à Surate, en septembre dernier, un vaisseau d'Europe de la Compagnie danoise, qui y a obtenu les mêmes privilèges que les autres nations européennes, c'est-à-dire la liberté de s'y établir et d'y commercer librement; il croit cependant que ce vaisseau est masqué et qu'il appartient à la Compagnie suédoise, qui a pris cet arrangement pour n'être point troublée par les Anglais alliés des Prussiens. Le sieur Le Verrier, sur la permission que nous luy en avons donné cy-devant, a quitté Surate ainsy que le sieur Drouet, sous marchand, et a remis le comptoir au sieur Anquetil de Briancourt, qui le gérera en attendant que le sieur Isact que nous avons nommé chef à cet endroit, puisse y passer. Le dit sieur Anquetil vient de nous écrire que l'escadre anglaise de l'amiral Pocok était arrivée à Bombay où elle se raccommode.

Nous avons marqué à la Compagnie que nous avions expédié le *Faquir* en octobre dernier pour Mazulipatam; mais ce vaisseau ayant reçu un coup de vent au large n'a pu continuer son voyage, est revenu en notre rade tout délabré où il a passé l'hiver et où il est encore, sans que nous ayons décidé la destination que nous lui donnerions. Le *Haarlem* a été plus heureux et est arrivé à Mazulipatam le 5 décembre, il y a chargé des vivres et munitions de guerre qu'il a apportés devant Madras et qui ont servi au siège de cette ville. Le bot le *St. Georges* a fait la même opération. Mrs. du Conseil de ce comptoir nous ont envoyé en décembre le bot *Favory*, chargé de blé et autres provisions. Le brigantin *l'Expérimenté* était pareillement chargé de toutes sortes de provisions et prêt à nous être expédié, lorsqu'il parut en rade de Mazulipatam deux vaisseaux anglais, qui y établirent leur croisière et arrêtèrent son départ. Mais M. Denis, qui y commande en l'absence de M. Moracin, crut à la faveur d'une manœuvre qui fut approuvée des marins pouvoir nous l'envoyer; il le fit partir à la fin de décembre, mais elle ne réussit point et ce bâtiment fut pris le lendemain par les ennemis.

Il est arrivé de Bengale à Vizagapatam, en novembre dernier, un gros corps de troupes anglaises et cypahis qui se sont jointes au Radja du Visianagar autrement dit Gagepataradja, qui s'est soulevé contre nous. Aussitôt que M. de Conflans, qui a remplacé M. de Bussy dans le commandement de l'armée du Dékan et qui pour lors était campé à Rajamandry, en a eu avis, il a marché vers Pitapour et le 7 décembre il a attaqué les ennemis à quelques lieues de cet endroit ; le succès ne nous a point été favorable, nos troupes ont été mises en déroute dès le commencement de l'action et nous y avons perdu notre artillerie, nos munitions et le bagage et nous avons été forcés d'abandonner Rajamandry et de nous replier jusques à Mazulipatam. Notre armée depuis ce temps est campée sous ses murs et le couvre ainsi que la province de Condavir, quand à celles du nord elles sont perdues depuis cette bataille. M. Panon tient encore à Narsapour. Sur les premières nouvelles de cette affaire et de la marche des Anglais vers Mazulipatam, le dit sieur a fait couler dans la rivière de cet endroit le brigantin *l'Aurore* et deux ou trois autres bâtiments, qui y étaient et qui n'en pouvaient sortir, les équipages ayant déserté. M. Denis nous marqua par ses dernières lettres que les Anglais joints au Radja se

44

disposent à marcher sur Mazulipatam pour en faire le siège.

Voilà, Messieurs, la triste situation de ce comptoir qui d'ailleurs manque d'argent et est également dépourvu que nous de munitions de guerre et de toutes sortes de provisions ; nous serons heureux si nous pouvons le conserver. Salabetzingue vient dit-on à notre secours ; mais nous sommes plus portés à croire que sa véritable intention est de reprendre les quatre provinces de nantissement et même Mazulipatam s'il le peut.

Mrs. de ce Conseil, conformément aux ordres que nous leur avions donnés précédemment, nous ont envoyé des bœufs et moutons en assez grande quantité que nous destinons pour l'escadre de M. d'Aché que nous attendons en may prochain, mais tous ces vivres ont été consommés par l'armée de M. de Lally pendant le siège de Madras et nous nous trouvons aujourd'hui dans l'impossibilité de réparer cette consommation.

Le sieur Le Termellier nous ayant présenté requête pour nous demander le remboursement de quelques effets qu'il a fournis au comptoir de Chandernagor peu de temps avant le siège de cette place et dont il a apporté les preuves au soutien, nous lui avons par notre délibération du 7 octobre dernier accordé sa demande qui nous a paru juste et avons payé le solde de son compte montant à 1873 Rs. 13 ; 22. Nous avons pareillement accordé au sieur Raymond une somme de 4.000 roupies en un billet à intérêts, comme vous le verrez par notre délibération du 14 Novembre 1758, pour la valeur de son bot qui a été pris pour le service de la Compagnie à l'arrivée de l'escadre de M. d'Aché et auquel on a fait faire divers voyages pour porter des secours au vaisseau le *Bienaimé* et transporter les canons, boulets et effets du fort St. David ; ce qui l'a si fort endommagé qu'il a coulé dans cette rivière.

La Compagnie ayant besoin d'un emplacement com-

mode pour faire une salpêtrière à son usage, nous avons
acheté le jardin du sieur Duplant, situé près la rue
Villenour, pour la somme de quatre mille roupies, et
nous lui avons cédé pour 1.600 Rs. la petite rue de
traverse entre sa maison et celle du sieur de Bussy, qui
servait peu au public, de sorte que cette salpêtrière ne
coûte à la Compagnie que 2.400 Rs.; c'est le sujet de
notre délibération du 30 Octobre 1758.

Nous vous avions déjà prévenus, Messieurs, par notre
dernière du 7 octobre de l'année passée, de l'offre que
les sieurs Abeille et Miran ont faite à M. de Lally de
prendre à ferme les terres de la province du Carnate
et de donner en avance 500.000 roupies comptant dans
l'espace de deux mois, et vous avons marqué en même
temps le consentement que les circonstances nous ont
déterminés de donner à cette affaire, n'ayant pas d'argent
pour fournir aux dépenses de M. de Lally. Elle a donc
été terminée depuis comme vous le verrez par notre
délibération du 30 octobre dernier, aux conditions que
les dits sieurs Abeille et Miran payeraient pour la
première année de leur bail, défalcation faite de Tirevady
et ses dépendances ainsi que nous l'avons marqué cy-
devant à la Compagnie, une somme de 1.200.000 roupies,
les 500.000 roupies d'avance comprises; la 2e année
1.350.000, la 3e 1.500.000, la 4e et 5e 1.650.000. Cy-
joint est copie du bail passé à ce sujet.

L'extrême disette d'argent où nous étions dans le
temps que M. de Lally se préparait à entrer en campagne au mois de novembre dernier, nous engagea à
tenter de donner cours à des billets de monnaie comme
à l'isle de France, qui pussent servir aux payements des
vivres, provisions et autres fournitures que l'on fait à
l'hôpital et à l'armée; en conséquence, il fut passé une
délibération le 4 novembre dernier par laquelle nous
nommâmes Mrs. Nicolas et Duplant de Laval pour en
faire faire pour la valeur de deux cent mille roupies,

portant intérest à raison d'un pour º/₀ par mois, afin de leur donner plus de crédit; il en a été déjà délivré pour plus de 162.000 roupies; mais nous ne sommes point encore parvenus à les faire courir dans le public, surtout parmi les noirs qui ne veulent entendre parler. Il serait à souhaiter qu'on put les rembourser au bout de 6 mois qui est le terme de l'échéance et peut-être circuleraient-ils et tiendraient lieu d'une somme beaucoup plus forte.

C'est le besoin extrème que nous avions d'argent qui nous a engagés à faire un emprunt des marchands malabars et habitants de la ville pour procurer à M. de Lally les fonds nécessaires aux opérations qu'il était dans le dessein d'entreprendre. Sur les inconvénients qui se présentèrent pour cette affaire, M. de Leyrit l'a mis au Conseil et demanda que chacun de nous donnât son avis par écrit; les voix recueillies, le plus grand nombre fut pour que cet emprunt eut lieu et l'on arrêta qu'il serait fait une levée de 140.000 roupies sur les dits marchands et habitants aux conditions de les rembourser des premiers fonds qui nous parviendraient de France, comme la Compagnie le verra par notre délibération du 17 novembre au bas de l'exposé de M. de Leyrit, daté du 14 du même mois. Cet enprunt n'a produit que 81.000 roupies. La Compagnie sera peut-être étonnée du party que nous avons pris en cette occasion qui, au premier abord, parait dur, et il lui sera difficile de croire que nous fussions réduits à une si fàcheuse nécessité que celle d'exiger un emprunt des habitants de cette ville, mais sa surprise cessera lorsque nous lui dirons que cette ressource nous a paru la dernière que nous eussions pour nous procurer de l'argent et elle doit être persuadée que nous ne l'avons pris ; qu'après avoir épuisé celles qui nous restaient en nous-mêmes, car sur les pressantes demandes que nous fit M. de Lally au Conseil assemblé peu de jours avant son départ pour Madras d'une somme de 50.000 roupies, nous fimes tous nos efforts les uns et les autres pour lui former cette somme, mais malgré notre zèle et notre bonne volonté nous n'en pûmes rassembler que 34.000.

Nous avions marqué précédemment à la Compagnie que nous allions envoyer le *Diligent* à Bassora pour nous en rapporter une cargaison de blé, mais ce voyage n'a point eu lieu parce que ce vaisseau a été retenu pour transporter à Madras les munitions de guerre nécessaires à ce sujet; il aurait été encore temps de lui faire cette première opération s'il n'y avait un danger certain pour lui dans le golfe de Perse, où il y a toujours, sur la fin de la mousson, nombre de vaisseaux anglais qui le prendraient, parce qu'il n'est armé que de lascards et que nous sommes hors d'état de lui composer un équipage européen, mais pour tirer parti de ce vaisseau, nous l'avons expédiée le 24 courant pour Goa avec un chargement de 40.477 Rs. en toiles et avons donné ordre au sieur Duponcel, qui le commande, de nous acheter du produit de sa cargaison le plus qu'il lui sera possible de blé et effets de marine ainsi que d'autres vivres. Il doit, à sa sortie de cet endroit en août prochain, passer à Mahé pour y prendre le blé qui y a été envoyé de Bassora par le sieur Perdriau et continuer sa route pour se rendre icy. Les vaisseau, le *Haarlem* et le *Bristol* sont en notre rade, nous ne savons encore la destination que nous donnerons à ces vaisseaux dont nous voudrions tirer avantage.

La frégate le *Fidèle*, expédiée par Mrs. du Conseil de l'Ile de France, a mouillé icy le 21 décembre dernier et nous a apporté 20.967^m. 5. 7. des matières d'argent dont cy-joint est le procès-verbal. Ces fonds proviennent d'une partie de ceux que la Compagnie nous envoyait par l'escadre de M. de L'Eguille, sur le reste desquels nous ne comptons plus, suivant ce que nous ont écrit M. M. du Conseil de l'Isle de France qui ont gardé deux des trois millions, qui nous étaient destinés, pour le service de l'escadre et des vaisseaux de guerre ; quoiqu'il en soit cet argent ne pouvait nous parvenir plus à propos, car nous touchions à l'instant d'en marquer mais il a été consommé au siège de Madras et nous en sommes encore plus dépourvus aujourd'hui que jamais. Cette frégate est repartie le 17 du courant pour aller rejoindre M. d'Aché, et nous la croyons actuellement hors de danger.

L'affaire de Rangapa, courtier, cy-devant fermier des terres de la Compagnie, était en suspens depuis le temps que les fermes étaient en régie et pour la terminer nous avons nommé, par délibération du 17 décembre dernier, M.M. Duplan et de la Selle, commissaires pour procéder à l'examen de ses comptes et le sieur Dulaurens cadet, employé, pour secrétaire de la Commission avec plusieurs autres écrivains de la chaudrie pour interprètes. Nous aurons l'honneur de rendre compte à la Compagnie de ce qui aura été fini à ce sujet.

En conséquence de ce que la Compagnie nous prescrit, par sa lettre en date du 19 Janvier 1758, au sujet de l'insubordination des officiers et contre tous ceux qui manqueront au respect dû à leurs supérieurs, nous avons sévi contre le sieur Langlois, capitaine d'infanterie au bataillon de l'Inde, pour avoir insulté M. de Leyrit chez lui en présence de plusieurs personnes et conformément à vos ordres, Messieurs, il a été réformé et rayé du tableau et nous avons arrêté, par la délibération prise à cet égard le 21 janvier dernier, qu'il en serait donné avis à M. de Lally, commissaire du Roy, qui était pour lors devant Madras, pour qu'il confirmât cette résolution ; mais il ne nous a fait aucune réponse non plus qu'à M. de Leyrit. Nous espérons cependant que la Compagnie voudra bien approuver ce que nous avons fait en cette occasion.

M. Guillard, chargé du trésor, étant malade depuis

longtemps nous a demandé à se démettre de cet employ
que nous avons remis à M. Duplan.

Nous prions la Compagnie de vouloir bien prendre
lecture de la copie ci-jointe de la requête que nous a
présentée M. de Bussy en octobre dernier et à laquelle
nous n'avons répondu que dans le courant du mois
passé. Cette requête compose trois articles; par le premier
M. de Bussy demande qu'on lui assure le payement des
sommes qu'il a avancées à la Compagnie pour l'entretien de l'armée du Décan et pour sureté desquelles
M. Godeheu, commissaire du Roy, lui en avait assigné
cy-devant le remboursement sur la province de Condavir,
mais dont il n'a encore rien reçu à compte, ainsi que
deux autres sommes montant à 225.000 roupies qu'il
a remises à M. de Leyrit en dernier lieu pour le compte
de la Compagnie; par le deuxième il a demandé que le
Conseil nomme deux commissaires pour examiner la
gestion qu'il a faite des quatre sercars du nord cédés
a la Compagnie par Salabatzingue pour l'entretien des
troupes du Décan et celui de ses comptes de recettes
et de dépenses à cet égard, et enfin par le troisième il
nous prie de lui donner la permission de se retirer en
France.

Nous n'avons répondu qu'au premier article de cette
requête et nous avons confirmé de nouveau les arrangements que M. Godeheu avait pris cy-devant pour le
remboursement de ce qui était dû à M. Bussy, en lui
assignant les revenus de la province du Condavir à
commencer du 1er janvier de cette année, et dans le
cas que le comptoir de Mazulipatam eût besoin de ses
fonds, nous avons promis qu'on fournirait à mon dit
sieur de Bussy des lettres de change sur vous; nous
sommes convenus de plus de prendre d'autres arrangements pour le satisfaire si par évènement la province
de Condavir était enlevée à la Compagnie et il luy a été

en outre fourni des lettres de change sur la Compagnie pour le montant de 225.000 Rs.

Cy-joint est copie de la requête du sieur de Bury fils auquel nous avons accordé une somme de 16.000 roupies, savoir: 12.000 pour valeur de son brigantin, le *Ruby*, pris en rade de Négapatam par les Anglais, et 4.000 pour le fret du voyage que cette embarcation a fait à l'ile de France et le tout lui a été remboursé en un billet portant intérest de 8.P% à commencer du 4 Août 1758 que ce bâtiment a été pris.

Nous avons déjà eu l'honneur de vous prévenir, Messieurs, par notre lettre du 7 octobre dernier, du consentement que nous donnions à l'affaire du nommé Vinaïquen Arombaté écrivain principal des dépenses, qui depuis longtemps demande le remboursement des sommes qui luy sont dues par la Compagnie montant à 232.000 roupies et du discrédit où le défaut de ce payement le jette et combien il est nécessaire que nous conservions le crédit de cet homme, qui est le seul qui puisse remplir le détail dont il est chargé, principalement aujourd'hui que nous sommes dans l'impossibilité de fournir le moindre argent pour toutes les dépenses des troupes et autres, et auxquelles le dit Arombaté ne pourra plus subvenir, si nous ne cherchons les moyens de relever son crédit. Cette affaire ayant été mise de nouveau au Conseil, nous avons arrêté par notre délibération du 3 mars qu'on luy allouerait le remboursement des 232.000 roupies qui luy sont dues dont il luy serait permis de prendre pour 62.000 roupies sur les fermes de Villenour et de Bahour et qu'il serait payé du reste en divers billets du Conseil portant interet à 8P %. Nous espérons que la Compagnie voudra bien approuver cet arrangement auquel nous nous sommes enfin déterminés par rapport à la circonstance des temps et à l'urgente situation où nous nous trouvons réduits.

Il s'est trouvé à l'inventaire de feu sieur Abbé Wal

des papiers informes touchant la fabrique des cotons du nord, du chaye etc., ainsi que les divers outils servant à cette fabrique ; comme il parait par ces papiers que cet ouvrage se faisait par des ordres supérieurs nous les avons fait mettre dans une caisse contremarquée w et l'adressons à la Compagnie.

Nous vous remettons cy-joint, Messieurs, le bilan de nos livres de négoce de 1756 à 57 que nous ne pouvons vous envoyer par cette occasion parce qu'ils n'ont pu être copiés.

Le sieur Sornay fils nous ayant demandé, par une requête dont cy-joint copie, le poste d'ingénieur en second à cette place que le sieur d'Augé occupe depuis 4 ans, en vertu d'une commission que M. Godeheu commissaire du Roy, lui a donnée, nous l'avons renvoyé à se pourvoir par devant la Compagnie et avons arrêté que le sieur d'Augé continuerait à remplir ses fonctions d'ingénieur en second.

Nous sommes bien flattés, Messieurs, de la confiance que nous témoigne la Compagnie en nous promettant de n'avancer les personnes à son service que sur les bons témoignages que nous lui en rendrons. Nous prenons là dessus la liberté de lui recommander le sieur Lagrenée, ancien sous marchand, qui a fait plusieurs voyages à Moka en qualité de subrécargue et qui remplit aujourd'hui le poste de secrétaire du Conseil, nous sommes très contents des services et de la conduite de cet employé et le lui présentons comme un de ceux à qui elle doit donner de l'avancement par préférence.

Après la tenue d'un Conseil mixte, qui s'es tassemblé le 4 Novembre 1758 et où chacun a donné ses avis par écrit, M. de Lally s'est déterminé à passer le Palear et après avoir été retenu pendant un mois à Cangivarom par le mauvais temps, il a marché sur Madras dont il s'est déterminé à faire le siège. Nous n'entrerons dans aucun détail de cette expédition, qui n'est point de

notre compétence, nous referant à ce que M. de Lally
en marquera au Ministre et au comité de l'Inde et nous
nous contenterons de dire icy que M. de Lally a pris le
party de lever le siège à l'arrivée de cinq vaisseaux
anglais, qui ont mouillé en rade le 17 février et qui ont
mis dans la place 500 hommes de troupes et toutes
sortes de secours en vivres et munitions. Comme il a
été consommé beaucoup de munitions pendant le siège,
nous prions la Compagnie de nous faire passer tout ce
que nous luy demandons en ce genre par les états que
nous luy envoyons par la présente. expédition.

Nous sommes avec respect Messieurs, vos...

Signé : Bartélémy, Guillard, Boyelleau, Lenoir,
Delaselle, Delarche, Duplan de Laval,
Desvaux et Gueulette.

P. S. M. de Lally vient de faire insérer dans le
régistre de nos délibérations un assez long exposé qu'il
fait au Conseil sur la situation présente des affaires,
nous n'y avons pas encore répondu. En attendant nous
l'avons invité, par une lettre, à se choisir de concert
avec M. de Leyrit, un comité secret composé de tels
conseillers qu'ils jugeraient à propos, sans égard au
rang, à quoi M. de Lally a acquiescé et, en conséquence,
Messieurs Barthélémy, Moracin, Boyelleau et Delarche
ont été nommés et on a adjoint dans ce comité M. de
Bussy à qui on a donné voix délibérative. Nous
enverrons à la Compagnie les copies de ces pièces par
la première occasion. Signé : Duval de Leyrit.

Ci-joint est l'état des lettres de change que nous avons
tirées sur la Compagnie depuis le 30 Décembre 1758
jusques au 12 Mars 1759, montant à 16.625. 4. 42. et
auxquelles nous la prions de faire honneur. Signé : Duval
de Leyrit.

INVENTAIRE des expéditions du Conseil supérieur à Messieurs les Sindics et Directeurs de la Compagnie des Indes, par le brigantin le *Voiant*.

N° 1. Lettre du Conseil à la Compagnie du 28 Février 1759.

2. Paquet à l'adresse de la Compagnie avec une lettre du Conseil datée du 15 Janvier suivant son inventaire particulier.

3. Paquet à l'adresse de la Compagnie avec une lettre du 10 Mars 1759 qui accompagne l'état de demandes suivant inventaire particulier.

4. Paquet à l'adresse de Messieurs du Comité secret de l'Inde suivant son inventaire particulier.

5. Copie des lettres de Monsieur Courtin, cy-devant chef à Daka, au Conseil supérieur.

6. Correspondance du Conseil supérieur avec le Conseil de Mahé depuis le 5 Janvier 1759 jusques et compris le 3 Mars 1759.

7. Correspondance de Mahé avec le Conseil supérieur depuis le 30 Octobre 1758 jusques et compris le 17 Janvier 1759.

bis 7. Correspondance du Conseil supérieur avec le Conseil de Mazulipatam depuis le 27 Octobre 1758 jusques et compris le 19 Janvier 1759.

8. Correspondance du Conseil de Mazulipatam avec le Conseil supérieur depuis le 7 Novembre 1758 jusques et compris le 4 Février 1759.

9. Correspondance du Conseil supérieur avec le comptoir de Karikal contenant une lettre du 15 Novembre 1758.

10. Correspondance du comptoir de Karikal avec le Conseil supérieur depuis le 25 Novembre 1758 jusques et compris le 15 Février 1759.

11. Extrait du registre des délibérations du Conseil

supérieur depuis le 7 Octobre 1758 jusques et compris le 3 Mars 1759.

12. Copie du procès-verbal des matières d'argent envoyées par Messieurs du Conseil de l'Isle de France sur la frégate *Le Fidèle*.

13. Copie de la requète de M. Bussy au Conseil supérieur.

14. Copie de celle du sieur de Bury fils au Conseil supérieur.

15. Copie de celle du sieur Sornay au Conseil supérieur.

16. Copie du mémoire de M. Barthélémy.

17. Etat des lettres de change tirées par le Conseil supérieur sur la Compagnie depuis le 30 Décembre 1758 jusques au 12 Mars 1759.

18. Quadruplicata de l'état des lettres de change tirées par le Conseil supérieur sur la Compagnie le 15 Juin 1758 jusques et compris le 25 Octobre de la même année.

19. Bilan des livres de 1756 à 57 du comptoir de Pondichéry, 3 pièces.

20. Expéditions du greffe du Conseil Supérieur, 2 paquets.

21. Duplicata des expéditions du Conseil supérieur à la Compagnie par le bot *l'Oyseau*.

22. Copie de deux requètes du sieur Le Houx, capitaine de la frégate *la Fidèle*.

23. Copie de deux requètes des sieurs Miran et Abeille.

24. Copie de celle du sieur Aymard, cy-devant capitaine d'infanterie.

25. Copie du bail passé entre le Conseil et les sieurs Miran et Abeille au sujet des fermes des terres de la province du Carnate.

26. Un paquet à l'adresse de Monsieur Boullongne contrôleur général des finances.

27. Trois lettres à l'adresse de M. M. les Sindics et
Directeurs de la Compagnie des Indes.

28. Deux paquets à l'adresse de M. David, directeur
de la Compagnie.

29. Une lettre à l'adresse de M. le Comte de Montmorency.

30. Deux lettres à l'adresse de M. le marquis Dupleix.

31. 35 lettres particulières.

32. Une lettre à l'adresse de M. Gilly, directeur de
la Compagnie.

33. Le présent inventaire.

A Pondichéry, le 13 Mars 1759.

A Pondichéry, le 10 Mars 1759.

Messieurs les Sindics et Directeurs de la
Compagnie des Indes a Paris.

1ère expédition par le *Volant.*
2ème do par l'*Expédition.*

Messieurs,

Nous avons l'honneur de vous remettre cy-joint notre
état de demandes dressé sur l'inventàire des magasins
par M. Gueulette, l'un de nous, commis à cet effet.

Depuis l'arrêté de l'inventaire au 30 Juin 1758 les
magasins se trouvent entièrement dénués de tout, ainsi
que l'artillerie qui vient de consommer tout l'approvisionnement de cette place, tant en poudres, boulets,
canons etc., pour le siège de Madras, nous ne pouvons
trop encore vous prier par la présente de remplir notre
état de demandes ainsi que celui de l'année dernière.
Vous trouverez sur celui de cette année les mèmes

demandes faites pour l'artillerie par M. de Soupire et Messieurs du Corps Royal, l'année précédente, et nous vous réitérons avec instance de nous envoyer nos demandes par les plus promptes occasions, nos besoins étant devenus des plus pressants. Nous nous référons au surplus, Messieurs, à ce que nous avons eu l'honneur de vous écrire au sujet de notre dernier état dont nous vous envoyons encore des copies.

Nous sommes avec respect. . .

Signé: DUVAL DE LEYRIT, BARTHÉLÉMY, GUILLARD, BOYELLEAU, etc. . .

INVENTAIRE du présent paquet à l'adresse de Messieurs les Sindics et Directeurs de la Compagnie des Indes, par le brigantin le *Volant*:

Nº 1. Lettre du Conseil à la Compagnie en date du 10 Mars 1759.

2. Etat de demande du dit jour y compris celui du sieur Bourdier.

3. Triplicata d'une lettre du Conseil en date du 15 Février 1758.

4. Triplicata d'un état de demande qui accompagne la susdite lettre y compris celui du dit sieur Bourdier.

5. Le présent inventaire.

A Pondichéry, le 10 Mars 1759.

A Pondichéry, le 15 Octobre 1759.

A MESSIEURS LES SINDICS ET DIRECTEURS DE LA COMPAGNIE DES INDES, A PARIS.

Messieurs,

Le prompt départ de notre escadre et le party qu'à pris M. d'Aché de s'en retourner aux iles et de nous

abandonner à nous même dans la situation où nous
sommes vis-à-vis d'un ennemy supérieur en forces et
qui en attend de jour en jour d'Europe, nous ont déterminé à nous adresser à la Compagnie pour lui demander les secours indispensables et pressants qu'ont ses
colonies de l'Inde puisque sa marine et celle du Roy
que commande M. d'Aché concourrent si peu à s'unir et
à s'entendre avec nous pour leur salût et leur conservation. En conséquence nous avons délibéré de vous
expédier en droiture, Messieurs, la frégate la *Gracieuse*,
qui est arrivée à Mahé depuis le 25 juillet dernier, pour
vous instruire de l'état actuel où nous nous trouvons,
avec peu de munitions de geurre, peu de soldats et
entièrement dénués d'argent. Nous allons avant d'entrer dans tous ces détails vous faire part des évènements qui se sont passés depuis l'arrivée de notre escadre à cette côte jusqu'au 1er du courant qu'elle nous
a quittés.

Cette flotte, après une absence de plus d'un an, composée de 11 vaisseaux de guerre, 2 frégates et 7 vaisseaux de transports que nous attentions avec tant d'impatience, qui faisait l'objet de nos vœux et dont les fonds
considérables semblaient nous flatter d'une victoire et
de l'espérance de rentrer dans nos possessions du nord,
ne se fait voir dans l'Inde que pour décourager la nation
et ses alliés et luy faire perdre toute sa réputation.
Elle parut le 9 septembre à la hauteur de Portenovo et
eut connaissance le même jour de l'escadre anglaise au
nombre de 9 vaisseaux de guerre 4 frégates, au vent à
elle ; le lendemain elles se joignirent, à une heure après
midi ; le combat commença et dura environ deux heures.
Quoique les ennemis y ayent été beaucoup plus maltraités que nous, nos vaisseaux cependant firent retraite
les premiers. Le 15, ils mouillèrent en cette rade et
dès le même jour M. d'Aché nous annonça son retour à
l'ile de France, par la lettre qu'il nous écrivit et qu'il

fixa pour le 17. Cette résolution subite nous fit penser qu'il craignait l'évènement d'un second combat, mais loin d'être persuadés que notre escadre eut quelque danger à craindre et convaincus au contraire qu'elle ne pouvait qu'être victorieuse si elle retournait chercher les ennemis, Messieurs de Leyrit et de Bussy et plusieurs membres du Conseil, successivement, allèrent à bord du vaisseau le *Zodiaque* pour déterminer M. d'Aché a prolonger son séjour icy, mais ce fût en vain et leurs instances ne purent le faire changer de sentiments. Peinés de le voir entièrement livré à une idée dont il ne voulait se départir, nous crûmes l'ébranler en lui adressant une déclaration dont vous avez ci-joint copie, par laquelle nous le déchargeons de tout accident, malheur, etc... afin qu'il restât à cette côte. Cette pièce authentique ne produsit aucun effet et il persista dans son dessein. Plus le moment où il devait nous quitter approchait et plus nous sentions le danger où il nous exposait en nous abandonnant. M. de Lally convoqua le lendemain une assemblée de la nation et il y fut résolu d'une voix unanime qu'on protesterait contre son départ et qu'on le rendrait responsable de la perte de cette colonie. Cette déclaration luy fut adressée et remise comme il appareillait et nous y joignimes une représentation en forme de mémoire de la situation où nous nous trouvions ; nous y exposions dans un grand détail le tort irréparable que son absence allait causer aux affaires de la Compagnie dans l'Inde, la défection de nos alliés, la perte de notre réputation, les négociation sentamées avec plusieurs puissances avortées et qui même pouvaient tourner contre nous et nous terminions enfin par lui demander qu'il *allât hiverner* à la côte de l'est, nous engageant à luy faire trouver une grande partie de ses besoins en attendant ceux qu'on pouvait faire demander aux isles, en y dépêchant une frégate pour lui amener tout ce qui se serait trouvé lui être nécessaire, qui aurait pu lui parvenir à Achem en décembre ou janvier prochain au plus tard. Vous avez ci-joint, Messieurs, copie des deux pièces dont nous avons fait remettre teneur à chacun des trois autres capitaines des vaisseaux du Roy. Mais nous ne pûmes rien gagner sur M. d'Aché qui poursuivit sa route.

Deux jours après, l'escadre reparut à 5 lieues au nord de cette rade et en mit quatre à se rendre icy. Nous apprîmes que le lendemain de son départ et à 18 lieues au large, M. d'Aché assembla son Conseil de marine et il y fut décidé qu'on reviendrait à Pondichéry. Il n'était point encore mouillé que M. de St. Legres, sous major, nous remit sa lettre injurieuse et indécente datée du 24 septembre que nous joignons à la présente ainsi que la réponse que nous y avons faite le 26 du même mois ; permettez-nous, Messieurs, de nous y référer et de vous prier d'en prendre lecture, vous y *verrez* fort au long raisons sur lesquelles nous insistions près de M. d'Aché. Pendant son séjour icy on lui a fourni des vivres, de l'eau, et il y était encore lorsque le 27 septembre à la pointe du jour l'escadre anglaise parût tout à coup à une portée de canon de la nôtre, qui n'appareilla que vers les 7 à 8 heures du matin et courut toute la journée dans le sud pour gagner le vent dont elle était déjà maitresse à midi. Cependant le combat ne s'engagea pas et les ennemis ayant continué leur route pour Madras dans la nuit, nos vaisseaux revinrent mouiller dans la rade le 28 après midi. M. d'Aché nous écrivit aussitôt et se plaignit qu'il avait pensé être la victime des lettres et nouvelles que nous avions, disait-il, affecté de lui communiquer et qui toutes contenaient de faux avis du délabrement de l'escadre anglaise ; il la termine par nous signifier qu'il n'a plus qu'un jour à rester avec nous.

Nous étions pour lors à deux doigts de notre perte, Messieurs, et c'est à la bravoure des deux régiments du Roy et du bataillon de l'Inde qu'est dû le salut de cette

46

Colonie et par conséquent des établissements de la Compagnie dans l'Inde. Les Anglais qui étaient en cantonnement depuis longtemps, à Canjivaram, se mirent en marche au nombre de 1.700 blancs et 3 à 4 mille noirs, passèrent le Palear et s'emparèrent de Trivatour, petite place qui aidait la communication de nos troupes, campées à Vandavachy, avec Arcatte et Timery ; peu après ils vinrent se placer à vue des deux aldèes de Vandavachy dont nous occupions l'autre à . . . . portée du canon et le matin du 30 septembre, ils attaquèrent notre armée forte de 1.100 blancs sous les ordres de M. Diogan, commandant du régiment de Lally.. L'affaire fut vive et dura 4 à 5 heures, nous fûmes repoussés plusieurs fois, mais enfin le courage arrêta la multitude et les Anglais furent forcés d'abandonner le champ de bataille. Nous leur prîmes 4 pièces de canons, 2 chariots d'artillerie et on leur fit 5 officiers et 56 hommes prisonniers; ils ont laissé en outre 300 à 350 hommes sur le champ de bataille, non compris les blessés dont ils doivent avoir un grand nombre. Quelques jours après ils ont retourné à Canjivarom. Notre perte se monte à 36 hommes tués, et 78 blessés et à quatre officiers du nombre de ces premiers, qui sont Messieurs Deguistousse et du Goujon, capitaines du régiment de Lorraine, et Messieurs de Mainville, Commandant le bataillon de l'Inde et Papilland, lieutenant. On ne saurait trop donner d'éloges à la bravoure et à la conduite de ces braves officers dont le courage a secondé la valeur de M. Diogan, et nous ont fait remporter une belle victoire.

C'est du succès de cette journée, Messieurs, qu'a dépendu le sort de Pondichéry. Ce corps d'armée française était tout ce que nous avions de troupes, à l'exception de 5 à 600 hommes que nous avons du coté de Thiagar, sous les ordres de M. Defumelle, colonel, et de deux Compagnie de grenadiers qui étaient à Timery. S'il avait été défait, nous aurions été obligé d'bandonner toutes nos places du Carnate et de nous renfermer dans l'enceinte de cette ville, sans vivres, sans argent et exposés à tous les inconvénients qu'une si triste situation entraîne avec elle ; nos ennemis auraient sévèrement tenté alors le projet que nous savons qu'ils veulent exécuter depuis quelque temps et nous n'ignorons point qu'ils ont déjà fait beaucoup de préparatifs à ce sujet, c'est du siège de cette place dont nous voulons parler, ou au moins nous auraient-ils bloqués en attendant les forces de terre et de mer qui leur sont annoncées d'Europe.

C'est la crainte que nous en avions qui nous a engagés, avant la journée de Vandavachy, sur les nouvelles que M. de Lally reçut des desseins qu'auraient les Anglais de nous attaquer et de nous inquiéter du côté de Karikal et de Thiagar, de délibérer dans l'assemblée du Conseil du 28 septembre qu'il serait proposé pour la dernière fois à M. d'Aché d'aller hyverner à la côte de l'est et de nous laisser icy un corps de mille hommes de sa marine pour nous défendre contre les forces supérieures des Anglais. Vous voyez, Messieurs, par l'exposé que nous avons fait, que l'évènement a justifié nos appréhensions et que, sans la valeur des troupes et des officiers, tous les malheurs que nous prévoyons seraient arrivés, mais heureusement que l'avantage remporté en dernier lieu a arrêté les attaques des ennemis. M. d'Aché sentit une partie de notre situation et n'a point traité cette fois-ci nos avis de faux et, en conséquence de la demande que nous lui avons faite, par notre lettre du 28 septembre dont voici la copie, il a débarqué le 1er octobre 400 hommes de marines et 200 cafres, aux ordres de M. Genlis, et nous a laissé aussy la poudre et les boulets qu'il avait de reste et est party le même jour pour l'île de France, sans vouloir seulement attendre la décision du combat dont nous n'avons eu nouvelle qu'au moment qu'il appareillait.

Voilà à quoi s'est borné tous les secours en hommes que nous avons reçus de l'escadre ; ne devait-on pas en espérer de plus puissantes soit par ses opérations à elle-même, soit en se conciliant avec M. le Comte de Lally pour seconder les négociations qu'il a entamées avec divers princes du pays? Mais il est aisé de voir que M. d'Aché parait plus jaloux de la conservation de ses vaisseaux que persuadé du principe qu'ils ne lui ont été confiés que pour le bien des colonies de l'Inde, et pour les sacrifier même, si leur salut l'exigeait.

Il s'agit maintenant, Messieurs, de vous exposer ce que cette escadre nous a remis en argent. La Compagnie nous a adressé·par celle aux ordres de M. de Léguille 3 millions dont nous en avons reçu un au mois de décembre dernier par la frégate la *Fidèle*, les deux autres ont été retenus à l'Ile de France pour les besoins de cette escadre lorsqu'elle partait pour le Cap. A son arrivée ici, elle nous en a rendu les restes qui se montent à 153.000 roupies, et en or environ 1.400 pagodes, en sorte que cette flotte armée pour le soulagement des établissements de la Compagnie, non seulement ne leur est d'aucune utilité, mais même a consommé les secours les plus précieux qui lui sont destinés, c'est-à-dire ceux que nous ne pouvons nous procurer et qui sont les seuls qui peuvent nous mettre en état de défense, mais nous nous consolerions de ce malheur si cette escadre l'eût réparé par sa présence, et si elle ne nous eût point abandonné. Quant aux troupes de débarquement que Messieurs du Conseil de l'Ile de France nous ont envoyées elles se montent à 160 européens et 140 cafres.

Vous sentez aussi, Messieurs, combien notre situation doit être embarrassante aujourd'hui lorsque sans crédit, sans argent, obérés de tous les côtés, il faut que nous résistions contre un ennemi qui projette de graves desseins et qui a tous les moyens de les exécuter. Telle est notre position et les établissements de la Compagnie sont en danger si elle ne nous expédie, avec toute la promptitude possible, du secours en hommes et en argent. Notre détresse est si extrème à ce dernier égard qu'il n'y a point de ressources que nous n'ayons mis en usage pour nous procurer de quoi payer les troupes et les empècher de déserter. Les soldats prèts à se révolter et refusant de marcher pour aller faire le siège de Thiagar, qui a été pris en juin dernier, ont forcé M. de Lally et le Conseil à accepter les offres de Rajasaheb au sujet de la Nababie d'Arcate, qui en demandait les honneurs pour 40.000 roupies comptant. Les Anglais s'étant proposé en août dernier d'aller assièger Arcate, nous fûmes obligés pour mettre en mouvement notre armée, qui était en cantonnement à Chetoupet et Vandavachy, de promettre, un an avant que la ferme de Villenour et Bahour ne finit, qu'on la donnerait au renouvellement du bail et par préférence à celui qui avancerait 15.000 roupies, ce qui nous a fourni cette somme et permis de payer de légers acomptes aux troupes ; mais ces ressources n'étant que momentanées, nous nous sommes enfin déterminés, il y a deux mois, à imposer une taxe générale sur tous les noirs habitants de Pondichéry pour nous procurer une somme d'argent pour la subsistance des troupes et pour fortifier cette ville, ce à quoi nos terres et concessions sont très éloignées de pouvoir subvenir. La Compagnie doit juger aisément, par les faits que nous venons de luy toucher et que nous lui détaillerons plus au long dans notre lettre générale, que si nous sommes contraints d'en venir à des arrangements aussy extraordinaires pour fournir à nos besoins, qui deviennent de jour plus pressants, elle doit juger, disons nous, que notre situation est très urgente et exige le remède le plus prompt et le plus efficace. C'est à elle que nous avons recours. c'est à elle à qui nous nous adressons pour nous tirer d'une position si fàcheuse et si triste. Il nous faut des hommes, des munitions de guerre dont nous n'avons qu'une médiocre quantité, et surtout de l'argent, pour ne pas succomber aux forces des Anglais, qui se trouvent aujourd'hui maitres de la mer par l'absence de notre escadre et qui en attendent une autre, ainsi que des troupes de débarquement.

M. de Moracin, à son arrivée en rade de Mazulipatam, ayant trouvé cette ville au pouvoir des Anglais, est allé faire sa descente à Ganjam, sur les terres du Raja Narenda, notre allié, peu de temps après il a envoyé le *Haarlem* hiverner à Merguy. M. de Lally lui a donné ordre de revenir icy, au retour des vaisseaux, avec toutes les troupes et la marine afin de rassembler toutes les forces de la Compagnie et c'est dans ce même principe qu'il enjoint aux troupes échappées de Mazulipatam et qui sont avec Bassaletzingue, de revenir icy. M. de Moracin avait conçu le projet d'aller joindre par terre Salabetzingue à Bezvada pour l'engager à faire le siège de Mazulipatam ; mais cela a été sans exécution, il manque comme nous et d'argent et de crédit. Nous comptons qu'il fera son retour ici en novembre ou décembre prochain.

Nous ne finirons pas la présente sans vous porter les plus justes plaintes de la négligence de Messieurs du Conseil de l'Ile de France que nous savons ne vous avoir pas expédié encore, en juillet dernier, nos dépêches du mois d'octobre de l'année passée et celles du mois de mars de cette année, que nous leur avions adressées en les priant instamment de les faire parvenir promptement à la Compagnie. Nous vous en prévenons, Messieurs, afin que vous n'ayez aucun reproche à nous faire à ce sujet et que vous soyez instruits que nous n'avons manqué aucune occasion de vous rendre compte de notre situation.

On ignore encore l'hyvernage que la flotte anglaise prendra, elle est actuellement en rade de Madras.

Nous n'avons pas le temps de répondre aux lettres

que la Compagnie nous a fait l'honneur de nous écr re, savoir celle portée sur l'inventaire arrêté le 9 décembre 1758, celles pareillement sur l'inventaire arrêté les 19 et 21 février 1759, une lettre du 26 du même mois sur deux inventaires arrêtés les 3, 24 et 26 mars, une lettre aussi du 7 mars et deux autres enfin du 7 avril 1759, que nous avons reçues par la frégate arrivée à Mahé et par l'escadre de M. d'Aché, ce que nous ferons dans le courant des mois prochains. Nous avons délibéré à cet effet de faire hyverner le vaisseau *l'Hermione* au large pour vous porter nos réponses.

Nous sommes avec respect Messieurs, etc.

Signé : Duval de Leyrit, Guillard, Boyelleau etc...

Inventaire des expéditions du Conseil supérieur à Messieurs les Sindics et Directeurs de la Compagnie des Indes, par la frégate la *Gracieuse* de présent en rade de Mahé.

Savoir :

N° 1. Lettre du Conseil à la Compagnie en date du 15 Octobre 1759.

2. Copie de la lettre de M. d'Aché au Conseil en date du 15 Septembre 1759.

3. Copie de la déclaration du Conseil supérieur en date du 16 Septembre 1759.

4. Copie de la déclaration de la nation assemblée en date du 17 Septembre 1759.

5. Copie de la représentation faite par le Conseil à M. d'Aché au nom de la nation en date du 17 Septembre 1759.

6. Copie de la lettre de M. le comte d'Aché au Conseil supérieur en date du 24 Septembre 1759.

7. Copie de la lettre du Conseil à M. d'Aché en date
du 26 Sept. 1759.

8. Copie de la lettre de M. d'Aché au Conseil supérieur en date du 28 Septembre 1759·

9. Copie de la délibération du Conseil supérieur en
date du 28 Septembre 1759.

10. Copie de la lettre du Conseil supérieur à M. Daché datée du 28 Septembre 1759.

11. Une lettre de M. Leyrit à M. les Sindics et Directeurs de la Compagnie des Indes.

12. Un paquet à l'adresse de Monseigneur le Maréchal.

13. Une lettre à l'adresse de M. Silhouette.

14. Trois lettres particulières.

15. Une lettre du Conseil supérieur à la Compagnie
suivant son inventaire.

16. Un paquet du Conseil supérieur à la Compagnie
suivant son inventaire particulier.

17. Le présent inventaire.

A Pondichéry le 17 Octobre 1759.

Inventaire du Duplicata des expéditions du Conseil
supérieur à Messieurs les Sindics et Directeurs de la
Compagnie des Indes, par la frégate la *Gracieusa* de
présent en rade de Mahé savoir;

N° 1. Lettre du Conseil à la Compagnie en date du
15 Octobre 1759.

2. Copie de la lettre de M. d'Aché au Conseil en
date du 15 Septembre 1759.

3. Copie de la déclaration du Conseil supérieur en
date du 16 Septembre 1759.

4. Copie de la déclaration de la nation assemblée
en date du 17 Septembre 1759.

5. Copie de la représentation faite par le Conseil à M. d'Aché au nom de la nation, datée du 17 Septembre 1759.
6. Copie de la lettre de M. d'Aché au Conseil supérieur, en date du 24 Septembre 1759
7. Copie de la lettre du Conseil à M. d'Aché, en date du 26 Septembre 1759.
8. Copie de la lettre de M. d'Aché au Conseil supérieur, en date du 28 Septembre 1759.
9. Copie de la délibération du Conseil supérieur du 28 Septembre 1759.
10. Copie de la lettre du Conseil supérieur à M. Daché datée du 28 Septembre 1759.
11. Une lettre du Conseil supérieur à la Compagnie suivant son inventaire.
12. Un paquet du Conseil supérieur à la Compagnie suivant son inventaire particulier.
13. Triplicata des expéditions du Conseil à la Compagnie, du brigantin le *Volant.*
14. Un paquet contenant le duplicata des expéditions du Conseil à la Compagnie par le *Diligent.*
15. Une lettre à l'adresse de M. Brenville.
16. Le présent inventaire.

A Pondichéry, le 15 Octobre 1759.

A Pondichéry, le 17 Octobre 1759.

Messieurs les Sindics et Directeurs de la Compagnie des Indes a Paris.

Messieurs,

En conséquence d'une lettre de M. de Boulongue, contrôleur général des Finances, dont nous vous remettons ci-joint copie collationnée par le sieur Denoual notaire, M. le comte de Lally a fourni à M. le comte de la Merville, officier de la Marine du Roy, une ordonnance au dos de la dite lettre et au bas du reçu du dit sieur de la Merville, sur le sieur Lebrun, caissier de la Marine, pour acquitter l'ordre que nous prescrit cette lettre de Monseigneur de Boulongue de payer la somme de huit mille roupies à la présentation qui nous en sera faite.

Nous vous donnons avis, Messieurs, afin que vous en poursuiviez le remboursement qui en a été fait en trois lettres de change, sur M. Péchevin à 6. 9 et 12 mois de vue, conformément aux arrangements que la Compagnie a pris à ce sujet par sa délibération du 4 avril dernier.

Nous sommes avec respect, Messieurs, vos. . .

Signé : DUVAL DE LEYRIT, GUILLARD, BOYELLEAU etc...

INVENTAIRE du présent paquet à l'adresse de Messieurs les Sindics et Directeurs de la Compagnie des Indes, par la frégate la *Gracieuse* de présent en rade de Mahé.

Savoir :

Nº **1.** Lettre du Conseil supérieur à la Compagnie en date du 15 Octobre 1759.

2. Copie collationnée de la lettre de Monseigneur de Boulongne, contrôleur général des finances, au Conseil Supérieur.

3. Le présent inventaire.

A Pondichéry. 15 octobre 1759.

A Pondichéry, le 16 Octobre 1759.

Messieurs les Sindics et Directeurs de la
Compagnie des Indes a Paris.

Messieurs,

Nous vous remettons ci-joint cinq états des lettres de change que nous avons tirées sur la Compagnie et auxquelles nous la prions de vouloir bien faire honneur, savoir :

Un état des lettres de change tirées à six mois de vue et qui commence depuis le premier mai jusqu'au 8 août suivant qu'il n'en a plus été fourni, ayant reçu par voie de Mahé les ordres de la Compagnie qui fixent les usances de ses traites à 3 ans de vue :

Montant à 611.541 Rs. 6 a. 2 g.
ou marcs.   .   .   .   .   . 30.940^m 3   4   41

Un second état de lettre de change à 3 ans de vue montant à la somme de R. 199.251. 4a. 22 g. ou   . 10.080^m 7   6   69

Un troisième état à 6, 9 et 12 mois de vue provenant de la caisse de la Marine de Rs. 127.332. 1f. 58g. ou .   .   .   .   .   . 6.442^m 2   ,,   37

Un quatrième état à 6, 9 et 12 mois de vue provenant de la caisse militaire de R. 529.051. 12a. 18g. ou 26.768^m 1   3   53

Un 5ème état à 3 ans de vue provenant de la caisse militaire à R. 73.336. 2. ou .   .   .   . 3.710^m 3   ,,   42

Marcs... 77.942^m 2   ,,   26

Nous avons instruit la Compagnie par nos expéditions du mois d'octobre 1758 et par celles de mars de cette année de l'obligation où nous avions été de faire faire des billets de caisse qui puissent tenir lieu d'argent tant pour le payement des troupes que pour subvenir à toutes nos dépenses de l'hopital et autres. Ces billets payés comptant ont rentré de même à notre trésor et nous n'avons pû nous dispenser de fournir des lettres de change pour leur valeur avec les intérèts quand ils ont été échus. Cependant il en a été renvoyé encore beaucoup pour le mois de janvier ; mais nous avons l'attention de ne plus les laisser ressortir à mesure qu'ils entrent à nos caisses afin de les éteindre.

Le troisième état des lettres de changes forme celles données par le sieur Le Brun, caissier de la marine, nommé à cet employ par notre délibération du 24 septembre 1759. La Compagnie sera surprise de le voir porté à une somme si considérable après le peu de séjour qu'à fait l'escadre ici, mais comme nous avons remboursé une infinité de dépenses faites avant son arrivée à la côte pour prévenir tous ses besoins et pour établir un hopital et le fournir des linges, effets, cadres et autres choses nécessaires à son usage, cela a beaucoup augmenté cet état.

Le quatrième provient de la caisse militaire et les lettres de change en ont été fournies par le sieur Lenoir, conseiller, qui a été chargé de cet employ par notre délibération aussy du 24 septembre 1759. Ce sont les décomptes de tous les officiers pour les appointements qui leur sont dus et que nous étions hors d'état de leur payer.

Le cinquième provient également de la caisse militaire et est à trois ans de vue. Ce sont des dépenses militaires avancées par divers officiers, qui étaient en garnison dans les postes de dehors, auxquels on n'a point donné de lettre de change à 6, 9. et 12 mois de vue, il en a été même fourni pour appointements.

Ces deux derniers états ne remplissent point encore tout à fait les 1.500.000 livres à quoi la Compagnie a fixé par sa délibération du 4 Avril 1759 nos traites sur elle pour les dépenses de la guerre.

Nous vous donnons avis, Messieurs, que Messieurs Delarche et de Beausset ont acquitté, il y a quinze jours environ, les deux lettres de change fournies par M. Dupleix sur eux en faveur de M. Castanier et passées à notre ordre, l'une de 190.000 livres et l'autre de 210.000 faisant ensemble 400.000 lrs.

Nous sommes avec respect, Messieurs, etc. . .

Signé : Duval de Leyrit, Guillard, Boyelleau, etc...

Inventaire du paquet à l'adresse de Messieurs les Sindics et directeurs de la Compagnie des Indes, par la frégate la *Gracieuse* de présent en rade de Mahé. Savoir :

N° 1. Lettre du Conseil à la Compagnie en date du 16 Octobre 1759.

2. Un état des lettres de change tirées sur la Compagnie à six mois de vue.

3. Un do do à 3 ans de vue.

4. Un do do à 6, 9 et 12 mois de vue provenant de la caisse de marine.

5. Un do do à 6, 9. et 12 mois de vue provenant de la caisse militaire.

6. Un do do à 3 ans de vue aussy de la caisse militaire.

7. Le présent inventaire.

A Pondichéry, le 16 Octobre 1759.

Pondichéry, le 19 Octobre 1759.

MESSIEURS LES SINDICS ET DIRECTEURS DE LA
COMPAGNIE DES INDES.

Messieurs,

La présente est pour relever une erreur qui se trouve dans le second état de nos lettres de change et dont nous nous sommes aperçus trop tard pour la corriger dans ceux qui vous parviendront dans nos dépêches de la *Gracieuse* et son duplicata par le brigantin le *Volant*, ce qui n'a pu se rectifier que dans l'état de nos triplicata par la flûte la *Baleine* ; cette erreur est à l'article de la lettre de change du sieur Boulaine, capitaine d'infanterie au bataillon de l'Inde, datée du 14 Octobre 1759, qui a été fournie à 3 ans de vue pour une somme de 7.360 roupies, 372 m. 2. 7. 66. et qui n'a été porté sur l'état des lettres de change que pour 6.400 roupies, 232m. 6. 3. 30. c'est-à-dire qu'on a oublié d'ajouter à cette somme les 15 % d'intérêts que la Compagnie accorde pour le retard des trente mois. Nous vous prévenons, Messieurs, de cette différence afin qu'elle n'occasionne aucune difficulté à la traite donnée au dit sieur Boulaine.

Nous sommes avec respect, etc...

Signé : DUVAL DE LEYRIT, BOYELLEAU, GUILLARD.

Pondichéry, le 22 Octobre 1759.

MESSIEURS LES SINDICS ET DIRECTEURS DE LA
COMPAGNIE DES INDES.

Messieurs,

La révolte de notre armée campée à Vandavachi et dont nous allons vous faire le détail, est un de ces évènements occasionnés par la triste situation où nous sommes réduits depuis longtemps, que nous craignions

de voir arriver à chaque moment et que nous voulions
prévenir de longue main. Lorsque dans toutes les lettres que nous avons eu l'honneur d'écrire à la Compagnie nous lui demandions de nous faire passer de l'argent pour la paye et l'entretien des troupes, en lui
représentant que les revenus de nos concessions ne
nous donnaient pas à beaucoup près des ressources
suffisantes, nous ne cessions de vous exposer continuel-
lement, Messieurs, la perte de notre crédit, ce qui nous
engageait à vous demander avec tant d'instance, par toutes les occasions, les fonds nécessaires pour subvenir
à nos dépenses et à quoi vous avez eu si peu d'égard.
Nous ne nous plaidrons point de la réponse peu satis-
faisante que vous avez faite à nos états de demandes du
mois de novembre 1757. Ce n'en est point ici la place.
Nous ne nous arrêterons qu'à l'article qui concernait les
fonds. Si vous avez trouvé que la demande que nous
vous faisions de dix millions fut exorbitante, vous nous
permettrez de vous dire aussi, Messieurs, qu'il résulte de
très fâcheux inconvénients du party que vous avez pris
de ne point nous en envoyer du tout; au moins devions-
nous nous flatter que vous nous en eussiez accordé une
partie et c'est le manque d'une modique somme en cet
instant qui a mis cette colonie à deux doigts de sa perte.

M. le Comte de Lally ayant assemblé le Conseil le
18 au matin lui fit part, dans son exposé par écrit, qu'il
venait d'apprendre que les deux bataillons du régiment
de Lorraine avaient quitté, la veille, l'armée campée à
Vandavachy et s'étaient mis en marche vers l'ennemi,
et, en même temps, il nous demanda les moyens de
sauver le reste des troupes, en lui procurant l'argent
nécessaire pour payer ce qui leur était dû. Nous lui
fîmes réponse sur le champ que ne nous restant aucune
ressource pour remédier à un si grand mal, nous lui
proposions la seule que nous eussions et qui put l'aider
à s'en tirer, qui était notre vaisselle d'argent et que

nous allions procéder à la taxe sur les habitants Euro_
pëens quoique nous prévissions beaucoup de lenteur et
de difficulté à cette opération. Dans le temps que nous
dictions cette réponse dont vous avez ci-joint copie ainsi
que l'exposé de M. le Comte de Lally, il apprit que le
reste des troupes avait pareillement suivi le mauvais
exemple du régiment de Lorraine et emmené avec elles
canons, munitions et bagages, et quelles avaient été
camper à deux lieues de Vandavachy, malgré les instances et les dires que tous les officiers ont fait pour les
retenir et pour les faire retourner à leurs drapeaux.
Nous vous remettons ci-joint copie de la lettre qu'ils
nous ont écrite à ce sujet et de celle que nous leur
avons répondu, mais malgré tous leurs efforts, ils ne
purent réussir à contenir dans le devoir ces révoltés qui
demandaient sur le champ et à grands cris la solde de
huit mois qui leur était due, sans quoi ils ne voulaient
pas entendre raison et menacaient de faire contribuer
les terres et de s'en aller si dans quatre jours ils n'étaient
payés entièrement. Si quelque chose nous laissait
entrevoir quelque espérance dans ces mutins, c'est le
respect qu'ils conservaient pour leurs officiers, les promesses qu'ils leur faisaient de ne point passer à
l'ennemi cantonné à Canjivaram et l'ordre et la discipline qu'ils observaient dans leur camp, où l'on continuait toujours de leur faire passer des vivres de Vandavachy.

Dès le 18 au matin et avant que nous eussions appris
ce malheureux évènement, M. Dubois, commissaire des
guerres, était parti pour l'armée avec 50.000 roupies ;
dans l'instant même que M. le Comte de Lally en fut
instruit, il y envoya 36.000 roupies qu'il avait le soir de
ce jour et successivement les jours suivants il y fit
passer encore une somme de 39.000 roupies pour tâcher
de compléter les 190.000 roupies environ dues aux
troupes. La vue de cet argent les apaisa, elles firent

dire qu'elles se contenteraient de 6 mois de paye et attendraient pour le reste jusqu'à 10 du mois prochain. Le 19, ils écrivirent pour demander une amnistie de M. de Lally et du Conseil. M. de Lally donna la sienne séparément et vous avez ci-joint copie de celle que nous leur avons envoyée par le sieur Mernay, Capitaine au régiment de Lorraine. Nous venons d'avoir la satisfaction d'apprendre dans le moment que ces révoltés ont rejoint leurs drapeaux la nuit dernière à 2 heures et se sont soumis à l'obéissance qu'ils doivent à leurs officiers. Ils sont actuellement campés à Vandavachy où tout est tranquille et dans le devoir.

Nous ne doutons pas, Messieurs, qu'après un pareil évènement vous ne sentiez vivement le péril où nous sommes exposés et que vous ne fassiez tous les efforts les plus grands pour nous en tirer, en nous envoyant, avec toute la diligence possible, une très forte somme d'argent pour l'entretien des troupes et pour fournir aux dépenses les plus pressantes et les plus indispensables auxquelles nous nous bornons, depuis un temps infini, et qui ont rapport à ces mêmes troupes et à la guerre. Nous ne vous répèterons point icy tout ce que nous avons eu l'honneur de vous marquer par notre lettre du 15 du courant, notre malheureuse situation en ce moment ne prouve que trop les craintes que nous avions et les dangers que nous appréhendions par le manque d'argent, nous venons d'en courir un bien imminent et nous pouvons avancer que la ville de Pondichéry et toutes les colonies de la Compagnie ont touché à l'instant de leur ruine. Nous allons pour le présent oser de tous les moyens possibles et extraordinaires pour nous soutenir jusqu'à l'arrivée des secours que nous nous flattons que vous expédierez en toute diligence ; mais quelques prompts qu'ils soient, nous vous avouerons, Messieurs, que nous sommes bien inquiets de pourvoir à notre sort jusqu'à ce moment

48

qui ne peut guère être plutôt que dans 12 ou 14 mois. Nos ressources consistent dans les revenus des terres affermées aux sieurs Miran et Abeille, qui font un objet de 13 lacs et demi pour cette seconde année de leur bail, dans celles de Tirvady en régie sous les ordres de M. de la Selle dont on estime les revenus à 250.000 roupies et, enfin, dans les fermes de Villenour et Bahour, Goudelour et autres attachées aux domaines de Pondichéry, qui peuvent se monter à 150.000 roupies Arcattes et les dépendances que nous possédons et qui donnent 3 lacs, Toutes ces sommes réunies font un fond de 211 acs 1/2 environ, et il nous faut, toutes nos dépenses réduites à l'indispensable, l'officier payé de la moitié de ses appointements seulement et les autres dépenses non comprises, il nous faut, disons-nous, une somme de 250.000 roupies environ par mois ou de 30 lacs par an pour le soutien de cette colonie seule, indépendamment de l'établissement de Mahé et de Nelisseram dont nous ne comprenons pas l'entretien icy et qui se monte à 200.000 Rs. au moins par an ; quant au comptoir de Karikal, ses revenus suffisent à ses besoins. Ainsi c'est de 9 à 10 lacs qu'il est nécessaire que la Compagnie nous fasse passer annuellement pour Pondichéry uniquement, dans l'état actuel où il se trouve aujourd'hui, et en admettant l'exacte rentrée des revenus de nos terres et en retranchant toutes les dépenses généralement, excepté celles qui ont rapport à la guerre. Voilà le tableau abrégé de notre position, il ne s'agit point maintenant d'en attendre un plus détaillé, nous ferons le possible par nos expéditions prochaines pour vous satisfaire entièrement à ce sujet. Quant à ce moment, Messieurs, c'est de nous envoyer les secours que nous vous demandons, c'est de nous arracher de l'affreuse position où nous sommes, avec toute la promptitude possible, et où nous pouvons retomber sans nous en relever si heureusement.

Nous allons tâcher, en attendant ce que nous espérons de la Compagnie, de nous procurer, par la voie
des Hollandais à Négapatam, un emprunt de 2 à 300.000
roupies que nous acquitterons, s'ils veulent y consentir,
en une lettre de change sur la Compagnie à un mois
de vue et à 10, 15 et 20 p % de bénéfice s'ils l'exigent.
Nous avons chargé de cette affaire le sieur Dumont,
notre agent auprès de cette nation. Nous écrivons
aussi notre situation à Messieurs du Conseil de l'Ile de
France et les prions de chercher à emprunter, dans
leur ile et celle de Bourbon, tout l'argent qu'ils pourront
pour nous l'envoyer icy. Nous vous avouerons que
nous ne comptons guère sur toutes ces ressources, mais
nous frappons à toutes les portes pour éviter le précipice d'où nous sortons et pour n'avoir rien à nous reprocher.

Nous avons icy les diamants de la prise du vaisseau
le *Grantham* que Messieurs du Conseil de l'Ile de
France nous ont envoyés par l'escadre de M. d'Aaché et
dont la facture se monte à 77.256 pagodes d'or. Nous
n'en avons point encore trouvé la défaite, les lapidaires
de Madras les marchandent depuis quelque temps et
nous nous estimerions fort heureux si nous pouvions
les vendre à 20 et 25 p % de perte dans un moment
où nous avons un si pressant besoin d'argent.

Nous sommes. . .

Signé : Duval de Leyrit, Guillard, Boyelleau etc...

A Pondichéry le 23 octobre 1759.

Messieurs les Sindics et Directeurs de la Compagnie des Indes, a Paris.

Messieurs,

Voulant profiter du retour du brigantin *Le Volant* que
nous expédions aujourd'hui pour le cap de Bonne Espé-

rance pour y porter les expéditions de M. le Comte de
Lally à la Cour et les nòtres à la Compagnie, nous avons
l'honneur de vous donner avis, Messieurs, que nous
avons autorisé M. de Chambois, qui passe sur ce bâtiment, et à son défaut M. Lerridé, commandant ce brigantin, de tirer sur la Compagnie à un mois de vue
pour la valeur de la cargaison en blé et autres provisions que nous les avons chargés d'acheter pour les besoins de la colonie et qui nous seront rapportés icy;
nous vous prions de faire honneur aux traites que l'un
ou l'autre de ces deux Messieurs pourront fournir sur
M. Péchevin, votre caissier, pour l'objet de la cargaison
du brigantin le *Volant* seulement.

Depuis que l'état de nos lettres de change a été arrèté,
on en a encore fourni une au milord Junis Killin, capitaine au régiment de Lally, à 3 ans de vue de la somme de 407.^{m} que nous prions de vouloir acquitter et
dont M. de Lally nous a recommandé de vous donner
avis.

Nous sommes avec respect...

Signé. Duval de Leyrit, Guillard, Boyelleau etc...

Inventaire du présent paquet à l'adresse de Messieurs
les Sindics et Directeurs de la Compagnie des Indes, par
le brigantin le *Volant.*

N⁰ 1. Lettre du Conseil à la Compagnie, du 22 Octobre
1759.

2. Exposé de M. de Lally au Conseil, du 18 Octobre
1759.

3. Réponse du Conseil au dit exposé.

4. Copie de la lettre du corps des officiers au Conseil, en date du 18 Octobre 1759.

5. Réponse du Conseil à la dite lettre, datée du 20
Octobre 1759.

6. Extrait du registre de la délibération du Conseil, en date du 20 Octobre qui comprend l'amnistie accordée aux troupes.
7. Lettre du Conseil à la Compagnie, en date du 19 Octobre 1759.
8. Autre lettre du Conseil à la Compagnie, en date du 23 Octobre 1759.
9. Le présent inventaire.

> A Pondichéry le 23 octobre 1759.

INVENTAIRE du duplicata du présent paquet à l'adresse de Messieurs les Sindics et Directeurs de la Compagnie des Indes, par le Brigantin le *Volant.*

N° 1. Lettre du Conseil à la Compagnie, du 22 Octobre 1759.
2. Exposé de M. de Lally au Conseil, du 18 Octobre 1759.
3. Réponse du Conseil au dit exposé.
4· Copie de la lettre du corps des officiers au Conseil, datée du 18 Octobre.
5. Réponse du Conseil à la dite lettre, datée du 20 Octobre.
6. Extrait du registre de la délibération du Conseil, datée du 20 Octobre qui comprend l'amnistie accordée aux troupes.
7. Lettre du Conseil à la Compagnie, en date du 19 Octobre 1759.
8. Autre lettre du Conseil à la Compagnie, en date du 29 Octobre 1759.
9. Le présent inventaire.
10. Duplicata des expéditions du greffe du Conseil supérieur de mars 1759.
11. Quadruplicata de l'état des lettres de change tirées par le Conseil sur la Compagnie depuis le 30 Décembre 1758 jusqu'au 12 Mars 1759.

A Pondichéry, le 31 Octobre 1759.

a Messieurs les Sindics et Directeurs de la
Compagnie des Indes.

Messieurs,

Quoique nous ayons eu l'honneur d'écrire par différentes occasions à la Compagnie pour lui faire part de notre situation, de nos inquiétudes, des dangers que nous avons courus et de ceux que nous offre l'avenir, nous ne croyons pas encore avoir assez fait dans la position critique et fâcheuse où nous sommes, et nous nous déterminons aujourd'hui, d'accord avec M. le Comte de Lally, à vous envoyer le sieur Chevreau, sous marchand, pour vous instruire, Messieurs, ainsi que le ministre, de l'état actuel où nous nous trouvons, afin que vous n'en ignoriez pas le moindre détail et pour vous faire mieux sentir la nécessité du secours que nous vous avons demandé et combien le besoin que nous en avons est pressant. Nous ne pouvons que vous répéter icy ainsi que nous vous l'avons déjà marqué par nos précédentes, qu'ils ne sauraient nous parvenir trop tôt et nous prions la Compagnie de ne pas les différer d'un instant, si elle ne veut exposer la nation dans l'Inde à tous les malheurs possibles et ses établissements à leur ruine entière. La révolte des troupes arrivée en dernier lieu à Vandavachy, qui ne sont rentrés dans le devoir qu'aux conditions qu'on les rembourserait de seize demi mois de paye qui leur étaient dûs, est un évènement aussi malheureux que dangereux pour les suites, dans la détresse d'argent où nous nous trouvons, cette rébellion pouvant renaître à chaque fois qu'on sera dans l'impossibilité de les payer. Nous n'avons pu encore former la somme de 190.000 roupies environ qui est la solde due à ces troupes et qui doit leur être comptée au 10 du mois prochain, quoique nous ayons épuisé toutes nos ressources à cet effet, comme vous pourrez le voir, Messieurs, par notre lettre du 22 du courant ; ce ne peut être cependant qu'après ce payement exactement fait qu'on pourra travailler à détruire l'esprit de révolte et de sédition qui régne encore parmi eux, ce qui sera même très difficile. Vous observerez aussi. que les officiers ne sont point payés du tout.

Dans les ordres et instructions que nous avons donnés au sieur Chevreau et dont vous avez ci-joint copie, nous lui avons enjoint de représenter à M. d'Aché auquel nous écrivons en même temps, que notre situation exigeait qu'il vint à notre secours avec l'escadre dès le mois d'avril prochain. Nous souhaitons qu'il fasse attention à notre représentation autant qu'elle le mérite.

L'escadre anglaise a appareillé de Madras le 17 ou 18 du courant ; on assure qu'elle est allée hyverner à Bombay, ce qui nous donne des inquiétudes pour le comptoir de Mahé, auquel notre situation ne nous permet plus de faire passer des secours. Il y a trois mois que nous n'avons de nouvelles de cet établissement. Nous venons d'apprendre par la voie de Négapatam que M. Louet avait abandonné Ramataly et Nelisséram pour réunir toutes ses forces à Mahé.

Nous sommes etc...

Signé : Duval de Leyrit, Boyelleau, Guillard.

Inventaire des expéditions du Conseil supérieur à la Compagnie, par le vaisseau le *Ruby*, remises au sieur Chevreau, sous marchand.

Savoir :

1. Lettre du Conseil à la Compagnie, datée du 31 Octobre 1759.
2. Triplicata des expéditions de la frégate l'*Expédition*.

3. Copie des ordres et instructions donnés par le
    Conseil au sieur Chevreau.
4. Une lettre particulière à l'adresse de Messieurs
    les Directeurs de la Compagnie des Indes.
5. Un paquet à l'adresse de M. Roth, directeur de
    la Compagnie des Indes.
6. Un paquet à celle de M. Gilly, directeur de la
    Compagnie des Indes.
7. Le présent inventaire.

A Pondichéry le 15 Novembre 1759.

A Messieurs les Sindics et directeurs de la
Compagnie des Indes.

Messieurs,

Nous avons déjà eu l'honneur de marquer à la Compagnie, par notre lettre du 15 du mois dernier, que toutes celles qu'elle nous a écrites depuis le 9 décembre 1758 jusqu'au 7 avril de cette année nous étaient heureusement parvenues tant par l'escadre de M. le Comte d'Aché que par la frégate la *Gracieuse* qui est arrivée à Mahé le 25 juillet, d'où elles nous ont été envoyées par terre et nous lui avons en même temps marqué que nous y répondrions dans le courant des mois suivants, ce que nous ferons lettre par lettre, comme elle nous le prescrit, après la présente où nous allons lui faire part de tout ce qui s'est passé depuis notre lettre en date à l'exception des principaux évènements dont nous l'avons instruite par nos précédentes expéditions.

Nous n'entrerons point icy dans le détail des opérations de l'escadre pendant la courte apparition qu'elle a faite à cette côte, notre lettre du 15 du passé ne vous laisse, Messieurs, rien ignorer à ce sujet. Nous nous bornerons à vous faire observer que des trois millions

que vous nous envoyez par celle aux ordres de M. de Léguille, il ne nous en est parvenu qu'un par la frégate
la *Fidèle* au mois de décembre 1758, les deux autres
ont été consommés à l'usage de la flotte tant au Cap qu'à
l'Ile de France, à l'exception de 7.798m. 5. 4. d'argent et
de 17m. 3. 1. 54 d'or qu'elle nous a remis à son arrivée,
comme vous le verrez par le procès-verbal ci-joint.
Les vaisseaux la *Baleine*, le *Ruby* et *l'Hermione*, qui
étaient à sa suite, nous ont remis des poudres, des munitions de guerre, des vins et autres effets destinés
pour ce comptoir ; ces médiocres secours n'ont pas suffi
à beaucoup près aux besoins que nous ressentons depuis longtemps. Nous attendons avec impatience le
reste de l'envoy que la Compagnie nous a fait au commencement de cette année, surtout les munitions de
guerre qui se consomment journellement et que nous
ne pouvons nous procurer d'aucune façon. Nous ne
pouvons plus faire de poudre ici faute de salpêtre.

Le vaisseau le *Diligent* que nous avions expédié d'ici
en février dernier, avec un chargement de 40.477 Rs.,
pour aller chercher des vivres, des agrès et apparaux et
autres effets de marine à Goa, y est heureusement arrivé le 23 septembre, après avoir échappé à l'escadre anglaise qu'il rencontra en y allant, au large du Mont
Dely, et qui ne lui donna point la chasse ; il est ressorti
de ce port sur la fin de septembre avec du riz, du blé,
de l'arraque et de la bray, et a touché à Mahé en octobre où il a débarqué le riz dont ce comptoir était entièrement dépourvu et une partie de son arraque en futail-
les qui coulaient ; à la place de ces marchandises il y a
chargé 100 affûts de canons de divers calibres, du souffre et le blé que le sieur Perdriau y avait envoyé de
Bassora par des taranquins. Nous attendons ce vaisseau
vers le 15 du mois prochain.

49

CHANDERNAGOR.

Suivant les dernières nouvelles que nous avons eues de
M. Law, il était à Choterpour en septembre dernier,
avec le corps des troupes qu'il commande. Dans le
besoin où il est généralement de tout, nous ne serions
pas étonnés d'apprendre que ses troupes ne se soient
débandées.

MAHÉ.

La Compagnie est déjà prévenue de l'étroite situation
de ce comptoir, de l'impossibilité où nous étions de l'aider dès les mois de mars dernier et de l'effort que nous
avions fait en lui envoyant, par un vaisseau portugais,
des marchandises montant, suivant la facture, à 20.050 Rs.
de secours que nous comptions devoir lui procurer.
Ces quelques fonds ne lui ont pas été aussi utiles que
nous le pensions, comme vous le verrez par notre correspondance réciproque dont nous vous remettons ci-
joint copie, tant par rapport à la rareté de l'argent à la
côte malabar que par l'interruption du commerce, de
sorte que M. Louet a été obligé de vendre aux prix au
dessous de la facture les toiles bleues que nous lui
avons fait passer et sur lesquelles il y a ordinairement
un bénéfice de 25 à 30 %. M. Louet se serait trouvé
dans un grand embarras et exposé même à quelque
malheur de la part de sa garnison composée de beaucoup d'étrangers, à laquelle il était hors d'état de faire
le prêt, ce qui avait déjà occasionné des plaintes au
mois de mars, si heureusement les R. P. Jésuites de
Goa ne lui eussent envoyé, au mois de mai, une somme
de 70.000 Rs. qu'ils ont prêtée à la Compagnie et qui a
servi à rembourser à sa garnison ce qui lui était dû de
sa paye d'avril en entier, des acomptes des mois précédents et à l'entretenir jusqu'en juin, mais ses inquiétudes pour subvenir aux dépenses de ses deux comptoirs

ont bientôt recommencé et, dans la triste situation où nous sommes nous mêmes, ce n'a été qu'au 5 du mois dernier que nous sommes enfin parvenus à lui faire un envoy de trois mille pagodes d'or que nous ne prévoyons pas pouvoir faire suivre par d'autres d'ici à quelques temps.

Le prince Chériquel est mort. M. Louet nous marque que celui qui lui a succédé parait également attaché aux intérèts de la Compagnie. Nous l'avons exhorté à continuer cette bonne intelligence, qui nous est bien nécessaire dans le triste état où se trouvent nos établissements à la côte malabar.

Par notre lettre du 15 janvier 1759 en réponse à celle de la Compagnie en date du 17 janvier 1758, nous avons eu l'honneur de lui marquer que nous écririons au Conseil de Mahé pour être plus instruit des 4 articles touchant le mémoire du R. P. Ignace, carme déchaussé, qu'elle nous a laissé à décider; elle verra dans notre correspondance avec ce comptoir la réponse de ce conseil à nos demandes; en conséquence nous avons accordé à ce religieux l'article 5 concernant l'augmentation de 100 Rs. d'appointement aux trois Pères Carmes desservants nos concessions du nord. L'article 4 leur était déjà alloué depuis près de 6 ans, ainsi il n'y a rien eu de nouveau à régler à ce sujet, il ne nous reste donc plus à dire notre avis que sur les deux autres. Quant au premier la disette d'argent où ce comptoir est réduit ne nous permet pas de penser à faire une avance aux dits pères carmes, au moins tant que la guerre durera; pour ce qui est de l'article troisième il est certain que M. Dirois s'est servi de la maison des Carmes pour logement des troupes, et il parait naturel que la Compagnie la remplace; l'ancienne qui a été à son usage a coûté, suivant ce que nous a écrit M. Louet, environ 4.000 roupies, celle que les Pères Carmes ont reconstruite se monte à 5.369 Rs. 4 fs. 1/2. Le père Ignace vous prie de considérer que cette augmentation de 1.369 Rs. 4 fs. 1/2 ne provient point immédiátement de ce que ce nouveau bàtiment soit plus spécieux ni plus considérable, ce surplus de dépenses n'a été occasionné que par la cherté des matériaux, dans le temps qu'il l'a rétabli, qui étaient beaucoup plus difficiles à se procurer que dans le temps précédent. Nous vous remettons ci-joint, Messieurs, les plans de ces deux maisons, tels qu'ils nous étaient envoyés par le Conseil de Mahé, il nous parait juste que la Compagnie tienne compte à ces religieux dont on a lieu d'être satisfait, dans ces deux colonies qu'ils desservent, de cette augmentation de1.369 Rs. 4 fs. 1/2 de dépense qu'elle leur a occasionnée.

La frégate la *Gracieuse* que vous nous avez expédiée en droiture est arrivée à Mahé le 25 juillet, après une traversée de trois mois et 10 jours. Nous comptions que l'escadre l'aurait amenée avec elle à son passage à la côte malabar, mais comme elle a coupé par les 9 dégrés, cette frégate n'a pu faire sa jonction et est restée à ce comptoir jusqu'au 2 du courant qu'elle est partie pour vous porter nos expéditions en droiture pour France ; nous avons permis au sieur Bossinot de Pamphily une relâche de 15 jours seulement au cap de Bonne Espérance.

MAZULIPATAM.

Nous avons déjà informé la Compagnie de la perte de son comptoir de Mazulipatam, qui a étépris par escalade la nuit du 7 au 8 avril par l'armée anglaise aux ordres du Colonel Ford, qui a fait la garnison et tous les officiers et employés prisonniers de guerre. Ces Messieurs après ce désastre se sont retirés sur leur parole d'honneur à Narsapour, Yanaon et Kakinar, comptoir Hollandais, d'où nous les attendons dans le courant du mois prochain. Vous avez ci-joint, Messieurs, la correspondance du Conseil de Mazulipatam et à la suite les lettres que M. Denis nous a écrites, qui vous instruiront de ce malheureux évènement. Quant au sort des autres petits comptoirs tels que Divy, Nizampatam, Kadracoudrou, Gontour etc., la plupart n'étant point susceptibles de défense ont été abandonnés et tous sont tombés au pouvoir des ennemis. Les employés qui résidaient dans ces différents comptoirs les ont abandonnés et plusieurs ont rejoint le corps de troupes aux ordres du sieur Durocher de la Périgne qui était auprès de Salabetzingue, composé d'environ 250 hommes tant blancs que cafres.

Après la perte de Mazulipatam, Nizam Ali, frère de Salabetzingue et son ennemi, prince ambitieux et capable de tout entreprendre, qui s'était retiré dans le Bérar après l'assassinat d'Ayderjingue et qui avait depuis longtemps des liaisons avec les Anglais, voyant les forces de son frè- re affaiblies par les malheurs de la nation dans cette par- tie de l'Inde, est revenu à Edrabat avec une armée et s'est emparé du gouvernement. Basaletzingue, son frère, n'ayant point voulu entrer dans l'accommodement que Salabetzingue a été forcé de faire avec lui, a passé le Krichna, s'est arrêté quelque temps dans le Condavir et est venu de ces côtés-ci. C'est au dernier que s'est attaché le sieur Noirfosse, commandant nos troupes du Dékan, après le départ du sieur Durocher de la Périgne, en conséquence des ordres qui lui ont été donnés par M. de Lally ; d'ailleurs notre intérêt et ceux de ce prince le demandaient. Ce party était le seul qui convenait de prendre pour le salut de cette petite armée, qui serait devenue la victime de la haine de Nizam Aly si elle était restée avec Salabetzingue. M. de Lally a envoyé M. de Bussy auprès de Basaletzingue pour l'engager à venir dans la province d'Arcate pour continuer et ache- ver de le mettre entiérement dans nos intérests.

Nous avons déjà marqué à la Compagnie, par une de nos expéditions du mois passé, que M. de Moracin avait pris le party d'aller à Ganjam, lorsqu'il vit Mazulipatam au pouvoir des Anglais, et l'ordre qui lui a été donné de faire son retour icy. Nous l'attendons ainsi que *le Haarlem* dans le courant du mois prochain. Le *Bristol* qui faisait partie de cette expédition, ne pouvant plus tenir la mer et coulant d'eau a été condammé en rade de Ganjam.

KARIKAL.

Ce comptoir, comme nous avons eu l'honneur de le marquer à la Compagnie par notre lettre du 28 février 1759, est arriéré par le défaut de payement de ses férmiers qui ont rendu leurs fermes que nous avons été obligés de régir. Nous avons pareillement été forcés de prendre ce party pour celle des 4 élections qu'affermait ci-devant Tirvangadam, afin de savoir au juste ce qu'elle peut produire dans une année.

Lorsque le bail de cette ferme a expiré, on nous l'a demandée à 20 ou 30.000 roupies de moins qu'elle n'était affermée ci-devant. Cette diminution nous a paru exorbitante. Nous attendons pour l'affermer de nouveau, que nous sachions ce qu'elle aura rendu dans le cours de ce mois, entre les mains de Serinivas, écrivain principal, à qui elle a été confiée pour l'affermer ensuite à sa vraie valeur.

Tirouvangadam n'a encore payé à compte des 110.000 roupies qu'il doit à la Compagnie en ce comptoir, qu'une somme de 15.000 Rs. et 900 pagodes ; cet homme nous a demandé un délai pour s'acquitter, prétendant qu'il lui était dû considérablement par les habitants de sa ferme avec lesquels il était en discussion. Nous voulûmes d'abord les faire venir tous ici, mais nous avons renvoyé depuis cette affaire à M. Nicolas pour qu'il terminât sur les lieux mêmes leurs disputes et faire ensuite acquitter au dit Tirouvangadam ce qu'il redoit pour solde.

M. le Comte de Lally a envoyé à ce comptoir, au mois de juillet dernier, M. Viard, capitaine au régiment de

Lorraine, pour prendre le commandement de la partie qui concerne le militaire. M. Porcher qui y commandait nous ayant demandé son retour ici, nous y avons envoyé le sieur Isact, sous marchand, pour se charger des affaires de l'administration en attendant le conseiller désigné pour commander cet endroit. Sur la fin d'octobre, M. Nicolas, conseiller, y est allé en prendre le commandement. En censéquence de notre délibération du 12 passé, M. Viard est revenu ici.

SURATE.

Nous avons nommé chef par intérim en ce comptoir, après le départ de M. Le Verrier et du sieur Drouet, le sieur Anquetil de Briancourt. Les Anglais se sont emparés au mois de mars de l'année passée de cette ville et ensuite de la forteresse qu'ils ont gardée et sur laquelle ils ont arboré leur pavillon, ils ont laissé subsister le gouvernement maure dans la ville et il y a un nabab qui parait y commander, mais il est dans une parfaite dépendance des Anglais. Nous vous remettons ci-joint, Messieurs, copie des lettres du sieur Anquetil au sujet de cet évènement, qui vous instruiront dans un grand détail de tout ce qui s'y est passé. Jusqu'à présent on le laisse assez tranquille, tant les Maures que les Anglais. Nous lui avons donné ordre de faire tout ce qu'il pourra pour conserver les privilèges accordés à la nation et à la Compagnie et d'observer la plus exacte neutralité en ne se mêlant en rien des affaires d'aucun des deux partis et de réduire ses dépenses à l'indispensable, n'ayant aucun moyen d'y fournir pendant le temps que pourra durer la guerre.

La Compagnie a perdu pendant le siège de Surate son bangalow et son jardin, qui ont été ruinés. Le sieur Anquetil a demandé au gouvernement une indemnité de 50.000 roupies, tant pour cela que pour les pertes qu'ont

essuyées les particuliers français et autres attachés à la
nation. Nous avons approuvé sa conduite à cet égard
et lui avons donné ordre de renouveller cette demande
de temps à temps. Il a refusé de vendre aux Anglais
les deux vaisseaux de M. Le Verrier, qui sont dans la
rivière de Surate et dont ils s'étaient servis pendant le
siège mais qu'ils ont rendus ensuite.

ILES DE FRANCE ET DE BOURBON.

Messieurs du Conseil de ces deux Isles nous ont demandé à l'ordinaire une assez grande quantité de marchandises de toutes espèces, mais notre situation ne nous
a pas permis de leur rien faire passer. Ils se procureront
partie de leurs besoins avec les particuliers et les passagers embarqués sur l'escadre et les autres vaisseaux
partis de cette rade dans le courant de cette année.
Nous leur avons envoyé par la frégate *la Pénélope*, la
flûte *la Baleine* et le *Ruby*, du bois rouge et du bray
sec qui nous restaient encore en magasin pour la som
me de 3.931 pagodes 16-60.

Nous leurs avions expédié le bot *l'Oiseau* l'année dernière qu'ils ne nous ont point encore renvoyé. Le brigantin le *Volant* que nous leur avions pareillement expédié au mois de mars de cette année, a fait son retour
ici en juin. M. le comte de Lally l'a renvoyé en octobre en droiture au Cap ainsi que nous vous l'avons marqué par notre lettre du 23 octobre, avec ordre de nous
rapporter des vivres.

Nous vous avons donné avis, Messieurs, que nous
avons prié Messieurs du Conseil de l'Ile de France de
chercher à nous emprunter dans leur isle le plus d'argent qu'il leur sera possible. Nous ignorons s'ils pourront réussir à nous en trouver.

BATIMENTS ET FORTIFICATION.

Depuis l'arrivée des paquets de la frégate la *Gracieuse*,
M. le comte de Lally a pris le parti de fortifier cette

place par les endroits plus faibles, malgré la disette des fonds où nous nous trouvons. On a donc commencé en septembre à travailler au glacis depuis le bastion de la Reine jusqu'à la porte Valdaour, de là, il a été poussé jusqu'au bastion St. Pierre où il est interrompu par le canal d'eau qui vient du grand étang, on l'a repris ensuite jusqu'à la porte Valdaour. Il régne un chemin couvert dans l'étendue de cet ouvrage qui n'est pas encore à la perfection.

On a profilé une demie lune entre la porte Villenour et le bastion la Reine et une autre entre le bastion St. Pierre et cette même porte. Indépendamment de tous ces ouvrages, on a dressè en dehors de la ville, sur le bord de la mer, deux batteries qui battent la mer et défendent cette partie. Il est bien à souhaiter que toutes les fortifications nécessaires à la ville puissent se faire sans interruption et qu'on puisse les perfectionner, mais il n'est guère possible que notre situation permette à M. de Lally de suivre un si beau projet. .

COLONIE.

La Colonie manque de tout depuis très longtemps. Les vins qui nous sont venus par les trois vaisseaux de transport à la suite de l'escadre, quoiqu'en petite quantité auraient été de quelque secours aux officiers et employés de la Compagnie, si la nécessité n'avait pas contraint M. le comte de Lally à les faire vendre à l'armée et dans la ville pour fairè de l'argent. La pipe de vin de Madère a été vendue 420 Rs, celle de Xerès 400 Rs, la barrique de vin rouge aigre 160 Rs, et celui en caisse à 2 rs la bouteille.

EMPLOYÉS.

Vous recevrez Messieurs, par nos expéditions prochaines, le tableau des employés de la Compagnie dans l'Inde au bas duquel on mettra un état des morts. Presque tous ceux de Bengale et ceux de Mazulipatam se trouveront venus en ce comptoir au commencement de l'année. La plupart d'eux et surtout les subalternes sont dans l'indigence et hors d'état de vivre parce que nous sommes dans l'impossibilité de leur donner leurs appointements qu'ils n'ont pas touchés depuis 5 à 6 mois. Nous avons cependant pris à ce sujet un arrangement, le mois dernier, pour que ceux qui n'ont que cette ressource ainsi que quelques officiers de marine qui sont dans le même cas, puissent toucher une demi solde tous les mois. Quant aux conseillers, il y a près de 3 ans 1/2 qu'ils sont privés de leurs appointements et les sous marchands sont dans le même cas depuis 18 mois.

TROUPES.

Depuis l'arrivée de M. le comte de Lally dans l'Inde, les secours en hommes que nous ont fait passer sur l'escadre Messieurs du Conseil de l'Isle de France, ont consisté en 160 européens et 140 cafres. M. d'Aché avant son départ d'ici, nous a laissé 400 hommes de marine et 200 cafres aux ordres de M. de Genlis, lieutenant du vaisseau le *Ruby*.

Il a été fait dans le cours de cette année divers échanges de prisonniers entre les Anglais et nous ; on a enfin retiré ceux que nous avions à Trichinopoly depuis près de 7 ans, il y en a eu une partie d'incorporée dans le régiment de Lally ; il nous en reste encore à Madras provenant de la prise de Mazulipatam.

AFFAIRES GÉNÉRALES.

Nous n'entrerons point ici dans les raisons qui nous ont déterminés à faire faire ci-devant, jusqu'à la concurence de 500.000 Rs , de billets de caisse, la Compagnie en a été instruite dans le temps, et nous lui avons marqué qu'on a trouvé ce moyen pour suppléer à l'argent qui nous manquait pour subvenir aux dépenses de la guerre, surtout au payement des troupes noires, mais cette somme à quoi nous avions voulu nous fixer ne suffisant pas à beaucoup près, nous nous sommes déterminés à en faire faire encore pour sept cent mille roupies, en conséquence de nos délibérations des 21 et 23 mai, de façon qu'il y en a aujourd'hui dans le public pour 12 lacs de Rs. Comme notre intention est de les éteindre le plus tôt possible, nous avons donné ordre que tous ceux qui rentreraient au Trésor et au magasin des marchandises ne ressortissent plus, afin de les brûler ; c'est dans ces mêmes vues que nous avons délibéré le 8 du courant de convertir en billets du Conseil à 8 p. % d'intérêt tous les billets de caisse qu'on présenterait à cet effet et qui suppriment de 4 % par an les intérêts dont la Compagnie tient compte à ceux qui en sont porteurs.

Quoique tous ces billets fussent reçus au magasin du détail et qu'on les reçut aussi en payement de ce qui pouvait être dû à la Compagnie par ses débiteurs, la quantité qui était répandue dans le public en décredita et en perdit bientôt sur la place jusqu'à 50 p%, et ils ont même perdu depuis jusqu'à 32 p%. Voulant empêcher un discrédit si énorme, nous délibérames le dix juin dernier d'affecter les revenus du paragané de Tirvady et ceux de Portonovo, Bonaguiry etc. montant environ à 300.000 Roupies, à l'extinction de ces billets, afin de leur donner plus de crédit. Cet arrangement eut produit l'effet que nous nous proposions si notre situation nous avait permis de ne point toucher à ces fonds, mais les besoins pressants qu'on en avait ont empêché jusqu'à présent de mettre en exécution un arrangement si convenable à cette opération. Le même jour que cela fut arrêté, nous résiliames le bail de cette ferme, qui avait été donnée au nommé Rangapendet, au mois de septembre de l'année, parce que cet homme n'avait tenu aucune des conditions auxquelles il s'était

engagé et nous nommâmes, par débibération du 10 juin,
M. Delaselle commissaire et régisseur de ces paraganés.

Ces arrangements ne soulageaient point notre situation
présente, et ne nous procuraient point les moyens de
satisfaire les troupes. M. le comte de Lally, dans la
même asssemblée, exposa par écrit sur le registre de
nos délibérations, les demandes des officiers des différents
corps, qui demandaient deux mois de paye pour pouvoir
se mettre en campagne. Notre réponse qu'il exigea
aussi par écrit est à la suite de son exposé. Nous vous
prions, Messieurs, de prendre lecture de ces deux pièces,
qui sont insérées suivant leur date dans le cahier contenant l'extrait de nos délibérations que nous avons continué de vous envoyer. Nos resources étant épuisées et
le crédit de la Compagnie entièrement tombé, nous
étions dans l'impossibilité de trouver aucun moyen de
lui procurer l'argent qui lui était nécessaire.

Nous avions pour lors une petite armée aux environs
de Thiagar, place forte ; par la retraite de Quichenarao,
allié des Anglais, le même qui avait pillé et ravagé nos
terres pendant le siège de Madras, il était de conséquence
de s'en emparer, mais pour réussir dans cette opération,
il fallait y faire marcher un renfort de troupes et de
l'artillerie. M. le comte de Lally, manquant des fonds
nécessaires pour mettre en mouvement les troupes destinées à cette opération, proposa au Conseil, assemblé le
26 juin, l'ofire que faisait Raja-Saheb de 40 mille roupies
comptant, moyennant qu'on le nommerait nabab d'Arcate avec les cérémonies ordinaires et muni des para-
vanas de M. Lally et du Conseil. Cette affaire ayant été
discutée longtemps, sans être décidée, M. de Lally demanda à chacun des membres du Conseil leur avis en
particulier. Vous les trouverez, Messieurs, au bas des
propositions de Raja-Saheb, composant 16 articles, à
coté desquels M. de Lally a mis ses réponses. Le plus

grand nombre des avis s'étant réuni à accorder à Raja-
Saheb la nababie d'Arcate et les honneurs de cette place aux conditions qu'il n'en toucherait pas les revenus,
on délibéra le 16 juillet dernier de le reconnaitre en
cette qualité. M. de Leyrit ayant été d'un sentiment
contraire, M. de Lally a répondu à ses objections avant
de conclure cette affaire sur laquelle M. de Leyrit a
fourni deux mémoires. Tous ces écrits sont par ordre
conformément à leur date et compris dans le cahier
extrait des registres de nos délibérations.

Ces 40.000 Rs. furent bientôt dépensées et il fallut
tout assitôt user de nouveaux moyens pour s'en procurer
d'autres. Nos terres ne fournissaient pas à beaucoup
près l'argent nécessaire, tant pour l'entretien des troupes
que pour les dépenses les plus indispensables. Il fallut
donc avoir recours à des arrangements extraordinaires,
comme nous avons eu l'honneur de le marquer à la
Compagnie par notre lettre en date du 15 du mois passé.
Ceux dont nous fimes usage en cette occasion furent de
promettre les fermes de Villenour et de Bahour, un an
avant qu'elle expira, à celui qui avancerait une somme
de 15.000 Rs. à la Compagnie. Les nommés Sadassa
Reddy et Sarvareddy, habitants malabars, les ayant payée,
nous nous engageâmes par notre délibération du 14 août
à leur donner cette ferme prochaine pour l'espace de
5 ans, à 25.000 pagodes par an comme elle était cy
devant affermée, moyennant un nazer de 15.000 roupies
qu'ils sont tenus de payer en entrant en possession de
cette ferme, aux conditions énoncées dans la dernière
délibération.

Nous proposâmes peu de jours après à M. le comte
de Lally notre vaisselle d'argent, mais il la refusa comme
vous le verrez, Messieurs, par son exposé au Conseil en
date du 20 août, en réservant cette ressource pour un
besoin plus pressant. Elle a servi depuis, comme nous
vous en avons informé par notre lettre du 22 octobre et

comme le porte la délibération du 19 octobre prise à ce
sujet pour engager les particuliers à porter la leur à la
monnaie; nous nous engageâmes à tenir compte de
18 °/₀ en sus du poids de l'argenterie afin d'indemniser
de la perte de la façon ou main d'œuvre ; on est con-
venu de fournir des billets du Conseil sans intérêts ou
des lettres de change sur la Compagnie pour valeur de
ce qui serait fondu. Quelques-uns ont préféré de
recevoir de la Compagnie en France de la vaisselle
d'argent en même quantité au même poids et armoriée ;
cet objet a fait une somme de 33.797 Rs., quant aux
habitants européens, nous n'avons pas pensé qu'en les
cotisant on en put tirer beaucoup d'argent, c'est pour
quoi on laissa pour lors cette affaire; depuis la révolte
des troupes à Vandavachy, cette ressource a été
employée comme les autres et elle n'a produit en y
comprenant les Arméniens et les étrangers qui étaient
dans la ville, qu'une modique somme de 7.000 Rs. La
taxe à titre de prêt sur tous les malabars n'a donné
jusqu'à présent que 140.000 roupies ; nous ne croyons
pas qu'on puisse la pousser au delà de 150 mille roupies.
Cette ressource que nous pensions devoir être plus
considérable n'a pas laissé que de beaucoup aider dans
l'épuisement où nous étions ; partie de ces fonds ont été
appliqués à fortifier la ville et à faire les ouvrages dont
nous avons parlé plus haut à l'article timbré : bâtiments
et fortifications, le reste à payer les troupes qui déser-
taient journellement. Nous ne présenterons point ici
les mauvaises impressions que ces différents moyens
ont fait pour le crédit de la Compagnie. Celui que nous
avons pris le 27 août a eu pour objet de tranquiliser les
malabars et les rassurer sur le remboursement de la
levée que nous avons faite sur eux ; vous y trouverez
déduit, Messieurs, fort au long les conditions que nous
leur avons accordées.

Il est malgré cela difficile de les persuader que cet

argent n'a été perçu sur eux qu'à titre de prêt, la plus part le regarde comme perdu, en sorte que les chefs de chaque caste ne demandent aujourd'hui que des billets purs et simples du Conseil portant intérêt de 12 °/₀ par an suivant leur usage. C'est M. Delaselle que nous avons chargé de cette commission.

Voulant aussi connaitre les débiteurs de la Compagnie afin de leur faire payer ce qu'ils pourraient lui devoir, nous avons nommé à cet effet, par délibérations du 20 août, Messieurs Barthélémy, Delaselle et Gueulette. Mais M. le Comte de Lally, ayant jugé à propos de changer ce dernier, comme vous le verrez par le délibéré du Conseil du 30 du même mois, choisit à sa place le sieur Lagrenée, secrétaire du Conseil.

Le sieur Nicolas qui était ci-devant chef du bureau établi pour travailler aux dépenses de la guerre tant de la troupe du Roy et de la Compagnie que de celles de la marine, devant aller commander à Karikal, nous avons nommé pour le remplacer le sieur Dupetitval, teneur de livres, qui a demandé à se charger de ce travail.

Nous remettons ci-joint à la Compagnie tous les papiers, requêtes, comptes etc., faisant 7 pièces qui nous ont été présentées par le sieur Termillier, capitaine de vaisseau, au sujet du *Charles* et de sa cargaison qui a été coulé dans le Gange pour la défense du comptoir de Chandernagor. Nous vous prions, Messieurs, d'en faire lecture, cette affaire ayant été agitée à diverses reprises dans plusieurs assemblées du Conseil. M. le comte de Lally ordonna à tous les membres du Conseil qui ne sont point intéressés dans l'armement de ce vaisseau de donner leur avis par écrit. Ils sont à la suite de la délibération prise en conséquence de cette affaire le 16 septembre dernier, le plus grand nombre a délibéré que le sieur Le Termillier était fondé à demander le remboursement de son vaisseau le *Charles* et de sa cargaison montant suivant son compte à 66.266 Rs., mais nous avons arrêté que cette somme ne lui serait remboursée avec les intérets qu'après les ordres de la Compagnie. Nous la prions de voiloir bien avoir égard aux justes demandes du dit sieur Le Termillier dont l'exposé de ses requêtes est conforme à la vérité.

A l'arrivée des paquets de la frégate la *Gracieuse* à Mahé, qui nous furent envoyés par terre, M. de Leyrit communiqua au Conseil la lettre que la Compagnie lui a écrite au sujet des lettres de change que nous avons coutume de tirer sur elle, ainsi que la délibération qu'elle a prise en conséquence. Cette dernière a été enregistrée sur le registre de nos délibérations le 15 août, et nous nous sommes conformés à tout ce qu'elle nous prescrit à cet égard, comme elle l'aura pu voir par toutes celles que nous avons tirées sur elle et dont nous avons eu l'honneur de luy donner avis par notre lettre du 17 du passé.

Ci-joint sont les copies des requêtes de Mrs. Delarche et Bausset au sujet de leur démission. M. Boyelleau à été chargé conformément aux ordres de la Compagnie des fonctions de procureur général du Roy, et M. Lenoir, de la caisse courante à la place de M. Delarche. Nous vous remettons aussy copie de la requête de M. Barthélemy qui a demandé à se retirer du service. M. Guillard se trouvant le plus ancien conseiller a été nommé par délibération du 8 octobre, second de cette place avec l'inspection en chef de la chauderie.

Nous avons donné l'employ de trésorier de l'armée que remplissait le sieur Chevreau au Sr. Taubin, sous marchand ci-devant directeur de l'hopital, et cette dernière place vient d'être confiée au Sr. Guyonette auquel nous reconnaissons beaucoup de talent pour les devoirs de ce poste ; il faisait les fonctions de chirurgien major, depuis la mort du Sr. Aubert, décédé le mois dernier, qui sera remply par le Sr. Collin, chirurgien à Ramataly, dont l'habileté et la capacité nous sont connus, nous avons écrit au Conseil de Mahé pour le faire venir icy par terre.

Vous avez été prévenus, Messieurs, par la lettre que nous avons eu l'honneur de vous écrire le 22 octobre que nous allions frapper à toutes les portes pour nous procurer de l'argent tant pour achever de payer ce qui reste dû aux troupes, révoltées à Vandavachy, que pour prévenir une semblable rébellion, qui peut renaitre à chaque fois qu'on sera dans l'impossibilité de leur donner le prêt, et nous vous avons informés que nous avions chargé le sieur Dumont, notre agent à Négapatam, d'y emprunter une somme de 2 à 300.000 roupies, que nous promettions d'acquitter en fournissant des lettres de change sur la Compagnie à 10.15 et 20 p% de bénéfice s'il étoit nécessaire. Mais le dit sieur Dumont nous ayant écrit, par sa lettre du 30 du passé, en réponse à la nôtre du 24 dont vous avez cy-joint les copies, qu'il ne voyait aucune espérance à trouver les fonds que nous luy demandions à ces conditions, nous luy avons envoyé en consequence de notre délibération du 5 du courant, et pour les raisons qui y sont déduites, un pouvoir qui l'autorise à emprunter une somme de 200.000 roupies à l'intéret de 12 et même 24 p% par an, ce pouvoir luy laisse aussy la liberté d'escompter 100.000 Rs. de lettres de change sur la Compagnie que nous avons passé à son ordre, et que nous luy avons fourny à un mois de vue pour luy faciliter les moyens de nous trouver plus aisément le secours dont nous avions besoin.

Quoique M. de Leyrit, en vertu des ordres de M. le le Contrôleur général, se soit opposé à l'échéance des dites lettres de change dont le terme est plus long encore que celui que la Compagnie nous a prescrit par sa délibération du 4 avril de cette année, le Conseil a cru qu'il était de son devoir, dans la perplexité où il se trouvoit et dans la circonstance critique et fâcheuse

51

des affaires, de prendre sur lui d'abréger le terme de ces lettres de change, la seule ressource qui lui reste pour se procurer des fonds et sauver Pondichéry de la ruine totale dont il est menacé ; nous espérons, Messieurs, que vous ne désapprouverez pas le party que nous avons pris en cette occasion. Le péril auquel nous sommes exposés, le salut des établissements de la Compagnie, l'affreuse position où nous sommes plongés, tout nous a contraints de suspendre les ordres de M. le Contrôleur général et ceux de la Compagnie en cette occasion. Nous ne nous en sommes écartés que cette fois seulement, sans pour cela nous flatter encore que ce moyen puisse remplir les vues qui nous y ont déterminés, n'ayant plus aucun crédit, ny aucune autre ressource, et notre situation étant connue de toute l'Inde.

M. Nicolas, qui avoit été cy devant chargé par M. le comte de Lally de prendre les comptes du Paijmaly c'est-à-dire des pillages qui ont été faits par Quichenaras sur les terres de la compagnie pendant le siège de Madras, n'ayant pu finir, avant son départ pour Karikal, que le paragané de Gingy, nous avons nommé, par notre délibération, du 12 courant, Mrs. Boyelleau et Porcher pour continuer cet ouvrage. Dès qu'il sera terminé nous déciderons définitivement des dommages qu'on pourra accorder aux sieurs Miran et Abeille, fermiers des fermes de la Compagnie, qui nous ont présenté plusieurs requêtes pour nous demander la décision de cette affaire.

Nous vous remettons cy-joint copie des trois requêtes que nous a présentées M. de Bussy, l'une en date du 20 juin dernier avec plusieurs pièces qui l'accompagnent, la seconde du 6 septembre dernier et la 3e aussy du 24 du même mois. Nous n'avons répondu qu'à la dernière par laquelle il lui a été accordé des lettres de change sur la Compagnie pour la somme de 10.000 Roupies, et nous le renvoyons par devant vous, Messieurs, pour l'examen de ses comptes.

Nous vous avons rendu compte de la réponse que nous avons faite à la requête qu'il nous a présentée l'année dernière pour nous demander qu'on luy assurât le payement des sommes qu'il avoit avancées pour l'entretien de l'armée du Dékan.

La Compagnie sçait qu'indépendamment du vaisseau le *Charles* au Sr. Le Termillier, il a été coulé encore plusieurs bâtiments particuliers dans le Gange pour boucher le passage de cette rivière aux vaisseaux de guerre anglais qui ont attaqué Chandernagor. Le vaisseau le *Tévenapatam*, commandé par le sieur De Bellesme est du nombre de ceux qui se trouvent dans ce cas. Cet officier nous a présenté requeste pour solliciter les mèmes sùretés que nous avons accordées au dit sieur Termillier. Ses raisons ne nous ont pas paru aussy fondées que celles de ce dernier, dont on a empêché le vaisseau de sortir du Bengale longtemps avant que les Anglais songeassent à assiéger Chandernagor, au lieu que le sieur De Bellesme avait résolu de faire hyverner le sien tout le courant de cette année, qui par conséquent aurait subi le sort de cette place quant même il n'aurait pas été coulé au passage dont nous venons de parler, mais, comme le *Tévenapatam* néanmoins a été employé pour la sureté de Chandernagor, nous n'avons pas voulu débouter le sieur De Bellesme de ses demandes ; nous nous sommes contentés de le renvoyer par devant la Compagnie, comme vous le verrez par la copie ci-jointe de sa requête.

Vous avez cy-joint aussy copie de celle du sieur Désjardins qui commandait le brigantin le *Ruby* lorsqu'il fut pris en rade de Négapatam, par laquelle il réclame une somme de 6.638 Rs. pour son compte et une de 1.188 Rs. due à son équipage ; nous lui avons assuré ces deux sommes, au cas que la prise du *Haarlem* soit décidée à la satisfaction de la Compagnie, et en attendant, et sur les témoignages que M. de Lally a fait en sa faveur des services qu'il a rendus pendant le siège de Madras, nous luy avons donné une gratification de six cent roupies en dédommagement des pertes qu'il a souffertes sur le dit brigantin le *Ruby*.

Nous vous remettons icy la copie du compte général de la régie des fermes pendant le temps qu'elle a été entre les mains de M. Desvaux, et qu'il a présenté au Conseil. Au mois d'avril dernier nous nommâmes M. Duplant pour le vérifier et examiner. Cet examen fait, il nous le rapporta signé et certifié de lui, au bas duquel nous l'avons visé au Conseil assemblé le 24 avril dernier à l'exception de Mrs Barthelémy, Boyelleau et Delaselle ; peu de temps après Mr Boyelleau nous présenta son sentiment en forme de mémoire au sujet des dits comptes. Mr Desvaux nous demanda la permission d'y répondre. Vous avez cy-joint, Messieurs, ces deux pièces, ainsy que la réponse de M. Boyelleau au mémoire de M. Desvaux en réponse à son sentiment.

Nous vous remettons aussy cy-joint copie du compte qu'à fourni Rangapa pour les deux années pendant lesquelles il a eu les fermes des domaines de la Compagnie.

On a oublié de porter sur l'état général des lettres de change que nous vous avons envoyées le mois dernier deux traites en faveur du sieur De Marichaure, capitaine d'artillerie au bataillon de l'Inde, l'une de 1.552^m 3° 3^s 50^s et l'autre 1.552^m 1° 5^s 50^s ; nous vous prions de vouloir bien y faire honneur.

Nous sommes avec respect, Messieurs vos etc. Signé: Duval de Leyrit, Guillard, Boyelleau, etc.

INVENTAIRE des expéditions du Conseil supérieur à Messieurs les Sindics et Directeurs de la Compagnie des Indes.

N° 1. Lettre du 15 novembre 1759.

2. Procès verbal des matières d'or et d'argent venues par l'escadre de M^r. d'Aché.

3. Correspondance du Conseil supérieur avec le
comptoir de Mahé depuis le
4 Avril 1759 jusques et compris le 17 Octobre suivant.

4.   do   de Mahé avec le Conseil supérieur depuis le 28 Jan-
vier 1759 jusques et com-
pris le 13 Septembre 1759.

5.   do   du Conseil supérieur avec le
comptoir de Mazulipatam
contenant deux lettres des
10 et 11 Avril 1759.

6.   do   de Mazulipatam avec le Conseil supérieur depuis le 12
Avril 1759 jusques et compris le 10 Juin suivant.

7.   do   du Conseil supérieur avec le
comptoir de Karikal de-
puis le 3 May 1759 jusques
et compris le 9 Novembre
suivant.

8.   do   du comptoir de Karikal avec
le Conseil supérieur de-
puis le 14 Avril 1759 jusques et compris le 10 No-
vembre suivant.

9. Les plans des deux maisons des cathécumènes
de Mahé.

10. Copie des deux lettres du S^r. Anquetil, chef à
Surate.

11. Extrait des délibérations du Conseil supérieur

depuis le 7 May 1759 jusques et compris le 12 Novembre suivant.

12. Requetes et pièce prèsentées par le s^r le Termelleier au Conseil Supérieur. 7 pièçe.

13. Requetes de M^r. Delarche, conseiller.

14. Idem de M^r. Bausset id.

15. Idem de M^r.Barthélémy id.

16. Copie de la lettre du Conseil au sieur Dumont, agent de la Compagnie de France à Négapatam en date du 24 Octobre 1759.

17. Copie de la lettre du sieur Dumont au Conseil Supérieur en date du 30 Octobre 1759.

18. Trois requêtes de M. de Bussy au Conseil avec 10 pièces.

19. Requête du sieur De Bellesme, Capitaine du *Thevénepatam*, avec une pièce.

20. Idem du sieur Desjardins, avce une pièce.

21. Compte général de la régie des fermes par M. Desvaux.

22. Sentiment de M. Boyelleau en forme de mémoire au sujet des dits compte, avce 3 pièces.

23. Réponse de M. Desvaux au dit mémoire, avec une pièce.

24. Réponse de M. Boyelleau au mémoire de M. Desvaux, avec 3 pièces.

25. Compe de Rangapa.

26. Quatre lettres particulières.

27 Le présent Inventaire.

A Pondichéry, le 15 Novembre 1759.

A Pondichéry, le 15 Novembre 1759.

A Messieurs les Sindics et Directeurs de la Compagnie des Indes a Paris.

Duplicata No. 1.

Messieurs,

La Compagnie nous ayant témoigné par sa lettre du 18 février 1758, qu'elle désiroit recevoir le plus souvent qu'il seroit possible des comptes, en forme, des dépenses des vaisseaux du roy, des vaisseaux et frégates de guerre construites à Lorient, et des troupes de Sa Majesté, nous avons jugé à propos, comme nous avons déjà eu l'honneur de le luy marquer, de destiner un bureau particulier pour cet ouvrage dont nous avons chargé le sieur Nicolas.

Il s'est conformé scrupuleusement et en tout ce qui a dépendu de luy, à ce que la Compagnie prescrit par sa lettre pour remplir cet objet conformément aux vues qu'elle se propose, et s'il se trouve dans les états quelques omissions, elles proviennent de ce que les livres étant trop arriérés il n'était pas possible aux comptables de tenir à jour leurs écritures, dans ce tems de guerre, comme ils les tiendraient dans un tems plus tranquille. Le teneur des livres enverra dans la suite un supplément des omissions qui auront été faites.

Il doit y avoir eu des effets achetés pour le service de l'escadre de M. d'Aché chez les Hollandais à Négapatam, peut être même aussy des Danois de Trinquebar, dont le Commissaire de l'escadre rendra compte directement à la Compagnie.

Les Hollandais ont envoyé un compte de ce qu'ils ont fourni, dont il leur a été passé un billet.

Il y aura à ajouter aux fournitures faites aux vaisseaux différentes provisions en bestiaux, grains et autres,

reçus des fermiers des térres dont les comptes en détail ne sont point encore parvenus au registre des fermiers, ce qui fait que ces provisions n'ont point été
insérées dans les états et qu'elles ne le seront que dans
le livre de négoce de ce comptoir.

Il en est de même des embarcations de la côte qui
ont servi pour l'escadre.

Il y a aussy une somme de 25.000 roupies payée
comptant aux équipages des vaisseaux de l'escadre dont
il n'est pas fait mention, dans les états, ne les ayant
point trouvées portées dans les livres des comptables.

Tous les articles qui ne sont point appréciés, proviennent du vaisseau *le Bien Aimé*, après son naufrage ;
n'en ayant pu sçavoir le prix il sera dressé un état du
surplus des effets sauvés qui sera porté sur les livres.

Les états ayant été dressés sur les livres des comptables qui les ont signés pour les articles qui les concer-
nent chaqu'un en leur particulier, ainsy que celuy qui
les a adressés, nous avons cru qu'il était inutile d'y joindre
les pièces justificatives.

Ils n'ont pu être visés par M. Babinet, Commissaire
de l'escadre qui vouloit les vérifier auparavant, ce que
le peu de séjour de l'escadre en cette rade ne luy a
pas permis de faire dont il s'en est suivi que les écrivains
du roy non plus que ceux des vaisseaux de la Compagnie
dont la plus grande partie ne sont point descendus à
terre n'ont pu les signer.

A l'égard des dépenses de guerre pour ce qui concerne les troupes du roy, le teneur de livres s'est formé un plan qui sera entièrement conforme aux vues
de la Compagnie, et au moyen duquel il se flatte qu'il
ne restera plus rien à désirer sur cet objet.

Nous sommes avec respect Mrs etc...

Signé : DUVALDE LEYRIT, GUILLARD, LE VERRIER,
DUPLAN DE LAVAL, BOYELLEAU, LENOIR etc...

Inventaire du présent paquet contenant les expéditions du Conseil Supérieur à M^rs les Sindics et Directeurs de la Compagnie des Indes à Paris.

N°s 1. Lettre du Conseil à la Compagnie en date du 15 Novembre 1759.

    2. Etat des effets délivrés des magasins de la Cie. au vau. *Le Comte de Provence.*

    3. do.   do.   au vau. *Le Duc de Bourgogne*

    4. do.   do.   *Le St. Louis*

    5. do.   do.   *Le Seichelles*

    6. do.   do.   *Le Duc d'Orléans*

    7. do.   do.   *Le Berry*

    8. do.   do.   *La Reine*

    9. do.   do.   La frégate *La Silphide*

    10. do.   do.   *La Gloire*

    11. do.   do.   *La Diligence*

    12. do.   do.   *Le Marquis de Castries*

> Vaisseaux composant l'escadre de M. Bouvet en 1757.

    13. Etat des effets délivrés des magasins de la Cie. au vau. *Le Zodiaque*

    14. do.   do.   au vau. *Le Comte de Provence*

    15. do.   do.   *Le Vengeur*

    16. do.   do.   *Le Duc de Bourgogne*

    17. do.   do.   *Le Condé*

    18. do.   do.   *Le St. Louis*

    19. do.   do.   *Le Duc d'Orléans*

    20. do.   do.   *Le Moras*

    21. do.   do.   *Le Bien Aimé*

    22. do.   do.   La frégate *la Silphide*

    23. do.   do.   *La Diligence*

> Vaisseaux composant l'escadre de M. d'Aché en 1758.

    24. do.   do.   à tous les vaisseaux de l'escadre de M. d'Aché.

    25. Récapitulation des dépenses des vaisseaux et frégates composant les deux dites escadres.

    26. Le présent inventaire.

A Pondichéry, le 15 Novembre 1759.

M^{rs}. LES SINDICS ET DIRECTEURS DE LA COMPAGNIE
DES INDES A PARIS.

Messieurs,

Le bilan de situation que nous vous envoyons fait par
notre teneur de livres est conforme à ce que vous nous
avez prescrit par votre lettre en date du 26 février 1759,
c'est-à-dire avec toutes les dates exactement prises, et
pour que vous puissiez vous en servir avec avantage, il
l'a commencé du 1er juillet 1757 jusqu'au 1er août de
cette année, ce qui a rapport directement au bilan gé-
néral de ses livres de 1756 à 1757 dont nous vous remettons ci joint le triplicata. A l'égard de la société
des poivres le remboursement passe plus de la moitié
actuellement vous vous en apercevrez par l'Etat des
créanciers où il n'est dû aux dits intéressés que
335.831 Rs. 3^a 12: au lieu de 903.683 Rs. 5. 32.

Nous sommes avec respect, Messieurs,

Signé : DUVAL DE LEYRIT, GUILLARD, LE VERRIER,
BOYELLEAU, DUPLAN DE LAVAL, LENOIR, ETC.

INVENTAIRE du duplicata du présent paquet contenant
les expéditions du Conseil supérieur à Messieurs les
Sindics et Directeurs de la Compagnie des Indes à
Paris.

N° 1. Lettre du Conseil à la Compagnie en date du
15 Novembre 1759 pour accompagner le bilan
de situation.

2. Bilan de situation du comptoir de Pondichéry
depuis le 1er Juillet 1757 jusqu'au 1er Octobre
1759.

3. Etat des créanciers de la Compagnie en ce comptoir.

4. Détail des articles qui composent le crédit du tableau de situation de ce comptoir.

5. Idem. des articles qui composent le débit du tableau de situation de ce comptoir.

6. Bilan de la caisse militaire au 1er Octobre 1759.

7. Quadruplicata de bilan de situation de ce comptoir de 1756 à 1757 avec une pièce y joint.

8. Le présent inventaire.

A Pondichéry, le 15 Novembre 1759.